AFFAIRE DREYFUS

E. DE HAIME

LES FAITS ACQUIS
A
L'HISTOIRE

Lettre de M. GABRIEL MONOD, de l'Institut,

Introduction de M. **YVES GUYOT**, ancien ministre.

AVEC DES LETTRES ET DÉCLARATIONS DE :

MM. Bréal, Duclaux, Anatole France, Giry, Grimaux, Havet, Meyer, Molinier, Scheurer-Kestner, Trarieux, Ranc, Guyot, E. Zola, Jaurès, Clemenceau, Reinach, B. Lazare, Réville, Séailles, Psichari, etc., etc.

PARIS
P.-V. STOCK, ÉDITEUR
(Ancienne Librairie TRESSE & STOCK)
8, 9, 10, 11, GALERIE DU THÉATRE-FRANÇAIS
PALAIS-ROYAL

1898

Tous droits de reproduction et de traduction réservés pour tous les pays, y compris la Suède et la Norvège.

AFFAIRE DREYFUS

LES
FAITS ACQUIS A L'HISTOIRE

ÉMILE COLIN — IMPRIMERIE DE LAGNY

AFFAIRE DREYFUS

LES FAITS ACQUIS

A

L'HISTOIRE

PAR

E. DE HAIME

Lettre de M. GABRIEL MONOD
de l'Institut

Introduction de M. YVES GUYOT
Ancien Ministre

SUIVIS DES LETTRES ET DÉCLARATIONS DE

MM. Bréal, Duclaux, Anatole France, Giry, Grimaux,
Havet, Meyer, Molinier, Scheurer-Kestner,
Trarieux, Ranc, Guyot, Emile Zola, Jaurès,
Clémenceau, Reinach,
B. Lazare, Réville, Séailles, Psichari,
etc., etc.

PARIS

P.-V. STOCK, ÉDITEUR

(Ancienne Librairie TRESSE & STOCK)

8, 9, 10, 11, GALERIE DU THÉATRE-FRANÇAIS

PALAIS-ROYAL

—

1898

Tous droits réservés.

A LA MÉMOIRE DE

MA MÈRE

PRÉFACE

A M. GABRIEL MONOD

Membre de l'Institut.

Monsieur et cher Maître,

C'est un de vos anciens élèves des petites classes d'histoire de l'*Ecole Alsacienne*, qui vient vous demander la permission de mettre le nom respecté de son ancien maître en tête de cette étude historique.

Qu'elles sont loin de nous, ces petites classes! Il y a plus de vingt ans déjà que, désireux de donner une preuve d'amitié et de dévouement à l'Ecole Alsacienne naissante, vous aviez offert à votre excellent ami, — à notre vénéré maître, M. Rieder, — de vous charger bénévolement de l'enseignement de l'histoire dans les « petites classes » de septième et de huitième. — Je reçois justement aujourd'hui le « Livre d'Or » que l'Ecole vient de consacrer au vingt-cinquième anniversaire de sa fondation, et j'y lis avec émotion les pages charmantes où vous rappelez les bons souvenirs gardés par vous de cet enseignement délicieux que n'a pu vous faire oublier votre brillante carrière depuis, à l'Ecole Normale et à l'Ecole des Hautes Etudes. — Vos petits élèves d'alors n'ont pas oublié leur maître. — Ceux-là même qui, profanes dans la science historique, ne vous ont suivi depuis qu'avec le grand public, par la lecture de vos beaux ouvrages d'*Etudes historiques* et des *Maîtres de l'histoire*, — ceux-là vous ont conservé un très reconnaissant souvenir.

C'est un des plus modestes qui vous écrit aujourd'hui, en vous dédiant ces quelques lignes de préface.

Voulez-vous le lui permettre?

Les enfants ne sont pas juges de ce qu'on leur enseigne, et ils ne le comprennent pas toujours. Mais, plus naïvement et plus sincèrement que les hommes faits, ils *sentent*, et ils obéissent tout ingénument à leurs sentiments.

Ce que nous sentions devant votre enseignement élémentaire de l'histoire de France, devant ces faits « bien vivants », « bien clairs », comme vous dites dans ces « souvenirs », — ces faits « intéressants, amusants même par la familiarité du récit et la précision du détail », c'était que quelqu'un nous parlait avec sa conscience et avec tout son cœur. — Cette impression d'enfance nous est restée à tous, grâce à vous, que l'histoire est quelque chose de très clair, que le caractère propre de l'évidence historique — comme de toute évidence — est d'être lumineuse ; que la vérité enfin n'est pas la vérité si elle n'éclate pas comme la foudre aux oreilles de qui l'entend pour la première fois et n'illumine pas comme l'éclair dans la nuit! Nous avons compris très jeunes, grâce à vous, que l'intelligence a sa probité comme le cœur, que le devoir suprême et la suprême qualité de l'historien, c'est la conscience ; qu'un esprit droit ne va pas sans un cœur droit, que la véracité de l'historien est garante de la vérité de ce qu'il raconte, que si l'histoire est une peinture véridique, elle est, en fin de compte, *un jugement;* qu'enfin, comme l'écrivait hier M. G. Lenôtre, l'auteur du *Marquis de la Rouerie,* « si humble que soit un historien, si modestes que soient ses prétentions, son rôle est toujours celui d'un justicier. »

C'est à votre école que je me suis pénétré à jamais de ces sentiments, mon cher Maître, et c'est dans cet esprit que j'ai écrit cette étude historique sur l'affaire Dreyfus. Elle gardera la haute tenue, toute la sérénité et, en même temps, toute l'implacable véracité d'un *mémoire historique.*

L'Histoire seule, dans une affaire comme celle-ci, est le vrai tribunal. La justice sans doute ne régnera jamais sur la terre. Tant qu'il y aura des hommes, ils prononceront, suivant leurs passions, des jugements « blancs ou noirs », mais l'Historien est un témoin, et l'Histoire est déjà la justice de Dieu.

Le jugement d'un Conseil de guerre, invoqué devant l'Histoire comme le témoignage *unique,* décisif, absolu de la vérité, au-dessus de tout contrôle, interdit à toute revision? Quelle monstruosité !... Ne mêlons personne au débat. Laissons à ceux qui l'ont employée l'expression de « jugement par ordre ». — En fait, qu'est-ce qu'un conseil de guerre? Un tribunal? (Je ne dis pas même infaillible, il n'y en a pas de tel pour l'Histoire.) Absolument pas ! Mais bien : une chambre d'enregistrement militaire. Un *conseil* et non un *tribunal*, le mot même le dit. Un conseil qui s'assemble sur la *convocation de l'autorité militaire*, pour proclamer les *décisions* de l'autorité militaire et leur donner force de loi en les transformant en *arrêts* — cela n'a jamais été autre chose ! Et c'est pour cela, qu'à travers toute l'Histoire, on voit les conseils de guerre donner force d'exécution, par des arrêts en règle — aux volontés de l'autorité supérieure.

Un prince fait un coup d'Etat et s'empare du pouvoir ?

Les adversaires du nouveau régime et les suspects sont déférés aux conseils militaires pour *s'entendre condamner*.

Un général est vainqueur d'un soulèvement en pays conquis, ou d'une révolution à l'intérieur ? Il fait passer les vaincus, pris les armes à la main, devant un conseil de guerre pour les *faire condamner*. — Il ne s'agit pas, pour ces conseils de guerre, de *juger* véritablement, c'est-à-dire d'examiner, d'étudier, d'écouter, d'instruire, de délibérer, de peser le pour et le contre. Non. Il s'agit de *prononcer un jugement*, décidé par avance. Et un soldat qui voudrait obéir à sa conscience plutôt qu'à ses chefs serait frappé pour indiscipline. — Un conseil de guerre n'est pas un tribunal, avec toutes les garanties de *la loi* et de l'impartialité. C'est par définition et par essence un *conseil* qui *prononce* un jugement. Les conseils de guerre (pourquoi *de guerre*, en temps de paix ?) à travers l'Histoire n'ont jamais été que les instruments du pouvoir. *Les soldats sont solidaires du drapeau.* Ils obéissent quand même. — Au gouvernement, à l'autorité supérieure, à ne pas faire couvrir au drapeau une erreur — ou une illégalité — et à ne pas obliger de loyaux soldats à obéir, contre la justice !

Suivant la forte expression du colonel Picquart devant la Cour d'assises de la Seine, on a identifié *l'honneur du bureau* des renseignements, à l'état-major du ministère de la guerre, avec *l'honneur du drapeau.*

Toute l'affaire Dreyfus est là.

La discipline exige — paraît-il — que les chefs militaires n'aient jamais tort. « Le soldat — disait Vigny — est un moine, ses chefs doivent être infaillibles comme le Pape ». — « Dans cette étrange nation qui s'appelle l'armée — disait About — nul n'a raison contre ses chefs. Le bon sens et le bon droit sont des questions de simple hiérarchie. Lorsque deux hommes de ce pays-là ne sont pas du même avis, il serait difficile de peser leurs arguments respectifs : il suffit de compter les galons de leurs casquettes. » Le colonel Picquart avait moins de galons que ses chefs... Tout cela est si vrai qu'il est presque enfantin de le redire. — *Où le drapeau est engagé, les soldats marchent ;* quand ce serait contre leur père et leur mère en temps de guerre civile, quand ce serait contre le Droit, contre la Justice, contre Dieu même !

Le général X... avait eu sous ses ordres Esterhazy. Il le jugeait sévèrement. Devant le conseil de guerre qui a jugé Esterhazy, on a produit de lui un témoignage favorable. A un ami qui s'en étonnait, il répondait : « *La discipline a parfois de bien dures nécessités.* »

Un autre officier supérieur n'a pas pu cacher sa pensée à ses intimes. On lui demande : « Si nous rapportions vos dires (il croit Dreyfus innocent) devant un tribunal, les confirmeriez-vous ? » Il a répondu : « Je devrais les démentir. »

N'est-ce pas vous, mon cher Maître, qui me disiez : « Pour les officiers, l'armée est une maîtresse. Ils la défendent coûte que coûte, comme on défendrait coûte que coûte une femme qu'on aurait compromise ; l'honneur exige de donner sa parole qu'on ne l'a jamais connue ! »

Parole d'honneur, parole de gentilhomme, parole de prêtre, parole de soldat, secret professionnel... Chaque caste spéciale se fait un honneur spécial.

L'Histoire, elle, ne reconnaît pas de *parole d'historien*.

La vérité n'a pas de traitement officiel. La science n'a pas de *parole de savant*. Un fait est un fait dès à présent et pour toujours. La science est une — comme la vérité. — La vérité est *ce qui est*, qu'on le veuille ou non. N'était-ce pas ce que disait Duclaux, l'héritier de la pensée du grand Pasteur ? L'humanité a connu des temps plus durs. L'Inquisition était plus forte que l'État-Major. Elle était plus infaillible, elle était sainte.

Les puissants du jour, le gouvernement d'aujourd'hui ou de demain, de M. Méline ou de M. Cavaignac, n'a que la prison et l'amende, la perte de la liberté et de la fortune. Il n'a plus, sauf pour la victime, hélas! la perte de la vie. L'Inquisition avait ses cachots, ses bourreaux, ses chambres de torture, ses bûchers. Cela n'empêchait pas la terre, au temps de Galilée, de tourner depuis des milliers de siècles autour du soleil... Cela n'empêchera pas qu'Alfred Dreyfus a été condamné *officiellement sur le bordereau seul — que ce bordereau a été écrit par Esterhazy — que l'initiale D peut signifier tous les noms que l'on veut* — que l'on peut écrire *après coup* le nom de Dreyfus sur tous les chiffons de papier du monde, et donner des rendez-vous au crayon ou à l'encre sur *toutes les cartes de visite* du monde. On met au moins le dernier des assassins en face du cadavre de sa victime! Depuis que le monde est monde, *condamner un homme sans l'entendre*, cela ne s'appelle pas le juger, mais l'assassiner!

Mais il a avoué, dit-on! Un tel aurait dit qu'un tel lui avait dit qu'un tel (ô Pascal!) avait entendu des paroles qui étaient plutôt un monologue, qui étaient des demi-aveux... Depuis les rugissements de sa prison où *il labourait sa chair*, depuis le cri suprême de tout son être devant les hurlements de mort, voilà *quatre ans* qu'il crie son innocence à toutes les secondes de son agonie... Il en meurt peut-être, et cela s'appelle avouer!!

> Cette tête, du fond de la fosse maudite,
> A crié, dans l'horreur sacrée où Dieu médite :
> Ils ont trouvé moyen de reboire mon sang,
> Dieu juste! et de tuer deux fois un innocent!

Oh! pourquoi, Hugo, pourquoi Pasteur, pourquoi Taine, Michelet, Renan, êtes-vous morts !

« C'est un étrange combat — a dit Pascal — que celui de la vérité contre la force. La vérité ne peut rien contre la force, ni la force contre la vérité. Elles sont d'un autre ordre. »

On peut faire ce qu'on veut de Dreyfus et de son nom. Dieu lui-même, qui est encore au-dessus de l'État-Major, *ne peut pas faire qu'il ne soit* INNOCENT.

Il y aura toujours des gens pour oser le dire.

« Tant qu'un peu de sang français subsistera, la justice aura sur la terre un soldat armé ! » a dit Lacordaire.

— N'est-ce pas vrai, cher Maître ?

E.

Paris, 1er septembre 1898.

LETTRE DE M. GABRIEL MONOD

DE L'INSTITUT

Versailles, 21 juillet 1898.

Cher Monsieur,

Vous me dites que vous avez l'intention de publier un historique de l'*Affaire Dreyfus*, où toutes les phases de ce douloureux drame sont impartialement et objectivement exposées avec les documents à l'appui.

Je crois votre entreprise très utile. Il serait à désirer que chaque Français pût examiner, sans passion et sans parti-pris, les faits qui constituent cette triste affaire.

Elle est en elle-même si simple et si claire, que tout le monde aurait bien vite reconnu et compris comment l'erreur fut commise et quel est le vrai coupable.

Ce qui importe avant tout, et vous avez eu le

mérite de le voir, c'est de ne point passionner ce débat par des accusations qu'il est impossible de prouver et qui risquent d'être en grande partie injustes. Il ne faut, ni d'un côté ni de l'autre, croire que tous ceux qui ne jugent pas comme nous sont de mauvaise foi ou animés par de basses passions, ni les accuser tous de ténébreuses conspirations.

Il est bien évident qu'à l'origine, ceux qui ont accusé Dreyfus se sont crus certain de sa culpabilité, et que c'est cette conviction même qui les a rendus aveugles à toutes les preuves d'innocence, crédules à tous les documents, quelque suspects qu'ils pussent être, qui les confirmaient dans leur sentiment.

D'un autre coté, une calomnie abominable est perpétuellement lancée contre tous ceux qui demandent la revision du procès Dreyfus. On les accuse d'être affiliés à je ne sais quel mystérieux syndicat, dont la caisse inépuisable entretiendrait les journaux, achèterait les consciences et aurait pour but d'exciter en France la plus malsaine des agitations.

Le gouvernement, qui sait parfaitement à quoi s'en tenir sur cette fable, a eu le tort de ne jamais protester contre ce mensonge lorsqu'il s'est produit à la tribune et dans la presse. Une foule de lecteurs naïfs et ignorants ont cru, par passion ou par sottise, aux contes fantastiques débités par les journalistes, qui sont les premiers à rire de leurs inventions.

La vérité est que les diverses personnes qui ont pris en main la cause de la revision ont eu tellement peur d'être accusées d'une entente secrète, qu'elles ont évité le plus souvent de se voir et de combiner leurs effets. M. Scheurer-Kestner n'a voulu avoir aucunes relations avec la famille Dreyfus, depuis le moment où il a commencé sérieusement à rechercher les traces du coupable et, pendant quatre mois, il a laissé ignorer son nom à M. Mathieu Dreyfus.

Le colonel Picquart n'a jamais eu de rapports avec la famille Dreyfus. M. Zola a lancé sa fameuse lettre « J'accuse... » sans avoir consulté personne. — Je ne crois pas que jamais affaire d'une telle importance ait été menée avec autant de scrupules, avec une volonté aussi ferme de n'employer aucun moyen répréhensible, d'éviter tout ce qui pouvait avoir l'apparence d'une machination secrète.

S'il avait existé un syndicat, si l'argent avait joué un rôle effectif dans la défense de la cause de Dreyfus, on n'aurait pas vu la presse presque tout entière unie contre ce prétendu syndicat dont personne n'a eu à repousser les offres. Dans un pays comme l'Angleterre, une affaire comme-là n'eut pas manqué de provoquer la formation d'un comité de défense qui aurait librement réuni des fonds, entretenu des journaux, payé des avocats, sollicité des dévouements.

Ici au contraire, si la famille Dreyfus a pu, avec ses propres ressources, répandre des livres, des brochures et des journaux, on peut affirmer que le mouvement d'opinion qui s'est produit en sa faveur a été tout spontané et composé d'une multitude de bonnes volonté individuelles agissant sans entente et sans plan préconçu. Cela a été la faiblesse et l'inconvénient de ce mouvement un peu tumultueux; cela a été aussi son honneur. Il n'est que le brusque sursaut de consciences blessées qui n'ont pu s'empêcher de pousser des cris et des gémissements à la vue de ce qui leur semblait la plus cruelle des injustices.

Eclairer les esprits sans blesser aucune conviction sincère, tel doit être le programme de tous ceux qui désirent qu'une revision loyale fasse une lumière définitive sur cet angoissant mystère.

Tel est le but que vous vous êtes proposé. J'en suis certain. Puissiez-vous contribuer, par votre impartiale histoire, à apaiser et à éclairer les esprits.

Croyez, je vous prie, à toute ma sympathie.

Gabriel Monod.

INTRODUCTION

Ce travail a pour objet d'enregistrer les faits acquis à l'histoire. Il est établi avec une méthode rigoureuse.

Ceux qui ont machiné la perte de Dreyfus et continuent leurs complots pour la maintenir se distinguent par un défaut complet de méthode ; et si, dans une affaire de ce genre, ils ont un pareil mépris, non seulement des faits, mais même des vraisemblances, on se demande avec épouvante s'ils ne transportent pas ces procédés dans tous leurs devoirs professionnels.

Ils n'ont hésité devant aucun mensonge pour préparer l'opinion à la condamnation de Dreyfus ; une fois qu'ils ont eu obtenu cette condamnation, ils ont pensé avec épouvante qu'elle ne se suffisait pas à elle-même. Les membres du conseil de guerre avaient condamné Dreyfus sur des pièces secrètes, au mépris de l'article 101 du Code de justice militaire. Les officiers de l'Etat-Major ont vanté cette illégalité dans l'article de l'*Eclair* du 14 septembre 1894. Ils ont eux-mêmes fourni au public l'autographe de cette pièce qui avait été le prétexte du huis-clos ; et ils ont permis à M. de Castro de reconnaître l'écriture d'Esterhazy et de faire connaître le véritable traître à Mathieu Dreyfus.

Les actes d'accusation de Besson d'Ormescheville et de Ravary ont montré la capacité intellectuelle et morale des rapporteurs près des conseils de guerre de Paris. Tous les deux ont accumulé les invraisemblances, l'un pour faire condamner Dreyfus, l'autre pour faire acquitter Esterhazy. Pour le premier, si Dreyfus connaît des langues étrangères, il doit être espion ; pour le second, si Esterhazy les connaît, c'est un officier appelé au plus brillant avenir.

L'instruction contre Esterhazy s'est faite sans la moindre pudeur. Le général de Pellieux le laissait en liberté et faisait des perquisitions chez le colonel Picquart en son absence. Le jour du jugement, il s'installait derrière le général de Luxer qui présidait le conseil de guerre, pour le soutenir de ses conseils.

Le général de Pellieux est venu, en pleine cour d'assises, donner « le coup de massue » promis si longtemps par le général Billot. C'était cette fameuse dépêche : « Ne dites jamais que nous avons eu des rapports avec ce juif... »

Quand il la produisit, Giry et moi nous étions à côté l'un de l'autre. Nous nous dîmes aussitôt : « Mais il est fou. C'est un faux. C'est la débâcle de l'Etat-Major ! »

Giry et moi, nous avions tort. Le général de Boisdesire vint confirmer. Les gens qui n'ont que de faibles notions de méthode se jetèrent comme des affamés sur cette pièce. Elle devint un article de foi. M. Cavaignac l'exhiba avec une magnifique certitude dans son discours du 7 juillet; et si le capitaine Cugniet n'avait pas découvert le faux matériel, M. Cavaignac en affirmerait encore l'authenticité morale. Avec cette logique qui dirige les hommes de l'Etat-Major engagés dans cette affaire, il prétendit le lendemain que si cette pièce était fausse, toutes les autres étaient vraies. Il oubliait qu'il avait déclaré lui-même qu'elle s'encadrait dans une correspondance : or, un faux ne peut s'encadrer que dans des faux. M. Cavaignac déclara que le faux était une nouvelle preuve de la culpabilité de Dreyfus, et le général Zurlinden manifesta la même opinion, dans une lettre comme en écrivent les généraux espagnols. Ni l'un ni l'autre ne doutèrent que les affirmations de ministres de la guerre pussent n'être acceptées que sous bénéfice d'inventaire. Ils nous ordonnent de croire par ordre. Ils regrettent de ne point pouvoir mettre à une salle de police perpétuelle les pékins qui osent se permettre d'avoir une opinion différente de la leur. Ils ne pardonneront jamais aux intellectuels.

En même temps qu'Henry avouait son faux, l'ordonnance de M. Bertulus apprenait au public que du Paty de Clam, l'officier qui avait dirigé l'instruction contre Dreyfus, était la véritable dame voilée et avait envoyé de faux télégrammes à Picquart, signés *Blanche* et *Speranza*, pour le compromettre et sauver le véritable traître, Esterhazy.

Cavaignac, Zurlinden s'en vont ; mais si le général de Boisdeffre a donné sa démission de chef de l'Etat-Major, si du Paty de Clam a été mis en non-activité, si le commandant Lauth a été envoyé dans un régiment de dragons, leur esprit continue à régner à l'Etat-Major et au cabinet du ministère de la guerre. Malgré tous les efforts faits par cette camarilla militaire, avec l'appui du Président de la République, le gouvernement a décidé d'introduire la procédure de revision. Pour ceux qu'elle atteint, il y a un témoin gênant : c'est Picquart. Du moment que son successeur Henry a été un faussaire, il doit être également faussaire ; et quand la justice civile va l'acquitter, ordre est donné à la justice militaire d'informer contre lui comme l'auteur du « petit bleu » incriminant Esterhazy.

Picquart a eu tort de ne pas dire tout ce qu'il savait dès le premier jour. Il a été retenu par des scrupules de morale professionnelle. Il y a des moments où la morale professionnelle doit faire place à la morale sans épithète. Maintenant il doit tout dire.

Les hommes, acharnés à maintenir un premier crime par de nouveaux crimes, ont cru qu'ils pouvaient supprimer Picquart. Ils avaient déjà essayé de le faire tuer, en donnant ordre au général Leclerc de l'envoyer dans le Sahara reconnaître le point où Morès avait été assassiné. Au moment d'être enlevé de la prison de la Santé pour la prison militaire du Cherche-Midi, il a prononcé les phrases suivantes qui semblaient un testament :

« C'est probablement la dernière fois, avant cette

instruction secrète, que je puis dire un mot en public. Je veux que l'on sache, si l'on trouve dans ma cellule le lacet de Lemercier-Picard où le rasoir d'Henry, que ce sera un assassinat, car jamais un homme comme moi ne pourra avoir un instant l'idée du suicide. J'irai le front haut devant cette accusation et avec la même sérénité que j'ai apportée toujours devant mes accusateurs. »

Ces paroles ont paru si bien convenir à la situation actuelle que le Président du tribunal correctionnel, devant qui elles étaient proférées, s'est bien gardé d'intervenir, en disant qu'un prisonnier en France ne pouvait courir le risque d'être assassiné dans sa prison. Elles ont fait passer un frisson dans l'auditoire, et elles montrent que les hommes de l'Etat-Major, acharnés à la perte de Dreyfus, nous ont ramenés aux types de la civilisation hypocrite et barbare qui s'appelle la Rome des Papes et la Venise du Conseil des Dix. C'est le même mélange de fausseté et de férocité. Les hommes qui ont mis à la torture Dreyfus, comme du Paty de Clam; ceux qui exigent la torture qu'il subit depuis quatre ans en violation de la loi de 1873; ceux qui ont employé tout l'appareil et toutes les forces de la justice militaire pour faire acquitter le vrai traître, Esterhazy, et maintenir la condamnation de l'innocent, sont capables de tout, excepté de faire que leurs mensonges deviennent des vérités. Les faits les ont déjà écrasés. Chaque jour, de nouveaux démentis les refoulent plus loin. Ils se prennent dans leurs propres pièges. « La vérité est en marche, a dit Zola, et rien ne l'arrêtera. « Sa prophétie se vérifie. Mais le document que vous publiez sera une tache noire dans l'histoire de la France ; et malheureusement, rien ne pourra l'effacer, pas même la réhabilitation de Dreyfus.

Yves GUYOT.

21 septembre 1898.

AFFAIRE DREYFUS

LES FAITS ACQUIS A L'HISTOIRE

Le procès Dreyfus est désormais entré dans l'histoire. Il n'est plus au pouvoir d'aucun homme sur la terre de faire que ce qui a été ne soit pas. Nulle puissance au monde, ni la mort, ni l'éternité, ne peuvent changer désormais un iota à la vérité historique. Un fait est un fait. On peut en modifier les conséquences par la suite, en compléter l'action, ou, au contraire, en arrêter les effets qu'on juge funestes, — on ne peut pas faire qu'il n'ait été. Nul pouvoir désormais ne peut en effacer la trace dans l'histoire. Une fois accompli, il l'est pour toujours. Le ciel et la terre passeront, ce qui a été a été.

Ces faits accomplis et connus, l'histoire les enregistre. L'histoire est la relation de ces faits. Tel est le privilège souverain des faits historiques, qu'une fois reconnus comme vrais, c'est-à-dire comme conformes à la réalité, établis comme tels à la pleine lumière de la raison universelle, ils sont désormais en eux-mêmes au-dessus des jugements divers et des appréciations contradictoires des hommes. Ils peuvent être blâmés ou loués, regrettés ou acclamés, ils sont ce qu'ils sont. De ce qu'ils ont été, une fois pour toutes, reconnus par la raison humaine comme s'étant accomplis de telle façon, dans telles circonstances, ils participent dès lors à l'universalité de cette raison. Pour des puissances autres que nous, supérieures ou inférieures, pour des dieux ou pour des animaux, ils peuvent être autre chose que ce qu'ils sont pour nous. Pour les hommes, pour tous les humains, ils sont désormais des faits historiques.

Ce sont les faits acquis à l'histoire, concernant l'affaire Dreyfus, que nous relatons ici. Nous ne jugeons pas, nous n'apprécions pas, nous n'avons ni à condamner ni à acquitter : nous exposons des faits. Il n'y a pour nous *a priori*, dans le procès Dreyfus, ni un coupable, ni un innocent. Il y a des faits concernant un nommé Alfred Dreyfus. Nous exposons ces faits. Nous n'en citons pas un sans en donner la source — que nous avons eue sous les yeux — et à laquelle le lecteur peut se reporter pour vérifier par lui-même si nous avons omis ou changé un seul mot, un seul chiffre, une seule lettre, une seule virgule. Ces faits une fois exposés, nous avons groupé les plus saillants, les plus importants, dans une sèche, mais suffisamment éloquente, nomenclature, sous ce titre : *Faits acquis à l'histoire*. Il nous arrive de les qualifier, en passant, pour ce qu'ils sont, mais nous ne les apprécions pas, nous ne les discutons pas individuellement, — nous les constatons. Enfin, nous avons le droit et le devoir, comme historien, de tirer de ces faits la conclusion désormais historique, qui en découle fatalement. Nous le faisons en terminant sous ce titre : *Le jugement de l'histoire*. Et nous affirmons ceci : de tous les faits historiques connus jusqu'à ce jour, il résulte que la culpabilité de Dreyfus *n'existe pas*. Puisque donc il n'est pas un seul fait qui prouve sa culpabilité, cet homme est innocent.

Car c'est là le sophisme suprême de la foule ignorante : « Il n'y a pas de preuves de l'innocence de Dreyfus, donc il est coupable ! » L'histoire répond : « Il n'y a pas de preuve de la culpabilité de Dreyfus, donc il est innocent ! » Depuis que le monde existe, il n'y a jamais eu de preuves *matérielles* de l'innocence d'un homme, il ne peut y avoir de preuves matérielles que de sa culpabilité. S'il n'y en a pas, il est innocent. Quand on n'a pas volé un objet et qu'on vous accuse de ce vol, on ne peut pas montrer un objet invisible pour se disculper. On montre ses mains vides. Quand on n'a *rien fait* on ne peut pas montrer *ce qu'on a fait*. Nous sommes vraiment honteux d'être obligés de redire cette vérité enfantine, mais puisque la foule est enfant, il faut bien l'instruire. Ce qui a donné, ce qui donne à ce procès Dreyfus, comme à tout grand procès pendant devant l'opinion, son irritante fièvre de passion, ce sont les conclusions que chacun en veut tirer par avance, dans un sens ou dans un autre, *selon son désir*, parce qu'il est, par avance, pour ou contre l'infaillibilité des conseils de guerre, pour ou contre la nécessité de maintenir envers et contre tout le prestige *infaillible* de l'officier, même en sacrifiant un innocent, etc., etc. Et, dès lors, chacun arrange les faits à sa guise, pour en tirer la conclusion voulue.

L'histoire seule ne connaît pas la passion. Elle est, comme la société, la suprême indifférente.

Nous donnons ici des faits désormais acquis à

l'histoire. Ils peuvent plaire, ou déplaire, aux partisans de l'innocence de Dreyfus, ou à ceux de sa culpabilité. Cela nous est égal. Si nous ne nous sommes pas trompés sur un seul fait — et nous avons cette prétention, que la critique jugera — notre relation est désormais historique, et notre conclusion de même.

Le jugement de l'histoire proclame l'innocence de Dreyfus. Nous mettons au défi un historien dans le monde entier d'établir contre nous, sur les faits historiques actuels, le contraire. Quant aux conséquences que les hommes donneront à ce jugement de l'histoire, cela n'est pas de notre ressort. Nous ne sommes pas des puissants de ce monde. La France, ceux qui gouvernent la France, peuvent refuser de faire justice. Une nation de quarante millions d'hommes peut, dans la peur de je ne sais quel sinistre fantôme, torturer jusqu'à la mort un innocent et sa famille. Nous n'y pouvons rien. L'histoire n'est qu'un humble témoin de la vérité. Son témoignage peut disparaître; la vérité est immortelle. L'Inquisition peut condamner Galilée, la terre tourne toujours autour du soleil. On peut violer la Loi, étrangler le Droit, étouffer la Justice, bâillonner le Témoignage, on ne peut rien contre l'histoire. Elle a prononcé une fois pour toutes et pour toujours : Dreyfus est innocent du crime dont on l'accuse.

I

Résumé historique de l'affaire Dreyfus (1).

A. — LE PROCÈS DE 1894

Avant tout jugement. Dreyfus est coupable parce qu'il est Juif. Dreyfus c'est Judas.

La première nouvelle de l'arrestation du capitaine Alfred Dreyfus fut donnée au public par le journal antisémite, la *Libre Parole*, le 29 octobre 1894 par le journal qui a mené, depuis, sans interruption, la campagne d'outrages, de calomnies et d'injures la plus violente contre le « traître juif », contre sa famille et contre ses défenseurs, sans jamais recevoir aucun démenti de l'autorité militaire pour ses informations haineuses les plus fantaisistes. L'article lui-même était intitulé : « Arrestation d'un officier juif ». Deux autres journaux auparavant, la *Patrie* et l'*Éclair*, qui, depuis, ont mené la campagne contre Dreyfus avec la même violence que la *Libre-Parole*, et dont le dernier s'est montré, depuis, l'or-

(1) Toutes les citations d'audiences de la Cour d'assises dans le premier procès Zola, sont données d'après le compte-rendu sténographique.

gane officieux du ministère de la guerre, avaient publié deux notes sur l'arrestation d'un officier français, sans le nommer.

Ainsi donc, — *fait capital pour l'Histoire* — dès le début même de cette affaire, dès le premier jour, dès la première heure, — de préférence aux organes les plus autorisés et les plus répandus de la presse française : le *Temps*, les *Débats*, le *Figaro*, — c'est le journal inféodé au ministère de la guerre et à l'état-major qui est chargé d'annoncer au public la nouvelle de l'arrestation du capitaine Dreyfus ; c'est le journal qui prêche au peuple de France la haine de tout ce qui est juif, qui est chargé d'annoncer à la nation française qu'il s'agit d'un officier juif, par conséquent, pour lui, d'un misérable, d'un vendu, d'un traître, *par avance*. Parce qu'il est juif, la presse antisémite va l'attaquer immédiatement avec la dernière violence ; va le poursuivre chaque jour de ses calomnies, de ses outrages, de ses injures, — sans même savoir s'il ne sera peut-être pas acquitté par ses juges, mais au contraire, avec une impudence si sûre d'elle-même qu'elle semble savoir par avance qu'il ne peut échapper à la condamnation. Tous les jours, avec de nouvelles injures et de nouveaux mensonges, cette basse presse répétera sans cesse à ses lecteurs — avant même la clôture de l'instruction — que Dreyfus est un traître, le plus vil d'entre les traîtres, un nouveau Judas, afin de bien pénétrer le peuple de France de cette idée, qu'il est coupable. — Ceux qui avaient décidé d'apprendre à la France et au monde, par le canal de la *Patrie*, de l'*Éclair* et de la *Libre Parole*, l'arrestation d'un officier juif et le nom du capitaine Dreyfus, savaient bien ce qu'ils faisaient et il est aisé de voir le but qu'ils voulaient atteindre.

Ce but évident, éclatant, indéniable, c'était de persuader *par avance* l'opinion publique de la culpabilité de Dreyfus — et cela, je le répète, avant toute instruction, avant tout jugement.

Pourquoi ? se demande l'historien. — Si cet homme est coupable, les faits le prouveront et le jugement les confirmera. Mais si *l'on* tient tant à ce qu'il soit *cru coupable*, à l'avance, serait-ce donc qu'on n'a pas grandes preuves de sa culpabilité ? et qu'on a, par suite, grand besoin de prévenir les esprits contre lui, — afin qu'il soit condamné, si l'on veut qu'il soit condamné ? Mais alors, c'est donc qu'on *veut* qu'il soit condamné ? On devrait espérer par avance qu'un officier *français* n'est pas coupable — et de quel crime ! Regretterait-on, redouterait-on, qu'un officier *juif* soit reconnu innocent ?... Voilà les questions de l'Histoire. Et, dès le début même de cette lugubre affaire, les faits, tous les faits lui répondent : « Oui, il semble bien qu'il en ait été ainsi. »

Ce qu'il devrait y avoir de plus sacré au monde, c'est un inculpé, tant qu'il n'a pas eu le loisir de se défendre ; et surtout lorsqu'on fait peser sur lui le plus affreux soupçon : celui de trahison. Car enfin, si le jugement le proclamait innocent ?

L'Histoire va nous dire comment on s'est comporté vis à vis de l'inculpé Alfred Dreyfus, c'est-à-dire, si l'on approuve ces mœurs juridiques, comment on peut se comporter demain, sur un simple soupçon envers moi, envers vous-même.

Le 31 octobre 1894, au soir, l'*Agence Havas* communiquait aux journaux la note suivante :

» Des *présomptions* (1) sérieuses ont motivé l'ar-

---

(1) C'est nous qui soulignons.

restation *provisoire* d'un officier de l'armée française, *soupçonné* d'avoir communiqué à des étrangers quelques documents *peu importants*, mais confidentiels. L'instruction se poursuit avec *la discrétion* que comportent les affaires de ce genre, et une solution pourra intervenir à très bref délai. »

La *discrétion*, la voici. Nous ne ferons, comme historien, à certaines feuilles, que l'honneur de quelques citations. Elles suffisent :

Immédiatement à la suite de la note Havas, la *Libre Parole* ajoutait :

« Hier soir nous recevions une nouvelle confirmation de ce *crime inouï*... (1) L'officier français arrêté pour *trahison* est attaché à l'état-major du ministère de la guerre... *L'affaire sera étouffée parce que cet officier est juif.* — Cherchez *parmi les Dreyfus*, les *Mayer* ou les *Lévi*, vous trouverez. » (*Libre Parole* du 1ᵉʳ novembre 1894.)

« Il (Dreyfus) était connu, archi-connu, *comme un joueur effréné*... (2) Tout joueur peut devenir un traître... *Judas* a laissé de la graine... Alfred Dreyfus, lui aussi, *est un juif*... Le capitaine Dreyfus *a vendu son pays*... (*L'Autorité* du 2 novembre.)

Qu'en sait, à ce moment, M. de Cassagnac?

« Il a vendu des documents ayant trait à la concentration des 14ᵉ et 15ᵉ corps d'armée sur la frontière d'Italie. » (*Figaro*, 4 novembre.)

Qu'en sait à ce moment M. Leser ?

La *Libre Parole* du 6 novembre demande que les juifs soient exclus du grade d'officier.

Les juifs dans l'armée. — « Les juifs ont essayé d'arrêter le procès. (*La Cocarde* du 4 novembre.) —

---

(1) C'est nous qui soulignons.
(2) C'est nous qui soulignons.

« Toute la juiverie se considère comme responsable du traître. » (La *Libre Parole* du 5 novembre.) » — La France est, dans le monde, l'ennemi du juif... *Par une permission providentielle* (1), un capitaine juif a été arrêté... C'était *l'ennemi juif trahissant la France*... L'officier juif n'appartient pas à la nation française. » (*La Croix* du 7 novembre ; avec un dessin, comme au *Pèlerin*, montrant Judas embrassant Jésus et Dreyfus trahissant la France.) — « Ce n'est pas un Français! (Leading article du *Petit Journal*, 3 novembre.)

Quand l'adjudant Châtelain, — pour ne citer que les derniers cas de trahison — fut jugé en 1888, aucune campagne ne fut menée par avance contre lui, par aucun journal. On ne l'a pas appelé Judas : il n'était pas juif.

Quand le lieutenant Bonnet, rayé des cadres, était arrêté à Nancy, en 1890, lorsque l'enquête prouvait qu'il touchait de l'étranger une pension mensuelle pour livrer des documents et qu'il en avait fourni quotidiennement, on le condamnait à *cinq ans de prison* et nul journal ne l'appelait Judas : — il n'était pas juif.

Quand le capitaine Guillot fut arrêté, et condamné (en 1897), il trahissait depuis plusieurs années ; on ne l'appela pas Judas : il n'était pas juif.

Contre ceux-là, aucun déchaînement de fureur avant le jugement, aucune explosion de haine après la condamnation. On ne déclarait pas, par avance, la « Patrie en danger » s'ils étaient acquittés. Non, il n'y a qu'un traître en France, c'est le traître Dreyfus. « Le crime des Chatelin et des Bonnet, le crime des Schwartz et des Guillot, n'est-il donc pas

---

(1) C'est nous qui soulignons.

le même que celui dont on a faussement chargé le capitaine Dreyfus? (1) » Et M. Judet écrit avec une cynique naïveté : « Ni l'armée, ni le pays, n'admettent qu'un Français ait pu oublier ses devoirs et son honneur au point de livrer sa Patrie. » (*Petit Journal*, 3 novembre 1894) (2).

Un écrivain qui a toujours défendu le capitaine Dreyfus avec le plus grand courage et la plus généreuse éloquence, qu'on n'a jamais osé poursuivre parce qu'on savait sans doute qu'il disait la vérité, et dont *pas une affirmation n'a pu être démentie*, M. Bernard Lazare, a écrit les paroles suivantes que l'histoire a le droit d'enregistrer aujourd'hui :

« Seul donc un juif peut trahir, et c'est le juif qu'on désigne à la vengeance de tous, c'est lui qu'on charge de tous les crimes et de toutes les hontes, et c'est, seule, la qualité de juif de celui qu'on accuse de trahison, qui peut consoler un peuple d'avoir été

---

(1) Bernard Lazare, deuxième *Mémoire*, p. 11.

(2) M. Judet, qui « porte en lui l'âme de la patrie », comme M. Rochefort garde chez lui le drapeau de l'armée, a été depuis, dans sa haine épileptique contre Zola, jusqu'à oser salir la mémoire du père pour mieux faire souffrir le fils. M. Judet, qui n'a jamais été soldat, qui ne s'est pas battu en 1870, alors que de plus jeunes que lui s'engageaient, a clairement accusé le grand ingénieur Zola, le père du romancier — de trahison et de vol. — La preuve — la preuve irréfutable (toujours!) de cette trahison devait être dans de prétendues lettres du colonel Combes (avec un s) dont M. Judet aurait vu les « copies ». (Procès Zola-Judet, 3 août 1898). — Mᵉ Labori, défenseur de Zola, déposa, lors du procès, une plainte en faux contre l'auteur inconnu de ces lettres, qui seraient des pièces fausses — soi-disant du ministère de la Guerre (toujours!) M. Judet a été condamné : 2,000 francs d'amende et 1,000 francs de dommages et intérêts, conjointement avec Lasseur et Marinoni, pour avoir employé « *ce procédé de polémique, consistant à divulguer, pour atteindre le fils dans son honneur, en déconsidérant son nom, les fautes qu'aurait pu commettre son père, il y a 66 ans.* »

trahi. Cependant la *conscience nationale* n'avait pas été opprimée quand Châtelain, quand Bonnet avaient trahi; elle ne l'a pas été davantage quand, plus tard, ont trahi Schwartz, Bonnet et Guillot, et il fallait Dreyfus pour faire peser sur elle ce poids insupportable... Et c'est quelques jours après qu'on eut connu l'arrestation (alors seulement « provisoire », selon la note Havas officielle) (1) du capitaine Dreyfus, que se produisaient ces violences (avec l'approbation de l'autorité militaire puisqu'elle ne les démentait pas) (2), alors qu'on ne *savait rien* (3) et qu'on ne *pouvait rien savoir*, alors qu'à court de nouvelles et de renseignements, le reportage aux abois inventait les histoires les plus extravagantes et les moins vraisemblables, excitant le chauvinisme, *affolant les esprits simples* ».

Un des plus acharnés d'alors laissait lui-même, trois ans plus tard, échapper ce cri de la conscience : « Dreyfus était un juif, donc il devait être coupable! » (*Autorité* du 1er novembre 1897.) En vérité, il était alors vraiment temps de faire cette découverte !

Et maintenant, s'il existe encore à l'heure actuelle une seule personne de bonne foi pour soutenir que l'opinion publique n'a pas été, dès la première heure, déchaînée *volontairement* avec la dernière violence contre le capitaine Dreyfus, *parce qu'il était juif*, c'est que cette personne se bouche volontairement les oreilles et ferme volontairement les yeux, pour ne pas entendre le cri de la vérité et pour ne pas voir l'éclatante lumière.

---

(1) C'est nous qui ajoutons cette parenthèse.
(2) C'est nous qui ajoutons cette parenthèse.
(3) C'est nous qui soulignons.

L'Histoire est là pour dire que la campagne de presse menée contre Dreyfus, *sous l'œil bienveillant de l'autorité militaire* (1), avant toute instruction, avant tout jugement, avait pour but de le clouer au pilori devant l'opinion, comme le « traître », comme Judas.

Mais, tant que la basse presse, jésuite et antisémite, n'aura pas en France les pouvoirs de grand Inquisiteur qu'elle réclame, elle ne suffira pas encore, à elle seule, à faire la loi. C'est l'autorité qui gouverne. Dans l'espèce, c'était à l'autorité militaire, en personne, à se prononcer. Elle le fit, *avant même le jugement. Avant même la fin de l'instruction*, elle prit parti contre Dreyfus. Dès lors, elle encourt désormais devant l'histoire la lourde présomption, qui est presque une certitude, d'avoir toléré, sinon même *d'avoir inspiré* elle-même cette campagne de presse, toutes ces injures, toutes ces calomnies, toutes ces violences préméditées.

(1) L'autorité militaire ne faisait démentir ni les affirmations militaires du *Figaro* (voir plus haut), ni celles du *Petit Journal* (M. Cochefert a rapporté d'Italie des preuves absolues); ni celles de l'*Intransigeant* (Dreyfus a livré à l'Allemagne les plans de mobilisation, l'horaire des trains, etc.); ni enfin son propre journal officieux : « Devant le général de Boisdeffre Dreyfus ne sut que pleurer... » (*Echo de Paris*, 17 novembre 1894.) Or, tout cela a été déclaré faux par l'acte d'accusation lui-même ; mais on le laissait croire au public ; et le général de Boisdeffre, que Dreyfus n'a *jamais vu alors*, ne démentait pas !

Quoi d'étonnant que devant une campagne de presse aussi unanime, aussi affirmative, aussi officielle, l'opinion publique tout entière ait cru à la culpabilité de Dreyfus ? La nation française ne pouvait admettre un instant qu'on se fût à ce point joué d'elle, et c'est ce qui explique encore son invincible répugnance à croire à l'innocence de Dreyfus. Le peuple aime mieux croire qu'un juif est coupable, plutôt que d'être obligé d'admettre qu'on s'est, — ou même qu'on l'a — indignement trompé. Ce qui est étonnant, c'est que la vérité ait réussi à percer cette accumulation de mensonges et de calomnies entassés tous les jours depuis quatre ans, et qu'on essaie de rassembler encore chaque jour pour l'étouffer.

La plus haute autorité militaire, dans la personne du général Mercier, ministre de la guerre, *déclara, avant le jugement, que Dreyfus était coupable.* Fait monstrueux, unique peut-être jusque-là dans les annales de la justice militaire, et première violation de la justice éternelle que l'histoire ait à enregistrer dans cette lugubre affaire ! (1)

M. le général Mercier disait, dans l'interview du 18 novembre 1894 : « J'ai soumis à M. le Président du Conseil et à mes collègues des rapports *accablants* qui m'avaient été communiqués, et l'arrestation du capitaine Dreyfus a été ordonnée ». Le 15 octobre, lors de l'arrestation de Dreyfus, le ministre de la guerre n'avait entre les mains que deux expertises officielles d'écriture, contradictoires ; s'il avait en plus des rapports, ces rapports étaient des rapports de police, et ils n'étaient pas accablants, ils étaient *faux* de l'aveu même de l'acte d'accusation qui n'en a pas retenu *un seul :* ni sur les complices de Dreyfus, ni sur ses prétendues relations, ni sur toutes les autres calomnies. M. le Président du Conseil et les collègues du général Mercier se sont contentés à peu de frais. L'histoire a le devoir d'enregistrer leurs noms. C'étaient : MM. Dupuy, Président du Conseil; Guérin, ministre de la Justice; Poincarré, ministre des Finances; Leygues, ministre de l'Instruction publique; Barthou, ministre des Travaux publics; Delcassé, ministre des

---

(1) Interview du général Mercier dans le *Matin* du 18 novembre 1894, *non démenti*, et dans le *Journal* du 17, et la *Patrie* du 18. — Second interview sensationnel du général Mercier dans le *Figaro* du 28 novembre 1894. — Cette fois, tentative de démenti dans le *Temps* du même jour : « Le général n'a pas tenu ce propos. » Maintien de l'affirmation de la culpabilité de Dreyfus par le ministre de la guerre dans le *Figaro* du 29 novembre, cette fois resté sans démenti.

Colonies ; Félix Faure, ministre de la Marine ; Viger, ministre de l'Agriculture ; Lourties, ministre du Commerce.

Quand le ministre de la guerre, chef suprême de l'armée, qui seul a le droit de parler *en son nom*, affirme par avance la culpabilité d'un *prévenu* militaire, n'est-ce pas là une indication donnée au conseil de guerre qui doit juger ce prévenu ? et, si ce n'est pas donner explicitement un *ordre* de condamnation, n'est-ce pas là, de par la discipline même de l'armée, l'indiquer à ses subordonnés ? — Ce n'est pas ici un particulier comme M. Zola, c'est le bon sens, c'est la logique, c'est la raison humaine qui répondent : oui ! — L'histoire enregistre (1).

Trois ans plus tard, en 1897, quand un autre mi-

---

(1) Quelle idée se faisait donc de la justice ce ministre de la guerre, qui, avant la clôture de l'instruction, venait proclamer la culpabilité d'un officier ? Il jetait dans la balance son autorité. Il donnait ordre aux rapporteurs de conclure à la culpabilité, et *ordre* au conseil de guerre de condamner. (Guyot. *La Revision du procès Dreyfus*, p. 2.)

M. Bernard Lazare (deuxième Mémoire) a qualifié ainsi la conduite du général Mercier... « Le général Mercier, en prenant ainsi parti contre un accusé qui était mis dans l'impossibilité de se défendre pratiquement, commettait l'action la plus odieuse, la plus inique, la plus déloyale et la plus lâche. Il violait les principes les plus élémentaires de l'équité, il essayait d'imposer d'avance une sentence, il subornait la justice, frappait d'impuissance la défense, trompait l'opinion ; il contribuait à créer autour de l'accusé une atmosphère hostile et à former un courant de conviction qui devait amener la condamnation ».

M. le capitaine Marin, dans son livre intitulé « *Dreyfus ?* », se contente de reconnaître « que le général Mercier aurait fait sagement en s'abstenant des deux interviews, car, pour que la justice soit rendue comme il convient, il faut que les juges n'aient pas entendu une opinion qui pourrait les influencer... » (P. 365.) Mais il se console facilement en déclarant « qu'il convient (!) d'admettre que l'effet n'en pouvait être appréciable sur le juge, parce que c'est longtemps après ces interviews que la condamnation a été prononcée. » — On n'est pas plus facile à se satisfaire.

nistre de la guerre déclare à la tribune de la Chambre des Députés que : « en son âme et conscience, comme soldat, comme *chef de l'armée* », Dreyfus est un traître, Dreyfus est coupable (Séance du 4 décembre 1897. Général Billot : « Je considère le jugement comme bien rendu. Dreyfus est coupable. ») et cela, à *l'heure même* où un second conseil de guerre est saisi à nouveau de la question de savoir *si l'auteur du bordereau incriminé* n'est pas Esterhazy et non Dreyfus, — si ce n'est pas donner explicitement un ordre d'acquittement au conseil de guerre qui doit juger le prévenu, n'est-ce pas là, de par la discipline même de l'armée, l'indiquer à ses subordonnés ? — Ce n'est pas ici un simple particulier comme M. Zola, c'est le bon sens, c'est la raison humaine qui répondent : Oui ! — L'histoire enregistre.

Et si l'on veut que nous citions un nom, une personnalité qui prenne publiquement et officiellement la responsabilité de ce jugement de l'histoire, nous citerons le chef même du gouvernement, M. Méline, Président du Conseil, qui a prononcé les paroles suivantes à la tribune de la Chambre des Députés (Séance du 2 avril 1898), à propos de la réunion du deuxième conseil de guerre devant décider s'il veut porter plainte contre M. Zola : « Le conseil de guerre sera réuni et laissé juge. Je ne veux pas laisser tomber de cette tribune aucune parole qui puisse *peser sur sa conscience.* » (*Journal officiel.*) Voilà le langage, le seul langage de l'équité et de la justice, qu'auraient dû prononcer, avant deux procès mémorables, deux ministres de la guerre. M. Méline reconnaît que des déclarations publiques de l'autorité compétente peuvent « peser » sur la conscience des juges d'un conseil de guerre, et il est cependant à remarquer que les paroles, même d'un chef de gouvernement, personnage civil, auraient été infiniment moins graves que les paroles d'un chef de l'armée. — L'histoire enregistre.

Enfin, il est un dernier fait d'une importance capitale que l'Histoire doit relever et qui clôt cette période d'affirmations sans preuves, de menaces, de calomnies, d'insultes, — pour tout dire d'affolement volontaire de l'opinion publique, — qui, *avant le procès même*, imprimait à coups répétés dans le cerveau de la nation française cette affirmation : Dreyfus est un traître, Dreyfus est Judas. — Du jour où le ministre de la guerre d'alors, le général Mercier, a prononcé avant tout jugement que Dreyfus est coupable, les attaques de la presse antisémite cessent instantanément contre lui.

Celui dont on disait qu'il « va s'empresser de sauver Dreyfus » (*Intransigeant* du 3 nov. 1894.) — Celui dont on disait qu'il n'était que « l'huissier de Rothschild » (*Libre Parole* du 3 nov.) — Celui dont on disait que son incurie, sa bêtise et sa mauvaise foi en faisaient le quasi-complice du traître. » (*Intransigeant* du 4 nov.) Celui dont on disait que « la Convention n'aurait pas demandé tant pour faire fusiller le Ramollot de la guerre. » (*Intransigeant* du 5 nov.). Celui dont on disait : « N'est-ce pas que ce Mercier est bien vil ? » (*Libre Parole* du 6 nov.) et qu'on gratifiait d'injures au niveau desquelles l'histoire ne daigne pas s'abaisser, celui-là même devenait, du jour au lendemain, le seul honnête homme » décidé à aller jusqu'au bout, c'est-à-dire à faire condamner le traître. » (*Intransigeant* du 8 nov.). La *Libre Parole* cessait immédiatemement sa campagne contre lui, et cette situation, aussi étrange que nouvelle, — pour les non initiés — inspirait ces réflexions à un des journalistes mêmes les plus acharnés contre Dreyfus :

« Chose bizarre, le général Mercier se trouve défendu par les radicaux... Cette affaire Dreyfus est collée au dos du général Mercier comme la tunique de Centaure aux épaules d'Hercule... *Si le capitaine Dreyfus est acquitté, le ministre de la guerre devient le traître...* (1). Si Dreyfus est acquitté, le ministre saute... car il serait écrasé sous *l'effrayante responsabilité d'une affaire aussi grave, engagée avec une criminelle légèreté...* Le général Mercier seul serait l'honnête homme, au milieu d'une bande de fripouilles... C'est ainsi, qu'en un temps, on préparait la fortune d'un autre général, ministre de la guerre lui aussi... » (*Autorité* des 8 et 13 décembre 1894.)

« Il a fallu six semaines au général Mercier pour vaincre toutes les résistances accumulées devant lui par la juiverie », disait la *Libre Parole* (18 nov.). Il faut être avec Mercier ou avec Dreyfus, disait l'*Intransigeant*. Le général Mercier allait désormais être poussé à la candidature de la présidence de la République (Voyez *Siècle*, 1ᵉʳ février 1898), et le seul publiciste qui, de son regard serein d'honnête homme, ait vu clair dès la première heure dans cette ténébreuse affaire, M. Yves Guyot, l'ancien ministre, écrivait après le procès de Dreyfus ces mots qui résument la situation d'alors, et que l'histoire enregistre :

« La place du général Boulanger était vide. Rochefort appelle le général Mercier à prendre sa succession vacante, et lui donne pour piédestal une affaire d'espionnage. Le président du Conseil de guerre avait bien raison de dire qu'il y avait, dans ce procès, d'autres intérêts en jeu que ceux de l'ac-

---

(1) C'est nous qui soulignons.

cusation et de la défense ». (Le *Siècle* du 26 décembre 1894.) »

Dreyfus est condamné, officiellement, uniquement sur le bordereau.

L'ordre d'arrestation du capitaine Dreyfus fut signé par le ministre de la guerre, le 14 octobre 1894 (acte d'accusation). A ce moment-là il n'y avait entre les mains de l'autorité militaire que *deux* rapports d'experts *officiels* sur le bordereau, dont l'un, celui de M. Gobert, le premier en date (acte d'accusation), concluait à la non attribution, le second celui de M. Bertillon, à l'attribution à Dreyfus, *avec une réserve.* (Acte d'accusation.)

M. Gobert, expert de la Banque de France et de la Cour d'appel, choisi par l'autorité militaire elle-même, « reçut de M. le général Gonse, le 9 octobre 1894, des documents devant lui servir à faire le travail qui lui était demandé. » (Acte d'accusation.) Quatre jours après, le 13 octobre au matin (acte d'accusation (1), sur l'invitation de l'autorité militaire et bien qu'il eût demandé un nouveau délai, ce qui fait honneur à sa conscience professionnelle (2),

(1) Du 9 au 13 octobre, il n'y a que *quatre* jours ; cela n'empêche pas l'acte d'accusation de s'exprimer de la manière suivante : « *Quelques jours* (par conséquent au moins trois ou quatre) après la remise des documents, M. Gobert demanda, etc... *Peu de jours après* cette demande (par conséquent après encore au moins trois jours) M. Gobert... » Et voilà la précision d'un rapport qui va conclure à accuser un malheureux de trahison envers sa patrie, et à demander pour lui le plus effroyable des châtiments !

(2) L'acte d'accusation, il est vrai, trouve cette demande de délai suspecte, autant que la demande du nom du scripteur. Or, la première fait honneur à la conscience professionnelle de M. Gobert, qui ne veut pas se prononcer en quelques heures comme M. Bertillon, ni même en quelques jours ; et quant à la

M. Gobert remit ses conclusions qui étaient ainsi libellées : « Etant donné la rapidité de mes examens, commandée par une extrême urgence, je crois devoir dire : la lettre missive incriminée pourrait être d'une personne autre que la personne incriminée. » Les pièces remises par M. Gobert furent confiées, le même jour, à M. Bertillon « chef du service de l'identité judiciaire », (acte d'accusation (1), et le même jour encore, au soir (2), (13 octobre). M. Bertillon remit des conclusions ainsi libellées : *Si l'on écarte l'hypothèse d'un document forgé avec le plus grand soin, il appert manifestement que c'est la même personne qui a écrit la lettre et les pièces communiquées.* » Ce n'est qu'ultérieurement, dans son

seconde, jamais un expert ne signe un rapport d'expertise sans savoir de qui émanent les pièces qui lui sont communiquées. Ceci est reconnu par M. Bertillon lui-même, qui pose en principe « la nécessité pour l'expert de reconnaître exactement *tous les faits* qui ont pu motiver ou *accompagner* la confection de l'écrit soumis à son examen. » (*Revue scientifique*, 18 décembre 1897). On voit que M. Bertillon est, par principe, plus curieux encore que M. Gobert. Et voilà la mesure de la perfidie des allégations de l'acte d'accusation : il ose déclarer que la demande de M. Gobert était « contraire aux devoirs d'un expert en écritures. » M. Gobert s'est laissé traiter de « suspect » sans protester. L'histoire est moins longanime que lui.

(1) L'autorité militaire elle-même reconnaît qu'en s'adressant à M. Bertillon, ce n'était pas à un *pur expert* en écritures, mais à un *fonctionnaire* de la police qu'elle faisait appel.

(2) L'acte d'accusation — mentionne que M. Bertillon aurait reçu auparavant, — probablement deux jours avant, puisque l'acte même dit que c'est *après* la demande soi-disant suspecte de M. Gobert, — des « spécimens d'écriture et une photographie de la lettre missive incriminée ». Il n'en reste pas moins établi définitivement, d'après l'acte d'accusation lui-même, que M. Bertillon n'a eu, pour faire son premier rapport, les documents *confiés à M. Gobert* (et choisis par l'autorité militaire elle-même, sans doute parmi les plus probants, ce qui explique le second rapport, sans réserve cette fois, de M. Bertillon) et le bordereau lui-même, *que pendant quelques heures*, du matin ou de l'après-midi du 13.

rapport du 23 octobre, que M. Bertillon a confirmé son opinion « absolue, complète, sans réserve aucune ». (Acte d'accusation, § 4).

Ainsi donc l'histoire enregistre que c'est sur les résultats de deux seules expertises contradictoires, et dont celle à charge contenait même une réserve, que l'arrestation du capitaine Dreyfus a été signée par le ministre de la guerre. Il est vrai qu'il avait l'affirmation du colonel Sandherr, déjà atteint du ramollissement du cerveau qui devait l'emporter au printemps 1897, et l'affirmation du commandant du Paty de Clam, qui avait, dit-on, des connaissances graphologiques.

Mais il y a plus encore : le capitaine Dreyfus a été arrêté le 15 octobre, au ministère de la guerre, où on l'avait convié par lettre, sans nul doute *dans cette intention.* Or, il a reçu cette lettre de convocation pour le 15, déjà le *13 après midi* (B. Lazare, 1ᵉʳ Mémoire, p. 29, non démenti), et M. Bertillon n'a remis ses premières conclusions que le 13, au soir ! C'est-à-dire que l'arrestation était décidée, dans la pensée de l'autorité militaire, sur une seule conclusion officielle, à décharge ! On a peine à croire vraiment un fait pareil. Or, c'est un fait historique.

Des trois autres experts commis à la vérification des écritures du bordereau et des lettres de Dreyfus, M. Pelletier, qui avait travaillé seul (acte d'accusation (1), conclut contre l'attribution à Dreyfus ;

---

(1) L'acte d'accusation fait un reproche à M. Pelletier de n'avoir pas travaillé sous la direction de M. Bertillon. La première condition scientifique pour qu'une expertise soit absolument indépendante, c'est que l'expert à qui elle est confiée travaille seul, sans être soumis à l'influence, bonne ou mauvaise, d'un de ses collègues. L'histoire remarque que *tous* les experts, *sans exception aucune*, qui ont travaillé seuls, dans ce cas particulier, ont conclu à la *non-attribution* du bordereau à Dreyfus.

MM. Charavay et Teyssonnières, qui avaient travaillé sous la direction de M. Bertillon, furent de l'avis de ce dernier. Nous verrons plus loin ce que valaient les opinions de ces trois experts.

Le 15 octobre, au ministère de la guerre, quelques instants avant l'arrestation de Dreyfus, le commandant du Paty de Clam imagina de lui dicter une lettre contenant quelques-unes des phrases du bordereau et l'acte d'accusation affirme, sur le rapport du commandant du Paty de Clam, sans doute, que Dreyfus se trahit alors par son trouble et que la lettre dictée, qui est au dossier, porte les preuves de ce trouble.

L'histoire doit remarquer tout d'abord que, même si ce fait est vrai, ce n'est pas lui qui a décidé de l'arrestation. On est le 15, et l'ordre d'arrestation est signé de la veille, 14 octobre.

Mais cette affirmation de l'acte d'accusation est *fausse*, et la preuve en est que ce soi-disant fait n'a *pas été retenu* par le commissaire du gouvernement devant le conseil de guerre (pas plus que d'autres allégations, reconnues fausses également, de l'acte d'accusation), ce que le ministère public n'eût pas manqué de faire si le fait eût été vrai. L'accusation n'a *pas produit cette pièce* devant le conseil de guerre, cette lettre écrite sous dictée, dont l'écriture portait soi-disant des traces d'irrégularité, ce qui prouve qu'elle la tenait, elle-même, pour nulle et non avenue.

Les experts Charavay et Teyssonnières, au contraire, ont été mis en rapport avec M. Bertillon, *avant même* de commencer leur examen (acte d'accusation, § 16). Les experts officiels commis à l'examen, lors du procès Esterhazy, et qui sont *les seuls* à se refuser à attribuer le bordereau à Esterhazy, ont été mis de même en rapport avec M. Bertillon. Le fait est *capital* et se passe de commentaires.

L'histoire fait de même.

Les autres allégations mensongères que contient l'acte d'accusation, et que le ministère public n'a pas retenues non plus, parce qu'elles avaient été reconnues *fausses*, provenaient de rapports de police, non datés, non signés, quelques-uns même *écrits à la machine à écrire* (B. Lazarre, acte d'acc., note 19, non démenti). L'histoire n'a jamais consenti, dans aucun cas, à tenir compte des rapports de police non signés, et non reconnus comme vrais. On sait d'ailleurs ce qu'ils valent, en général, comme preuves historiques. Pour en donner un simple échantillon dans l'affaire en question, il suffit ● relever dans l'acte d'accusation l'allégation suivante (1) :

« Il appert des documents recueillis (*où? quand? par qui?*) que le capitaine Dreyfus « aurait » fréquenté plusieurs cercles de Paris où l'on joue beaucoup. » — Cela est vrai : il y a des cercles de Paris où l'on joue beaucoup ! — « Les cercles-tripots de Paris, tels que le Washington-Club, le Betting-Club, les cercles de l'Escrime et de la Presse (cercles-tripots est dur ; nous en laissons la responsabilité au rapporteur, M. d'Ormescheville), n'ayant pas d'annuaire et leur clientèle étant en général peu recommandable (c'est M. d'Ormesche-

---

(1) Nous en citons une dernière, car l'histoire ne peut s'abaisser à relever tous les mensonges accumulés dans cette lugubre affaire. L'Acte d'accusation dit entre autres : « Le capitaine Dreyfus ayant dû (!) consulter le haut personnel de la Banque de France, sa présence *dans cet établissement* (quelle logique ! on peut consulter le haut personnel de la Banque de France sans aller dans cet établissement) a forcément été connue d'un certain nombre d'employés. »

Or, le capitaine Dreyfus n'a jamais été à la Banque de France ; il n'a jamais consulté personne dans cet établissement. *Jamais aucune personne* n'a pu en témoigner. — Cela suffit. Ce n'est pas M. d'Ormescheville qui écrit l'histoire.

ville qui parle), les témoins que nous aurions pu trouver auraient été très suspects. » — On a dû reconnaître que le capitaine Dreyfus ne *jouait pas ;* — qu'il n'avait jamais mis les pieds dans un cercle, — que les annuaires de ces cercles existent bien, n'en déplaise à M. d'Ormescheville, et qu'on peut se les procurer en librairie.

Enfin, si Dreyfus avait jamais *joué*, rien n'eût été plus facile que de trouver des témoins qui l'auraient vu jouer, qui auraient même joué avec lui. Si on a osé prétendre qu'ils eussent été suspects, pour se dispenser de les citer, c'est tout simplement qu'on n'en a pas trouvé — parce qu'il n'y en avait pas.

Encore une fois, toutes les autres charges ont dû être écartées devant le conseil de guerre. *On n'a retenu que le bordereau et le bordereau seul.* « Il ne reste plus que le bordereau, mais cela suffit : que les juges prennent leurs loupes ». (1) ! — Toutes les allégations mensongères, toutes les insinuations perfides, furent reconnues fausses. Le commissaire du gouvernement, faisant fonction de ministère public, n'en a pas retenu *une seule*, et il l'aurait fait à coup sûr, si cela lui eût été humainement possible ! Tel était le néant de l'acte d'accusation. Voilà donc la façon dont on a mené une enquête militaire et dont on a rédigé un acte d'accusation contre un officier français, mais juif. L'histoire a le droit de se demander si quand on agit ainsi envers un homme, avec un parti pris si monstrueux dès la première heure, ce n'est pas parce qu'on le veut perdre, coûte que coûte.

« Le 14 octobre 1894, M. le commandant du Paty de Clam, chef de bataillon d'infanterie hors cadre,

---

(1) Commissaire du gouvernement, commandant Brisset. Guyot, *la Révision du procès Dreyfus*, p. 22.

fut désigné par M. le ministre de la guerre comme officier de police judiciaire, à l'effet de procéder à l'instruction à suivre contre le capitaine Dreyfus. » (Acte d'accusation, § I.)

L'histoire se trouve ici, devant le silence des autres parties intéressées, en présence du seul récit de M. Bernard Lazare, dans son premier Mémoire (Une Erreur judiciaire. La Vérité sur l'affaire Dreyfus.) Ce récit n'a pu être rédigé, évidemment, que d'après les dépositions personnelles des défenseurs d'Alfred Dreyfus, c'est-à-dire de sa famille et de son avocat, corroborées, sur certains points, par la déposition du directeur de la prison du Cherche-Midi où fut emprisonné Dreyfus, le commandant Forzinetti. Du fait que *pas un seul mot de ce récit*, tel que nous le donnons plus loin, n'a jamais été démenti, *sous aucune forme*, par l'autorité militaire, et que son auteur n'a jamais été poursuivi, ni même dénoncé devant la justice, pour avoir fait une imputation mensongère ou avoir avancé un fait erroné, l'histoire ne peut que l'enregistrer. Le silence de l'autorité militaire est un aveu tacite de son exactitude. Il en ressort ce fait que M. du Paty de Clam, officier de police judiciaire, délégué à *l'instruction* contre le capitaine Dreyfus a, dès la première heure, dès la première minute, traité l'inculpé en coupable, comme s'il eût été déjà jugé, et *reconnu coupable*.

« Pendant les dix-sept jours que dura l'instruction, le commandant du Paty de Clam vit journellement madame Dreyfus. *Non-seulement, il refusa de lui dire quelle était l'accusation qui pesait sur son mari, mais il lui laissa ignorer la prison où il était détenu ; non seulement il ne l'autorisa pas à lui transmettre des nouvelles de sa santé et celle de ses enfants, dont l'un était malade, le jour de l'arrestation, mais il lui défendit d'informer quiconque de ce qui s'était passé.* Comme madame Dreyfus objecta qu'elle devait prévenir ses beaux-frères, il lui dit qu'un mot prononcé par elle serait la perte de son mari et que le seul moyen de le sauver était de se taire.

» Dès le 16 octobre, alors que l'enquête commençait, le commandant du Paty dit à madame Dreyfus que toutes les preuves étaient réunies contre le capitaine et lui laissa entendre qu'il encourait la peine de mort. Madame Dreyfus lui ayant demandé sur quoi s'appuyaient ces preuves. « *Sur mon intime* » *conviction* », répondit-il. Devant cette femme affolée, plongée dans les ténèbres les plus profondes, ignorant quels pouvaient être les faits reprochés à son mari et protestant de toute sa force contre l'abominable accusation, il traitait le capitaine Dreyfus de lâche, de gredin, de misérable... Il lui démontrait que son mari était un scélérat invétéré, capable d'une incroyable dissimulation. *Il traçait sous ses yeux un cercle dans lequel il faisait entrer un certain nombre d'hommes susceptibles d'avoir commis le crime mystérieux; puis traçant d'autres cercles pour éliminer les uns après les autres des soupçonnés, il arrivait au capitaine Dreyfus.*

» Il affirmait à madame Dreyfus que son mari avait une vie double, parfaite pour sa famille, monstrueuse, en réalité. « *Souvenez-vous du Masque de* » *Fer* », lui disait-il d'autres fois; ou bien : « *Son* » *gardien, un officier supérieur, a répondu de lui sur* » *sa tête; si j'étais à sa place, j'aurais tellement peur* » *qu'il ne m'échappe, que je me coucherais au travers* » *de sa porte; j'épierais son sommeil.* »

» Au secret, le capitaine Dreyfus fut mis pendant dix-sept jours à la torture, torture morale, plus abominable cent fois que la torture matérielle. Pendant

QUINZE JOURS IL IGNORA L'ACCUSATION QUI PESAIT SUR LUI. Le commandant du Paty de Clam, pendant sa visite journalière, oublia toujours qu'il avait devant lui un accusé et non un coupable. Il n'abordait l'homme qu'on avait mis entre ses mains que l'injure à la bouche. A celui qu'il laissait dans l'ignorance du crime dont on l'accusait, il enlevait tous les moyens de défense. Il faisait subir au martyr les angoisses qu'il faisait subir à la femme... Il lui disait : « *Vous êtes perdu, il n'y a que la Providence » pour vous tirer de là.* »

» A ses interrogations désespérées, il ne faisait que des réponses ambiguës. Un soir, le capitaine supplia ses tourmenteurs, leur demandant de lui dire de quoi il s'agissait ; le greffier répondit : « *Suppo-» sez qu'on trouve votre montre dans une poche où » elle n'aurait pas dû être* » ; le commandant du Paty acquiesça d'un geste. On le prévenait que ses complices allaient être arrêtés ; que son emprisonnement, quoique secret, était connu de toutes « *les officines allemandes* ». S'il attestait son innocence, son bourreau lui répliquait : « *L'abbé Bruneau di-» sait aussi qu'il était innocent, et cependant il est » mort sur l'échafaud.* »

» Jusqu'au quinzième jour de son arrestation, on posa au capitaine Dreyfus des questions à double entente et on fit divaguer son esprit en le lançant sur les pistes les plus contradictoires. Nous verrons le parti que l'instruction a tiré de ce système. Enfin, *le quinzième jour, on lui montra la photographie du bordereau qu'on l'accusait d'avoir écrit.* Le lendemain, le commandant du Paty de Clam remettait son rapport au général Mercier (1). »

(1) L'acte d'accusation prétend qu'il existe dans le premier interrogatoire (enquête du Paty de Clam) des réponses « absolu-

On sait encore, par la déposition personnelle du commandant Forzinetti (1) (*Figaro* du 21 novembre 1897), que M. le commandant du Paty de Clam, comme officier de police délégué à l'instruction, voulait se faire ouvrir de nuit la cellule de l'inculpé, afin de le réveiller en sursaut par la projection brusque de la lumière d'une lanterne sourde sur la figure, et d'épier, dans la surprise et l'épouvante de ce réveil, les moindres contractions de son visage !

On sait encore, par la déposition personnelle de M⁰ Demange (interview avec les délégués des étudiants de Paris, *Siècle*, 8 février 1898), que cet instructeur-bourreau venait épier les mouvements de sa victime durant son sommeil pour tirer un

---

ment incohérentes » de Dreyfus, concernant la lettre-missive incriminée. Or, quand M du Paty de Clam mettait Dreyfus à la torture par des questions insidieuses, détournées, à double sens, pour tâcher de le faire divaguer et se contredire ou se compromettre, le malheureux ne savait *même pas de quoi il était accusé*, on ne lui avait *pas montré la lettre-missive*, et son esprit égaré et mis à la torture... devait s'épuiser, dans le désespoir, à deviner de quelle nature pouvait bien être ce document formidable et mystérieux. Il ne *pouvait répondre sur le bordereau*, puisqu'on ne le lui a montré que le *dernier jour* de cette première enquête terminée le 31 octobre, et le 3 novembre, M. d'Ormescheville était chargé de l'ordre d'informer par le gouverneur de Paris (act. d'acc.). Qu'on produise au grand jour, si on l'ose, les premiers interrogatoires de ce malheureux, démoralisé par le secret le plus absolu, en proie à la fièvre, accablé par l'horreur d'une accusation dont il ignore la cause, l'objet et le fondement, torturé de questions captieuses, à double fin, et ils feront penser invinciblement à d'autres interrogatoires, tristement fameux dans l'histoire, ceux de Jeanne d'Arc, par exemple.

(1) Le commandant Forzinetti a été révoqué le 18 novembre pour avoir affirmé sa foi en l'innocence de Dreyfus et l'avoir dite à Rochefort. A cette même date le commandant Pauffin de Saint-Maurel a été frappé de trente jours d'arrêts pour avoir été chez Rochefort lui faire une communication relative à l'affaire Dreyfus.

indice de la façon dont il remuait les jambes ! (1)

Tels sont les faits historiques concernant l'instruction menée contre le capitaine Dreyfus. Ils se passent de commentaires. La conduite de l'officier délégué à la première instruction, qui pendant quinze jours soumet l'inculpé qui est entre ses mains à une torture morale sans nom, *sans commencer par lui dire de quoi on l'accuse ;* qui soumet la femme de cet inculpé à la même torture ; qui emploie ces moyens vils, lâches, cruels et bas, et qui n'entend *pas un seul témoin* durant tout le cours de son instruction (acte d'accusation, § 4), cette conduite, l'histoire la flétrit d'un mot : elle est infâme. L'officier délégué par le gouverneur de Paris à la seconde instruction (ordre d'informer) et qui dresse un acte d'accusation dans lequel il donne place à tous les racontars faux et mensongers des rapports de police, à des allégations perfides, reconnues à ce point fausses et sans nulles preuves, qu'il n'est ultérieurement tenu aucun compte *d'aucune* par l'accusation elle-même devant le Conseil de guerre, — cet officier laisse l'histoire juge de son peu de perspicacité et de sa partialité.

L'histoire dira que les deux officiers délégués par l'autorité militaire pour instruire l'affaire Dreyfus n'ont pas été des *instructeurs,* mais — par un parti pris d'avance — des *accusateurs.*

L'histoire constatera qu'une instruction militaire à la fin du dix-neuvième siècle, a été menée contre un *juif* — sans doute par suite de la même haine —

(1) M. du Paty de Clam affirma au tribunal que l'émotion, chez les natures très maîtresses d'elles-mêmes et capables de dissimuler leurs sentiments, se traduit souvent par une trépidation du pied, quand les jambes sont croisées. (Interview Demange avec le délégué des Etudiants) (du *Matin*). V. *Siècle,* 8 février 1898.

avec le même cynisme, la même partialité, la même cruauté, jusqu'envers une femme, — les mêmes procédés d'inquisition et de torture morale — que dans les siècles barbares. Madame Dreyfus a pu écrire à M. Cavaignac, ancien ministre de la guerre, en parlant de la conduite du commandant du Paty du Clam :

« Alors, déclare celui qui a été son bourreau, l'homme qui m'a torturée, moi, malheureuse femme, avec des raffinements de sauvage :.... *si vous dites vrai, vous êtes le plus grand martyr du siècle.* »

Le 19 décembre s'ouvrit le procès Dreyfus devant le premier conseil de guerre de Paris. Dès le début, le commissaire du gouvernement réclama le huis-clos. Le président donna la parole au défenseur pour le dépôt de ses conclusions contre le huis-clos. Arrivé à cette phrase : « Attendu que *l'unique pièce...* », le président l'interrompit brusquement. Mᵉ Demange, le défenseur, proteste et reprend : « Attendu que *l'unique pièce...* » Le président l'interrompt de nouveau impérieusement : « Vous ne pouvez pas parler de l'unique pièce ! » Le défenseur demande qu'on lui donne acte de ce refus de parole, on le lui donne ; et comme il proteste une dernière fois, déclarant que l'intérêt de la défense est qu'il développe ses conclusions, le commissaire du Gouvernement, commandant Brisset, prononce cette parole, désormais historique : « *Il y a d'autres intérêts que ceux de la défense et de l'accusation en jeu, dans ce procès.* » Le huis-clos est alors prononcé. Les trois autres audiences ont lieu également à huis clos. Rien ne transpire au dehors. Le seul fait public de ces quatre audiences à huis clos, est l'indignation à peine contenue du défenseur de Dreyfus, qui déclare « qu'il ne sait pas s'il ne va pas devoir renoncer à défendre son client », que « ce qui se passe est inouï, » que « la défense n'est pas libre » (1). Le 23 décembre, le jugement est prononcé. Dreyfus est condamné. A peine de retour dans sa prison, il reçoit la visite de son défenseur qui l'attire dans ses bras en s'écriant au milieu des larmes : « Mon pauvre enfant ! Vous êtes la plus grande victime du siècle ! »

La parade d'exécution eut lieu le 5 janvier 1895. Devant les clameurs de la plèbe et les hurlements de mort, le malheureux jeta par trois fois ce cri, de toutes les forces de son être : « *Je suis innocent !... Je jure que je suis innocent !... Sur la tête de ma femme et de mes enfants, je jure que je suis innocent. Je le jure. Vive la France !* » Et aux journalistes présents : « *Vous direz à la France entière que je suis innocent.* »

L'effet produit par l'attitude de Dreyfus pendant sa dégradation, par cette protestation dernière et désespérée de son innocence, a été tel que ceux qui y ont assisté, que les journaux les plus féroces et les plus acharnés contre le « traître », ceux-là même qui disaient qu' « en le comparant à Judas on calomniait Judas », se demandent malgré eux « où il a pu trouver la force de jouer un tel rôle. » (*Libre Parole*, 7 janvier 1895.) Et l'*Avenir militaire* écrit après la dégradation : « Il restera aux gens de sens, ayant échappé à la contagion de l'atmosphère malsaine... l'impression de quelque chose de douloureux, difficile à définir... » La *République française* s'écrie : « *Non ! il ne faut pas qu'elle naisse, cette légende de l'innocence !...* » Pour que cette légende pût naître, il eût fallu « la confiance », cet impondérable qui est

---

(1) Journaux du jour et en particulier la *Libre Parole*.

aussi essentiel à la vie du peuple que le respect du pouvoir paternel est nécessaire à la vie de famille. Cette confiance, hélas! il ne suffit pas d'écrire « qu'il la faut » pour qu'elle règne. Il n'est au pouvoir de personne, pas même d'un ministre, pas même d'un tribunal, de la prescrire...

L'*Avenir militaire*, en le déplorant, voyait juste : C'est du *jour même de la dégradation* de Dreyfus que date, dans un grand nombre d'esprits élevés et de consciences droites, le doute plein d'angoisses qui les a étreints tout d'abord. C'est ce *jour-là* qu'a pris naissance dans leur pensée ce doute effroyable : « *Si pourtant cet homme était innocent ?* » Un journaliste, parmi les plus violents, s'écriait un jour pourtant, trois ans plus tard, dans un élan de sincérité : « Si par aventure on s'était trompé, quelle horreur ! Voyez-vous la femme frappée, les enfants salis, l'homme là-bas, enfermé comme une bête fauve ! *Il y a de quoi donner le frisson !* (1) ».

C'est de ce frisson-là, passé le jour de la dégradation de Dreyfus dans quelques âmes, qu'est né ce mouvement irrésistible, devant s'étendre dans le monde entier, en faveur de Dreyfus, pour ne s'arrêter que lorsque toute vérité sera dite et toute justice rendue. Le jour même de la dégradation, la revision du procès Dreyfus commençait devant l'histoire. Ce jour-là même, la vérité se mettait en marche.

B. — LE BORDEREAU.

Le Bordereau n'est pas de Dreyfus. — Il est d'Esterhazy.

A mesure que ce doute sur la culpabilité de Dreyfus

(1) *Autorité* du 1ᵉʳ novembre 1897. C'est nous qui soulignons.

allait grandissant dans certains esprits, s'étendait même chaque jour à d'autres, faisant tache d'huile, il allait se trouver désormais — après une année et demie de silence et de ténèbres — fortifié, accru, confirmé chaque jour, presque chaque heure, par des révélations successives et de plus en plus décisives.

Sur de faux bruits d'évasion, on se remit à parler de l'affaire Dreyfus dans la presse. L'actualité reprit ce malheureux (*Figaro* du 8 septembre 1896). Le 14 septembre 1896, dans son numéro daté du 15, vingt mois après la dégradation de Dreyfus, le journal l'*Eclair*, organe officieux de l'Etat-Major, publia un long article non signé, intitulé « Le Traître ». Cet article était destiné, comme il le disait, dans la pensée de ses auteurs, à « convaincre tout le monde de la culpabilité de Dreyfus ».

L'histoire se demande ici *qui donc* avait à craindre qu'il ne subsistât des doutes persistants dans l'opinion sur la culpabilité de Dreyfus, et que ces doutes allassent chaque jour grandissants. Pourquoi craindre qu'on doute d'une chose, si une chose est vraie, si elle est réelle, s'il en existe des preuves absolues, « accablantes ? » Serait-ce donc qu'il est vrai qu'il n'existerait aucune preuve qui pût être produite pour mettre cette chose, ce fait — la culpabilité de Dreyfus, — absolument et définitivement *hors de doute* ? Et dès lors, qu'il serait bon de s'opposer par avance à la « marche de la vérité », en divulguant à grand fracas de soi-disant preuves destinées à convaincre, dans le sens où on le désirerait, l'opinion publique, en la renseignant et en la dirigeant à faux ?

Mais, par un étrange retour des choses, — si imprévu et si décisif à la fois, qu'il semblerait bien fait pour frapper les personnes superstitieuses et leur faire voir en cela comme une intervention directe de la justice suprême, — cette œuvre destinée, sans aucun doute, dans la pensée de ses auteurs, à prévenir l'opinion et à la fausser, allait précisément servir à l'éclairer pour la première fois d'une foudroyante lumière, sur un des points les plus obscurs de cette lugubre affaire. En effet, cet article, qui contenait une fausse version du bordereau (1), une fausse version de la pièce secrète (2), et quelques-unes des allégations perfides et fausses qu'on devait retrouver plus tard dans l'acte d'accusation, une fois publié, — cet article, désormais historique, annonçait hautement la prétention de produire « au grand jour » la « preuve irréfutable », la « preuve en toutes lettres » de la trahison de Dreyfus. Et quelle était cette preuve? La production du texte d'une pièce secrète : cette canaille de Dreyfus... qu'on déclarait en même temps, sans se douter de la portée immense de cet aveu, avoir été « communiquée aux juges seuls, dans la salle des délibérations ».

Nous remarquerons tout d'abord que ces renseignements si détaillés, qui reproduisaient une partie des prétendues charges de l'acte d'accusation lui-même, non encore publié, et qui donnaient une version, à coup sûr volontairement erronée, du bordereau incriminé et de la pièce *secrète*, ne pouvaient provenir que d'une personne qui connaissait entièrement à fond l'affaire Dreyfus, c'est-à-dire de quelqu'un qui touchait *de très près* à l'Etat-Major. Le scandale de l'indiscrétion commise était si flagrant, qu'on s'en émut au ministère de la Guerre, et que

---

(1) Voir l'article de l'*Eclair*.
(2) Cette canaille de *Dreyfus,* au lieu de cette canaille de D...

le chef du bureau des renseignements, qui était alors le colonel Picquart — qui ne quitta le service que le 16 novembre de la même année (1896) — et auquel, « sans rien dire de précis, on avait l'air de donner à entendre que cela sortait de ses alentours, protesta vivement et demanda par écrit qu'une enquête fût faite. Elle ne fut pas faite ». (Déposition du colonel Picquart, cour d'assises, 10 février.) L'Histoire enregistre. *Elle constate une fois de plus et une fois pour toutes, que ce sont toujours, dans cette lugubre affaire, tous ceux qui se sont épris de justice et de vérité qui demandent la lumière, et que c'est toujours l'autorité militaire, ou judiciaire, qui la refuse, — comme si elle en avait peur.*

Se basant sur cette révélation capitale faite par le journal l'*Eclair* et qui n'était pas démentie, madame Dreyfus adressa le 18 septembre, quatre jours après, une pétition à la Chambre des députés pour obtenir justice. La pétition suivit la marche ordinaire de ces requêtes. La Chambre étant en vacances, à la rentrée le Président la transmit à la commission des pétitions, sous le numéro 2707. M. Loriot, député de l'Eure, fut chargé du rapport. L'exposé des *motifs de la Commission*, concluant à l'ordre du jour, contient ces mots que l'Histoire a le devoir de retenir : « Madame Dreyfus réclame justice, ce qui équivaut apparemment à demander la revision du procès... La question soulevée (par l'affaire Dreyfus) était si grave qu'il n'y a rien de bien étonnant à ce que des légendes (!) aient pu chercher à s'accréditer à cette occasion. *Mais une considération domine tout : c'est le respect de la chose jugée* (1) ». Or il s'agissait précisément de savoir si

---

(1) C'est nous qui soulignons.

elle avait été légalement et *régulièrement jugée!*

Et là-dessus la Commission déclare que le général Billot ayant prononcé « qu'il y a chose jugée et qu'il n'est permis (!) à personne de revenir sur ce procès, — et que l'honorable M. Castelin ayant déclaré que « Dreyfus est un traître » et « qu'il n'est plus un Français », — et M. le président Brisson ayant dit que « nous avons tous la même horreur de la trahison », la Commission, par l'organe de son président, M. Ducos, concluait à l'ordre du jour — qui fut adopté.

Et le rapporteur, M. Loriot, dans une interview avec un rédacteur de la *Libre Parole*, déclarait que « cette fois c'était bien fini » et que « nous n'entendrions plus parler de cette triste affaire ». — Pauvre homme !

C'est alors que parut la première édition d'une brochure de M. Bernard Lazare, intitulée : *Une erreur judiciaire. La vérité sur l'affaire Dreyfus.* Pour la première fois la question était portée, dans toute son ampleur, devant le public de la France et du monde entier, et la discussion s'ouvrait sur le terrain historique. M. Bernard Lazare, disant s'appuyer mot à mot sur l'acte d'accusation lui-même, et utilisant, sans aucun doute, des dépositions personnelles de la famille Dreyfus et de ses défenseurs, réfutait une à une les allégations de l'*Eclair*, concernant le bordereau et la pièce secrète.

Cette brochure provoqua, comme si l'on eût voulu y répondre immédiatement, de la part de l'autorité militaire et de l'Etat-Major, la publication dans le journal *le Matin* (10 nov. 1896) sous ce même titre: *La Preuve*, du fac-similé même du bordereau incriminé, sous sa forme définitive. Sous ce titre : *l'Expérience*, le *Matin* donnait en même temps le soi-disant texte authentique, *mais non la reproduction de l'écriture de la lettre écrite par le capitaine Dreyfus*, avant son arrestation, sous la dictée du commandant du Paty de Clam.

Le fac-similé du bordereau était exact et authentique (Dép. du colonel Picquart, cour d'assises du 11 février 1898) : « Il diffère si peu de l'original qu'on se demandait d'où pouvait venir l'indiscrétion. » (Dép. Demange : « La ressemblance était saisissante. ») (1).

Le texte de la lettre dictée *n'était pas complet*. Il y avait tout d'abord une erreur de date au début : « Paris le 18 octobre », au lieu du 15, d'après *l'acte d'accusation lui-même* (« avant d'opérer cette arrestation... » (le 15 octobre). Enfin, si « on avait publié le fac-similé du bordereau lui-même, on n'avait pas publié les quelques lignes écrites par Dreyfus sous la dictée du colonel du Paty de Clam; on avait bien mis au-dessus le texte imprimé de ces lignes, mais la *reproduction de l'écriture n'y était pas*, et je crois que si *elle y avait été, cela aurait fait une impression défavorable...* je dis défavorable... POUR CEUX QUI AURAIENT VOULU ATTRIBUER LE BORDEREAU A DREYFUS. (Dép. du colonel Picquart, cour d'assises du 10 février 1898.)

Le fac-similé exact et authentique du bordereau sur lequel avait été condamné officiellement Dreyfus était désormais sous les yeux de l'histoire. Cinq experts jusqu'alors avaient examiné ce bordereau, en le comparant à des spécimens de l'écriture de

---

(1) Dép. Paul Meyer, cour d'assises, 15 fév., démonstration théorique. — Le général de Pellieux, après avoir laissé entendre que tous les fac-similés des journaux ressemblent à des faux, a reconnu que dans sa pensée cette affirmation ne se rapportait pas au fac-similé du *Matin*. (Cour d'assises du 16 fév.)

Dreyfus. *Trois* l'avaient attribué à Dreyfus. *Deux* avaient conclu à la non-attribution. Qu'allaient conclure d'autres experts, pris en plus grand nombre possible, choisis parmi les plus savants et les plus réputés en France et jusqu'à l'étranger, afin que les gens les plus complètement désintéressés eux-mêmes de la question se prononçassent sur elle dans la pleine et complète sérénité de leur indépendance et de leur impartialité, sur le terrain unique et absolument neutre de la science?

On le sait aujourd'hui. Seuls, M. Bertillon, fonctionnaire de police, et deux experts *qui ont travaillé sous sa direction*, concluent à attribuer le bordereau à Dreyfus.

De ces deux experts, l'un, M. Teyssonnières, a été rayé de la liste des experts du Tribunal civil pour indélicatesse. Sur la demande, toute bienveillante, de M. Trarieux, ancien ministre de la justice, il a été rétabli sur le tableau des experts de la Cour, et il a montré sa reconnaissance à son protecteur en allant à la *Libre Parole* le faire « couvrir d'infamies » (Cour d'assises du 16 févr. 1898). Devant la Cour d'assises, enfin, il a été convaincu de mensonge par MM. Trarieux et Scheurer-Kestner (*id*). Il est lui-même un ancien graveur et agent-voyer. Devant la Cour d'assises, où sa déposition et ses contradictions vertement relevées ont fait le plus mauvais effet, il a en outre essayé d'atteindre la bonne foi d'un de ses collègues et ancien ami, M. Crépieux-Jamin, par des allégations et des insinuations aussi perfides que mensongères. Il suffira enfin d'ajouter que l'autorité militaire ne semblait pas avoir une très haute opinion de la valeur morale de M. Teyssonnières, et que, de son aveu même, lorsqu'il se présenta pour l'unique fois aux bureaux du ministère de la guerre,

M. le général Raule « menaça de le faire arrêter ». (Cour d'assises du 14 fév.)

Le second expert, M. Charavay, qui avait travaillé de même que M. Teyssonnières sous la direction de M. Bertillon, a fait à la Cour d'assises la déclaration suivante que l'histoire retient : « Je répondrai purement et simplement que, comme je ne crois pas à mon infaillibilité, et *à l'infaillibilité de qui que ce soit dans ces circonstances*, jamais de ma vie je ne condamnerais sur une expertise, s'il n'y avait pas de faits moraux qui pussent arriver à donner une preuve. »

Nous rappelons, à la suite de cette déclaration si nette et si loyale, *qu'aucune* charge morale n'a été retenue contre Dreyfus par l'accusation elle-même, et qu'il a été condamné, officiellement, sur le seul et unique rapport des experts, à la majorité *d'une* voix.

Quant à M. Bertillon, qu'en dire ici? Que dire de sa méthode, de ses conclusions, de sa déposition ? De quelle valeur, en vérité, est son témoignage devant l'histoire ? Ce témoignage a été pesé publiquement par la conscience des honnêtes gens et il a été trouvé léger. L'homme et sa « forteresse » légendaire a sombré irrémédiablement sous le ridicule, devant la Cour d'assises. Son oraison funèbre a été résumée dans un seul mot par la défense : « Je ne peux dire à messieurs les jurés qu'une chose : « L'accusation de 1894, la voilà !... Il y a une charge le bordereau, et voilà l'expert, voilà le principal expert ! » (Cour d'assises du 13 février.) Sur le diagramme de M. Bertillon, nous nous contenterons des deux remarques suivantes, qui sont définitives pour l'histoire. M. Bertillon explique toutes les différences capitales qu'il y a entre l'écriture de Dreyfus et celle du bordereau par cette réponse unique : c'était voulu. Il admet, il peut concevoir même un instant ce fait fabuleux que l'auteur du bordereau, Dreyfus en l'espèce, ayant à écrire cette simple lettre d'envoi, qui est *écrite d'une écriture courante* (dépositions Meyer, Giry Havet, Molinier, etc., etc.), et voulant déguiser son écriture, au lieu de recourir à de simples lettres d'imprimerie, essaye d'accomplir ce tour de force monstrueux, *impossible*, de réfléchir avant chaque lettre, avant chaque trait, à former une droite ou une courbe contraires à son écriture normale ! Il se serait dit faussaire génial et vraiment surhumain : Mais mon écriture est senestrogyre, soyons dextrogyre ! J'écris les *j* majuscules *J*, écrivons-les *J* (au-dessous de la ligne) ! Je ne mets pas d'accent aux majuscules, mettons-en ! J'écris les *g* : *g*, écrivons-les *y* ! Je ne mets jamais de trait d'union après *très*, mettons-en partout ! Et ainsi de suite à l'infini et sans se tromper une seule fois ! Et enfin, chose plus formidable encore et d'un point capital, Dreyfus écrit toujours en bon français, — il se dit : Écrivons comme ferait un Allemand en écrivant du français ! (1). « Sans nouvelles indiquant que… » « Je vous adresse cependant, monsieur, » « est extrêmement difficile *à se* procurer »; « un nombre fixe » (pour limité) etc… etc… Le seul fait d'admettre comme réel, comme vraisemblable, comme seulement *possible*, — un miracle pareil qui est au dessus

---

(1) Déposition capitale et définitive pour l'histoire de M. Havet (Cour d'assises du 15 février 1898) : « Le bordereau a été non seulement écrit par le commandant Esterhazy, mais il a été pensé, rédigé par le commandant Esterhazy lui-même… pensé par quelqu'un qui parle dans une langue étrangère, pensé par un Allemand. » Pour quiconque sait l'allemand, la vérité est éclatante : le bordereau n'a *pu être* écrit que par quelqu'un qui *pense* en allemand.

de toutes les forces humaines, donne l'idée du déséquilibre, de l'aberration totale de l'esprit de M. Bertillon (1). Ce fait même d'ailleurs, — et c'est là notre deuxième et dernière remarque — est en contradiction formelle avec la première conclusion de M. Bertillon, remise le 13 octobre 1894, au soir, d'après l'acte d'accusation lui-même et selon ses propres termes, entre les mains de l'autorité militaire. Dans ce premier rapport, on s'en souvient, M. Bertillon concluait ainsi : « *Si l'on écarte l'hypothèse d'un document forgé avec le plus grand soin...* » Or, toute sa déposition devant le conseil de guerre, toutes ses déclarations postérieures, et à l'heure qu'il est encore son opinion — s'il n'en a pas changé — *affirment* les dissemblances *voulues*, profondément réfléchies, patiemment exécutées, *forgées avec le plus grand soin*, par l'auteur du bordereau, afin de donner le change sur son écriture. L'histoire enregistre cette contradiction *formelle* et *absolue*, dans la pensée même de M. Bertillon, que l'on n'a pas suffisamment mise en lumière jusqu'ici. — Et voilà l'accusation de 1894, voilà l'expert, le principal expert !

(1) Le jugement de l'histoire tient tout entier dans cette déposition de M. Meyer, de l'Institut : « De cette conversation avec M. Bertillon, je suis sorti navré, messieurs, navré ! en pensant qu'il était possible de confier une expertise si grave, si pleine de responsabilité, de responsabilité effrayante à un homme dont les procédés d'investigation échappent à toute contradiction, à toute critique, parce que ces procédés sont en dehors de toute méthode et de *tout bon sens*. » — Enfin M. Teyssonnières lui-même a formellement dit que la déposition de M. Bertillon devant le conseil de guerre reposait sur des démonstrations tellement extraordinaires, qu'elles auraient *certainement compromis* le résultat de l'affaire, si l'expertise de M. Teyssonnières n'avait pas figuré au procès à côté de celle de M. Bertillon. », (Déposition Trarieux, Cour d'assises du 14 février, et C. Jamin, 15 février.)

Depuis la publication du fac-similé du bordereau incriminé dans le journal *le Matin*, la révision de l'affaire Dreyfus s'est faite, devant le monde savant et devant l'histoire, sur ce fait capital, — le fait officiel unique de la condamnation de Dreyfus en 1894, — c'est-à-dire d'une manière définitive et désormais historique, la *non-attribution du bordereau à Dreyfus*.

a) EXPERTS STATUANT SUR LA COMPARAISON DES ÉCRITURES DE DREYFUS ET DU BORDEREAU

Attribuant le bordereau à Dreyfus :

MM. Bertillon, Teyssonnières, Charavay, experts officiels.

Affirmant l'impossibilité d'attribuer le bordereau à Dreyfus :

MM. L. Havet, de l'Institut ;
P. Meyer, de l'Institut ;
Giry, de l'Institut, et professeur à l'École des Chartes ;
G. Monod, de l'Institut ;
Aug. Molinier, professeur à l'École des Chartes ;
Emile Molinier, archiviste-paléographe, conservateur au Louvre ;
Bourmont, archiviste-paléographe ;
Frank, docteur en droit ;
Célerier, expert-écrivain ;
P. Moriaud, professeur à l'Université de Genève ;
Crépieux-Jamin, graphologue ;
Gustave Bridier, graphologue ;
De Rougemont, graphologue de Neuchâtel ;
De Marneffe, graphologue de Bruxelles ;

De Gray-Birch, attaché au département des manuscrits du Britisch-Muséum, expert près les tribunaux ;

Henri Gurrin, membre de la Société royale de microscopie (Angleterre), membre de la Société royale de géographie (Angleterre), expert au ministère des Finances, à la Banque d'Angleterre, etc., etc. ;

Burckardt, de Bâle ;

Holt Schooling, membre de l'Institut des Sciences (Angleterre) ;

David-M. Carvalho, expert près les tribunaux (New-York) ;

Hoctès, graphologue, auteur des travaux graphologiques dans la *Revue philosophique* (Paris).

Doute absolu. Refus d'attribution :
MM. Pelletier, Gobert, experts officiels.

b) EXPERTS STATUANT SUR L'ÉCRITURE DE DREYFUS, D'ESTERHAZY ET DU BORDEREAU

Se refusant d'attribuer le bordereau à la main d'Esterhazy, tout en reconnaissant que c'est son écriture :

MM. Couard, Varinard, Belhomme, Bertillon, experts officiels.

Affirmant que le bordereau est d'Esterhazy :

MM. G. Monod, Havet, Meyer, de l'Institut, Giry, Molinier, E. Molinier, Bourmont, Frank, P. Moriaud, Célerier, Crepieux-Jamin, de Rougemont, Burkardt, Héricourt, rédacteur en chef de la *Revue scientifique*.

On remarquera que les experts désignés pour le procès Esterhazy, MM. Couard, Varinard et Bel-

homme, tout en se refusant à attribuer le bordereau
à Esterhazy, sont obligés de reconnaître et ont reconnu que l'écriture en est identique (Déposition
Paul Meyer, Cour d'assises du 15 février). Ils sont,
par là même, en contradiction formelle avec les trois
experts de 1894, qui avaient déclaré que le bordereau était de l'écriture de Dreyfus. Les experts du
procès Esterhazy ont déclaré, au contraire, qu'il était
de l'*écriture* d'Esterhazy, mais ils ont continué à soutenir qu'il n'était pas de sa *main* (ô Pascal!), autrement dit que c'était un décalque ; c'est-à-dire que
l'accusation officielle se trouve, pour soutenir l'autorité de la chose jugée, acculée à ce non-sens que
le bordereau, en effet, n'est *pas de l'écriture* de Dreyfus, mais que c'est un décalque ; c'est-à-dire que
Dreyfus aurait décalqué l'écriture de quelqu'un qu'il
ne connaissait pas, et qu'ayant décalqué une écriture, il n'aurait pas essayé de détourner les soupçons sur celui dont il aurait décalqué ladite écriture ! Tel est le non-sens monstrueux qui ressort de
la contradiction formelle des experts *officiels* à
charge du procès de 1894 et de ceux du procès
Esterhazy. Cette contradiction flagrante a été relevée
avec beaucoup de force par M. Grimaux, dans son
éloquente déposition (Cour d'assises, 16 février).
Enfin, il est topique que M. Paul Meyer, de l'Institut, à la fin de sa déposition si lumineuse devant la
Cour d'assises, et qui était d'un si grand poids, étant
donné la réputation européenne de ce savant, s'é-
tant demandé, avec une ironie supérieure, « par
quelle hypothèse bien compliquée » les experts du
procès Esterhazy pouvaient concilier leurs opinions
contradictoires sur l'*écriture* et sur la *main* du commandant Esterhazy, il est vraiment topique que le
président se soit empressé d'interdire — arbitraire-

ment, le rappel à la barre de ces experts. Il sentait sans doute que, dans cette discussion contradictoire qui se préparait, les experts officiels n'auraient pas beau jeu, qu'ils ne sauraient que dire, parce qu'ils ne pouvaient rien dire, et que leur présence ne ferait qu'étaler au grand jour leur impuissance, et le néant de leur affirmation. Aussi la Cour rendait-elle immédiatement cet arrêt délicieux : « Considérant que leur présence ne servirait qu'à prolonger les débats sans donner lieu d'espérer une certitude dans le résultat ». L'histoire ajoute : « Sans donner lieu, en effet, d'espérer la certitude désirée... et voulue (1). »

c) LE PROCÈS ESTERHAZY

Ainsi la lumière se faisait peu à peu dans les ténèbres de cette lugubre affaire. Ce n'avait été d'abord qu'un faible rayon : une lueur de doute dans les âmes droites. Puis ce rayon s'agrandissait peu à peu, s'élargissait. Le faisceau de lumière écartant toujours plus ses rayons faisait surgir de l'ombre épaisse, un à un, des faits inconnus, des preuves nouvelles. La vérité était en marche. Elle montait comme une marée irrésistible. L'horizon s'éclairait tout entier. La lumière devenait aurore. Elle devenait soleil et resplendissait enfin, tout à coup, elle éclairait soudain la face blême et hagarde du traître.

Le 15 novembre 1897, le frère du condamné dénonçait à l'autorité militaire « le comte Walsin-Esterhazy, commandant d'infanterie, mis en non-acti-

---

(1) Voyez séance du 16 février, Cour d'assises, pour le refus de produire même une photographie du bordereau. (Incident de Pellieux-Meyer.)

vité, pour infirmités temporaires, au printemps dernier », comme l'auteur du bordereau sur lequel avait été condamné Alfred Dreyfus.

Peu de temps auparavant, M. Scheurer-Kestner, vice-président du Sénat, étant arrivé, par une enquête personnelle, à la conviction que le commandant Esterhazy était l'auteur du bordereau (1), était allé trouver le ministre de la guerre (30 octobre), général Billot, pour le prier de prendre l'affaire en main. Le ministre de la guerre refusa. M. Scheurer-Kestner vit le président du conseil des ministres, M. Méline, qui lui dit : « Vous avez les voies légales ; demandez la revision... » (Déposition Scheurer-Kestner, Conseil de guerre du 10 janvier 1898.) M. Scheurer-Kestner « était en train de faire préparer cette demande et avait déjà choisi un avocat à la Cour de cassation » (*id.*), quand se produisit la dénonciation de M. Mathieu Dreyfus, le 16 novembre.

M. le ministre de la guerre, saisi de cette dénonciation, la transmit au gouvernement de Paris qui délégua M. le général de Pellieux, pour faire une première instruction contre le commandant Esterhazy.

On a beaucoup épilogué depuis, au sujet de savoir quelles eussent été les conséquences d'une dénonciation du commandant Esterhazy sous une autre forme que la plainte portée par M. Mathieu Dreyfus au ministère de la Guerre. Devant les faits accomplis, il semble bien que la discussion soit oiseuse. En réalité, de *quelque façon* et *par qui* que ce fût que

---

(1) C'est le 28 octobre 1897 que M. Ranc déclara, dans les couloirs du Sénat, que M. Scheurer-Kestner avait acquis la conviction de l'innocence de Dreyfus. Cette nouvelle s'était déjà vaguement répandue dès le 14 juillet dans le monde politique.

la dénonciation eut été faite, le résultat eût été le même. Le commandant Esterhazy, bien qu'en non-activité pour infirmités temporaires, était un officier, relevant uniquement du ministre de la guerre et justiciable des seuls tribunaux militaires. C'est ce qu'a démontré, d'une façon décisive, M. Trarieux, ancien ministre de la justice, devant la cour d'assises (audience du 9 février). Pour demander la revision d'un procès, il faut produire devant le ministre de la justice un fait nouveau. Dans l'espèce, le fait nouveau était l'identité entre l'écriture du bordereau et celle d'Esterhazy, fait qu'on n'avait pas encore découvert en 1894. Mais cette identité, *si elle était reconnue*, et retenue, par suite, comme un fait nouveau par l'autorité judiciaire, entraînerait nécessairement la dénonciation du commandant Esterhazy à l'autorité militaire, comme étant l'auteur du bordereau. Le commandant Esterhazy, justiciable des seuls tribunaux militaires, était renvoyé devant un conseil de guerre, ce qui revenait au même, en fait (1).

L'enquête du général de Pellieux prit, dès la première heure, des allures de partialité évidente envers le commandant Esterhazy. Cette partialité éclatante en faveur de l'accusé, quand on la compare à la cruauté et à la haine effroyable qu'on montra dès la

---

(1) Au point de vue moral on y aurait cependant gagné, croyons-nous, que la dénonciation officielle venant de l'autorité judiciaire et non plus d'un particulier, on eût fourni un moindre prétexte aux polémiques haineuses de la basse presse. Et, même en fait, le choix et la désignation des experts en plus grand nombre possible, par l'autorité judiciaire, — si on avait pu y arriver — eussent été bien préférables au choix d'un conseil de guerre. Et comme il ne s'agissait — il ne devait s'agir — que d'une affaire *d'écriture*, il fallait, avant tout, prendre la meilleure position *sur ce terrain*.

première heure contre l'inculpé Alfred Dreyfus, prend devant l'histoire des proportions tragiques. Cette instruction du général de Pellieux et l'information à laquelle fut délégué le commandant Ravary, sont pour l'histoire, par leur indulgence même et leur partialité en faveur du prévenu, plus odieuses encore et plus détestables même, que les cruelles instructions contre Dreyfus. Tout est changé. A la persécution et à la torture succèdent la bienveillance et la protection. Mais le but est le même. Obéissant à cette loi profonde et mystérieuse du monde moral, qui veut qu'un crime ayant été commis, tout second crime fait pour cacher le premier devienne par là même doublement infâme, les ménagements envers le traître dénoncé, les efforts faits pour couvrir, coûte que coûte, l'assassin présumé, devenaient un second et plus horrible assassinat de la victime. On avait tenté de soulever la pierre du tombeau sous laquelle était enfermé l'enterré vivant ; il fallait, coûte que coûte, la faire retomber et la sceller d'un bloc encore plus lourd.

Est-il besoin de rappeler les faits ? Le commandant Esterhazy, laissé libre durant le cours des deux instructions ; libre d'enrégimenter, pour sa cause, toutes les feuilles de scandales et d'insultes ? La perquisition chez qui ?... chez *l'inculpé* ? non, chez un témoin (1) ! et pendant son absence, au moment même où, mandé, il se rend à la citation ! Le refus d'examiner le *sujet même* de la plainte ! c'est-à-dire le bordereau, parce qu'il y avait « là-dessus, chose jugée. » Alors à quoi bon accepter

(1) Voyez, pour ces *perquisitions*, *Matin* (25 novembre) et *Figaro* (27 novembre). Elles eurent lieu le 22 novembre chez le colonel Picquart et c'est le 27 novembre que le colonel, arrivé à Paris, fut entendu pour la première fois par le général de Pellieux,

cette plainte? Pourquoi faire ce procès, qui consiste *précisément à mettre en question* une partie de la chose jugée ? Et, si celle-ci est déclarée *intangible*, c'est précisément déclarer que le nouveau jugement n'a qu'à enregistrer le premier, qu'il ne peut pas, qu'il ne *doit pas* le discuter! Alors à quoi bon le faire ? Pour en donner le simulacre à la foule, sans doute, et pouvoir dire au peuple : « Dreyfus est condamné une seconde fois, quand on devrait dire : « On a enregistré une seconde fois sa première con-
» damnation. »

L'historien ne peut que regretter qu'une des parties intéressées au procès Esterhazy ne se soit levée pour dire :

« Nous refusons de nous prêter à cet escamotage de la justice. Nous avons accusé sur le *bordereau*. Voulez-vous, vous, les juges du conseil de guerre, discuter sur le bordereau : d'où il vient? comment il a pu être écrit ? par qui? pour qui? etc., etc., ou bien estimez-vous, *comme vos chefs*, y compris votre chef suprême le ministre de la guerre, qu'il y a *chose jugée*, une fois pour toutes ? Et si oui, pourquoi êtes-vous là alors, et pourquoi y sommes-nous ? A quoi bon ce procès? Une fois pour toutes, et *pour l'éternité*, le bordereau est de Dreyfus — parce qu'il en a été jugé ainsi — et Esterhazy l'avouerait lui-même — comme il l'a fait en partie — cela ne ferait rien et vous ne le discuteriez même pas? Bien. Alors nous nous en allons. Acquittez Esterhazy, vous n'aurez rien jugé. Vous n'aurez fait *qu'enregistrer la chose jugée.* »

Devant la Cour d'assises (Audience du 10 février 1898), M. le général de Pellieux a tenu « à exposer entièrement son enquête dans l'affaire Esterhazy. (Déposition de Pellieux.) Il suffit à l'histoire d'en retenir les points suivants. M. le général de Pellieux a déclaré que « l'appartement de M. Esterhazy avait été cambriolé pendant huit mois, » et il a dû reconnaître ensuite que ce n'étaient là que les affirmations de M. Esterhazy. Ces affirmations ont été reconnues fausses. M. le général de Pellieux ne les avait pas contrôlées — ou n'avait pas voulu les contrôler — mais il leur donnait, en public, devant la justice, le poids de son autorité. — Il blâmait sévèrement le colonel Picquart, non pas même *d'avoir communiqué* une pièce d'un dossier militaire à M. Leblois, mais de lui avoir *parlé* de l'existence de cette pièce. M. le général de Pellieux n'a « *pas d'opinion à exprimer.* » « Quelle opinion voulez-vous que j'exprime ? » — (Idem.) Il eût pu, sans se compromettre, exprimer au moins la sienne. — Il considère à une minute d'intervalle : 1° que M. le colonel Picquart est bien naïf de croire qu'une puissance étrangère correspond par la poste avec un de ses agents ; et 2° qu'on « a ouvert les lettres » du commandant, saisies « à la poste, » et qu'on n'a rien trouvé — ce qui prouve son innocence ! — M. le général de Pellieux a d'ailleurs résumé son œuvre et sa pensée d'un mot : « Si j'ai participé à cette œuvre (l'acquittement d'Esterhazy), j'en suis fier. » (Idem). L'histoire laisse cette fierté à M. le général de Pellieux et elle enregistre ses efforts, avoués, reconnus en vue de l'acquittement.

Le commandant Ravary, ayant reçu l'ordre d'informer, procéda à la deuxième instruction. Il en résuma les détails et les conclusions dans son rapport, désormais célèbre, qui fut lu en audience publique devant le deuxième conseil de guerre de Paris, le 10 janvier 1898.

Ce rapport parut, à tout esprit non prévenu, entaché de la même partialité en faveur du commandant Esterhazy, que l'enquête du général de Pellieux. Selon l'énergique et topique expression de M. Grimaux, membre de l'Institut, « il paraît celui d'un ami de l'accusé plutôt que celui du ministère public... » (Cour d'assises, audience du 15 février.) Il visait, avant tout, à innocenter le commandant Esterhazy, et pour cela à infirmer, autant qu'il lui était possible, le témoignage du principal témoin à charge contre Esterhazy, M. le colonel Picquart. Ce dernier a pu déclarer formellement, sans être démenti, que « le commandant Ravary avait l'air d'un homme qui cherchait à s'informer de ce que lui Picquart avait pu faire, et qui s'occupait fort peu de ce qu'avait pu faire le commandant Esterhazy. » (Déposition Picquart, Cour d'assises du 11 février.) C'est-à-dire que cet officier, *chargé d'informer contre le commandant Esterhazy, ne s'occupait que d'informer contre le colonel Picquart.* Il se refusait à citer les témoins indiqués par le colonel Picquart ; à vérifier, à contrôler, à prendre *même simplement note* des charges morales relevées contre Esterhazy. (Idem.) Tout ce qu'il répondait, c'était : « Esterhazy ? nous le connaissons mieux que vous. » Et il n'était plus question de l'inculpé, *au sujet même duquel on avait ouvert une information !* Chose plus grave, le rapporteur n'hésitait même pas à inscrire dans son rapport des allégations mensongères, reconnues devant la Cour d'assises, par les témoins eux-mêmes, comme étant en contradiction flagrante avec leurs propres dépositions. « ... Mis en possession des fragments de la carte-télégramme, le colonel Picquart les *conserva plus d'un mois* avant de les remettre au commandant Lauth. » (Rapport Ravary.) « Lorsque le « petit bleu » a été entre mes mains, et que je l'eus remis au colonel Picquart, celui-ci l'a gardé pendant dix ou douze jours, je ne sais pas au juste, mais cela ne va pas je crois à quinze jours. » (Déposition du commandant Lauth, Cour d'assises du 11 février.) « J'ai remis ce « petit bleu » avec d'autres papiers au colonel Picquart, qui les a gardés quelques jours... C'est là que s'est produite une *petite confusion* (*l*) dans le rapport du commandant Ravary ; c'est la seconde fois que le colonel Picquart a gardé les pièces. » (Idem.) La « *petite confusion* » du commandant Ravary, immédiatement reproduite, lors du procès, avec force commentaires que l'on devine, par toute la basse presse chargée d'égarer l'opinion publique, ne tendait ni plus ni moins qu'à faire soupçonner de *faux* en écritures — et quel faux ! — le colonel Picquart, et à le représenter, devant l'opinion publique, selon l'infâme insinuation du commandant Esterhazy — *complaisamment reportée* par le rapport Ravary, *sans un seul mot de haine ou de révolte*, comme étant *l'auteur même* du « petit bleu » qui serait un *faux*. Voilà comme on tâchait de détruire tout simplement, en passant, la charge la plus terrible contre le commandant Esterhazy. Et voilà comment M. le commandant Ravary écrit l'histoire !

D'ailleurs il est un fait, capital entre tous aux yeux de l'histoire, qui suffit à juger définitivement le rapport Ravary. Comme l'a dit énergiquement M. Grimaux : « Il est dit (dans ce rapport) qu'une pièce secrète, la plus secrète, a été volée au ministère de la guerre, qu'elle a passé par les mains d'une dame voilée, au Sacré-Cœur, et qu'elle revient dans les mains de M. Esterhazy ; et M. Ravary ne s'en étonne pas, il semble trouver la chose toute naturelle, et, tout naturel que cette pièce secrète, que le ministre de la guerre a refusée en 1897 au probe et loyal M. Scheurer-Kestner, qu'il a refusé de communiquer, ce sont des dames voilées qui la promènent ! » Il eût pu ajouter que si M. Ravary, chargé de l'information contre le commandant Esterhazy, ne se préoccupait pas de rechercher la dame voilée c'est qu'apparemment on ne tenait pas à le faire — et pour cause. Cette cause, M. Jaurès n'a pas hésité à la dire bien haut, et sans être autrement démenti que par cet éloge de M. le général de Pellieux lui-même : « L'admirable discours de M. Jaurès. » (Déposition Pellieux, Cour d'assises du 16 février.) « Pourquoi n'a-t-on pas fait d'enquête ? Pourquoi ? Parce que l'enquête aurait démontré assurément que cette phothographie de la pièce secrète ne pouvait avoir été transmise à M. Esterhazy que par les soins de l'État-Major. Il y en a deux raisons décisives : la première, c'est que si l'État-Major n'avait pas su que c'était lui qui avait fait parvenir ce document à M. Esterhazy, lorsque le commandant Esterhazy, officier responsable de la discipline militaire, s'est présenté au ministère de la guerre et lorsqu'il a apporté un document secret sans pouvoir en expliquer la provenance, s'il n'y avait pas eu de connivence évidente de l'État-Major et du commandant Esterhazy, le premier soin et le *premier devoir* de l'État-Major général eussent *été de mettre en état d'arrestation* le commandant Esterhazy apportant une pièce dérobée, intéressant la défense nationale, sans qu'il lui fût possible d'en indiquer la provenance. » (Déposition Jaurès, Cour d'assises du 12 février.) (1).

(1) M. le juge d'instruction Bertulus, dans son ordonnance du 28 juillet 1898, déclare que la version de la dame voilée est « inadmissible par le seul fait que Walsin-Esterhazy serait

L'histoire a le droit de se demander : « *En définitive, qui trompe-t-on ici ?* Quelle est cette manière, indigne, de conduire une instruction contre le capitaine juif Alfred Dreyfus, et cette manière, indigne, précisément à rebours, de conduire une instruction contre le commandant Esterhazy? Pourquoi, dès la première heure, ce parti pris de culpabilité contre le premier? et dès la première heure ce parti pris d'innocence contre le second? Pourquoi, si ce n'est qu'envers le premier on s'est trompé, aveuglé par une haine de race? et qu'envers le second on a voulu l'acquitter, pour ne pas être obligé d'acquitter le premier et de reconnaître une effroyable erreur, dont il y aurait des auteurs responsables? Et alors, on s'est décidé à cette conduite infâme, qui a un nom dans l'histoire, qui a été stigmatisée pour jamais sous le nom de politique Ponce-Pilate : il y a chose jugée, *nous nous en lavons les mains !* On a fait ce sophisme monstrueux : « Dreyfus a été condamné, donc il est coupable. — Or, Dreyfus a été condamné pour le bordereau, donc Esterhazy ne peut pas légalement être l'auteur du bordereau. — Donc Esterhazy est légalement innocent (1). »

resté même quelques instants détenteur d'un document aussi important que celui connu sous le nom de document libérateur ». C'est cependant cette fable grotesque, qui semble empruntée à un roman-feuilleton de Ponson du Terrail, qu'on a voulu, qu'on a osé vouloir imposer à la crédulité du peuple français! Et le général Billot, ministre de la guerre, faisait accuser gravement réception au commandant Esterhazy (d'après le dire de ce dernier) de la restitution de ce document. (*Figaro*, 18 novembre 1897.) Et le général de Luxer, président le 2ᵉ conseil de guerre de Paris, déclarait aussi gravement qu'on n'avait pu, malgré toutes les recherches, retrouver le cocher. » (Conseil de guerre, audience du 10 janvier 1898.)

(1) M. Yves Guyot, l'ancien ministre, écrivait ceci, avec son clair bon sens et son admirable puissance de logique, dans le *Siècle* du 11 janvier 1898 (voir la belle *analyse du Rapport*

Il y a eu bien des crimes commis au nom de la légalité ; il n'y en a jamais eu, il n'y en aura jamais de plus infâme commis dans l'histoire.

Nous le demandons ici, comme historien, à toute personne de bonne foi : Si on eût publié en 1894, dans la *Libre Parole* et dans l'*Intransigeant*, des lettres de Dreyfus jurant à chaque ligne la haine de la France, comme celles du commandant Esterhazy... si les défenseurs de Dreyfus eussent promené dans tout Paris, dans le manchon d'une dame voilée, un document secret volé au ministère de la guerre, quelle eût été la clameur publique ! quelle eût été la magnifique et théâtrale attitude du gouvernement, flétrissant cet infâme « uhlan », poursuivant tous ses complices et demandant, au nom du salut de l'Etat, qu'on fît tomber sur l'autel de la Patrie la tête de tous ces misérables !

« O divine comédie ! » a dit Renan.

Ravary dans la *Revision du procès Dreyfus*) : « Le commandant Ravary n'a rien pu comprendre à cette passion de justice qui anime un officier qui, découvrant le véritable coupable, l'a dit ; qui a réservé toute sa carrière militaire, tout son avenir (il eût pu mettre *sacrifié*), parce qu'il a appris qu'il y a un innocent à Cayenne et un coupable en liberté ; qui, dans son besoin de vérité, a insisté auprès de ses chefs, qui, après l'avoir écouté tout d'abord, lui ont répondu : « Il y a chose jugée ! et lavons-nous les mains ! » Le commandant Ravary est exaspéré contre cet homme, et alors il le dénonce comme criminel ; c'est contre lui qu'il requiert ; nous assistons à cette chose d'un grotesque effroyable : L'apologie d'Esterhazy et le réquisitoire contre le colonel Picquart ! » (Page 58.)

« Hélas ! de telles aberrations sont-elles possibles ? Peuvent-elles être rêvées ? Oui, puisqu'on les imprime. Mais peuvent-elles être réalisées ? Nous en douterons jusqu'au bout... » (*Id.* page 37.) — Elles ont été réalisées.

D. — LE PREMIER PROCÈS ZOLA.

Février 1898.

Pour la troisième fois, depuis le début de cette lugubre affaire Dreyfus, dans ce troisième procès qu'elle suscite, l'histoire doit enregistrer encore une fois que l'autorité supérieure a voulu circonscrire le débat, et le diriger à sa guise, en vue d'obtenir un résultat voulu à l'avance. Il s'agissait cette fois-ci d'un procès civil. On recourut néanmoins aux procédés de la justice militaire, de cette justice qui n'est « pas la même », selon l'expression de M. Ravary. Chose unique peut-être dans les fastes de la justice civile, on laissa envahir le prétoire par l'autorité militaire qui, s'adressant aux jurés, c'est-à dire aux juges, laissa tomber dans la balance de la justice le poids de son épée. *La question posée*, cette fois, ce ne fut pas : « Le prévenu est-il coupable ? » mais : « L'Etat-Major doit-il démissionner ? » Le jugement fut rendu en conséquence. Mais cette intervention de l'autorité militaire dans le fonctionnement de la justice civile eut dans tout le monde civilisé un long retentissement.

Il y eut un homme, parmi tous ceux que le résultat du procès Esterhazy avait indignés, qui ne sut pas, — à tort ou à raison — qui ne *put* pas faire taire la violence de son indignation. Dans une lettre restée fameuse, adressée au Président de la République lui-même (13 janvier), M. Zola fit entendre une « protestation enflammée » qui n'était que le cri de son âme.

La lettre tenait six colonnes d'un journal. Après huit jours d'hésitations et de réflexion, le gouvernement en retint, pour citer M. Zola devant la Cour d'assises de la Seine (18 janvier), non pas même un paragraphe, mais la seconde moitié d'un paragraphe tenant à la première par la conjonction *et* (1).

Renoncer à poursuivre l'auteur pour la première moitié de ce paragraphe, incomplètement visé, c'était en fait, devant l'opinion publique et devant l'histoire, reconnaître la vérité de ce fait : le premier conseil de guerre, dans l'affaire Dreyfus, a « *violé le droit en condamnant un accusé sur une pièce restée secrète* ». L'histoire a le droit d'enregistrer. — Pour les autres *accusations* que contenait cette fameuse lettre « *J'accuse* », le gouvernement et le ministre de la guerre déclaraient que l'honneur de l'armée et de ses chefs était au-dessus de ces imputations calomnieuses. (Chambre des Députés, séance du 22 janvier 1898.) Mais les conseils de guerre, comme le remarquait M. Jaurès à la Chambre des députés (*id.*), n'étaient pas au-dessus de certaines imputations, de certaines accusations précises. Si donc on ne songeait qu'à défendre le bon droit de l'un, c'est que l'autre était reconnu avoir été coupable.

Quant aux « chefs de l'armée », en général, quand il ne s'agissait que de certains chefs, deux ou trois, — c'était mettre là un pluriel total arbitraire. Et quant à « l'honneur de l'armée » enfin, dont on devait mener si grand bruit, l'Histoire se contente de remarquer qu'il n'avait pas été mis en cause et qu'il

---

(1) Voici le passage poursuivi :
« J'accuse enfin le premier conseil de guerre d'avoir violé le droit en condamnant un accusé sur une pièce restée secrète, et j'accuse le second Conseil de guerre d'avoir couvert cette illégalité par ordre en commettant à son tour le crime juridique d'acquitter sciemment un coupable. » (Lettre au Président.)

Le 14 janvier, la Chambre avait voté un ordre du jour *de Mun* et *Guérin* demandant des poursuites contre *l'Aurore*.

n'avait pas été atteint un seul moment par la condamnation de Dreyfus, et qu'on ne voit pas comment il pouvait l'être non plus par la condamnation d'un Esterhazy à la place de Dreyfus. Mais c'est sur cette équivoque-là, quand on sait le prestige des grands mots et des beaux mots en France, qu'on a tenté, — et qu'on est arrivé à le faire pendant un certain temps, — d'égarer, d'affoler l'opinion publique, et de la révolter arbitrairement et lâchement contre ceux qui ne demandaient que la lumière et la justice. Il sera aussi intéressant que triste, pour les psychologues et pour les historiens de l'avenir, de voir même jusqu'à quel point et jusqu'à quelle hauteur — de bonne foi ou non — ce sophisme meurtrier a pu s'étendre alors. Il a été jusqu'à faire dire à un critique célèbre, membre de l'Académie française, à qui l'Histoire fera peut-être la charité de ne pas rappeler son nom — il a été jusqu'à lui faire dire — de bonne ou de mauvaise foi — et nous aimerions presque mieux ce dernier cas, bien qu'il soit plus pénible encore de douter de la moralité d'un homme que de son intelligence — que pour juger de l'écriture d'un document, « trois conseils de guerre valent mieux qu'un paléographe » (combien faut-il *appeler de conseils de guerre, quand on a la fièvre, pour savoir si l'on doit prendre de la quinine ou un vomitif?*) — et il a été jusqu'à faire dire à un disciple qui voulait renchérir par avance sur le Maître — on n'est jamais trahi que par les siens — que celui qui dénonçait Esterhazy comme traître avait « *pour sa part livré un peu du sol de France* ». L'Histoire, en nommant M. René Doumic, de la *Revue des Deux Mondes* (1), afin de rappeler publi-

---

(1) *Revue des Deux Mondes* des 15 février et 15 mars 1898.

quement la reconnaissance à laquelle il a droit de la part de son directeur... de conscience ou autre, se contente de lui demander quelle part du sol de la France ont livré ceux qui ont dénoncé le traître Dreyfus, et quelle part il livrera lui-même, si, connaissant un traître, il fait son devoir et le dénonce.

Il nous suffira maintenant de rappeler les faits suivants avant de conclure ce résumé historique :

Dès le début de ce premier procès Zola, la défense demanda, *selon la jurisprudence constante interprétant la loi* 1881, à faire la preuve des faits connexes aux faits visés. La Cour déclara dans un arrêt — désormais historique — que « les faits énoncés » ne se rattachaient « pas du tout aux faits nettement articulés et précisés dans la citation ; qu'il n'existe entre eux aucun lien de dépendance, d'identité de personnes, d'indivisibilité ni de *connexité* ». (Cour d'assises, audience du 7 février.) Pour la seconde moitié du paragraphe incriminé. relié à la première par la conjonction *et*, c'est-à-dire formant une *seule et même phrase*, la Cour a répondu qu'il n'avait « aucun *rapport* et aucune *connexité* avec les faits qualifiés dans la citation ». (Audience du 8 février.) La Cour n'a pas eu la pudeur ou même la prudence de ne pas se servir de la même conjonction *et*.

Dès lors, l'obstruction était faite. Durant ce long procès, ce furent toujours les mêmes qui demandèrent la lumière, et ce fut toujours l'autorité judiciaire qui s'employa à faire les ténèbres. Le président qui, aux termes mêmes de l'article 319 du Code d'instruction criminelle, a le pouvoir discrétionnaire de « prendre sur lui *tout ce qu'il croira utile pour découvrir la vérité* », et dont la loi « charge l'honneur et la conscience d'employer tous ses efforts pour en *favoriser* la manifestation », ne jugea pas à propos de faire usage de ce pouvoir. Il refusa d'interroger le plus grand nombre des témoins : Madame Dreyfus, MM. Forzinetti, Lebrun-Renault, les membres du premier conseil de guerre, etc., etc. Et aux autres « la question ne fut pas posée ». — Il était défendu de parler de l'affaire, mais on laissa toute liberté aux généraux pour affirmer solennellement leurs convictions. Et « nul n'oubliera le mutisme tragique de M. Salles, *répondant de toute sa personne*, tandis que le président lui défendait d'ouvrir la bouche » (1). — Le ministre de la guerre, en tant que partie plaignante, sommait M. Zola d'apporter la preuve de ses accusations, et lui en enlevait le moyen en tant que chef de l'armée. — M. le ministre de la guerre, cité lui-même comme témoin, n'a pas comparu. — Le secret professionnel a été arbitrairement confondu avec le secret d'Etat, et aucune discussion juridique n'a pu être permise à la défense sur ce point.

La Cour refusa de faire verser aux débats les dossiers de l'affaire Dreyfus et de l'affaire Esterhazy, parce que ces deux procès avaient été jugés à huis clos, ce qui eût été tout au plus une raison pour prononcer le huis-clos devant la Cour d'assises, demandé en vain par la défense. Devant les démentis échangés entre MM. Gribelin et Leblois, Picquart et Henry, le président s'est contenté de cet euphémisme : « *Il y a désaccord* ». (Il y eut une insulte : « Vous avez menti », et même un duel ultérieurement !) Et la Cour s'est refusée, comme le demandait la défense, à ouvrir une instruction et un débat afin d'établir lequel des témoins en présence, dans

---

(1) *Revue Blanche* du 15 mars 1898, *Le Procès*. — Le meilleur travail paru sur la question. Nous lui empruntons avec reconnaissance les quelques remarques qui suivent.

les deux cas, avait menti. Enfin, on a limité les débats par tous les procédés juridiques possibles, par « toutes les hypocrisies de procédure », comme l'a dit M. Zola, qui demandait uniquement d'avoir le droit « d'être traité comme les assassins et les voleurs, qui ont le droit de faire la preuve de leur probité, de leur bonne foi et de leur honneur. » (Audience du 8 février.) Ce droit lui a été refusé, dans des parties essentielles et seules d'un intérêt capital, au nom d'une prétendue raison d'Etat, qui n'était au fond que l'infaillibilité des conseils de guerre, ce second dogme désormais de la religion catholique, universelle et romaine.

Mais malgré la limitation des débats, malgré qu'on les eût fait dévier de la façon théâtrale que l'on sait, pour produire en scène les déclarations des généraux, il reste devant l'histoire, de ce premier procès Zola, que M. Zola a fait « toute sa preuve (1) ». Il a *prouvé* jusqu'à l'évidence qu'il avait été de bonne foi ; qu'il n'avait pas voulu calomnier ni insulter des gens qu'il ne « connaissait même pas », comme il l'avait écrit.

IL A FAIT LA PREUVE QU'IL N'Y AVAIT PAS DE PREUVE DE LA CULPABILITÉ DE DREYFUS.

Voilà ce qui importe. Voilà ce qui demeure. Et aux clameurs qui ont salué la fin de sa déclaration au jury : « La preuve ! la preuve ! » de l'innocence de Dreyfus ? Zola eût pu répondre : « Et celle de sa culpabilité ? Nous la cherchons depuis quatorze audiences et nous ne l'avons pas trouvée ! Il n'y a jamais eu de preuve de l'innocence d'un homme qu'on pût tenir dans la main pour la montrer. Quand on n'a rien fait, on ne peut pas montrer ce qu'on a

---

(1) *Revue Blanche* du 15 mars 1898.

fait. C'est quand on ne peut pas montrer contre quelqu'un de preuve de sa culpabilité qu'il est innocent. Où est la preuve de la culpabilité de Dreyfus ? Vous me montrez le bordereau et moi je vous prouve qu'il est d'Esterhazy ! »

En définitive, devant l'histoire, l'affaire Dreyfus se résume en ceci :

L'autorité militaire ayant dû écarter toutes les charges morales, ayant dû reconnaître la parfaite honorabilité de la vie du capitaine Dreyfus, a cependant persisté à l'accuser d'être l'auteur d'une lettre-missive, réduite à l'état de chiffon de papier déchiré en morceaux et qui annonçait l'envoi de documents, que l'autorité militaire elle-même qualifiait de « sans importance » (Note Havas à la presse du 31 octobre 1894), à un ressortissant d'une puissance étrangère. Un soi-disant expert en écritures, en réalité simple fonctionnaire de police, s'est rencontré pour affirmer et persuader à deux autres experts qui avaient travaillé sous sa direction, que l'écriture de cette lettre missive était identique à celle de de Dreyfus — malgré les *nombreuses dissemblances reconnues* — contre l'avis des autres experts désignés, parfaitement honorables et universellement appréciés. La déposition de cet expert, M. Bertillon, devant le conseil de guerre, qui dura trois heures, fut incompréhensible pour tous, comme le reconnut lui-même le commissaire du gouvernement, le commandant Brisset (B. Lazare, 1er Mémoire, p. 53, non démenti). L'impression fut alors si déplorable que le second expert à charge, M. Teyssonnières, a déclaré que sans son intervention, la déposition de M. Bertillon aurait certainement compromis le résultat de l'affaire. (Dép. Trarieux, Cour d'assises, 14 février.) Quand le public intelligent de France et du monde entier eut connaissance du diagramme de la fameuse forteresse de M. Bertillon, et de sa déposition devant la Cour d'assises, il put juger que M. Bertillon était fou. L'histoire ajoute que sa folie fut criminelle.

Sur cette expertise, le capitaine Dreyfus fut condamné officiellement à l'horrible supplice qu'il endure depuis quatre années.

En réalité, il aurait été condamné sur la communication de pièces secrètes, que l'autorité militaire s'est ultérieurement refusée à laisser discuter.

Trois ans plus tard, le véritable auteur du bordereau est dénoncé à l'autorité militaire. *Vingt experts*, parmi les plus célèbres de France et de l'étranger, affirment que le bordereau est de l'écriture d'Esterhazy. L'autorité militaire choisit *trois experts*, qui reconnaissent que le bordereau est de l'écriture d'Esterhazy, mais qui concluent qu'il n'est pas de *sa main*, et, sur leur rapport, Esterhazy est acquitté. Un écrivain, M. Zola, s'en indigne hautement. Pour donner satisfaction à l'honneur de l'armée, soi-disant attaqué par M. Zola, qui n'avait visé que quelques personnalités, le gouvernement — après huit jours de réflexion — se décide à poursuivre M. Zola. L'autorité judiciaire le somme de faire sa preuve, et en même temps lui en ôte les moyens, en refusant d'entendre ses témoins.

L'histoire conclut qu'on *redoute par-dessus tout* de faire la lumière, parce qu'une erreur judiciaire ayant été commise, l'autorité militaire se refuse à la reconnaître, et le gouvernement de la France se refuse à la laisser même discuter.

Elle constate aujourd'hui que les trois jugements rendus dans cette affaire ont été violés dans la forme et dans le fond :

« Le premier. Jugement de 1894, contre Alfred Dreyfus, parce que celui-ci a été condamné sur des pièces secrètes et que le bordereau qui lui a été attribué n'est pas de lui.

» Le deuxième. Jugement de 1898, en faveur d'Esterhazy, parce qu'il *était interdit aux membres du conseil de guerre de mettre en doute* l'autorité de *la chose jugée*, c'est-à-dire que le bordereau fût de Dreyfus, et par suite interdit de l'attribuer à Esterhazy.

» Le troisième. Jugement de 1898, contre Zola, parce qu'on n'a pas posé au jury la question : « Zola est-il coupable? » mais : « L'état-major doit-il démissionner » ?

L'Histoire, cour suprême, casse devant la postérité, au nom de l'éternelle justice, ces trois jugements, comme nuls et non avenus, et, citant pour la dernière fois Alfred Dreyfus à sa barre, déclare que *rien, absolument rien*, ne prouve sa culpabilité; en conséquence, le déclare innocent.

II

Faits désormais acquis à l'histoire.

Il résulte de l'examen historique de l'affaire Dreyfus les faits suivants, actuellement prouvés et désormais acquis à l'histoire.

A. — EN CE QUI CONCERNE L'INSTRUCTION CONTRE ALFRED DREYFUS

1° En 1894, une lettre-missive, attestant un fait de trahison, étant arrivée, par le canal d'un agent au service des renseignements à l'état-major du ministère de la guerre, (déposition du colonel Picquart, Cour d'assises), l'autorité militaire suprême, dans la personne du général Mercier, ministre de la guerre, partit *arbitrairement* de l'idée fixe que la lettre-missive incriminée devait être l'œuvre d'un officier d'artillerie, employé dans les bureaux de l'état-major (acte d'accusation, § 1), alors qu'il a été prouvé par la suite que le dit bordereau, de par la nature même des documents énoncés, devait être l'œuvre d'un officier de troupe, peu au courant des choses de l'artillerie. (Déposition Picquart, 16 février 1898. — Voir *Siècle*, 18 février, sur la pièce 120.)

2° L'instruction contre le capitaine juif Alfred Dreyfus a été ouverte par le colonel Sandherr, chef du bureau des renseignements à l'état-major, qui poussait la haine des juifs, commune à beaucoup d'Alsaciens, jusqu'à la monomanie et à l'idée fixe (déposition de M. Lalance, ancien député protestataire au Reichstag, Cour d'assises du 19 février 1898), qui, avant l'affaire Dreyfus, faisait à un observateur de bonne foi l'effet d'un déséquilibré et presque d'un fou, et qui est mort au printemps 1897 d'une paralysie générale, ou d'un ramollissement du cerveau, *déjà avancé lors du procès.*

3° L'instruction contre Dreyfus a été poursuivie par le colonel, alors commandant, du Paty de Clam, qui a employé des procédés de tortionnaire et des moyens de mélodrame pour tâcher d'arracher, coûte que coûte, un aveu compromettant au malheureux inculpé. (Lettre de madame Dreyfus à M. Cavaignac, du 15 janvier. Déposition personnelle du commandant Forzinetti, *Figaro* du 27 novembre 1897.)

4° L'arrestation du capitaine Dreyfus fut décidée, en principe, sur l'affirmation, *touchant son écriture,* d'un profane en la matière, le commandant du Paty de Clam, *contrairement à l'avis du seul expert compétent* commis jusqu'alors, M. Gobert. (Remise du rapport Gobert, le 13 octobre au matin. — Acte de convocation pour le 15. Bernard Lazare, 1ʳᵉ brochure, 2ᵉ édition, p. 29. Renseignement personnel, sans doute de la famille. *Non démenti.* Remise du premier rapport Bertillon le 13 *au soir,* seulement. Acte d'acc., § 3.)

5° L'instruction contre le capitaine Dreyfus, qu'on laissa volontairement *quinze jours dans l'ignorance absolue de ce dont on l'accusait,* qu'on tâcha, durant ces quinze jours de torture morale, de faire divaguer, en lui posant les questions les plus saugrenues et les plus contradictoires (acte d'accusation, et annotation 15 B. Lazare, *non démentie*) — dont on soumit la femme durant quinze jours à une torture morale infâme, dans l'espoir de lui arracher une parole quelconque dont on pourrait faire un aveu, ou un indice compromettant pour son mari ; refusant de lui dire l'accusation qui pesait sur celui-ci ; lui défendant d'annoncer son arrestation à qui que ce fût au monde ; l'empêchant même de lui donner des nouvelles d'un de ses enfants malades ; ne l'abordant que l'injure à la bouche et fouillant jusque dans ses lettres de jeune fille et de fiancée — cette instruction militaire, confiée au commandant du Paty de Clam, restera à jamais comme un modèle d'infamie et de cruauté inutile. « La justice militaire n'est pas la vôtre, » a dit le commandant Ravary à un avocat. (Cour d'assises du 11 février.) Et le capitaine Dreyfus a dit un jour : « Je n'ai pas eu affaire à des instructeurs, mais à des bourreaux. » L'histoire enregistre aujourd'hui cette vérité.

B. — EN CE QUI CONCERNE LE RÔLE DE LA PRESSE CHARGÉE D'ÉGARER L'OPINION PUBLIQUE.

1° Durant tout le cours de l'instruction contre le capitaine Dreyfus, et *à mesure même que toutes les prétendues charges accumulées contre lui s'évanouissaient* l'une après l'autre, *aucune ne devant être retenue devant le conseil de guerre* (Réquisitoire du commandant Brisset, commissaire du gouvernement) — l'autorité militaire laissait — ou faisait — raconter dans certains journaux, et en particulier dans l'*Eclair, sans en démentir aucune,* les assertions les plus impudentes, les affirmations les plus fantaisistes et les plus effrontées, les plus effroyables calomnies (*Dreyfus trahit depuis le jour où il est entré dans l'armée; intime des ambassades étrangères ayant des complices civils; faisant de nombreux voyages; joueur; débauché; ruiné, etc., etc.*) et jugeant enfin que cela ne suffisait pas pour fixer définitivement l'opinion publique dans le sens que l'on voulait, l'autorité militaire suprême, *dans la personne du général Mercier, ministre de la guerre, déclarait qu'elle « avait en main des rapports accablants contre Dreyfus »* (*Figaro* du 20 nov. 1894), alors qu'elle n'avait à cette date, que *les deux seuls rapports contradictoires* de MM. Gobert et Bertillon, et alors que, plus tard, l'acte d'accusation ne contient *aucune trace* de ces rapports accablants, — pas plus qu'aucune mention de complices civils, pas plus qu'aucune affirmation des prétendues relations de Dreyfus avec avec les ambassades étrangères, — *et alors que cet homme n'était encore qu'un inculpé, le ministre de la guerre le déclarait coupable* devant toute la nation française ! (*Matin* du 18 novembre 1894. *Figaro* du 28 novembre.) Et obligé de reconnaître enfin ce qu'avait de monstrueux cette intervention du chef de l'armée, par avance, dans un procès soumis à la justice militaire, le ministre de la guerre essayait de démentir ces propos. (*Temps* du 28 novembre.) Il n'avait pas démenti ceux du journal *le Matin*, et le lendemain d'ailleurs (*Figaro* du 29 novembre) le journal *le Figaro* maintenait définitivement ce fait capital de *l'affirmation par avance, par le ministre de la guerre, de la culpabilité de Dreyfus*, au cours d'une conversation qui avait duré une heure et demie, et, cette fois, *n'était plus démenti*, et pour cause. — En même temps, la basse presse, antisémite et patriotarde, poursuivait à l'avance Dreyfus de ses clameurs de haine, et déclarait qu'il n'était pas Français, parce qu'il était juif.

2° Le journal *l'Eclair*, du 14 septembre 1896 (numéro du 15), donnant des renseignements *qui ne pouvaient être connus que de l'autorité militaire*, on lui laissait — *on lui faisait* donner, (sans parler d'autres mensonges multiples) :

   a) une fausse version de la pièce secrète (lettre chiffrée, — *elle ne l'est pas;* de septembre 1894, — elle est de 1893 ; contenant : cette canaille de Dreyfus, — *elle contient cette canaille de D...* (Guyot, *Revision du procès Dreyfus*, p. 72 et suiv. — Rapport Ravary... Déposition du colonel Picquart, Cour d'assises.)

   b) Une fausse version du bordereau.

   c) Une fausse version des circonstances de l'arrestation.

Tous *faux volontaires*, destinés à égarer l'opinion publique, *comme si quelqu'un avait eu un intérêt capital* à ce que toute la nation française fût bien persuadée de la culpabilité de Dreyfus.

3° Les renseignements n'ayant pu être communiqués que par *quelqu'un qui tenait de très près à l'Etat-Major*, le chef du bureau des renseignements, alors le colonel Picquart, qui ne quitta son service que le 14 novembre de la même année (1896) « demanda par écrit qu'une enquête fût faite. Elle ne fut pas faite. » (Déposition Picquart, Cour d'assises du 10 février 1898.)

4° Le journal *le Matin*, numéro du 10 novembre 1896, publia un fac-similé du bordereau, en l'accompagnant d'appréciations erronées et de longues dissertations sur l'écriture, empruntées au rapport de M. Bertillon, et destinées à convaincre avant tout le public de l'identité des écritures du bordereau et de Dreyfus.

C. — EN CE QUI CONCERNE LE PROCÈS DE 1894.

1° Le capitaine Alfred Dreyfus a été condamné *officiellement* par le premier conseil de guerre de la place de Paris, le 23 décembre 1894, sur le *seul bordereau*, qu'il a nié avoir écrit et qui lui était attribué par les experts désignés, à la majorité d'*une voix* (trois contre deux); et il a été condamné, sur le *seul fait* de cette attribution d'écriture. « Cette lettre-missive est de l'écriture du capitaine Dreyfus. M. le commandant du Paty de Clam l'a affirmé; MM. Bertillon, Charavay et Teyssonnières l'ont affirmé à leur tour ; je déclare qu'il est de sa main, vous le déclarerez aussi et vous condamnerez cet homme. » (Conclusion du réquisitoire du commandant Brisset, commissaire du gouvernement, au procès de 1894. Cité par B. Lazare, deuxième Mémoire sur l'affaire Dreyfus, page 38, *non démenti.*) Sur les pièces énoncées au bordereau, en effet, *et contrairement aux insinuations émises dans l'acte d'accusation*, on n'a pu produire devant le conseil de guerre :

a) Aucune preuve qu'un officier ait jamais donné des renseignements au capitaine Dreyfus sur le frein de 120.) « Il lui a suffi de se procurer... » Affirmation *gratuite* de l'acte d'accusation.)

b) Aucune preuve qu'il ait eu connaissance des modifications apportées au fonctionnement du commandement des troupes de couverture. (« Il nous paraît impossible que le capitaine Dreyfus n'ait pas eu connaissance... etc. » Affimation *gratuite* de l'acte d'accusation.)

c) Aucune preuve qu'il ait pris connaissance de renseignements — ou qu'il en ait demandé sur Madagascar — (« Le capitaine Dreyfus a pu se procurer... » Affirmation *gratuite* de l'acte d'accusation.)

e) Aucune preuve que le capitaine Dreyfus se soit jamais entretenu avec un officier du deuxième bureau de l'État-Major, et qu'il ait connu le projet de manuel du tir de campagne 1894. (L'acte d'accusation affirme qu'il s'en est entretenu avec un officier supérieur; mais il ne peut produire l'interrogatoire du commandant Jeannel, et on a *refusé* à Dreyfus de le confronter avec lui. Affirmation *gratuite* de l'acte d'accusation.)

Il restait donc uniquement contre Dreyfus l'écriture du bordereau, qui lui était attribué par les experts commis, à *la majorité d'une voix,* trois : MM. Bertillon, Charavay, Teyssonnières ; contre deux : MM. Gobert et Pelletier, dont le commissaire du gouvernement *a volontairement omis le témoignage à décharge.* (Conclusion du réquisitoire, phrase citée.)

2° Des trois experts eux-mêmes qui ont attribué le bordereau à Dreyfus, le *premier, M. Bertillon,* a fait devant le Conseil de guerre un rapport incompréhensible, et sa « forteresse » graphique a donné publiquement à la Cour d'assises (audience du 13 février 1898), la preuve de son aberration d'esprit. Ultérieurement, d'ailleurs, il a osé déclarer publiquement : « *Je n'affirme jamais l'authenticité d'un écrit* (1) ... » (*Journal des Débats,* 23 septembre 1895.) Et enfin, quand on lui a remis à examiner, *sans qu'il sût d'où elle venait,* l'écriture du commandant Esterhazy, il s'est écrié : « Cette fois, ce n'est plus l'analogie comme pour Dreyfus, *c'est l'identité même!* » (Déposition Picquart, Cour d'assises du 11 février 1898.)

Le second expert, M. Teyssonnières, a été rayé de la liste des experts près le tribunal de la Seine, pour indélicatesse; réintégré depuis, il a été convaincu de mensonges par MM. Scheurer-Kestner et Trarieux, à la Cour d'assises. (Voyez déposition Lalance-Teyssonnières-Scheurer-Kestner.)

Le troisième, M. Chavarya, a déclaré très franchement: « Jamais de ma vie je ne condamnerai sur une expertise en écritures si je n'avais des faits moraux qui pussent arriver à me donner une preuve. » (Déposition, Cour d'assises 13 février.)

3° La condamnation du capitaine Alfred Dreyfus a été prononcée par les juges du premier conseil de guerre de Paris, après que leur jugement eût été influencé par la communication en chambre de délibérations, de *pièces secrètes*, — fausses ou vraies (1)

---

(1) Dans la séance de la Chambre du 7 juillet 1898, M. Cavaignac, ministre de la guerre, a cité *trois* pièces, les trois plus importantes sur « plus de mille pièces recueillies pendant six ans par le service des renseignements de la guerre ». — Les deux premières, de mars et avril 1894, portent l'initiale D. Cette initiale peut être de convention et s'appliquer à tous les noms commençant par un D. Le bureau des renseignements du ministère de la guerre tout entier; le chef de ce bureau d'alors (colonel Picquart); le ministre de la guerre d'alors; le chef d'Etat-Major général d'alors (général de Boisdeffre) —n'ont *jamais considéré* que cette initiale D pût s'appliquer au capitaine Alfred Dreyfus. On avait songé à l'appliquer un instant à un *agent inférieur*, mais on a reconnu qu'il n'y avait aucune raison de le faire.

La troisième pièce, de 1896, avant l'interpellation Castelin, porte le nom de Dreyfus en toutes lettres. Elle est écrite en un français grotesque, digne d'un personnage bouffe des comédies de Molière, et jure monstrueusement avec le style correct et naturel des deux premières. Le colonel Picquart, devant la Cour d'assises (procès Zola) y avait déjà fait allusion comme d'une pièce suspecte de faux, à tout point de vue, ce qui lui avait valu, pour faire diversion sur l'esprit du jury et du public, d'être accusé par le général de Pellieux de vouloir insinuer que les gé-

— qui n'ont été communiquées, ni à l'accusé, ni à son défenseur. Fait *illégal et monstrueux* : on a condamné un homme sans l'entendre. (Dossier secret, rapport Ravary. — Dépositions de M° Demange, Cour d'assises de février 1898, de M. Stock ; aveu tacite du général Mercier et silence imposé à M. Salles, article de l'*Éclair* du 15 septembre 1896, non démenti par l'autorité militaire.)

4° Les droits de la défense ont été violés (première audience du procès de 1894), où le Président supprima la parole à M° Demange sur ces mots : l'unique pièce. — « La défense n'est pas libre ! » Exclamation de M° Demange, journaux de l'époque.)

5° Le dernier mot du procès de 1894 a été dit — sans le vouloir — par le commissaire du gouverne-

néraux étaient des faussaires ! Fidèle — jusque devant l'insulte — au secret professionnel, le colonel Picquart ne se crut pas autorisé à discuter cette pièce en public. Le ministre de la guerre, M. Cavaignac, ayant rompu le premier ce silence professionnel par sa déclaration publique du 7 juillet 1898, le colonel Picquart se déclara prêt à prouver, « devant toute juridiction compétente » que cette pièce « *présentait tous les caractères d'un faux* ». Le ministre lui répondit en le faisant jeter en prison. (Voire note page 102.)

L'histoire constate que les juges de 1894, n'ayant connu *officiellement* et *légalement* que le bordereau, et *secrètement* que les deux premières pièces, Alfred Dreyfus a été condamné à son atroce supplice, non plus seulement sur quelques lignes d'écriture, mais sur une *simple initiale !* Quant au mot *Dreyfus* apparu *après coup*, — deux ans après ! dans une pièce dont on offre de *prouver la fausseté*, quand on voudra bien en laisser faire la preuve, l'histoire laisse à M. Cavaignac le triste courage d'y avoir cru ou d'y avoir voulu croire, pour persister à vouer un de ses semblables à un martyre sans nom. Enfin, quant aux « deux correspondants » dont a parlé ici M. Cavaignac et qui seraient « certaines personnes dont on a parlé », si c'est MM. Panizardi et Schwartzkoppen, ils ont déclaré publiquement, devant l'Europe et devant l'histoire, que leur homme — le traître — était Esterhazy, espion à gages, à 2.000 francs par mois. (Déposition Casella (*Procès Zola*, volume II), et lettre Conybair (*Siècle* du 4 juin 1898.)

ment, à la première audience : « Il y a d'autres intérêts que ceux de la défense et de l'accusation en jeu dans ce procès. »

D. — EN CE QUI CONCERNE LE PROCÈS ESTERHAZY.

1° Toutes les lettres d'Esterhazy à madame de Boulancy, publiées par les journaux, sont authentiques. Celle dite du « uhlan » est la seule dont Esterhazy ait essayé d'insinuer la fausseté. Malgré la demande de madame de Boulancy, on n'a pas ouvert d'enquête sérieuse pour rechercher qui aurait commis ce faux, parce qu'on a mis Esterhazy au défi de prouver que ce fût un faux. Dans une lettre, rendue publique, Esterhazy n'a plus distingué entre cette lettre et les autres, qu'il avait reconnues avoir écrites. (Lettre de M. Esterhazy à madame de Boulancy. Voyez aussi *Annexe*, ordonnance Bertulus.)

2° Le bordereau, sur lequel Dreyfus a été condamné, a *été écrit par Esterhazy*. (Dépositions personnelles, ou devant la Cour d'assises, de MM. G. Monod, Bridier, Crépieux-Jamin, Burckardt, de Rougemont, Frank, Moriaud, Paul Meyer, L. Havet, Giry, Molinier, Bourmont, etc., etc. Aveu de M. Bertillon au colonel Picquart : « C'est l'écriture du bordereau. » (Déposition Picquart, Cour d'assises du 10 février.)

M. Esterhazy déclare qu'on a décalqué son écriture et MM. Couard, Varinard et Belhomme, *reconnaissant l'identité*, se rejettent aussi sur l'hypothèse d'un « décalque, » assertion monstrueuse d'un fait *impossible*, puisque Dreyfus n'a *jamais connu* Esterhazy, et que s'il avait décalqué l'écriture de quelqu'un, il eût essayé, lors du procès, de détourner les soupçons sur cette personne.

3° Le *petit bleu* adressé au commandant Esterhazy est arrivé au service des renseignements de l'Etat-Major du ministère de la guerre par le même canal que le bordereau. (Déposition du colonel Picquart.)

4° Le bordereau incriminé est du printemps de 1894. (Acte d'accusation. — Déposition du colonel Picquart, Cour d'assises de février 1898.) Cette année-là, le capitaine Dreyfus n'est jamais allé en manœuvres, n'a jamais dû s'y rendre, et le commandant Esterhazy y est allé deux fois : en *mai 1894*, comme major de son régiment, et en août 1894, *sur sa demande et à ses frais*, pour assister aux écoles à feu de la troisième brigade d'artillerie. (Procès Esterhazy. — Interrogatoire du commandant.)

5° Un document, soi-disant « libérateur », aurait été remis au commandant Esterhazy par une dame voilée, agissant mystérieusement, document qui aurait été soustrait au ministère de la guerre. On n'a jamais fait d'enquête sérieuse et définitive pour découvrir l'auteur de ce vol (déclaration du général Gonse, Cour d'assises de février 1898), et il a été prouvé que M. le commandant du Paty de Clam s'est servi autrefois, dans une autre affaire, de ce même moyen d'une dame voilée. (Déposition de M° Leblois, Cour d'assises.)

6° Le président du deuxième conseil de guerre, général de Luxer, n'a pas cru devoir relever cette réponse extraordinaire du commandant Esterhazy : « J'ai supposé que l'auteur de ces cambriolages (d'avant le 20 octobre) était M. Mathieu Dreyfus (!) » (Procès Esterhazy ; interrogatoire du commandant), alors que M. Esterhazy a déclaré devant le conseil de guerre, un instant auparavant, qu'il n'avait été averti du soi-disant complot tramé contre lui que le 2 octobre, par une lettre signée : Speranza. (Procès Esterhazy, interrogatoire du commandant.)

7° M. Mathieu Dreyfus ayant accusé officiellement M. Esterhazy d'être *l'auteur du bordereau* attribué à son frère, le général de Pellieux, procédant à une première enquête, ne s'est même pas occupé, tout d'abord, d'examiner le bordereau, c'est-à-dire le *sujet même de la plainte*, considérant qu'il y avait chose jugée, c'est-à-dire que le bordereau était, une fois pour toutes, considéré comme étant de Dreyfus. (Déclaration du général de Pellieux. « Je ne me suis pas cru le droit... comme officier de police. ») L'autorité de la chose jugée était donc posée comme un dogme intangible, l'enquête devenait purement *illusoire*, et le verdict d'acquittement était forcément *imposé* par avance aux juges du deuxième conseil de guerre en vertu du raisonnement suivant, *irréfutable :* « Il nous est *défendu* de mettre en doute l'autorité de la chose jugée, c'est-à-dire que le bordereau est de Dreyfus ; — par conséquent il nous est *défendu* de croire qu'il est d'Esterhazy ; par conséquent, il nous est *défendu* de le condamner. » Le deuxième conseil de guerre ne pouvait pas condamner le commandant Esterhazy, sans mettre en doute la chose jugée — *ce qu'on lui défendait*.

8° Le colonel Picquart n'a jamais fait cambrioler à plusieurs reprises chez M. Esterhazy, comme celui-ci l'avait prétendu devant le général de Pellieux, et comme ce dernier l'avait déclaré comme *soi-disant établi par son enquête*, alors qu'il n'avait fait que reproduire les allégations de M. Esterhazy, sans même prendre la peine de les contrôler. (Dépositions de Pellieux et Picquart.)

E. — EN CE QUI CONCERNE LE PREMIER PROCÈS ZOLA

Février 1898.

1° M. Zola a été poursuivi, non pas même sur un seul paragraphe de sa lettre, mais sur la *seconde moitié* seulement de ce paragraphe, c'est-à-dire sur l'accusation portée contre le *second* conseil de guerre, ce qui équivaut juridiquement à considérer l'accusation portée contre le premier conseil de guerre comme *vraie* : « J'accuse le premier conseil de guerre d'avoir violé le doit en condamnant un accusé sur une pièce restée secrète, et j'accuse le second... etc. » (Lettre d'Émile Zola.)

2° M. le ministre de la guerre, général Billot, comme *partie plaignante*, a sommé M. Zola d'avoir à apporter la preuve de son accusation, et, par un *double jeu*, il lui en enlève les moyens en n'ordonnant pas aux officiers sous ses ordres de venir témoigner devant la Cour, laquelle est obligée de les y forcer par un arrêt. (Arrêt de la Cour au procès Zola.)

3° Le président de la Cour d'assises *n'a pas*, comme c'était son droit et son devoir, aux termes mêmes de l'article 319 du Code d'instruction criminelle, usé de son pouvoir discrétionnaire pour « découvrir la vérité », alors que la loi « charge son honneur et sa conscience d'employer tous ses efforts pour en favoriser la manifestation ». (Article cité.)

4° Ni le président des assises ni le ministère public n'ont demandé, comme c'était leur droit et leur devoir, à M. le commandant Esterhazy, de répondre aux questions qu'on lui posait, et n'ont *même pas relevé* son refus de répondre.

5° Dans la séance de la Cour d'assises du

16 février 1898, après la déposition du général de Boisdeffre, la parole a été refusée à la défense, en violation formelle de la loi.

F. — EN CE QUI CONCERNE LE BON RENOM DE LA FRANCE A L'ÉTRANGER.

M. Méline, président du Conseil, a déclaré à la Chambre des Députés, séance du 29 janvier 1898, que ce que son gouvernement défendait, c'était « *le bon renom de la France à l'étranger* ».

L'Étranger lui a répondu de la façon suivante : Tous les grands journaux, tous les premiers organes de la presse quotidienne ou périodique de l'Europe et du monde entier, de l'Allemagne, — de l'Amérique du Nord et du Sud, — de l'Autriche, — de la Hongrie, — de l'Angleterre, — de la Belgique, — de la Grèce, — de la Hollande, — de l'Italie, — du Japon, — de la Russie, — de la Suisse, — tous, sauf peut-être de la *Turquie*, où règne le « Sultan Rouge » — ont protesté, au nom de la Justice et du Droit, contre la partialité de la justice française, contre la violation des principes les plus sacrés de liberté humaine et des droits de la défense, et ont qualifié, à l'unanimité, d'un seul mot : *parodie de la Justice*, les trois procès : Dreyfus, Esterhazy, et premier procès Zola, tels qu'ils ont été jugés en France, sous l'œil bienveillant et avec l'approbation du gouvernement français.

G. — EN CE QUI CONCERNE LES DÉCLARATIONS DES PUISSANCES.

1° En 1894, avant le procès Dreyfus, le gouvernement allemand déclara officiellement au gouvernement français qu'il n'avait jamais eu de rapports avec le capitaine Dreyfus (Guyot, *Revision du procès. Dreyfus*, p. 25. — Note de l'*Agence Havas*, 30 novembre 1894.)

2° Immédiatement après la condamnation de Dreyfus, par une note *Havas* du 5 janvier 1895, donnant *ainsi un démenti* au jugement du conseil de guerre, les gouvernements étrangers faisaient démentir toutes les allégations des journaux concernant « les ambassades et légations étrangères à Paris », à propos de la poursuite et de « la condamnation de l'ex-capitaine Dreyfus ».

III

Le jugement de l'histoire.

Quand tous ceux qui ont joué un rôle dans cette lugubre affaire, à jamais célèbre, auront disparu; quand tous ces hommes seront retombés dans le néant; quand les bourreaux et les victimes et tous les gens de bonne ou de mauvaise foi, seront confondus pour toujours dans la commune poussière d'où nous venons tous et où nous retournons tous, — quand la mort aura passé par là, quand toutes les clameurs se seronts tues, dans le silence de l'éternité, le jugement dernier de l'histoire retentira seul et dira ceci :

« A la fin de l'année 1894, Casimir-Perier étant président de la République française, M. Dupuy, président du conseil, le général Mercier, ministre de la guerre, et le général de Boisdeffre, chef de l'état-major général, un officier juif, le capitaine Alfred Dreyfus, breveté au 14ᵉ régiment d'artillerie, stagiaire à l'état-major de l'armée, *fut soupçonné* par le colonel Sandherr, chef de la section de statistique, qui avait une haine des juifs poussée jusqu'à la monomanie et à l'idée fixe, d'être l'auteur d'une lettre qui avait été surprise. annonçant l'envoi de documents confidentiels à une puissance étrangère. *Soupçonné* aussi par le commandant du Paty de Clam, chef de bataillon d'infanterie hors cadre, attaché au troisième bureau de l'état-major de l'armée, le capitaine Dreyfus fut arrêté sur le rapport d'un expert, nommé Bertillon, contrairement au rapport d'un autre expert nommé Gobert. A peine arrêté, la haine populaire de ces temps, soulevée contre les juifs, s'acharna par avance contre lui. *Avant tout jugement*, avant même la fin de l'instruction, il fut *déclaré coupable par ses chefs*, hautement et à plusieurs reprises, afin de bien persuader l'opinion et d'éclairer à l'avance la religion de ses juges. Jugé par le premier conseil de guerre de Paris, il fut condamné *officiellement* sur les conclusions, à *une* voix de majorité, d'experts en écritures. Il nia, il nia, toujours, désespérément, devant le conseil de guerre, sous les crachats et les hurlements de mort de la foule, dans l'horrible journée de sa dégradation, et depuis lors, encore et toujours, chaque jour, chaque nuit, chaque heure, pendant le long supplice de son enterrement vivant sur le rocher de l'île du Diable, durant quatre années.

» Trois ans après sa condamnation, Félix Faure étant président de la République, M. Méline président du conseil et le général Billot, ministre de la guerre, il fut reconnu que l'auteur du bordereau sur lequel le capitaine Alfred Dreyfus avait été condamné, était le commandant Walsin-Esterhazy, et, à la même époque, il fut également reconnu que le capitaine Alfred Dreyfus avait été condamné *illégalement*, sur le vu de pièces secrètes communiquées à ses juges, à son insu. Néanmoins, des considérations extérieures au procès, sans doute la crainte de devoir réhabiliter publiquement un juif, de devoir reconnaître publiquement une irrégularité commise par l'autorité supérieure militaire, firent reculer le gouvernement d'alors devant la juste revision du procès, et l'injustice commise continua à avoir force de loi, sous le nom « d'autorité de la chose jugée ». Pour l'honneur de l'humanité, il s'éleva, en ce douloureux moment de l'histoire de la nation française, des protestations ardentes (1), aussi véhémentes que généreuses, dans toutes les couches de la nation, dans les plus hautes comme dans les plus humbles, parmi l'élite intellectuelle des savants, des artistes, des écrivains, des professeurs, comme dans le prolétariat, éloquemment averti par ses chefs et rempli d'une invicible méfiance contre la réaction jésuite et militaire. L'opinion du monde civilisé tout entier flétrit, à l'unanimité, l'injustice commise alors par l'autorité militaire, et couverte par l'approbation du gouvernement. Ce crime juridique, commis à la fin du dix-neuvième siècle, restera comme une des hontes de la civilisation d'alors. »

(1) Ceux qui sont allés, avec le calme d'un devoir rempli simplement, mais tout entier, au-devant des révocations, des jugements arbitraires, des abus de la force, de l'amende et de la prison; ceux qui ont sacrifié leur avenir ou leur position, civils ou militaires, comme Picquart ou comme Grimaud, comme Chatelain, comme Andrade ou comme Stapfer pour venir témoigner publiquement de leur foi, en disant, eux aussi : « *Voici ce que je crois. Je ne puis autrement!* » Tous ces héros et tous ces vaillants espèrent encore que la revision du procès d'Alfred Dreyfus se fera, pour l'honneur de la France et de l'armée.

L'AFFAIRE DREYFUS
DEVANT LE PARLEMENT

—

(*Extrait des déclarations faites au cours des interpellations.*)

LES DÉBATS A LA CHAMBRE, LE 18 NOVEMBRE 1896

M. *Castelin* interpelle le gouvernement sur les incidents se rapportant à l'affaire Dreyfus, notamment sur l'intervention attribuée au ministre des colonies, M. Chautemps, relativement au régime du condamné, après un certain article du *Figaro*. Dans cette séance il est également question des incidents Weyl, Puybaraud, Teyssonnières, ainsi que de l'intervention de M. Bernard Lazare par sa première brochure.

Nous détachons, des différents discours qui furent alors prononcés, les déclarations suivantes qui sont importantes au point de vue de l'histoire :

(1) Nous donnons un extrait de quelques déclarations importantes, faites au cours des débats aux Chambres, qui marqueront dans l'histoire de l'affaire Dreyfus.

Général Billot, *ministre de la guerre.* — Cette triste affaire fut, il y a deux ans, l'objet d'un jugement provoqué par l'un de nos prédécesseurs au ministère de la guerre. Justice fut alors rendue. — L'instruction de l'affaire, les débats, le jugement ont eu lieu conformément aux règles de la procédure militaire. — Le conseil de guerre, régulièrement composé, a régulièrement délibéré et, en pleine connaissance de cause, a prononcé sa sentence à l'unanimité des voix. Le conseil de revision a rejeté, à l'unanimité des voix, le pourvoi du condamné. — Il y a donc chose jugée, et il n'est permis à personne de revenir sur ce procès.

M. A Castelin. — Il ne doit plus y avoir quoi que ce soit de commun entre la France et cet homme. Dreyfus est un traître, il n'est plus un Français.

. . . .

Comment! M. Bernard Lazare met en doute l'équité et l'impartialité d'un officier français? Je ne le lui permettrai pas, ni à vous, messieurs!

. . . .

Comment admettre qu'un officier français ait pu se livrer à l'égard d'une femme à des manœuvres de ce genre?

Martyriser une femme, c'est l'injure la plus odieuse qui puisse être adressée à un officier français! (1).

. . . .

Soyez-en convaincus, on ne refera pas le procès Dreyfus, on ne le revisera pas, et si on le revisait, ce serait là où il faudrait que le gouvernement s'empressât de faire adopter par le Sénat la loi votée à la Chambre, qui a pour but de faire appliquer la peine de mort aux crimes de trahison! Non, on ne revisera pas ce procès; nous avons le devoir de couper court dès maintenant à la campagne entreprise, et qui se poursuit depuis trop longtemps...

(1) A propos de la citation de B. Lazare sur les agissements de M. du Paty de Clam à l'égard de madame Dreyfus, dans son premier Mémoire.

M. Méline, *président du Conseil, ministre de l'agriculture*. — ... Le gouvernement se borne à dire à la Chambre que si l'autorité militaire ou civile avait découvert ou découvrait des complices, il saurait faire son devoir.

L'ordre du jour voté à cette séance fut le suivant :

La Chambre, unie dans un sentiment patriotique et confiante dans le Gouvernement pour rechercher, s'il y a lieu, les responsabilités qui se sont révélées à l'occasion et depuis la condamnation du traître Dreyfus, et poursuivre la *répression*, passe à l'ordre du jour.

Voté à l'unanimité moins 5 voix.

LES DÉBATS A LA CHAMBRE, LE 16 NOVEMBRE 1897

La Chambre est saisie d'une question de M. d'Alsace au sujet de l'affaire Dreyfus, adressée au ministre de la guerre pour lui demander des explications nettes. — M. Mathieu Dreyfus venait de dénoncer le commandant Esterhazy.

M. LE GÉNÉRAL BILLOT, *ministre de la guerre*. — Le ministre de la guerre a eu en effet, au sujet de l'affaire Dreyfus, un entretien confidentiel avec M. Scheurer-Kestner. Dans cet entretien, M. Scheurer-Kestner a annoncé son intention de poursuivre la revision du procès Dreyfus, et il m'a montré des pièces qu'il ne m'a pas laissées et que je n'avais pas qualité pour recevoir. Il m'a ensuite demandé d'ouvrir une enquête sur les faits qu'il m'avait signalés.

Je lui ai répondu que, conformément à l'ordre du jour de la Chambre, en date du 18 novembre 1896, invitant le Gouvernement à rechercher, s'il y a lieu, les responsabilités qui se seraient révélées à l'occasion et depuis la condamnation, je n'avais pas cessé de poursuivre l'enquête permanente à laquelle la Chambre m'avait invité. J'ai ajouté que le résultat de ces recherches n'ébranlait nullement, dans mon esprit, l'autorité de la chose jugée.

Depuis cette entrevue, j'ai fait prendre de nouveaux renseignements de nature à m'éclairer sur cette affaire. Alors le Gouvernement saisi de la question, a été d'avis qu'il était temps de mettre un terme à des démarches officieuses et à des indiscrétions répétées, en invitant M. Scheurer-Kestner à le saisir dans les formes prescrites par la loi, s'il croyait devoir le faire.

Cette décision a été portée à la connaissance de M. Scheurer-Kestner, qui n'y a fait aucune objection. Aujourd'hui, M. Scheurer-Kestner ne paraît pas disposé à entrer dans cette voie et à saisir lui-même la justice. Mais la famille Dreyfus intervient par une lettre adressée au ministre de la guerre et rendue publique, dans laquelle elle accuse un officier de l'armée d'être le véritable coupable.

Dans ces conditions, le devoir du Gouvernement est tout tracé. Il a entre les mains une dénonciation formelle. Il doit à la justice, il doit à l'honneur même de l'officier qui est en cause de mettre l'auteur de la dénonciation en demeure de produire ses justifications. (*Applaudissements.*)

Il sera ensuite statué conformément à la loi.

Le ministre de la guerre, gardien de l'honneur de l'armée, veillant à la sûreté du pays, ne manquera pas à ses devoirs. (*Applaudissements.*)

LES DÉBATS A LA CHAMBRE, LE 4 DÉCEMBRE 1897

M. Marcel Sembat demande à interpeller le gouvernement sur son attitude dans l'affaire Dreyfus. — M. de Mun demande à interpeller le ministre de la guerre sur le même sujet.

M. Castelin demande la parole pour une motion sur le même sujet :

M. André Castelin. — Je ne crois pas, messieurs, que de longues phrases soient nécessaires pour motiver la question que j'ai l'honneur de poser à M. le président du conseil.

Il s'est passé, à propos de l'affaire Dreyfus, des faits récents dont nous n'apprécions pas bien la portée, mais qui émeuvent profondément la conscience publique et l'opinion en France.

Nous demandons en toute loyauté à M. le président du conseil de vouloir bien apporter à la tribune des déclarations de nature à rassurer l'armée, l'opinion publique et la Chambre. (*Applaudissements à l'extrême gauche et sur divers bancs à gauche.*)

M. LE PRÉSIDENT. — La parole est à M. le président du conseil.

M. Jules Méline, *président du conseil, ministre de l'agriculture.* — Messieurs, l'honorable M. Castelin, après M. le comte d'Alsace, me demande d'apporter à la Chambre des explications de nature à rassurer l'opinion publique sur ce qu'il appelle l'affaire Dreyfus. Que l'honorable M. Castelin me permette de lui dire tout de suite ce qui sera la parole décisive dans ce débat : *il n'y a pas d'affaire Dreyfus.* (*Applaudissements sur un grand nombre de bancs.*) *Il n'y a pas en ce moment* (*Exclamations à l'extrême gauche et à gauche.*) *et il ne peut pas y avoir d'affaire Dreyfus. Nouveaux applaudissements. — Interruptions à l'extrême gauche.*)

. . . .

M. LE PRÉSIDENT DU CONSEIL. — Maintenant que l'information est ordonnée, la justice militaire a pour mission de statuer le plus promptement possible, et il n'appartient ni au Gouvernement ni à la Chambre de se mêler à cette œuvre de justice. (*Très bien ! très bien !*) Elle sera accomplie en toute impartialité, et j'espère que nous allons voir la fin de ce spectacle douloureux, qui consiste, pendant que les juges examinent une question aussi délicate et aussi difficile, à ouvrir une instruction parallèle dans la colonne des journaux. (*Très bien ! très bien !*)

Cette affaire a un caractère qu'elle n'aurait jamais dû perdre ; elle est une simple affaire judiciaire, et devrait être traitée comme telle.

Si notre Code offre des possibilités de revision à tous les citoyens, il oblige aussi tous les citoyens à respecter l'autorité de la chose jugée. (*Applaudissements.*) S'il en était autrement, ce serait une véritable anarchie morale, et il n'y aurait plus de justice. (*Très bien ! très bien !*)

Par conséquent, l'affaire doit rester, je le répète, ce qu'elle est : une affaire judiciaire. J'ajoute que c'est une affaire judiciaire de l'ordre le plus délicat, et il n'échappe pas à la Chambre qu'elle ne saurait être traitée sans grande imprudence par la voie d'une publicité sans frein qui peut exposer le pays à des difficultés imprévues. (*Mouvements divers. — Interruptions à l'extrême gauche.*)

. . . .

M. A. CASTELIN. — Et maintenant, après avoir pris acte de la déclaration de M. le président du conseil, qui tranche, à mon sens (*Interruptions à l'extrême gauche*), un point qui préoccupe l'opinion publique, je ne dis pas qu'elle soit de nature à donner satisfaction à tout le monde, mais elle tranche ce point particulier qu'il n'y a aucune corrélation entre l'affaire Esterhazy et l'affaire Dreyfus. (*Bruits sur divers bancs.*)

M. CAMILLE PELLETAN. — C'est le contraire de la vérité. (*Bruit prolongé.*)

M. LE PRÉSIDENT. — Monsieur Pelletan, veuillez garder le silence.

M. ANDRÉ CASTELIN. — En tout cas, c'est ce qui ressort de l'affirmation apportée par M. le président du conseil.

Au cours de la discussion des interpellations Sembat et de Mun, le ministre de la guerre fit la déclaration suivante :

M. LE GÉNÉRAL BILLOT, *ministre de la guerre*. — Messieurs, je viens d'être prévenu que trois interpellations et une question avaient été déposées sur le bureau de la Chambre, à l'adresse du ministre de la guerre, au sujet de l'affaire Dreyfus.

M. le président du conseil vous a dit que dans la circonstance il n'y a pas d'affaire Dreyfus.

Il y a un an, sur une interpellation de M. Castelin, le ministre de la guerre a eu l'occasion de vous dire que Dreyfus avait été jugé, bien jugé, et condamné à l'unanimité par sept de ses pairs sur le témoignage de vingt-sept officiers témoins au procès. (*Vifs applaudissements au centre, à droite et sur plusieurs bancs à gauche.*)

Questionné de nouveau, il y a peu de jours le Gouvernement, par l'organe du ministre de la guerre, vous a déclaré qu'il considérait l'affaire Dreyfus comme régulièrement et justement jugée. (*Nouveaux applaudissements sur les mêmes bancs.*)

Pour moi, en mon âme et conscience, comme soldat, comme chef de l'armée, je considère le jugement comme bien rendu et je considère Dreyfus comme coupable. (*Vifs applaudissements sur les mêmes bancs.*)

M. MARCEL SEMBAT. — Je ne porte aucune atteinte à la séparation des pouvoirs. Je demande simplement si M. le commandant Esterhazy serait, oui ou non, jugé sur le fameux bordereau dont on parle tant. (*Mouvements divers.*)

M. LEMIRE. — Demandez à faire partie du conseil de guerre.

M. MARCEL SEMBAT. — Et je demande si c'est sérieusement qu'on ose dire devant la Chambre et devant le pays qu'il n'y a pas d'affaire Dreyfus. Le pays sait qu'il y en a une. (*Applaudissements à l'extrême gauche.*)

Et quand même vous voudriez nous faire croire qu'il n'y a pas d'affaire Dreyfus, peut-être que dans huit jours, ou dans un mois, vous auriez un sanglant démenti. Vous avez déjà dû constater que de la première intervention à cette tribune de M. le général Billot, ministre de la guerre, quelque chose d'inattendu était sorti; peut-être serez-vous forcés de reconnaître que quelque chose d'inattendu aussi sortira de la déclaration d'aujourd'hui.

Prenez garde, messieurs! les faits se succèdent plus vite que vous ne pouvez le prévoir. Prenez garde de trop vite vous féliciter; prenez garde de croire trop vite qu'il n'y a pas d'affaire Dreyfus! Vous en pourriez avoir le démenti! (*Très bien! très bien! à l'extrême gauche.*)

M. MILLERAND. — Après? Eh bien: voici ce qu'il y avait à faire, c'est ce qui est commandé par la loi elle-même. Du moment qu'on demandait la revision d'un procès, alors que la question posée, je le répète, jetait dans le pays tout entier le trouble trop explicable que vous avez vu se produire, vous deviez, vous, ministre de la justice, — celui d'hier, comme celui d'aujourd'hui, car c'est le même cabinet qui est devant moi, — vous deviez instruire cette demande en revision et prendre position honnêtement et légalement. (*Vives réclamations au centre et à droite. — Mouvements prolongés.*)

Au centre. — Comment?

M. MILLERAND. — Je ne m'explique pas, messieurs, le sens de ces interruptions. Si vous vous vouliez préciser, je serais tout prêt à répondre.

Quelqu'un demande la revision d'un procès...

M. FERNAND DE RAMEL. — Il ne suffit pas de la demander.

M. MILLERAND. — Laissez-moi vous répondre.

Il ne suffit pas qu'on la demande pour qu'on l'accueille, mais il suffit qu'on la demande pour qu'on la repousse ou pour qu'on l'accueille. (*Vifs applaudissements à l'extrême gauche.*)

Et ce que vous avez fait précisément, ce que je vous reproche, c'est de n'avoir eu le courage de prendre ni une attitude ni l'autre (*Très bien ! sur les mêmes bancs.*), de vous être traînés derrière tous les événements et toutes les influences. Cette revision, vous ne vous êtes point prononcés sur elle, vous n'avez pas, comme c'était votre droit et votre devoir, déclaré qu'il n'y avait pas lieu de la faire.

Vous n'avez pas, ce qui était votre droit, si vous étiez convaincus, déclaré que vous alliez y procéder ; mais vous avez, semant le doute et l'inquiétude dans ce pays (*Applaudissements prolongés à l'extrême gauche*), ouvrant une aventure qui n'est pas près de se terminer, dont vous n'êtes plus les maîtres...

. . . .

M. MILLERAND. — L'honorable M. Scheurer-Kestner n'a-t-il pas déclaré qu'il avait déposé entre les mains du Gouvernement toutes les pièces qu'il avait, qu'il les y a laissées pendant quinze jours en attendant la réponse?

M. LE PRÉSIDENT DU CONSEIL. — Le Gouvernement n'a rien reçu ; M. Scheurer-Kestner ne lui a déposé aucune pièce et le Gouvernement n'en pouvait recevoir aucune. Le Gouvernement a fait savoir à l'honorable sénateur qu'il n'avait qu'une manière d'introduire sa procédure : c'était de saisir, dans les formes légales, le garde des sceaux, s'il le jugeait à propos. (*Vifs applaudissements sur un grand nombre de bancs.*)

M. MILLERAND. — Je n'ai rien à ajouter à l'exécution que M. le président du conseil vient de faire de l'honorable M. Scheurer-Kestner. (*Vifs applaudissements à gauche, à l'extrême gauche et à droite.*)

L'ordre du jour fut le suivant :

La Chambre, respectueuse de l'autorité de la chose jugée, et s'associant à l'hommage rendu à l'armée par le ministre de la guerre, flétrit les meneurs de la campagne odieuse entreprise pour troubler la conscience publique et passe à l'ordre du jour. (313 voix contre 65.)

LES DÉBATS AU SÉNAT LE 7 DÉCEMBRE 1897

La séance de la Chambre du 4 décembre eut sa suite au Sénat le 7 décembre, sur interpellation de M. Scheurer-Kestner. Nous extrayons des discours de M. Scheurer-Kestner les citations suivantes:

M. Scheurer-Kestner. — S'il est très vrai que je n'ai remis de dossier ni au président du Conseil ni au ministre de la guerre, il n'en est pas moins vrai que je leur ai soumis les pièces sur lesquelles je m'appuyais pour démontrer que le bordereau, qui a donné lieu à l'accusation et à la condamnation de Dreyfus, n'est pas de la main de ce dernier et doit être attribué à un autre.

Je n'ai donc pas laissé de dossier, comme l'a dit M. le ministre de la guerre; mais, dans la longue conversation que j'ai eue avec lui, le 30 octobre dernier, je lui ai développé les raisons pour lesquelles j'estimais qu'il appartenait au gouvernement d'entreprendre lui-même la revision du procès Dreyfus; je plaçai matériellement sous ses yeux les pièces appuyant ma démonstration, et je lui représentai que, tout en se faisant grand honneur en procédant à la revision, il éviterait ainsi une longue crise, accompagnée des plus fâcheux incidents, inévitables dans de pareilles circonstances; que, quant à moi, certain que le bordereau était de la main d'un autre, j'emploierais toutes mes forces à servir la justice et la vérité. (*Très bien! très bien! sur divers bancs.*

Je demandai au ministre de la guerre de procéder à une enquête personnelle, complète et loyale, lui affirmant qu'il arriverait, à la suite de cette enquête, à la même conclusion que moi. Le ministre me promit cette enquête et il fut convenu, sur sa demande, que jusqu'à nouvel ordre notre conversation resterait secrète.

. . . .

Le président du Conseil s'est borné à me répondre:

« Dreyfus est coupable », comme l'avait fait déjà le ministre de la guerre, mais lorsque j'ai demandé sur quelle preuve... (*Murmures*) s'appuyait sa conviction... (*Nouvelles rumeurs*), offrant, pour en terminer avec cette douloureuse affaire, de déclarer publiquement, si cette preuve m'était fournie, que je m'étais trompé, M. le président du Conseil s'est récusé. (*Interruptions sur divers bancs.*) Mes prières, mes objurgations, restèrent sans effets.

Le gouvernement, convaincu, disait-il, de la culpabilité de Dreyfus, n'avait pas besoin de tenir compte du bordereau ; et cependant c'est sur l'existence du bordereau seul que la condamnation a eu lieu. (*Protestations sur plusieurs bancs.*)

M. Scheurer-Kestner. — Supprimez, en effet, le bordereau, ce n'est même plus la revision, c'est l'annulation qui s'impose, car vous êtes alors obligés de dire qu'un accusé a été condamné, en France, sur des pièces qu'il n'a pas été appelé à discuter et qui n'ont pas été communiquées à la défense. (*Mouvements divers.*)

Qui donc viendrait le dire dans cette assemblée, qui s'honore d'avoir voté l'autre jour la suppression de la vieille instruction secrète afin d'accroître les garanties essentielles de l'accusé !

Ainsi, ce que je demandais au gouvernement, ce n'était pas, comme on le pense bien, de proclamer l'innocence de Dreyfus : ce que je lui demandais, c'était de s'appuyer sur ce fait capital, si facile à établir, de la confection du bordereau par un autre que par Dreyfus, pour provoquer lui-même la revision.

Voilà, messieurs, dans quelles conditions j'ai saisi le gouvernement.

. . . .

M. le président du Conseil a dit encore que je n'avais pas jugé à propos de suivre le procédé que m'avait indiqué la note officielle. C'est vrai ! Mais pourquoi ? C'est qu'au moment où j'allais me conformer à son avis, une dénonciation formelle fut adressée au ministre de la guerre par le frère du condamné.

Ce jour-là, l'affaire Esterhazy était née et la demande en revision dut être ajournée. Seulement, il convient, ici aussi, de dissiper les équivoques; car si le frère du condamné n'avait point parlé, le gouvernement sait aussi bien que moi que le dépôt de ma requête n'aurait rien modifié à la situation actuelle. (*Mouvements divers. Dénégations sur divers bancs au centre.*)

En effet, à la première ligne de la requête en revision aurait dû figurer le nom du véritable auteur du bordereau. (*Interruptions.*) Et alors, qu'eût fait le ministre de la justice? Il n'aurait pu saisir de ma requête ni la Commission spéciale, ni la Cour de cassation, avant que le ministre de la guerre eût saisi la justice militaire, avant que la justice militaire ait prononcé sur l'auteur véritable du bordereau. Nous en serions donc exactement au même point. Ce reproche qui m'a été adressé tombe avec les autres.

Messieurs, dans toute cette affaire, c'est la question du bordereau qui prime toutes les autres; les autres, si importantes qu'elles puissent être, disparaissent derrière elle, et je veux espérer que M. le ministre de la guerre versera, s'il ne l'a déjà fait, le bordereau à l'instruction en ce moment ouverte.

Quoique M. le président du Conseil l'ait dit, et que vous l'ayez répété, il n'est pas exact de prétendre qu'il n'y a pas connexité entre l'affaire actuelle et une affaire Dreyfus qui, selon vous, n'existe pas encore. La vérité est que les deux affaires sont tellement liées l'une à l'autre que de la solution de l'une dépend celle de l'autre.

. . . .

Et il ne serait vrai de dire qu'il n'y a pas d'affaire Dreyfus, qu'il n'y a pas de connexité entre les deux affaires, que si vous étiez résolu à ne pas verser ce bordereau, qui est la clef de toute l'affaire.

La justice, elle se fera, messieurs, car, suivant le mot de Gambetta, elle est immanente dans l'histoire et tôt ou tard la vérité finit par triompher; mais il dépend des hommes de bonne volonté d'en abréger les délais. Faire vite et faire bien, voilà la tâche qui reste au gouvernement, après qu'il a refusé l'initiative à laquelle je le conviais. J'ai confiance qu'il n'y manquera pas. (*Très bien!* — *Applaudissements sur plusieurs bancs.*)

Général Billot. — « Nos soldats ne comprendraient pas que le ministre de la guerre, chef suprême de l'armée et de la justice militaire, convaincu de la régularité et de la justice d'une décision d'un conseil de guerre, n'en affirmât pas l'autorité. »

M. Méline, *président du Conseil.* — « La nouvelle procédure s'est ouverte conformément à la loi. La justice militaire a été saisie d'une affaire Esterhazy. Elle n'est saisie que de cette affaire. Le devoir des juges est de fermer leurs oreilles à tous les bruits du dehors et notamment à ceux qui viennent du côté de l'affaire Dreyfus, pour s'occuper de cette seule affaire Esterhazy et pour l'apprécier en elle-même.

Quant aux conséquences qu'elle pourra avoir, je les ignore et je tiens à déclarer que je n'ai pas à me préoccuper des conséquences d'une affaire qui n'est pas encore née. Actuellement, il y a une affaire Esterhazy. Il n'y a pas d'affaire Dreyfus.

. . . .

Ordre du jour. — « Le Sénat, approuvant la déclaration du Gouvernement, passée à l'ordre du jour. » (*Unanimité.*)

LES DÉBATS A LA CHAMBRE, LE 13 JANVIER 1898

Interpellation *de Mun* au ministre de la guerre au sujet de l'article de E. Zola: « *J'accuse...* »

Au cour de la discussion, le ministre de la guerre déclare :

M. LE GÉNÉRAL BILLOT, *ministre de la guerre*. — Messieurs, je remercie l'honorable interpellateur de m'avoir appelé à cette tribune. C'est la quatrième fois que depuis un an le ministre de la guerre est appelé, dans cette triste affaire, à prendre la défense de la chose jugée...

M. RENÉ CHAUVIN. — A huis clos ! (*Vives exclamations sur un grand nombre de bancs.*)

M. CUNÉO D'ORNANO. — Le huis clos est dans la loi !

M. LE MINISTRE DE LA GUERRE. — ... Et de l'honneur de l'armée.

A la suite de chaque interpellation les injures et les outrages semblent renaître plus ardents, plus hostiles, cherchant à mêler des choses sacrées, l'armée, la patrie, la justice, à de misérables compétitions politiques. (*Rumeurs à l'extrême gauche.* — *Applaudissements au centre, à gauche et à droite.*)

L'armée, silencieuse, respectueuse des lois et du pays, travaille pour se tenir à la hauteur de toutes les missions que la France peut attendre d'elle ; elle travaille avec recueillement ; mais permettez-moi de vous le dire, si elle dédaigne des outrages qui ne sauraient atteindre son honneur, sa probité et son patriotisme...

M. CUNÉO D'ORNANO. — Et sa conscience...

M. LE MINISTRE DE LE GUERRE. — ...Il n'en est pas moins douloureux, en présence de l'Europe qui nous regarde, de voir les flétrissures, la honte, les diffamations, les insinuations perfides jetées sur les chefs qui, au jour du danger, seraient appelés à la conduire à l'ennemi pour défendre l'honneur national.. (*Applaudissements au centre, à gauche, à droite.* — *Bruit à l'extrême gauche.*)

M. CUNÉO D'ORNANO. — Voilà le complot !

M. LE MINISTRE DE LA GUERRE. — ...sur les chefs dont on aurait ainsi, de gaieté de cœur, affaibli le prestige et l'autorité nécessaire pour la victoire.

C'est une campagne anti-patriotique qu'il faut flétrir avant tout. Je l'ai fait déjà à la tribune et je répéterai ce que j'ai eu l'occasion de dire ailleurs : Oui, l'armée est comme le soleil, dont les taches rendent plus éclatante la lumineuse splendeur ; oui, l'armée est au-dessus de ces outrages ; mais ce qui ne l'est pas, c'est le repos du pays, c'est le recueillement de tous, c'est l'ardeur au travail de nos officiers et de nos soldats et, au nom de l'armée, je flétris cette abominable campagne. (*Applaudissements au centre, à gauche et à droite.*)

M. Jaurès. — S'il était vrai que des irrégularités de procédure eussent été commises, s'il y avait eu un acte révolutionnaire pour la patrie, il fallait qu'il fût avoué hautement, orgueilleusement, par le pouvoir responsable, au lieu d'être dissimulé comme un expédient honteux que nous sommes réduits à apprendre par le hasard des polémiques de presse. (*Très bien.*)

Voilà où sont la responsabilité de vos prédécesseurs et la vôtre. Celle des bureaux de la guerre est de n'avoir pas respecté, lorsque son intérêt était engagé, ce huis clos organisé dans l'intérêt national... »

. . . .

La Chambre vote un ordre du jour approuvant les déclarations du gouvernement (312 voix contre 122).

LES DÉBATS DU 22 JANVIER 1898

Sur interpellation de M. Cavaignac, demandant la production devant le pays du rapport Lebrun-Renault relatant les aveux de Dreyfus.

M. Méline, *président du Conseil.* — ... Il n'est pas douteux que, si la déclaration du capitaine Lebrun-Renault était lue à la tribune, elle serait discutée, car tout est discuté dans cette affaire. (*Nouveaux applaudissements sur les mêmes bancs. — Bruit à l'extrême gauche.*) Dès que la discussion serait ouverte, vous ne pourriez plus la fermer et vous engageriez ainsi vous-mêmes le débat sur la revision du procès — ce que vous ne voulez pas faire. (*Applaudissements au centre, à gauche et à droite.*)

J'ajoute que ce serait aller contre le but que poursuit l'honorable M. Cavaignac lui-même, de laisser croire que, sans cette pièce, le jugement serait sans valeur. (*Applaudissements sur les mêmes bancs.*)

Or, nous l'avons toujours proclamé et nous le répétons une fois de plus : le jugement se suffit à lui-même. (*Vifs applaudissements sur les mêmes bancs. — Bruit à l'extrême gauche.*) Il est la vérité légale ; personne n'a le droit de la discuter. (*Applaudissements sur les mêmes bancs.*)

M. MÉLINE, *président du Conseil*. — Je comprends la portée de l'objection : Vous poursuivez, dit-on, mais vous ne poursuivez pas tout ! Vous avez laissé en dehors de votre poursuite une partie des accusations formulées par l'auteur de l'article.

Eh bien ! oui. Et je ne suis pas embarrassé pour m'expliquer sur ce point. Nous avons pensé d'abord que l'honneur de nos généraux d'armée n'avait nul besoin d'être soumis à l'appréciation du jury, parce qu'il est au-dessus de tout soupçon. (*Applaudissements prolongés au centre, à gauche et à droite. — Interruptions à l'extrême gauche.*)

Ce que nous défendons, vous le savez bien, ce sont les intérêts permanents, c'est la paix intérieure (*Applaudissements sur les mêmes bancs.*), c'est notre puissance, c'est le bon renom de la France devant l'étranger. (*Vifs applaudissements au centre, à gauche et à droite.*)

Voilà, messieurs, ce que nous défendons, ce que nous continuerons à défendre avec résolution.

C'est assez des habiletés ; c'est assez et trop des équivoques. (*Applaudissements à l'extrême gauche.*)

M. JAURÈS. — Savez-vous ce dont nous souffrons à l'heure présente ?

A droite. — De vous.

M. JAURÈS. — Savez-vous ce dont nous mourons

tous? Je le dis sous la responsabilité de ma conscience personnelle : nous mourons tous, depuis que cette affaire est ouverte, des demi-mesures, des réticences, des équivoques, des mensonges, des lâchetés. (*Vifs applaudissements à l'extrême gauche.*)

Oui, des équivoques, des mensonges, des lâchetés. (*Vifs applaudissements répétés à l'extrême gauche et sur divers bancs à gauche.*)

Il y a d'abord, quoi que vous ayez fait pour en atténuer le scandale, il y a mensonge et lâcheté dans les poursuites incomplètes dirigées contre Zola (*Vifs applaudissements à l'extrême gauche et sur divers bancs à gauche. — Protestations au centre et à droite.*)

24 JANVIER, SUITE DE LA SÉANCE

M. JAURÈS. — Je demande au gouvernement : oui ou non, les juges du conseil de guerre dans l'affaire Dreyfus ont-ils été saisis de pièces pouvant établir ou confirmer sa culpabilité sans que ces pièces aient été communiquées à l'accusé et à la défense ? C'est toute la question ; elle comporte une réponse par oui ou par non.

M. MÉLINE, *président du Conseil.* — Je vous réponds que nous ne voulons pas discuter l'affaire à la tribune.

M. GOBLET. — Vous dites que vous avez toujours repoussé la révision comme vous la repoussez encore. Alors que signifie le procès Esterhazy ?... Sur cette affaire Esterhazy, l'opinion était faite au ministère de la guerre depuis plus d'un an déjà... J'ai lu, dans l'ordonnance du chef de la justice militaire, que l'affaire était renvoyée devant le conseil de guerre, afin que la vérité sortît avec plus d'éclat du débat contradictoire. Mais vous saviez qu'il ne le serait pas, puisque vous en écartez la partie plaignante et son avocat. Je dis donc que personne ne peut prendre ce jugement au sérieux... Pourquoi avez-vous trompé Zola ? C'est que vous ne voulez pas plus de la revision devant la cour d'assises que devant le conseil de guerre. Fait dans les conditions où vous le faites, le procès Zola vaut le procès Esterhazy. Il n'est pas possible de prendre l'un plus que l'autre au sérieux.

L'ordre du jour, approuvant les déclarations du gouvernement, est voté par 376 voix contre 133.

LES DÉBATS A LA CHAMBRE DU 24 FÉVRIER 1898

A la suite du verdict et de l'attitude des généraux au procès Zola, MM. Hubbard et Gauthier de Clagny demandent à interpeler le ministre de la guerre et le gouvernement, sur les mesures qu'il compte prendre pour réprimer les menées des défenseurs de Dreyfus :

Dans son discours, M. Hubbard prononce ces paroles :

M. Hubbard. — Je ne suis pas le seul à m'étonner que, dans une affaire judiciaire, on ait vu le chef d'un des services principaux de la défense nationale, s'adressant au jury, faire dépendre des décisions de ce jury la conduite militaire qu'il aurait à tenir.

M. Viviani. — M. le général de Boisdeffre est arrivé devant la cour d'assises, non pas pour se défendre contre des attaques, mais pour laisser tomber son épée de soldat dans la balance ; je demande si les généraux, qui sont les serviteurs et non les maîtres de la nation, pourront ainsi, quand une chose ne leur plaît pas, menacer le pays d'une grève militaire.

. . . .

M. Méline, *président du conseil.* — ... Je reconnais que les généraux ont pu être entraînés plus loin qu'ils n'auraient voulu, mais c'est la défense qui les avait attirés sur ce terrain.

J'arrive à la déposition d'un général qu'on accuse

d'avoir pesé sur le jury ; certes, dans une autre circonstance, j'aurais pu dire qu'il y a dans cette disposition une phrase de trop...

Il n'y a plus aujourd'hui ni procès Zola, ni procès Esterhazy, ni procès Dreyfus. Il n'y a plus de procès...

Il faut que cela cesse, dans l'intérêt même de ceux qui ont allumé si follement cet incendie... Voilà ce que ne voit pas malheureusement cette élite intellectuelle qui se ferme les yeux, qui se bouche les oreilles, qui ne paraît pas se douter, dans le silence du cabinet, des passions violentes qu'elle déchaîne et qui prend plaisir à envenimer cette plaie que nous faisons tant d'efforts pour cicatriser.

L'ordre du jour approuve le gouvernement : 416 voix contre 41.

DÉBATS A LA CHAMBRE DU 2 AVRIL 1898 AU SUJET DE LA CASSATION DU PROCÈS ZOLA SUR INTERPELLATION DE M. M. HABERT.

M. M. HABERT. — ... J'estime que ce débat ne peut se terminer sans que le gouvernement ait protesté énergiquement contre le langage odieux, incroyable, tenu par le procureur général devant la cour de cassation.

M. MÉLINE, *président du conseil*. — ... Je reconnais que s'il était exact il contiendrait des phrases malheureuses que nous aurions eu le droit de regretter...

Ordre du jour pur et simple : 333 voix contre 174 voix.

SÉANCE DU 7 JUILLET 1898

Cette séance fut remplie par la fameuse déclaration de M. Cavaignac, ministre de la guerre, relativement aux pièces qui établissent d'après lui la culpabilité de Dreyfus. Nous en détachons simplement les quelques phrases qui suivent, comme de première importance pour le jugement de l'histoire :

« ... En présence des tentatives tantôt directes, tantôt indirectes, qui ont été faites pour arracher au gouvernement l'acte gouvernemental qui, seul, aurait permis de détruire les jugements rendus, le pays attend que nous déclarions notre résolution inébranlable de nous opposer à ces tentatives quelles qu'elles soient. Cette déclaration, je l'apporte ici, parce que j'ai la certitude absolue de la culpabilité de Dreyfus.

Suit la production des trois pièces, désormais classiques, à la validité desquelles le colonel Picquart a fait opposition. Suit également la note sur les prétendus aveux. Le ministre termine par cette phrase :

« Forts, non seulement d'une résolution inébranlable, mais ce qui vaut mieux, forts de la vérité et de la justice de la cause que nous défendons, nous ne permettrons pas qu'il soit porté atteinte aux intérêts nationaux dont nous avons la sauvegarde ».

(Voyez à *l'Annexe*, pour la pièce fausse citée comme preuve absolue par M. Cavaignac dans son discours.)

Le 30 août 1898, le colonel Henry avoue être l'auteur de la pièce secrète où figure le nom de Dreyfus ; il est arrêté et se suicide (?) le lendemain au Mont Valérien ; le même jour, le général de Boisdeffre démissionne et, le 3 septembre, M. Cavaignac quitte le ministère.

DOCUMENTATION

Madame Dreyfus.

Pétition adressée par Mme Dreyfus aux députés, le 16 septembre 1896.

Messieurs les Députés,

Le journal l'*Eclair*, dans le numéro du mardi 15 septembre, paraissant le lundi matin, a publié, en défiant toute contradiction, qu'il y avait une preuve matérielle irréfutable de la culpabilité de mon mari ; que cette preuve était aux mains du ministre de la guerre, qui l'avait communiquée confidentiellement, pendant le délibéré, aux juges du conseil de guerre dont elle avait formé la conviction, sans que l'accusé ni son défenseur en aient eu connaissance.

Je me refusais à admettre un pareil fait et j'attendais le démenti que l'officieuse *Agence Havas* oppose à toute nouvelle fausse, même de moindre importance que celle-là.

Le démenti n'est pas venu.

Il est donc vrai qu'après les débats enveloppés du mystère le plus complet, grâce au huis clos le plus absolu, un officier français a été condamné par un conseil de guerre, sur une charge que l'accusation a produite à son insu et que par suite ni lui, ni son conseil n'ont pu discuter.

C'est la négation de toute justice.

Subissant depuis bientôt deux ans le plus cruel martyre, comme le subit celui en l'innocence duquel ma foi est absolue, je me suis renfermée dans le silence malgré toutes les calomnies odieuses et absurdes répandues dans le public et dans la presse.

Aujourd'hui c'est mon devoir de sortir de ce silence et, sans commentaires, sans récriminations, je m'adresse à vous, messieurs les députés, seul pouvoir auquel je puisse avoir recours ; je réclame justice.

Le 16 septembre 1896.

Lucie Dreyfus.

Me Demange.

Lettre de Me DEMANGE à M. Paul de Cassagnac et à l'*Éclair*, concernant la pièce secrète.

(*Autorité*, 2 décembre 1897.)

Mon cher ami,

Vous me demandez s'il est vrai, comme l'a affirmé le *Courrier du Soir*, que certaines pièces dont il n'a pas encore été parlé ont été soumises à la défense et vues par l'accusé au moment où surgissaient, pendant les débats à huis clos, certains témoignages qui venaient corroborer ces documents.

Je ne puis mieux vous répondre qu'en vous communiquant la lettre que j'adressais, le *31 octobre* dernier, au journal l'*Éclair*, qui avait produit une affirmation analogue à celle que contient le *Courrier du Soir*, lettre que n'a pas publiée le journal l'*Éclair*, qui s'est contenté d'une simple rectification.

Bien cordialement à vous.

E. Demange.

Or, voici la lettre que l'*Éclair* n'a pas publiée :

31 octobre 1897.

Monsieur le directeur,

Je reçois, ce soir, à la campagne, l'*Eclair* paru ce matin, contenant un article intitulé : « *Un traître* », dans lequel je suis nommé.

Je ne viens pas engager une discussion avec l'auteur de l'article. Je continue à me renfermer dans le silence que j'ai observé depuis la condamnation du capitaine Dreyfus ; j'estime que *le silence seul me permet* de concilier la conviction que j'ai de l'innocence de mon malheureux client, avec le respect que je dois à l'autorité de la chose jugée.

Je veux seulement rectifier deux erreurs matérielles :

Je n'ai jamais rendu visite à M. Scheurer-Kestner et je ne l'ai jamais sollicité d'intervenir en faveur du capitaine Dreyfus.

Je n'ai jamais connu qu'*une pièce invoquée par l'accusation contre Dreyfus*.

C'est CELLE qui a été soumise aux experts.

Si UNE AUTRE PIÈCE EXISTE, comme *l'affirmait l'Eclair* dans un article paru il y a environ un an, CETTE PIÈCE, JE NE L'AI PAS VUE.

Je rappelle au surplus que l'article auquel je fais allusion annonçait que *cette seconde pièce avait été soumise au conseil de guerre* SANS AVOIR ÉTÉ COMMUNIQUÉE, NI A DREYFUS, NI A SON DÉFENSEUR, et je vous avoue que j'ai mis en doute la vérité de votre affirmation, *mon estime pour la juridiction militaire ne me permettant pas de croire à une pareille* VIOLATION DE LA JUSTICE.

Je fais appel à votre courtoisie, en vous demandant de porter cette lettre à la connaissance de vos lecteurs, et je vous prie d'agréer...

E. DEMANGE.

Madame Dreyfus.

Lettre de Madame DREYFUS à l'*Agence Nationale*, le 3 novembre 1897.

Monsieur le directeur,

Je lis dans plusieurs journaux de ce jour, datés du 2 novembre :

« Les dépositions des officiers du 4ᵉ bureau (transports), entre autres, ne sont susceptibles de donner lieu à aucune fausse interprétation ; il faudrait les démolir. Or, cette tâche serait, on peut l'affirmer, absolument impossible à quiconque, etc., etc.

» Les officiers du 4ᵒ bureau ont certifié que les pièces manquantes avaient été communiquées à Dreyfus, qui avait simplement oublié de les rendre. Tout ce qui touche aux transports de la guerre est soigneusement catalogué pièce par pièce dans les dossiers ou dans les coffres ; ici, pas d'erreur possible ».

Or, j'ai pris connaissance de tout le dossier, de toutes les dépositions. Je puis vous affirmer qu'il n'existe dans ce dossier aucune déposition concernant les faits que vous avancez. Les officiers, témoins à charge, qui ont déposé devant le Conseil de guerre, n'ont donné que des *impressions personnelles* et pas *un fait*. J'ajoute encore ceci, que, contrairement à l'assertion de certains journaux, jamais mon mari n'a fait d'aveux.

J'ai gardé jusqu'à présent le silence devant toutes les allégations mensongères qui ont été produites contre mon mari, espérant que la vérité finirait par être connue. Aujourd'hui, il est de mon devoir de démentir tous les faits erronés que l'on met en circulation.

Je compte sur votre obligeance et votre impartialité, monsieur le directeur, pour insérer ma lettre.

L. Dreyfus.

Déclaration du Gouvernement.

Déclaration du Gouvernement du 4 novembre 1897 :

A l'issue de la séance du conseil des ministres, la note suivante a été communiquée aux journaux :

« Le président du conseil et le ministre de la guerre ont

informé le conseil des ministres des intentions que leur ont manifestées MM. Castelin et Mirman, députés, de leur poser une question relative aux polémiques de presse engagées à l'occasion de l'affaire Dreyfus.

» M. Méline et le général Billot ont indiqué au conseil la réponse qu'ils ont faite. Le capitaine Dreyfus a été *régulièrement* et *justement* condamné par le conseil de guerre. La condamnation subsiste avec ses pleins effets.

» Elle ne pourrait être infirmée que par un arrêt de revision rendu conformément aux dispositions de l'article 443 du Code d'instruction criminelle modifié par loi du 8 juin 1895.

» Aux termes de cette loi, le droit de demander la revision appartient au ministre de la justice « lorsque, après
» une condamnation, un fait viendra à se produire ou à se
» révéler, ou lorsque des pièces inconnues lors des débats
» seront représentées de nature à établir l'innocence du
» condamné ».

» Le garde des sceaux n'étant saisi ni d'un fait nouveau, ni d'une pièce inconnue, il n'appartient au gouvernement que d'assurer l'exécution de la condamnation. »

Madame Dreyfus.

DÉMENTI aux insinuations de l'*Echo de Paris*, adressé par Madame DREYFUS à l'*Agence Nationale*, le 14 novembre 1897.

Monsieur le directeur,

Je lis dans un journal du matin un article contenant des assertions erronées contre lesquelles il est de mon devoir de protester encore, comme je l'ai fait déjà.

Parlant du dossier produit contre mon mari, le collaborateur anonyme de ce journal affirme l'existence d'une prétendue « note sur laquelle apparaît le nom de Dreyfus ». Il n'existe et on ne peut fournir aucune note de ce genre ; la seule pièce figurant au dossier communiqué à M⁰ Demange et à mon mari, est le bordereau non daté, non signé, qui a été soumis aux experts en écritures, ce bordereau qui était non pas une des charges accessoires », car il n'y a eu ni charges accessoires, ni faisceau de preuves, mais la « charge unique ».

L'acte d'accusation n'a pas dit que le capitaine Dreyfus « déjà soupçonné et filé par les agents de la Sûreté générale, ait été vu apportant des notes à un agent de l'étranger dont l'arrestation était impossible, dans un café du boulevard Saint-Germain ».

Il ne parle pas non plus, ni des prétendues dénonciations aux puissances étrangères des officiers en mission, ni de l'histoire rapportée par vous des six modèles du canon Deport.

Mon mari n'a jamais demandé de poste à l'état-major du gouvernement militaire de Lyon; il est faux également qu'il se soit rendu à une *époque quelconque* en Belgique et qu'à la dernière heure il ait avoué avoir fait ce voyage.

Dans le dossier connu par nous, il n'existe, comme l'atteste Mᵉ Demange, que le bordereau publié par le journal le *Matin*.

Je suis obligée de vous répéter encore que les témoins à charge n'ont apporté que des impressions personnelles et non des faits. Il n'est personne qui puisse citer le nom d'un seul témoin capable de contredire ce que j'avance.

Comme mon mari ne peut pas se défendre des accusations fausses portées contre lui, c'est moi, monsieur le directeur, qui viens faire appel à votre impartialité en vous priant d'insérer intégralement cette lettre.

Veuillez agréer, etc.

LUCIE DREYFUS.

Scheurer-Kestner.

Lettre de M. SCHEURER-KESTNER, du 14 novembre 1897.

M. Scheurer-Kestner a adressé à un de ses collègues du Sénat la lettre suivante :

Paris, 14 novembre 1897.

« Mon cher ami, vous aviez bien raison; je dois une explication à mes amis et au public, qui est notre juge à tous, et je comprends fort bien les impatiences dont, chaque jour, des manifestations m'arrivent tantôt sous des formes affectueuses ou sympathiques, comme celle que vous leur donnez et dont je suis profondément touché, tantôt sous forme de sommations plus ou moins impérieuses, auxquelles je reste indifférent.

» Je dois donc au public, à celui qui est bon, généreux, et qui entend rester équitable, à celui dont le concours m'est si précieux dans l'œuvre de réparation et de justice que j'ai entreprise, et sans lequel mes efforts risqueraient d'être tenus en échec par des résistances irréductibles, l'indication des raisons pour lesquelles j'ai dû m'imposer un silence et une réserve qu'on m'a rendus difficiles, mais que j'ai scrupuleusement observés.

» Après quinze jours d'attente, je suis libre aujourd'hui; je vous autorise donc à faire de ma lettre l'usage que vous jugerez le meilleur dans l'intérêt de la justice et de la vérité.

» Mais il m'importe avant tout de vous déclarer que, tout en regrettant l'illégalité, qui paraît certaine, de la production aux juges, en chambre du conseil, d'une pièce qui n'avait été communiquée ni à l'accusé ni à son défenseur, je n'ai jamais, soit dans mes paroles, soit dans ma pensée, mis en doute la loyauté ni l'indépendance des officiers qui ont condamné le capitaine Dreyfus. Mais des faits nouveaux se sont produits, qui démontrent l'innocence du condamné, et si, convaincu qu'une erreur judiciaire a été commise, j'avais gardé le silence, je n'aurais plus pu vivre tranquille, avec cette pensée sans cesse renaissante que le condamné expie le crime d'un autre.

» J'ai donc affirmé ma conviction, me réservant d'en communiquer les éléments, en premier lieu, au gouvernement lui-même; il me paraissait meilleur à tous égards que le gouvernement eût tout l'honneur et le mérite de la réparation.

» Dès le 30 octobre, dans un entretien officieux avec le ministre de la guerre, j'ai démontré, pièces en mains, que le bordereau attribué au capitaine Dreyfus n'est pas de lui, mais d'un autre; je l'ai prié de faire une enquête sur le vrai coupable. Le ministre, sans d'ailleurs me demander de lui laisser ces pièces, me promit cette enquête qui ne devait porter que sur des faits postérieurs au jugement.

J'eus soin de le mettre en garde contre de soi-disant pièces à conviction plus ou moins récentes, qui pourraient être l'œuvre du vrai coupable ou de personnes intéressées à égarer la justice et l'opinion. Il me demanda par contre de ne rien ébruiter de notre conversation pendant quinze jours, et prit l'engagement de me faire connaître le résultat de ses recherches. Depuis lors, j'ai attendu en vain, et les quinze jours sont écoulés. Voilà la cause de ce silence qui a paru si long.

» C'est inutilement, d'ailleurs, que j'ai demandé à voir les pièces qui établiraient la culpabilité du capitaine Dreyfus. On ne m'a rien offert, on ne m'a rien montré; et, cependant, j'avais spontanément déclaré que, devant des preuves, je m'empresserais de reconnaître publiquement mon erreur. Vous qui me connaissez, mon cher ami, vous savez bien que je n'aurais pas hésité devant une rétractation à laquelle m'eût obligé l'honneur.

» Je répète donc, sans crainte d'un démenti, qu'il y a quinze jours déjà, j'ai soumis au gouvernement des pièces démontrant que le coupable n'est pas le capitaine Dreyfus. Une enquête régulière, qu'il appartient au ministre de la guerre d'ouvrir et de mener à bonne fin, établira sans peine la culpabilité d'un autre.

» Votre affectionné...

» SCHEURER-KESTNER. »

Mathieu Dreyfus.

Dénonciation du commandant ESTERHAZY par M. MATHIEU DREYFUS, le 16 novembre 1897.

Monsieur le ministre,

La seule base de l'accusation dirigée, en 1894, contre mon malheureux frère est une lettre-missive, non signée, non datée, établissant que des documents militaires confidentiels ont été livrés à un agent d'une puissance étrangère.

J'ai l'honneur de vous faire connaître que l'auteur de cette pièce est M. le comte Walsin-Esterhazy, commandant d'infanterie, mis en non activité pour infirmités temporaires, au printemps dernier.

L'écriture du commandant « Walsin-Esterhazy » est identique à celle de cette pièce. Il vous sera très facile, monsieur le ministre, de vous procurer de l'écriture de cet officier.

Je suis prêt, d'ailleurs, à vous indiquer où vous pourriez trouver des lettres de lui, d'une authenticité incontestable et d'une date antérieure à l'arrestation de mon frère.

Je ne puis pas douter, monsieur le ministre, que connaissant l'auteur de la trahison pour laquelle mon frère a été condamné, vous ne fassiez prompte justice.

Veuillez agréer, monsieur le ministre, l'hommage de mon profond respect.

M. Dreyfus.

Esterhazy.

Réponse du commandant ESTERHAZY. (*Temps* du 17 novembre 1897.)

L'*Agence Havas* nous communique la note suivante :

Le commandant Esterhazy vient de nous remettre lui-même copie de la lettre suivante, qu'il adresse au ministre de la guerre :

« Paris, 16 novembre 1897.

» Le commandant Esterhazy à Monsieur le ministre de la guerre.

» Monsieur le ministre,

» Je lis dans les journaux de ce matin l'infâme accusation portée contre moi.

» Je vous demande de faire faire une enquête et me tiens prêt à répondre à toutes les accusations.

» Esterhazy. »

Déclaration d'Esterhazy.

Déclaration d'ESTERHAZY relative au « document libérateur ». (*Temps* du 19 novembre.)

Un rédacteur du *Figaro* a pu s'entretenir avec M. Esterhazy. Parmi les déclarations du commandant, relevons celles-ci :

« Est-il besoin d'ajouter qu'en ce moment, je me tais sur les choses les plus importantes parce que l'enquête que j'ai réclamée est ouverte? Mais je ne puis cependant me priver du plaisir de vous avouer que j'ai écrit au fameux colonel Picquart, bien qu'il soit mon chef hiérarchique (oh! la hiérarchie !), une lettre salée dont il ne se vantera pas devant le ministre de la guerre. »

M. Esterhazy a ajouté qu'il avait reçu deux lettres du ministère de la guerre. La première est ainsi conçue :

« Commandant,

» Le ministre de la guerre vous accuse réception du document que vous lui avez fait remettre à la date du 14 novembre, document qui vous a été donné, avez-vous dit, par une femme inconnue, et qui serait, ajoutez-vous, la photographie d'un document appartenant au ministère de la guerre. »

(Signature illisible.)

Par la seconde lettre, le commandant Esterhazy est invité à se tenir à la disposition de son chef hiérarchique, le général Saussier, gouverneur militaire de Paris.

« Agence Havas ».

Déclaration de l'AGENCE HAVAS, concernant la publicité des lettres de madame DE BOULANCY. (29 novembre 1897.)

L'enquête confiée au général de Pellieux, dans l'affaire

Esterhazy-Dreyfus, approchait de son terme, quand s'est produit l'incident des lettres publiées par un journal du matin.

Le général de Pellieux vérifie l'authenticité de ces pièces.

Dès que ce travail, auquel il consacre tous ses soins, sera terminé, il prendra ou provoquera auprès du gouverneur de Paris, avec la plus complète indépendance et l'impartialité la plus absolue, toutes les mesures que pourra comporter la situation.

Satisfaction sera donnée à l'honneur de l'armée, à la justice et à la vérité.

Déclaration d'Esterhazy.

Déclaration d'ESTERHAZY, relative aux lettres Boulancy. (Journaux du 29 novembre.)

J'ai été prévenu de leur publication, a-t-il dit, il y a quelques jours.

Je connais le procédé employé par mes ennemis et à l'aide duquel ils les ont fabriquées.

Leur tactique est simple. Ils ont pris dans certaines de mes lettres des phrases, des mots, des lettres qu'ils ont assemblés pour les besoins de leur cause.

Ils ont fait graver les missives ainsi constituées, puis les ont imprimées, et, rajeunissant l'écriture à l'aide d'un acide, ils ont obtenu un document qui paraît authentique.

Esterhazy.

Lettre d'ESTERHAZY au général SAUSSIER. (*Figaro*, 3 décembre 1897.)

Mon général,

Innocent, la torture que je subis depuis quinze jours est surhumaine.

Je crois que vous avez en main toutes les preuves de l'infâme complot ourdi pour me perdre ; mais il faut que ces preuves soient produites dans un débat judiciaire aussi large que possible et que la lumière complète soit faite.

Ni un refus d'informer, ni une ordonnance de non-lieu ne sauraient maintenant m'assurer la réparation qui m'est due. Officier, accusé publiquement de haute trahison, j'ai droit au Conseil de guerre, qui est la forme la plus élevée de la justice militaire : seul, un arrêt émané de lui aura le pouvoir de flétrir en m'acquittant, devant l'opinion à laquelle ils ont osé s'adresser, les plus lâches calomniateurs.

J'attends de votre haute équité mon renvoi devant le conseil de guerre de Paris.

ESTERHAZY.

Boisdeffre.

Déclaration du général de BOISDEFFRE concernant Esterhazy. (*Figaro*, 5 décembre 1897.)

Le ministre de la guerre s'empresse de communiquer à l'*Agence Havas* la lettre suivante qu'il vient de recevoir de M. le général de Boisdeffre, chef d'état-major général de l'armée.

« Paris, le 4 décembre 1897.

» *Le général de Boisdeffre, chef d'état-major général de l'armée, à M. le ministre de la guerre.*

» Monsieur le ministre,

» Certains journaux parus hier soir annoncent la prochaine publication d'un télégramme qui aurait été, soi-disant, adressé par moi au commandant Esterhazy à Londres.

» J'ai l'honneur de vous demander d'envoyer à l'*Agence Havas*, pour être communiquée à la presse, la note suivante :

« Le général de Boisdeffre n'a jamais télégraphié ni
» écrit quoi que ce soit au commandant Esterhazy, qu'il n'a
» jamais vu ni connu et auquel il n'a jamais fait ni fait faire
» la moindre communication.

» Boisdeffre. »

Madame Dreyfus.

Déclarations de madame Dreyfus et de M. M. Dreyfus à l'*Agence nationale*. (6 décembre 1897.)

Je suis heureuse de pouvoir espérer maintenant que justice sera enfin rendue. On établira sans peine l'innocence de mon mari qui, réhabilité, oubliant le douloureux calvaire qu'il a été obligé de gravir, ne se souviendra plus, au milieu de sa famille et de ses enfants, des tortures morales et physiques qu'on lui aura fait subir.

M. M. Dreyfus.

De son côté, M. Mathieu Dreyfus a dit :

Enfin! nous entrons dans la voie légale, je connais la décision du général Saussier. Elle ne pouvait être autre ; j'ai formellement accusé M. Esterhazy d'être l'auteur du bordereau, et maintenant, j'en ferai la preuve. Le général enquêteur a déclaré, paraît-il, n'avoir pas à faire une expertise d'écritures, et cependant c'est sur ce point que portait mon accusation. Le conseil de guerre, dûment convoqué, sera bien forcé d'élargir le débat. A l'heure actuelle, je ne puis que constater une chose : mon malheureux frère a été arrêté sur deux expertises d'écriture absolument contradictoires, et Esterhazy, contre lequel pèse la même accusation, est encore en liberté.

Enfin, le conseil de guerre, pour juger, sera bien forcé d'examiner les fameux documents qui ont fait condamner Dreyfus. Alors l'opinion jugera entre un homme honnête, sur lequel on n'a eu que des soupçons injustifiés et qui est cependant condamné au plus atroce des supplices, et celui qui appartient maintenant à la justice et que nous accusons d'être le vrai coupable. La culpabilité de l'un prouvera l'innocence de l'autre : il faut que la vérité ressorte immanente et dévoilée à tous, et pour cela il faut un débat public.

Nous avons confiance en messieurs les juges du premier conseil de guerre. En somme, quoi qu'on en dise, c'est la revision du procès, la revision quand même.

Trarieux.

Lettre de M. TRARIEUX au ministre de la guerre :

Paris, le 7 janvier 1893.

Monsieur le ministre et cher collègue,

La plupart des journaux qui ont pris parti contre la revision du procès Dreyfus indiquent dans les mêmes termes la signification qu'aurait aux yeux du chef de l'armée le renvoi du commandant Esterhazy devant le conseil de guerre.

D'après eux, il ne s'agirait que de donner à l'innocence de l'accusé la force de la chose jugée et de confirmer ainsi, par une nouvelle et définitive sentence, la condamnation de Dreyfus.

Ne pouvant vous questionner à temps du haut de la tribune du Sénat sur l'origine d'informations aussi étranges, je recours au seul moyen que j'ai de protester contre elles et je prends la liberté de vous exposer dans cette lettre les causes de l'émotion qu'en doivent ressentir tous ceux qui, comme moi, attendent de la justice militaire une œuvre de sincérité.

Je sais bien, monsieur le ministre, quelle confiance doivent nous inspirer les sentiments de loyauté et d'honneur des officiers appelés à accomplir cette œuvre ; mais comment ne pas redouter l'influence des courants qui peuvent, à leur propre insu, les égarer? Pour être de véritables juges, ils devront aborder l'audience sans aucune idée préconçue sur les questions qui leur seront soumises; résolus, dans la préparation de leur jugement, à ne tenir compte que des débats dont ils auront à faire jaillir la lumière : n'est-ce pas troubler cet esprit d'impartialité que de dénaturer les termes de la mission qu'ils auront à remplir, en cherchant à les persuader qu'ils ne seraient appelés qu'à ratifier une décision rendue d'avance ?

Si un pareil simulacre devait suffire pour ceux qui ne voudraient à aucun prix voir rouvrir l'affaire Dreyfus, il serait une tache dans notre histoire et laisserait dans l'angoisse un grand nombre de consciences. C'est avec celles-là que se trouve la mienne et je crois utile que vous sachiez les motifs divers d'une inquiétude que votre devoir, s'il vous est possible, est de faire disparaître.

Ces motifs, les voici.

Pour quels faits exacts et précis le capitaine Dreyfus a-t-il été condamné ? L'acte d'accusation dirigé contre lui est là pour nous répondre. Je l'ai en mains et j'y vois que l'unique question qu'il ait posée au conseil de guerre et sur laquelle ce dernier ait statué a été celle de savoir si Dreyfus avait communiqué à un agent d'une puissance étrangère des documents militaires confidentiels énumérés dans un bordereau qu'on prétendait avoir été écrit de sa main. Cette pièce a été la base matérielle unique de ce que vous avez appelé la chose jugée. Tous les autres témoignages fournis en dehors et auxquels vous avez fait allusion n'ont porté que sur des renseignements plus ou moins vagues de moralité. Aucun ne spécifiait en lui-même un fait quelconque de trahison. Si donc Dreyfus n'avait pas écrit le bordereau, si ce document n'était pas une preuve qui lui fût imposable, toute l'accusation devait disparaître avec lui.

Or, comment Dreyfus fut-il déclaré l'auteur du bordereau ? Cinq experts en écriture avaient été consultés. Trois s'étaient prononcés pour et deux contre. On avait accepté l'opinion de la majorité. En présence de cette divergence, il eût été peut-être prudent de ne rien affirmer, mais ce n'était pas seulement le doute qui s'imposait. L'acte d'accusation portait en lui-même la preuve que la vérité, ou tout au moins ici la vraisemblance, ne sont pas toujours du côté des majorités. Il constate, en effet, que les trois experts favorables à la poursuite avaient eux-mêmes relevé des dissemblances entre l'écriture de Dreyfus et celle du bordereau, et qu'ils les avaient expliquées en les supposant volontaires, c'est-à-dire conçues à dessein dans le but d'écarter des soupçons. Cela seul eût dû suffire pour mettre en garde contre ces conclusions qui, dès que j'en ai eu connaissance, m'ont frappé par leur témérité.

Est-ce que celui qui songe à dissimuler sa manière ordinaire d'écrire ne s'efforce pas de la rendre méconnaissable ? Est-ce qu'il a la maladresse de s'arrêter à des changements insuffisants, qui laissent subsister des apparences compromettantes de ressemblance ? J'ai été, je l'avoue, immédiatement bien plus frappé par des dissemblances qui ne peuvent pas logiquement se comprendre, que par des traits de similitude tels qu'il n'est pas rare d'en constater entre des écritures du même genre.

Ces raisons d'incertitude n'auraient point permis de demander la revision du procès de 1894 ; mais elles ont paru pleinement justifiées le jour où on est venu placer sous nos yeux les lettres d'un autre officier, qui, celles-là, ne se caractérisent par aucune dissemblance avec l'écriture du bordereau attribué à Dreyfus, mais en reproduisent, dans les détails comme dans l'ensemble, la physionomie exacte. Au premier rapprochement, l'identité semble sauter aux yeux ; elle est telle que l'auteur de ces écrits suspects n'hésita pas, lui-même, au premier moment, à le reconnaître, et ne chercha à en décliner la responsabilité qu'en se prétendant victime d'un faux. D'après lui, Dreyfus l'aurait contrefait par une habile opération de décalque. Mais ce système de dénégation, qu'il devait renouveler plus tard quand lui furent présentées les lettres de madame de Boulancy, était aussi inadmissible à son premier essai qu'au second.

Comment imaginer que Dreyfus, en écrivant à un agent d'une puissance étrangère, aurait pris la peine si compliquée et si parfaitement inutile de décalquer chacun de ses mots sur des documents de l'écriture d'un de ses frères d'armes, alors surtout que cette écriture ressemblait à la sienne ?

Comment admettre que, s'il eût eu la pensée de s'abriter derrière cet emprunt, il se fût laissé condamner en 1894 sans chercher à détourner les soupçons sur un autre, perdant ainsi le bénéfice de sa machination ?

Je ne crois pas, monsieur le ministre et cher collègue, que, à moins de l'évidence matérielle, ou d'un de ces partis pris qui aveuglent, il existe un homme de bon sens qui puisse prendre au sérieux une aussi insoutenable explication.

On répond, il est vrai, qu'il se trouverait, dans le dossier préparé pour le conseil de guerre, un rapport de trois experts qui iraient plus loin que le commandant Esterhazy et se seraient refusés à reconnaître l'écriture de ce dernier dans le bordereau qui leur a été soumis. S'il en était ainsi, il faudrait rechercher les raisons de ce surprenant désaccord. Se prononcer contre l'aveu de l'intéressé lui-même serait tellement étrange qu'il faudrait, pour l'expliquer, quelque énorme malentendu. Ce serait à croire que les experts n'auraient pas eu sous les yeux les mêmes documents que ceux qui ont servi à former nos appréciations personnelles. Le fac-similé du bordereau et les écritures du commandant Esterhazy que je possède, en effet, ne laissent place à aucune incertitude sur leur commune origine. Quiconque a voulu se donner la peine de voir et de comparer en est tombé d'accord. Les adversaires irréductibles de la revision sollicités par la famille Dreyfus ont, eux-mêmes, si bien compris la force de cette démonstration qu'ils se sont placés à côté pour la combattre. D'après eux, l'écriture du bordereau serait sans importance et ils laissent entendre que vous posséderiez, en dehors de cette pièce, des indices certains, quoique restés secrets, de la trahison de Dreyfus, ce qui devait suffire à mettre en repos notre conscience.

Je n'ai pas pu, je vous l'avoue, monsieur le ministre, m'arrêter à des allégations qui, fussent-elles exactes, ne sauraient nous faire oublier le respect de la loi, mais que je suis, du reste, forcé, par tout ce que je crois savoir, de révoquer en doute.

Au point de vue du droit, il importerait peu que vous eussiez en main tel ou tel document dont vous pourriez induire la culpabilité réelle de Dreyfus, si ces documents n'ont pas été régulièrement versés au procès qui lui a été intenté, s'il les a ignorés, si ses juges n'ont pu en faire l'objet de la condamnation qu'ils ont prononcée.

Est-ce que les articles 109 et 142 du Code de justice militaire ne disent pas qu'un accusé doit être averti de toutes les inculpations sur lesquelles il sera appelé à se défendre, trois jours avant sa mise en jugement, et que si des faits nouveaux se révèlent à l'audience, il faut ouvrir une instruction nouvelle pour pouvoir en faire état ? Ces garanties ne sont-elles pas la protection même de notre liberté individuelle, et y pourrait-on toucher sans reculer d'un siècle et revenir du coup aux procédés redoutables de l'ancien régime, à toutes ces formes arbitraires de la justice contre lesquelles la Révolution s'est faite ? Je n'exagère rien, car, de tous les dangers auxquels peut exposer l'œuvre judiciaire, le plus grave est assurément de pouvoir être condamné sans savoir de quoi on vous accuse. Que de fois le plaideur n'a-t-il pas fait tomber d'un mot les apparences qui pouvaient le compromettre aux yeux de son juge ?

Mais je laisse là les principes du droit, dont malheureusement trop d'esprits se désintéressent. Permettez-moi, jusqu'à plus ample informé, de n'ajouter aucune créance à ces prétendues preuves de la culpabilité de Dreyfus qu'on suppose en dépôt au ministère de la guerre. Ces preuves, je n'ai trouvé personne pour m'en affirmer, de science personnelle, l'existence, et les présomptions les plus sérieuses portent à penser qu'elles n'ont point, en effet, de réalité.

En dehors d'une lettre écrite par un attaché militaire étranger, dont le journal *l'Eclair* a le premier publié une phrase, et qu'on ne saurait raisonnablement appliquer à Dreyfus, comment serait-il moralement possible que vous ayez en mains quelque autre document sérieux, après ce qui s'est passé en 1896, et que, jusqu'ici, le public ignore ?

Voici ce dont je crois être sûr ; vous ne me reprocherez pas la franchise de mes questions.

Est-il vrai qu'au cours de l'année 1896 le lieutenant-colonel Picquart, chef du bureau des renseignements, ait été appelé à étudier, contre l'officier supérieur aujourd'hui en cause, une affaire d'espionnage ?

Est-il vrai que, frappé alors par la ressemblance de l'écriture de cet officier avec celle du bordereau attribué en 1894 à Dreyfus, il ait conçu la pensée qu'une erreur avait dû être commise au préjudice de ce dernier ?

Est-il vrai qu'il en ait parlé à ses chefs, que le sous-chef et le chef de l'état-major général ne l'aient pas ignoré et que vous l'ayez su vous-même ?

Est-il vrai que, loin de lui dire alors qu'il avait mieux à employer son zèle qu'en faveur d'un traître avéré, il a été, au contraire, encouragé à poursuivre ses recherches, la pensée n'étant point d'étouffer la lumière, mais simplement de préparer les conditions dans lesquelles la vérité pourrait se faire jour?

Est-il vrai qu'il n'ait interrompu ses recherches que parce que, au moment de l'interpellation Castelin, il a été éloigné de Paris et de son poste pour une mission sur les frontières de l'Est, bientôt suivie d'une mission en Tunisie?

Est-il vrai que tous ces détails sont d'autant plus significatifs que le lieutenant-colonel Picquart avait représenté le ministre de la guerre devant le conseil qui jugea Dreyfus et que, par suite, il n'ignorait rien de ce qui s'y était passé?

Et si tous ces faits sont vrais, comment n'en pas conclure qu'aucun de ceux qui possédaient en 1896 le dossier Dreyfus n'y a vu ces preuves de culpabilité certaine dont l'allégation a, aujourd'hui, tous les caractères d'une légende?

Me trompé-je, cependant, et la légende serait-elle de l'histoire? Il faut alors que la pleine lumière se fasse, et malheureusement je me demande si tout a été bien mis en œuvre pour la préparer.

Nous voici à la veille des nouveaux débats auxquels nous avons à la demander, et je m'inquiète de l'état de l'instruction qui va leur servir de base. S'il faut s'en rapporter à cette partie privilégiée de la presse qui semble recevoir ses renseignements de source officieuse, tout paraît avoir été fait pour faciliter la défense de l'accusé et rendre suspect le rôle de ceux qui l'accusent.

Des pièces ont été volées, assure le commandant Esterhazy lui-même, au dossier Dreyfus. — Rien n'a été fait pour rechercher les auteurs de ce vol!

Des fausses dépêches dont l'intention était de déshonorer le lieutenant-colonel Picquart lui ont été expédiées. On a négligé de rechercher les mains criminelles qui les avaient écrites!

Des pièges nombreux ont été tendus à la famille Dreyfus. On en a laissé gloser les journaux, sans se demander qui les avait préparés!

De tous ces faits, pourtant, pouvait ressortir la trame d'un complot ourdi pour étouffer la voix de la vérité. Le complot, il n'en a été question que pour le prétendu syndicat Dreyfus, et l'on a vu un portefeuille de député, égaré par mégarde, donner lieu à l'audition des nombreux employés de chemins de fer, entre les mains desquels il était tombé.

Est-ce tout, et parlerai-je encore de l'expertise en écritures, qui eût dû nécessiter tant de soins et de prudence? On avait dit d'abord qu'on s'adresserait à des experts étrangers du milieu parisien, afin d'éviter tout contact avec ceux de 1894, et l'un au moins des experts qu'on a choisis avait déjà pris parti, s'il faut en croire l'histoire, non démentie, de M. Varinard, racontée par la *Lanterne*.

Comment, monsieur le ministre, ne pas craindre que, dans de telles conditions, la vérité promise ne coure bien des dangers? Le dossier dont va être saisi le conseil de guerre est plein de lacunes qui ne lui permettront pas d'aller au fond des choses, et que serait-ce si tout se passait à huis clos, sur un réquisitoire de pure forme, sans contradiction sérieuse?

Vous ne voudrez pas, j'en conserve l'espoir, qu'il en soit ainsi, et c'est ce qui m'a décidé à en appeler à vous. Permettez-moi de préciser quelles seraient, à mon sens, les mesures à prendre.

Je souhaiterais, d'abord, que tous les points laissés dans l'ombre et que je viens de signaler à votre haute attention, soient élucidés avant que le conseil de guerre ait à se prononcer. Ils peuvent être pour sa décision de la plus haute importance.

Je voudrais qu'une nouvelle expertise en écriture fût faite, s'il est exact, comme on l'a raconté, que M. Varinard eût déjà communiqué son opinion à un journal, avant d'avoir accepté le mandat que lui a confié la justice. En ce cas, il me semblerait bien utile de commettre, à cet effet, non pas seulement des professeurs d'écriture, mais des paléographes de profession, dont on pourrait demander la désignation à l'Ecole des Chartes ou à l'un de nos corps savants.

Je demanderais que le conseil de guerre ne siégeât à huis clos que pour les explications d'audience qu'il pourrait y avoir un inconvénient réel à rendre publiques. Une publicité aussi large que possible me paraîtrait le seul moyen de donner à l'arrêt qui sera rendu une pleine autorité.

Je trouverais désirable, enfin, si la démarche en est faite, que la partie plaignante puisse être assistée à l'audience par son défenseur. Il n'y aurait pas, sans cela, de débat vraiment contradictoire.

Vous apaiseriez chez un grand nombre de nos concitoyens, comme chez moi, monsieur le ministre et cher collègue, bien des inquiétudes, si vous aviez égard à ma supplique. Quoi qu'il advienne cependant, j'aurai rempli, en vous la présentant, mon devoir, et, si vous êtes en désaccord avec moi, je ne douterai point, tout en restant d'ailleurs sans comprendre, que vous n'ayez cru aussi accomplir le vôtre.

Veuillez agréer, monsieur le ministre et cher collègue, l'assurance de ma haute considération et de mes sentiments dévoués.

TRARIEUX.

Scheurer-Kestner.

Lettre de M. SCHEURER-KESTNER du 5 janvier 1896. (*Temps*, 6 janvier 1898.)

M. Scheurer-Kestner vient d'adresser à un de ses amis du Sénat la lettre suivante :

« Mon cher ami,

» En revenant d'Alsace, où j'ai trouvé, une fois de plus, tant de sympathies réconfortantes, j'apprends avec surprise que certaines personnes ont vu dans ma courte absence un aveu de découragement ou d'incertitude.

» Comment serais-je découragé, cher ami, moi qui sais que le triomphe de la vérité ne dépend pas du bon vouloir des hommes, et qu'il ne saurait y avoir de prescriptions contre la justice ni contre le droit ? Comment serais-je hésitant quand l'évidence me paraît chaque jour plus claire, à mesure qu'elle se dégage des voiles dont les passions veulent l'obscurcir ?

» Ce qui me reste de force et de vie, je l'ai mis au service de l'innocence opprimée ; ce don de moi-même n'est pas révocable, et je tiendrai mon engagement, dussé-je rester seul. Mais je ne suis pas seul, je vois autour de moi de nombreux amis que j'estime et qui m'approuvent. Nous attendrons, forts de notre conscience, la juste, l'inévitable réparation.

» Votre affectionné

» SCHEURER-KESTNER. »

E. Zola.

Lettre de ZOLA au Président de la République. (*Aurore*, 13 janvier 1898.)

Partie accusatrice.

J'accuse le lieutenant-colonel du Paty de Clam d'avoir été l'ouvrier diabolique de l'erreur judiciaire, en inconscient, je veux le croire, et d'avoir ensuite défendu son œuvre néfaste depuis trois ans, par les machinations les plus saugrenues et les plus coupables.

J'accuse le général Mercier de s'être rendu complice, tout au moins par faiblesse d'esprit, d'une des plus grandes iniquités du siècle.

J'accuse le général Billot d'avoir eu entre les mains les preuves certaines de l'innocence de Dreyfus et de les avoir étouffées, de s'être rendu coupable du crime de lèse-humanité et de lèse-justice, dans un but politique et pour sauver l'Etat-Major compromis.

J'accuse le général de Boisdeffre et le général Gonse de s'être rendus complices du même crime, l'un, sans doute, par passion cléricale, l'autre, peut-être par cet esprit de corps qui fait des bureaux de la guerre l'arche sainte inattaquable.

J'accuse le général de Pellieux et le commandant Ravary d'avoir fait une enquête scélérate, j'entends par là une enquête de la plus monstrueuse partialité, dont nous avons, dans le rapport du second, un impérissable monument de naïve audace.

J'accuse les trois experts en écritures, les sieurs Belhomme, Varinard et Couard, d'avoir fait des rapports mensongers et frauduleux, à moins qu'un examen médical ne les déclare atteints d'une maladie de la vue et du jugement.

J'accuse les bureaux de la guerre d'avoir mené dans la presse, particulièrement dans l'*Eclair* et dans l'*Echo de Paris*, une campagne abominable, pour égarer l'opinion et couvrir leur faute.

J'accuse enfin le premier conseil de guerre d'avoir violé le droit en condamnant un accusé sur une pièce restée secrète, et j'accuse le second conseil de guerre d'avoir couvert cette illégalité par ordre, en commettant à son tour le crime juridique d'acquitter sciemment un coupable.

En portant ces accusations, je n'ignore pas que je me mets sous le coup des articles 30 et 31 de la loi sur la presse, du 29 juillet 1881, qui punit les délits de diffamation. Et c'est volontairement que je m'expose.

Quant aux gens que j'accuse, je ne les connais pas, je ne les ai jamais vus, je n'ai contre eux ni rancune ni haine. Ils ne sont pour moi que des entités, des esprits de malfaisance sociale. Et l'acte que j'accomplis ici n'est qu'un moyen révolutionnaire pour hâter l'explosion de la vérité et de la justice.

Je n'ai qu'une passion, celle de la lumière, au nom de l'humanité qui a tant souffert et qui a droit au bonheur. Ma protestation enflammée n'est que le cri de mon âme. Qu'on ose donc me traduire en Cour d'assises et que l'enquête ait lieu au grand jour !

J'attends.

Veuillez agréer, monsieur le Président, l'assurance de mon profond respect.

E. Zola.

E. Zola.

Lettre de Zola au ministre de la guerre en réponse à l'assignation tronquée. (*Aurore*, 20 janvier 1898.) Fragment.

Comment ! je puis écrire que « M. le lieutenant-colonel du Paty de Clam a été l'ouvrier diabolique d'une erreur judiciaire, en inconscient peut-être, et qu'il a défendu son œuvre par les machinations les plus coupables », je puis le dire, et on n'ose pas, pour l'avoir écrit, me poursuivre.

Je puis écrire que le général Mercier s'est rendu complice d'une des plus grandes iniquités du siècle, et on n'ose pas, pour l'avoir écrit, me poursuivre.

Je puis écrire que vous, monsieur le général Billot, vous avez eu entre les mains les preuves certaines de l'innocence de Dreyfus, que vous les avez étouffées, que vous vous êtes rendu coupable de ce crime de lèse-humanité et de lèse-justice, dans un but politique et pour sauver l'Etat-Major. Et vous n'osez pas, vous, ministre de la guerre, pour l'avoir écrit, me poursuivre.

Je puis écrire que le général de Boisdeffre et le général Gonse se sont rendus complices du même crime, et l'on n'ose pas, pour l'avoir écrit, me poursuivre.

Je puis écrire que le général de Pellieux et le commandant Ravary avaient fait une enquête scélérate, et on n'ose pas, pour l'avoir écrit, me poursuivre.

Je puis écrire que les trois experts en écritures, les sieurs Belhomme, Varinard et Couard, avaient fait des rapports mensongers et frauduleux, et n'osant pas, pour l'avoir écrit, me poursuivre en Cour d'assises, on torture la loi et on m'assigne en police correctionnelle.

Je puis écrire que les bureaux de la guerre avaient mené dans la presse une campagne abominable afin d'égarer l'opinion et de couvrir leurs fautes, et l'on n'ose pas, pour l'avoir écrit, me poursuivre.

J'ai dit ces choses, et je les maintiens. Est-il vraiment possible que vous n'acceptiez pas la discussion sur des accusations aussi nettement formulées, non moins graves pour l'accusateur que pour les accusés.

Je croyais trouver devant moi M. le colonel du Paty de Clam, M. le général Mercier, M. le général de Boisdeffre et M. le général Gonse, M. le général de Pellieux et M. le commandant Ravary, avec les trois experts en écritures.

J'ai attaqué loyalement, sous le regard de tous : on n'ose me répondre que par les outrages des journaux stipendiés et que par les vociférations des bandes que les cercles catholiques lâchent dans la rue. Je prends acte de cette obstinée volonté de ténèbres, mais je vous avertis, en toute loyauté, qu'elle ne vous servira de rien.

Pourquoi vous n'avez pas osé relever toutes mes accusations, je vais vous le dire :

Redoutant le débat dans de la lumière, vous avez recours pour vous sauver, à des moyens de procureur. On vous a découvert, dans la loi du 29 juillet 1881, un article 52 qui NE ME PERMET D'OFFRIR LA PREUVE QUE DES FAITS « *articulés et qualifiés dans la citation* ».

Et maintenant, vous voilà bien tranquille, n'est-ce pas ?

Contre le colonel du Paty de Clam, contre le général Mercier, contre le général de Boisdeffre et le général Gonse, contre le général de Pellieux et le commandant Ravary, contre vos experts et contre vous-même, vous pensez que je ne pourrai pas faire la preuve.

Eh bien ! vous vous trompez, je vous en avertis d'avance : on vous a mal conseillé.

On avait songé d'abord à me traduire en police correctionnelle ; et l'on n'a point osé, car la Cour de cassation aurait culbuté toute la procédure.

Ensuite, on a eu la pensée de traîner les choses en longueur par une instruction ; mais on a craint de donner ainsi un nouveau développement à l'affaire et d'accumuler contre vous une masse écrasante de témoignages méthodiquement enregistrés.

Enfin, en désespoir de cause, on a décidé de m'imposer une lutte inégale, en me ligotant d'avance, pour vous assurer, par des procédés de basoche, la victoire que vous n'attendez sans doute pas d'un libre débat.

Vous avez oublié que je vais avoir pour juges douze citoyens français, dans leur indépendance.

Je saurai vaincre par la force de la justice, je ferai la lumière dans les consciences par l'éclat de la vérité. On verra, dès les premiers mots, les arguties procédurières balayées par l'impérieuse nécessité de la preuve. Cette preuve la loi m'ordonne de la faire, et la loi serait menteuse si, m'imposant ce devoir, elle m'en refusait le moyen.

Comment ferais-je la preuve des accusations que vous relevez contre moi, si je ne pouvais montrer l'enchaînement des faits et si l'on m'empêchait de mettre toute l'affaire en pleine clarté ?

La liberté de la preuve, voilà la force où je m'attache.

E. ZOLA.

Madame Dreyfus.

Lettre de madame DREYFUS à M. Cavaignac, le 14 janvier 1898.

M. Cavaignac a affirmé à la Chambre que le ministre de la guerre avait en main une déclaration écrite du capitaine Lebrun-Renault, révélant un aveu formel du capitaine Dreyfus et donnant ainsi la preuve péremptoire de sa culpabilité.

Madame Alfred Dreyfus, la femme du capitaine, répond en ces termes à M. Cavaignac :

« Paris, le 14 janvier 1898.

» Monsieur le Député,

» Dans la séance du 13 janvier 1898, vous avez affirmé qu'un officier, le capitaine Lebrun-Renault, aurait recueilli de la bouche de mon mari, le jour de son horrible supplice, cette parole : « Si j'ai livré des documents sans importance » à une puissance étrangère, c'était dans l'espoir de m'en » procurer d'autres. »

» J'oppose à cette affirmation un démenti catégorique, absolu.

» Si — au lendemain du jour où, subissant héroïquement son supplice, mon mari n'a pas cessé de protester hautement de son innocence — un journal a publié le récit dont, sans contrôle et sans preuves, vous vous êtes fait l'écho à la tribune du Parlement, ce journal a altéré la vérité.

» Il m'a été dit que le capitaine Lebrun-Renault avait aussitôt démenti les propos qu'une légende lui attribue, qu'il avait dit à ses chefs la vérité, à savoir que mon mari n'avait fait que protester de son innocence, que par ordre, alors, le silence avait été imposé à cet officier.

» J'ignore si ce qui m'a été raconté est exact, je ne puis le vérifier. Si vous voulez vous donner la peine de vous reporter aux journaux de janvier 1895, vous y trouverez d'abord un récit de tous points différent de la conversation qui s'engagea le 5 janvier entre le capitaine Lebrun-Renault et mon mari. Voici le récit du *Figaro*, intitulé : « Récit d'un témoin », et signé de M. Eugène Clisson :

...« C'est dans cet ordre que le convoi arriva à l'Ecole militaire. A huit heure moins dix, Dreyfus fut conduit dans une des salles de l'école et laissé sous la garde du capitaine

Lebrun-Renault. C'est là, dans cette pièce, que la conversation suivante s'engagea :

» — Vous n'avez pas songé au suicide, monsieur Dreyfus? demanda le capitaine Lebrun-Renault.

— Si, mon capitaine, répondit Dreyfus, mais seulement le jour de ma condamnation. Plus tard, j'ai réfléchi : Je me suis dit qu'innocent comme je suis, je n'avais pas le droit de me tuer. On verra dans trois ans, quand justice me sera rendue.

— Alors, vous êtes innocent ?

— Voyons, mon capitaine, écoutez : on trouve dans un chiffonier d'une ambassade un papier annonçant l'envoi de quatre pièces. On soumet le papier à des experts : trois reconnaissent mon écriture, deux déclarent que l'écriture n'est pas de ma main, et c'est là-dessus qu'on me condamne.

» A dix-huit ans, j'entrais à l'École Polytechnique ; j'avais devant moi un magnifique avenir militaire, 300,000 francs de fortune et la certitude d'avoir dans l'avenir 50,000 fr. de rente. Je n'ai jamais été un coureur de filles. Je n'ai jamais touché une carte de ma vie, donc je n'ai pas besoin d'argent. Pourquoi aurais-je trahi? Pour de l'argent? Non; alors quoi ?

— Et qu'est-ce que c'était que ces pièces dont on annonçait l'envoi ?

— Une très confidentielle, et trois autres moins importantes.

— Comment le savez-vous ?

— Parce qu'on me l'a dit au procès. Ah! ce procès à huis clos, comme j'aurais voulu qu'il fût public et qu'il eût lieu au grand jour ! il y aurait eu certainement un revirement d'opinion.

— Lisiez-vous les journaux en prison ?

— Non, aucun. On m'a bien dit que la presse s'occupait beaucoup de moi, et que certains journaux profitaient de cette accusation ridicule pour se livrer à une campagne antisémite. Je n'ai rien voulu lire. Puis, raide, comme insensible, il ajoute : A présent, c'est fini. On va m'expédier à la presqu'île Ducos; dans trois mois, ma femme viendra m'y rejoindre.

— Et, reprit le capitaine Lebrun-Renault, avez-vous l'intention de prendre la parole tout à l'heure ?

— Oui, je veux protester publiquement de mon innocence.

» Devant cette déclaration nettement formulée, le capitaine fit informer le général Darras de la résolution de Dreyfus. Elle avait d'ailleurs été prevue, et un roulement de tambours devait lui couper la parole en cas de besoin. Il était neuf heures moins dix lorsque quatre artilleurs entraient dans la salle.

— Voici les hommes qui viennent vous prendre, monsieur, dit le capitaine Lebrun-Renault.

— Bien, mon capitaine, je les suis; mais je vous le répète les yeux dans les yeux, je suis innocent.

» Et il suivit les soldats. »

» Le lendemain, l'*Agence Havas* communique aux journaux la note suivante qui établit seulement que le capitaine Lebrun-Renault n'avait fait lui-même aucune communication à la presse :

« Le ministre de la guerre a interrogé le capitaine de la garde républicaine Lebrun-Renault sur les affirmations qui lui sont attribuées par certains journaux relativement à une conversation avec l'ex-capitaine Dreyfus. Le capitaine Lebrun-Renault a certifié au ministre qu'il n'a fait aucune communication à aucun organe ni représentant de la presse. » — Le *Figaro* reproduit cette note en la faisant suivre des lignes suivantes : « C'est absolument exact et le capitaine Lebrun-Renault a dit la vérité en affirmant à son ministre qu'il n'avait « fait aucune communication à aucun » organe, ni représentant de la presse ».

» Ce qui est vrai, c'est qu'il y a eu seulement une « con- » versation » tenue par ce brave officier de la meilleure foi du monde devant des personnes qu'il ne soupçonnait pas devoir la rapporter.

» Nous ne croyons pas d'ailleurs que les règlements interdisent à un militaire d'avoir des conversations de ce genre avec sa famille ou ses amis. »

» Ce n'est que dans la *Cocarde* du 8 janvier que parut, sous la signature de M. Castelin junior, le propos que vous avez reproduit, mais que ce journal attribuait à un autre officier que le capitaine Lebrun-Renault.

» Aussi bien l'invraisemblance du récit que vous avez produit à la tribune de la Chambre ne ressort-elle pas avec une souveraine évidence d'une pièce, incontestable celle-là, qui figure au dossier de mon mari et que vous ne pouvez ignorer, dont vous avez dû prendre connaissance pendant votre passage au ministère de la guerre.

» Le jour même du rejet de son pourvoi, alors que tout espoir était perdu pour lui, à la veille d'un supplice atroce entre tous, mon mari reçut dans sa prison la visite du commandant du Paty de Clam, que vous connaissez bien, monsieur le député, qui avait dirigé l'enquête préliminaire à l'arrestation et qui venait au nom du ministre de la Guerre demander au capitaine Dreyfus s'il voulait reconnaître sa culpabilité.

» Mon mari répondit : « Je suis innocent, je n'ai rien à avouer. »

— N'auriez-vous pas commis une imprudence ? dit M. du Paty. N'auriez-vous pas voulu amorcer un agent étranger ?

— Je ne connais aucun agent. Je n'ai jamais eu de telles relations, répliqua le capitaine Dreyfus ; je n'ai jamais voulu amorcer personne, je suis innocent de ce dont on m'accuse.

— Alors, déclara celui qui a été son bourreau, l'homme qui m'a torturée, moi, malheureuse femme, avec des raffinements de sauvage, alors, si vous dites vrai, vous êtes le plus grand martyr du siècle.

» M. du Paty de Clam peut nier cette conversation, mais voici une lettre qui en fait foi, qui a été écrite après que l'envoyé du général Mercier eut quitté la prison du Cherche-Midi, qui fut remise au ministre, qui figure au dossier du ministère de la guerre, que, je le répète, vous deviez connaître, qui aurait dû vous empêcher de porter à la tribune de la Chambre l'assertion que vous y avez portée.

» Mon mari écrivait au général Mercier :

« Monsieur le ministre,

» J'ai reçu par votre ordre la visite du commandant du Paty de Clam auquel j'ai déclaré encore que j'étais innocent et que je n'avais même jamais commis la moindre imprudence. Je suis condamné, je n'ai aucune grâce à demander ; mais au nom de mon honneur, qui, je l'espère, me sera rendu un jour, j'ai le devoir de vous prier de vouloir bien continuer vos recherches.

» Moi parti, qu'on cherche toujours ; c'est la seule grâce que je sollicite.

» Alfred Dreyfus. »

» Et c'est le lendemain du jour où il écrivait cette lettre que mon mari aurait fait l'aveu que vous avez présenté à la Chambre comme la preuve de la culpabilité d'un martyr, d'un innocent !

» La démarche de M. du Paty de Clam prouve que jusqu'à la fin le général Mercier a eu des doutes sur la culpabilité de l'homme qu'il n'avait pu faire condamner qu'en violant la loi et qu'en trompant les officiers du Conseil de guerre.

» La lettre authentique de mon mari dément le propos qui lui a été prêté.

» Je vous prie d'agréer, monsieur le député, l'assurance de mes sentiments distingués.

» Lucie Dreyfus. »

Cavaignac.

Réponse de M. Cavaignac à madame Dreyfus. (15 janvier 1898).

Paris, le 15 janvier 1898.

Madame,

Vous contestez l'existence des déclarations du capitaine Lebrun-Renault et celle du témoignage écrit contemporain qui atteste que ces déclarations ont été faites. Je suis obligé de vous dire que vous vous trompez. Ce témoignage écrit est entre les mains de M. le ministre de la guerre.

Je vous prie d'agréer, madame, l'expression de mes sentiments distingués.

Cavaignac.

Madame Dreyfus.

Réponse de Madame Dreyfus à M. Cavaignac. (16 janvier 1898.)

Monsieur le député,

Vous me dites qu'un témoignage écrit des déclarations du

capitaine Lebrun-Renault existe entre les mains de M. le ministre de la guerre.

Je dois à mon mari, à mes enfants, à la vérité, de dissiper l'équivoque de votre réponse.

Ce témoignage écrit qui a été si subitement révélé par vous, que le ministre d'ailleurs ne produit pas, est-il ou n'est-il pas du capitaine Lebrun-Renault?

S'il n'est pas du capitaine Lebrun-Renault lui-même, il est sans valeur; c'est un mensonge à ajouter à tous ceux qu'a faits M. du Paty de Clam depuis le premier jour, quand il affirmait que mon mari, écrivant sous sa dictée, s'était mis à trembler — alors que la page écrite, ce jour-là, par mon mari ne porte aucune trace d'une émotion qui eût été cependant bien explicable — ou quand il affirmait que son prétendu crime était connu du président de la République et des ministres — alors que M. Casimir-Perier, le général Saussier, ne furent informés de son arrestation que longtemps après.

Mais le capitaine Lebrun-Renault n'a jamais rien dit de tel; j'en ai pour témoin: le commandant Forzinetti, dont le général Saussier pourra vous dire la loyauté et qui a recueilli du capitaine Lebrun-Renault lui-même un démenti catégorique à votre allégation.

J'en ai pour témoin M. Clisson, qui a écrit le jour même dans le *Figaro* le récit véridique de l'entretien du capitaine Lebrun-Renault avec mon mari. J'en ai pour témoins d'autres personnes encore, qui auront, elles aussi, le courage de parler, d'affirmer la vérité, qui répéteront demain devant la justice, sous la foi du serment, les démentis que le capitaine Lebrun-Renault a constamment opposés à cette calomnie. Sous la foi du serment, devant la justice, le capitaine Lebrun-Renault confirmera, lui aussi, la vérité.

Vous pouvez demander à M. Lebon, ministre des colonies, de vous montrer les lettres dont il ne m'envoie plus que des copies, me privant ainsi de la vue même de cette chère écriture.

Lisez ces lettres, monsieur, vous n'y trouverez, dans l'affreuse agonie de ce supplice immérité, qu'un long cri de protestation, qu'une longue affirmation d'innocence, l'invincible amour pour la France.

Vivant ou mort, mon infortuné mari, je vous le jure, sera réhabilité. Toutes les calomnies seront dissipées, toute la vérité sera connue. Ni moi, ni nos amis, ni tous ces hommes que je connais seulement de nom, mais qui ont, eux, le souci de la justice, ne désarmeront jusque-là.

Je vous prie d'agréer, monsieur le député, l'expression de mes sentiments distingués.

16 janvier 1898.

LUCIE DREYFUS.

E. Clisson.

CONFIRMATION de la lettre de Madame DREYFUS par un interview du *Siècle* avec M. E. CLISSON. (*Siècle*, 16 janvier.)

Dans la lettre de madame Dreyfus que le *Siècle* a publiée hier, il était fait allusion à un article paru le 6 janvier 1895, dans le *Figaro*, sous la signature de notre confrère Eugène Clisson.

La lettre de madame Dreyfus contenait même une partie importante de cet article. Quelques journaux ayant paru douter de l'authenticité des renseignements publiés par notre confrère, nous avons jugé utile de lui demander quelques éclaircissements.

Nous devons constater que l'accueil que nous fait M. Eugène Clisson n'est pas des plus empressés.

Je vous avoue, mon cher confrère, nous dit-il, que j'ai éprouvé un réel désagrément de voir reproduit ce matin, dans quelques journaux, l'article que j'ai écrit au *Figaro* en janvier 1895. Outre qu'il m'a valu, de la part de la *Libre Parole*, une attaque à laquelle j'ai riposté avec courtoisie mais avec vigueur, il a failli causer les plus graves ennuis au capitaine Lebrun-Renault. C'est vous dire que sa nouvelle publication réveille un souvenir qui m'est pénible.

Je m'étonne de votre démarche et je me demande son objet. Je ne sais rien de plus que ce que j'ai écrit. Je me suis occupé une fois, il y a trois ans, incidemment, et comme simple reporter, de l'affaire Dreyfus : je ne suis pas tenté de m'en occuper de nouveau.

— Mais, répliquons-nous, le lendemain de la publication de votre article, le ministère de la guerre l'a fait démentir.

Ce démenti n'a pas été relevé catégoriquement; on peut donc supposer que vous avez publié des renseignements inexacts.

— Tous nos confrères, qui me connaissent, vous diront que, dans ma carrière déjà assez longue de journaliste, je n'ai guère reçu de démentis, et que je n'en ai jamais subi un seul.

Celui du ministre de la guerre a été relevé avec modération, sans doute, car l'avenir d'un officier était en jeu, — mais il n'a pas été accepté et je maintiens qu'il n'y a pas un mot à ajouter ni à retrancher à mon article.

Il ne contient ni une appréciation ni un commentaire. C'est un récit de reporter.

— Vous refusez donc de me dire de quelle façon vous avez recueilli ces renseignements ?

— Non. Car il ne s'agit pas dans votre question ni d'un commentaire, ni d'une appréciation, mais seulement d'un fait. D'autre part, en vous racontant la genèse de mon article, je ne puis porter aucun tort au capitaine Lebrun-Renault, qui ignorait totalement qu'il avait près de lui, pendant qu'il parlait, des oreilles très ouvertes de journaliste.

Donc, le 6 janvier, revenu la veille d'un voyage assez long en Amérique, et désirant reprendre pied sur l'asphalte de Paris, j'allai, le soir, au Moulin-Rouge.

Le matin de ce jour-là on avait dégradé Dreyfus à l'École militaire. Mais je vous assure que je n'y pensais guère.

J'ignorais tout du procès, et j'étais loin de m'attendre au bruit qu'il ferait plus tard.

J'y ai rencontré deux de nos camarades, notre ancien confrère de Fonbrune et le peintre Henri Dumont. Nous causions — peut-être de Grille-d'Egout — quand un monsieur qui m'était inconnu, décoré, teint animé, vint à passer.

Fonbrune, qui le connaissait, l'arrêta et la conversation, commencée à trois, continua à quatre. Le monsieur, excité comme un homme qui a accompli dans la journée un acte important de sa vie, dit à Fonbrune devant nous :

« Mon cher ! c'est moi qui ai conduit ce matin Dreyfus à la parade d'exécution. »

Puis, il raconta, raconta, raconta, avec abondance de détails et de gestes, toute l'histoire de sa matinée. Moi j'écoutais. Quand il eut fini son récit, le monsieur nous quitta.

Je dis à Fonbrune :
— « Qui est-ce ?
— « C'est M. Lebrun-Renault, capitaine de la Garde Républicaine.
— « C'est bigrement intéressant, ce qu'il vient de raconter. »

Un quart d'heure plus tard je partais, laissant là Fonbrune et Dumont. Je prenais une voiture et j'arrivais au *Figaro*.

Là, je vis M. de Rodays et notre bon confrère et excellent camarade Gaston Calmette. Mon intention n'était pas d'écrire d'article, mais simplement de communiquer amicalement ces renseignements à notre confrère Cardane, chargé par le *Figaro* de faire le compte rendu de la parade d'exécution. M. de Rodays me fit raconter ce que j'avais entendu et me demanda de l'écrire moi-même. Je pris la plume, et le cliché photographique que j'avais dans le cerveau se développa en quelques instants.

Le lendemain, mon article paraissait, causant des ennuis à moi et à d'autres.

Et voilà.
— Alors Dreyfus n'a pas fait d'aveux au capitaine Lebrun-Renault ?
— Je n'en sais rien ; c'est possible, puisque des journaux en général bien informés le déclarent et que M. Cavaignac l'affirme. Mais certainement il n'en a pas parlé devant moi.

De Pellieux.

LETTRE du général de PELLIEUX au commandant Esterhazy. (*Presse du 13 janvier.*)

Le général de brigade de Pellieux, commandant le département de la Seine, adjoint au général de division commandant la place de Paris, à monsieur le commandant

Walsin-Esterhazy, en non-activité pour infirmités temporaires, 27, rue de la Bienfaisance, à Paris.

» Paris, le 12 janvier.

« Mon cher commandant,

» Certains journaux prétendent que la lettre saisie chez madame de Boulancy à la requête de M. Scheurer-Kestner, vice-président du Sénat, n'avait pas été soumise à l'expertise, ainsi que vous l'aviez demandé, et, vous croyant lié par le huis-clos, vous invoquez mon témoignage.

» Je vous le donne très volontiers, le huis-clos n'ayant rien à voir dans cette affaire, qui ne touche en rien au procès jugé et clos actuellement.

» A la date du 1er décembre j'ai, en ma qualité d'officier de police judiciaire, commis MM. Belhomme, Varinard et Charavay, en leur adjoignant M. Lhotte, ex-expert chimiste, pour l'examen de cette lettre. Le chimiste m'a remis son rapport le 3 janvier. Les trois autres experts m'ont remis le leur le 9 du même mois.

» Si j'ai tendu à ce que les résultats de l'expertise fussent soumis aux juges du conseil de guerre, c'est que j'estimais que, dans l'intérêt d'une bonne justice, il ne devait subsister dans leur esprit aucun doute à ce sujet.

» Votre avocat a entre les mains copie du rapport des experts. Vous pouvez en user pour poursuivre et faire condamner, je n'en doute pas, les journaux qui continueraient, de ce chef, l'abominable campagne dont vous avez été la victime. »

Madame de Boulancy.

LETTRE de madame DE BOULANCY au général de PELLIEUX. (*Siècle* du 15 janvier.)

Monsieur le général,

Étrangère au monde israélite, vivant de l'existence modeste d'une veuve qui peut largement se suffire à elle-même et aider les autres, je me trouve mêlée à l'affaire Dreyfus

Esterhazy et l'opinion publique me prête dans ce drame le rôle odieux d'une gueuse qui aurait vendu, pour quelques deniers d'argent, les lettres confidentielles et déjà anciennes d'un parent. Je vous ai expliqué, monsieur le général, lorsque vous m'avez citée comme témoin, que j'étais restée complètement étrangère aux indiscrétions des journaux et à la communication de ces malheureux documents ; je vous ai même nommé la personne parfaitement honorable à laquelle j'ai confié, à la condition qu'elle n'en fît pas usage, une partie de la correspondance de M. Esterhazy.

Tout le monde parlant à ce moment de cet officier, j'ai cru pouvoir satisfaire une curiosité légitime, mais jamais il n'est entré dans mon esprit que la politique et le Conseil de guerre pourraient profiter de cette communication.

Or, monsieur le général, je n'ai pas même été convoquée au Cherche-Midi pour expliquer ce véritable abus de confiance ; mieux que cela : les journaux publient tous une lettre de vous à M. Esterhazy, de laquelle il résulte qu'une de ces lettres, la seule dont le commandant a nié l'authenticité, serait fausse, et vous ne dites point quel est le faussaire. Vous voulez bien ainsi soulever le voile du huis-clos au profit de M. Esterhazy, justement en ce qui concerne l'incident de la lettre ; je suis convaincue que vous étendrez cette mesure de faveur à la veuve du lieutenant-colonel de Boulancy qui, comme vous l'avez dit l'autre jour à la Place, a été longtemps votre camarade.

Je vous prie donc de vouloir bien affirmer dans une lettre que vous m'autoriserez à publier : 1º que M. Esterhazy a reconnu l'authenticité de toutes les lettres moins une ; 2º que sur la dénégation de M. Esterhazy vous avez mis la lettre en question sous scellés, m'assurant qu'elle ne serait retirée de l'enveloppe où vous l'enfermiez qu'en ma présence.

Voilà qu'en effet, après votre lettre, on commence à me traiter de faussaire et qu'on ajoute cette outrageante accusation à toutes les autres.

Je ne suis plus jeune et, je vous le répète, monsieur le général, je suis absolument restée en dehors des divisions actuelles ; j'ai été traînée dans la boue, et au moment où je m'apprête à rétablir les faits en ce qui me concerne, voilà que votre lettre à M. Esterhazy se dresse comme un nouvel obstacle à ma justification.

J'attends donc, monsieur le général, une réponse qui me permette « de faire cesser au plus tôt, comme vous l'écrivez vous même au commandant, cette abominable campagne. »

Aréez, monsieur le général, l'expression de mon profond respect.

De Boulancy.

De Bulow.

Déclaration de M. de Bulow, secrétaire d'État aux affaires étrangères, à la commission de budget du Reichstag (24 janvier 1898).

Berlin, 24 janvier 1898.

M. de Bülow, après s'être expliqué sur les différentes questions intéressant la politique extérieure de l'Allemagne, a fait, devant la commission du budget du Reichstag, la déclaration suivante au sujet de l'affaire Dreyfus :

» Vous comprendrez que je n'aborde ce sujet qu'avec de grandes précautions. Agir autrement pourrait être interprété comme une immixtion de ma part, comme une immixtion de notre part dans les affaires intérieures de la France, et nous avons constamment, et avec les plus grands soins, évité jusqu'à l'ombre d'une pareille immixtion. Je crois d'autant plus devoir observer une réserve complète à ce sujet qu'on peut s'attendre à ce que les procès ouverts en France jettent la lumière sur toute l'affaire.

» Je me bornerai donc à déclarer de la façon la plus formelle et la plus catégorique, qu'entre l'ex-capitaine Dreyfus, actuellement détenu à l'île du Diable, et n'importe quels organes allemands, il n'a jamais existé de relation ni de liaison de quelque nature qu'elles soient. Les noms de Walsin-Esterhazy, Picquart, je les ai entendus, pour la première fois dans mon existence, il y a trois semaines.

» Quant à l'histoire de la lettre d'un agent mystérieux, soi-disant trouvée dans un panier à papiers, elle ferait peut-être bonne figure dans les dessous d'un roman ; naturellement, elle est tout imaginaire et n'a jamais eu lieu en réalité.

» Enfin, je désirerais constater avec satisfaction que l'affaire dite « affaire Dreyfus », si elle a fait beaucoup de bruit, n'a en rien troublé, à ma connaissance, les relations uniformément tranquilles qui existent entre l'Allemagne et la France.

» Bien moins encore je n'ai entendu parler de facilités particulières qui auraient été accordées, de la part de l'Allemagne, à l'ex-capitaine. »

« Agence Nationale ».

CONFIRMATION postérieure de Berlin : l'*Agence Nationale* (6 avril 1898).

L'*Agence Nationale* publie la note suivante :

« Berlin, 6 avril.

» A propos de l'article récemment publié par un journal de Paris qui mettait en cause l'ancien attaché militaire, colonel de Schwarzkoppen, les journaux allemands publient la note suivante, qui paraît être de source officieuse :

« En ce qui concerne l'affaire Dreyfus, le gouvernement
» allemand a dit, conformément à la vérité, ce qu'il avait à
» dire. Si maintenant dans les journaux français un autre
» officier français, Esterhazy, est accusé d'avoir commis le
» crime pour lequel Dreyfus fut condamné, c'est une affaire
» qui regarde le gouvernement français et les chefs de l'armée
» française, notamment ceux qui ont déclaré publiquement
» leur conviction concernant la culpabilité de Dreyfus et qui,
» non moins ouvertement, ont pris la défense de l'officier,
» maintenant accusé. Ces personnages, qui semblent n'avoir
» pas ajouté de créance à la véracité des déclarations faites,
» par le gouvernement allemand, au sujet de l'affaire Drey-
» fus, ont certainement le plus grand intérêt à éclaircir les
» doutes et les erreurs possibles. Le gouvernement allemand
» a d'autant moins le motif de s'occuper de l'assertion des
» journaux français concernant les relations d'un ancien
» attaché militaire, que, si ce dernier avait réellement reçu

» d'abord l'offre et ensuite la livraison réelle de documents
» précieux, certainement il n'aurait pas indiqué à son gou-
» vernement d'où il les avait tirés. Accepter l'offre de docu-
» ments précieux ne constitue pas, pour un attaché militaire,
» matière à un reproche blessant. Il n'y aurait peut-être au-
» cun attaché qui refuserait ces offres. »

« **Gazette de Cologne** ».

Note officieuse de la *Gazette de Cologne*, du 5 septembre 1898.

Les journaux de l'état-major, comme on les appelle, essaient de réveiller la crainte que la France court les risques d'une guerre avec l'Allemagne, si l'on rend publiques toutes les pièces du procès Dreyfus.

Il est possible que ces feuilles influent une partie impressionnable de la population, mais certainement ces craintes n'existent pas en Allemagne.

L'on sait aujourd'hui, par les révélations faites dans de nombreux journaux, de quelles pièces il s'agit, et notamment des lettres que l'empereur d'Allemagne aurait écrites au capitaine Dreyfus.

Nous attendons cette publication avec la plus grande tranquillité d'esprit, car, il n'est même pas besoin de le dire, ces pièces sont des faux, cela saute aux yeux.

Un empereur d'Allemagne n'échange pas de correspondance avec les espions aux gages de l'Allemagne.

Si un agent subalterne ou un officier supérieur a imité la signature de l'empereur, nous ne saurions pas trouver dans cette falsification une raison pour déclarer la guerre à la France.

Ce sont les officiers supérieurs qui ont pu, même un seul instant, croire à des faux aussi grossiers, aussi ridicules, qui seront discrédités.

« **Gazette de Cologne** ».

Déclaration officieuse de la *Gazette de Cologne*, du 24 septembre 1898 :

La *Gazette de Cologne* et le *Berliner Tagblatt*, qui viennent de paraître, déclarent savoir, de source autorisée, que le « petit bleu » dont on a publié le texte n'est pas un faux. Il n'a pas été écrit par le colonel de Schwarzkoppen, mais par l'agent secret de l'ambassade d'Allemagne, qui servait d'intermédiaire à l'attaché militaire allemand dans ses rapports avec les espions.

« Gazette Nationale ».

DÉCLARATION officieuse de la *Gazette Nationale* (*National Zeitung*), du 24 septembre 1898 :

On n'a jamais contesté, en Allemagne, que le colonel de Schwarzkoppen ait eu des rapports avec Esterhazy. C'est la mission des attachés militaires d'accepter les renseignements offerts par des officiers comme Esterhazy.

Le colonel de Schwarzkoppen a eu en réalité, avec Esterhazy, les rapports que comportait sa mission.

Comte Bonin.

DÉCLARATION de M. le comte BONIN, sous-secrétaire d'État aux affaires étrangères à Rome. (D'après le *Siècle* du 2 février 1898.)

« D'ailleurs, je puis affirmer de la manière la plus explicite que ni notre attaché militaire ni aucun autre agent ou représentant du gouvernement italien n'ont eu jamais aucun rapport direct ou indirect avec Dreyfus. »

Voilà qui est net et formel.

L'Italie avait été mise en cause au procès Dreyfus, par la production illégale de la pièce secrète, lettre adressée par M. de Schwarzkoppen à M. de Panizzadi, interceptée *comme l'a raconté l'Eclair du 15 septembre 1896*, et se terminant par ce fameux P. S. : « Cette canaille de D... »

Le général Mercier fit croire aux juges que D. désignait Dreyfus.

Après leurs ambassadeurs à Paris, les ministres des

affaires étrangères d'Allemagne et d'Italie viennent de déclarer publiquement devant l'Europe, devant le monde civilisé, que ni l'Allemagne, ni l'Italie n'avaient jamais eu de rapports avec Dreyfus, — que « cette canaille de D. » n'est pas Dreyfus.

L'Allemagne et l'Italie déclarent que Dreyfus n'a pas été à leur service. Il n'y a plus que nous qui veuillions à toute force qu'il se soit trouvé un traître dans notre Etat-Major.

M° Leblois.

DÉCLARATION de M° LEBLOIS. (*Siècle*, 3 février 1898.)

M° Leblois adresse au directeur de l'*Agence Nationale* la lettre suivante :

« Monsieur le directeur,

» Ainsi que je l'ai déjà déclaré, le lieutenant-colonel Picquart ne m'a jamais communiqué le dossier de l'affaire Dreyfus, ni aucune pièce de ce dossier.

» Il ne m'a pas davantage communiqué le dossier de l'enquête qu'il a faite sur le commandant Esterhazy, ni aucune pièce de ce dossier.

» On sait que le colonel Picquart dut quitter brusquement le ministère de la guerre, le 16 novembre 1896. Il ne m'avait jusqu'alors jamais entretenu de l'affaire Dreyfus, ni de l'affaire Esterhazy, et j'ignorais complètement qu'il se fût occupé de l'une ou de l'autre de ces affaires.

» Je n'avais jamais cherché à appeler son intérêt sur le capitaine Dreyfus que je croyais coupable, sur la foi du jugement qui l'avait condamné.

» C'est seulement au mois de juin 1897, qu'en butte à des menaces écrites, le colonel Picquart, pour sa défense, parla pour la première fois de ces deux affaires, et me remit un certain nombre de lettres du général Gonse ; je lui ai récemment rendu ces lettres.

» Je ne crois pas inutile d'ajouter que j'ai été absent de Paris, en 1896, du 5 août au 7 novembre, et que, dans l'intervalle, je ne suis pas revenu une seule fois à Paris. Toute allégation relative à une visite de moi au ministère de la guerre, entre le 2 et le 7 novembre, est donc entachée d'erreur d'une manière absolue.

» J'en viens enfin à l'intervention que l'on a prêtée au conseil de l'ordre. On a annoncé à diverses reprises que le conseil de l'ordre avait nommé son rapporteur, ignorant sans doute qu'une nomination de ce genre ne rentre pas dans ses attributions.

» Le conseil de l'ordre ne saurait intervenir avant la solution des diverses affaires judiciaires en cours, sans manquer à des traditions invariables ; il me paraît inadmissible qu'on le lui ait proposé ; il n'est d'ailleurs saisi contre moi d'aucune plainte ni d'aucune dénonciation.

» Rien ne saurait donc m'empêcher de continuer à remplir la tâche que les circonstances m'ont imposée.

» Veuillez agréer, etc. »

Me Demange.

DÉCLARATION de Me DEMANGE (*Matin* du 7 février 1898), à un groupe d'étudiants.

« Je commence par vous dire, a déclaré Me Demange à ses visiteurs, que j'ai, je ne dis pas la conviction, je dis la *certitude absolue* de l'innocence de Dreyfus. D'ailleurs, je ne l'aurais pas défendu sans ça... je n'aurais pas voulu défendre un traître, vous savez bien... »

Et il rappela comment à M. Mathieu Dreyfus il déclara n'accepter cette charge qu'à condition de pouvoir rendre le dossier s'il y trouvait quelque chose qui lui fît croire à la culpabilité. Cette condition, dont il expliqua toute la gravité et *qu'il ne posait jamais en pareil cas*, fut acceptée sans hésitation par le frère de Dreyfus.

« Là-dessus, reprit Me Demange, j'allai voir Dreyfus dans sa prison et lui expliquai quelles conditions je mettais à la responsabilité qui allait m'incomber. « Acceptez-vous ces » conditions ? » demandai-je. Il n'hésita pas une seconde. Je lui dis encore ceci :

« — Je ne vous demande pas si vous êtes coupable ou in-
» nocent ; je vous demande : Craignez-vous que, dans votre
» dossier, je ne trouve quelque chose qui puisse m'inquié-
» ter ?

« — Je vous donne ma parole d'honneur que vous n'y
» pouvez rien trouver : je suis innocent ! » répondit Dreyfus avec véhémence.

« J'étais, au surplus, convaincu que si les débats étaient
publics, il était impossible de le condamner. Aussi ai-je
fait tous mes efforts pour écarter le huis-clos, soit total,
soit partiel. »

Et M⁰ Demange raconte alors longuement les démarches
que fit en son nom auprès de M. Casimir-Périer, et pour
l'*assurer de sa prudence*, un éminent avocat de ses confrères. Il accepta de ne pas dire un mot de l'origine du bordereau, se contentant d'en contester l'attribution à Dreyfus. Ce fut en vain ; on sait comment, à l'audience, dès que
fut prononcé ce mot « pièce unique », le huis-clos fut précipitamment prononcé.

Et il continua :

« Comme je l'ai dit, la discussion roula tout entière sur
les expertises d'écritures. Pour le reste, il n'y eut que des
dépositions d'officiers sur les curiosités et les prétendus furetages de Dreyfus : à vrai dire, des « potins » sans importance.

» Quant aux renseignements de police, je les ai combattus avec un rapport émané du préfet de police lui-même
qui les détruisait, et l'accusation, par la voix du rapporteur,
les abandonna, se bornant à affirmer que Dreyfus était l'auteur du bordereau.

Les « épreuves ».

» Tout le monde connaît maintenant la fameuse épreuve
de l'écriture. Dans le texte que, sous sa dictée, le capitaine
Dreyfus écrivit dans la salle ornée de glaces, il remarqua
qu'à un endroit unique un mot dépassait la ligne alors que
tout le reste, avant comme après, était écrit d'une main
régulière et ferme. Mais — chose piquante — ce n'est pas
dans cette irrégularité momentanée d'écriture que M. du
Paty de Clam voyait le signe qu'il prétendait être celui du
trouble, mais bien dans le fait que cette irrégularité a été
momentanée et que Dreyfus se serait ressaisi. *C'est la repossession de soi-même* qui, au dire de M. du Paty de Clam,
a été le signe qui a déterminé sa conviction ! Il a même
ajouté — déclaration étrange et digne d'être retenue —

« que, si Dreyfus était sorti victorieux de cette épreuve, il eût abandonné l'accusation. »

« A ce moment de l'entretien, M° Collinot qui, comme on sait, assistait l'éminent avocat dans le procès Dreyfus, interrompit pour faire remarquer que le mandat d'arrêt était signé de la veille même de cette épreuve, qui, à en croire M. du Paty du Clam, a fortifié et, à vrai dire, créé sa conviction.

» Du reste, cette conviction s'est fondée sur une autre observation — plus étrange, celle-là — l'*épreuve du pied*. M. du Paty de Clam affirma au tribunal que l'émotion chez les natures très maîtresses d'elles-mêmes et capables de dissimuler leurs sentiments, se traduit souvent par une trépidation du pied quand les jambes sont croisées. Et alors, il alla surprendre Dreyfus dans son lit. Il affirma devant le tribunal avoir constaté chez l'accusé ce signe, qui, s'ajoutant au premier et le complétant, fortifiait sa conviction.

« Devant ces stupéfiantes révélations, nous dûmes immédiatement aller chercher une consultation de la Faculté pour détruire ces fantastiques moyens d'investigations.

» Quant au colonel Henry, son attitude fut encore plus singulière.

» Comme il affirmait avec assurance — ce qu'il savait depuis longtemps — qu'il y avait un traître au quatrième bureau et qu'il n'y avait plus qu' « à retrouver le fil », et que ce fil il l'avait découvert grâce à des indications qu'il ne pouvait préciser, tout le monde sursauta d'étonnement.

» Un juge prit même la parole pour l'inviter à être plus précis et à indiquer comment il avait eu ces renseignements.

» Le lieutenant-colonel Henry répondit qu'il ne pouvait en dire plus, qu'il les tenait « d'une personne dont il était » aussi sûr que de lui-même. »

» A ce moment, Dreyfus, qui, devant ces étranges révélations, avait déjà manifesté une violente surexcitation, bondit de sa place et, interpellant le témoin, lui cria : « Mais qui est-elle, cette personne ? Qu'on l'amène ici ! Qu'on l'entende, qu'on la voie ! Personne ne saura son nom : nous sommes dans le huis-clos le plus absolu. Rien ne peut empêcher de la faire venir.. »

» Devant ces objurgations pressantes, auxquelles nous joignîmes les nôtres, l'officier continua à se buter et, finalement, se tournant vers Dreyfus, prononça théâtralement ces mots : « Monsieur, je suis officier ; le képi d'un soldat » doit ignorer ce qu'il y a dans sa tête. »

La pièce secrète.

» — Et la pièce secrète », avez-vous là-dessus quelques éclaircissements? fut-il demandé à l'éminent avocat.
» — Au moment du procès, il va sans dire que je n'en soupçonnais rien. Depuis, j'en ai acquis la certitude. Voici en quelles circonstances :
» Au printemps de 1896, j'étais allé en province plaider un procès qui avait fait beaucoup de bruit dans le pays. Je rencontrai, par hasard, un de mes vieux confrères que je connais depuis de longues années et qui m'arrêta pour me dire :
« — Tenez, j'ai depuis longtemps un secret qui me pèse » et dont il faut que je me décharge : *Je suis sûr maintenant* » *de la communication de la pièce secrète*...
» — Quelle pièce secrète ? demandai-je intrigué, n'étant » pas du tout à ce moment-là à l'affaire Dreyfus.
» — Mais celle du procès Dreyfus!... »
» Et alors il me raconta comment, quelque temps après le procès, dînant dans une maison avec un des juges du conseil de guerre, il l'aurait abordé pour lui dire :
« — Voyons, mon..., vous allez, si vous le pouvez, éclai- » rer un doute qui m'étreint. D'une part, vous avez con- » damné Dreyfus à l'unanimité, d'autre part, je connais » Demange depuis de longues années et j'ai en lui la plus » grande confiance, et il ne cesse de dire à tous ses amis » qu'il est sûr de l'innocence de Dreyfus. Comment expli- » quez-vous cela ?
» — C'est bien simple, répondit l'officier le plus naturel- » lement du monde, M⁰ *Demange n'a pas vu ce que nous* » *avons vu!*...
» — Comment, « il n'a pas vu ?... »
» Et alors, naïvement, l'officier raconta la communication faite en chambre du conseil. Et, quand l'avocat, stupéfié, l'eût entendu, il lui dit :
» — Vous n'avez raconté cela à personne !
» — Vous êtes la première personne à qui je l'ai dit.
» — Eh bien, ne le dites jamais! Car, si Dreyfus a com-

» mis un crime de lèse-patrie, vous avez commis un crime
» de lèse-justice.

» — Comment, un crime de lèse-justice ? C'est le ministre
» de la guerre lui-même qui nous a apporté le docu-
» ment. »

» Rentré à Paris, poursuivit Mᵉ Demange, j'allai voir le garde des sceaux, qui était un de mes confrères et qui, alors, était tout à fait étranger à l'affaire, quoique maintenant il marche avec nous. Je lui demandai, à titre de confrère, s'il était vrai qu'on eût trouvé contre Dreyfus une autre pièce que le bordereau.

» — Sans doute, répondit-il. Le général Mercier, pour calmer les appréhensions de M. Hanotaux, lui a communiqué une lettre contenant ces mots : « Cette canaille de D... » Cette pièce a tranquillisé M. Hanotaux.

» Quand il me la communiqua, je ne fus pas tranquille, songeant qu'il y a beaucoup de personnes dont le nom commence par *D...*

» — Quand cette pièce a-t-elle été découverte ? deman-
» dai-je encore.

» Le ministre parut l'ignorer.

» Alors, je lui dis : « Ce n'est plus au confrère que je
» m'adresse, c'est au garde des sceaux : cette pièce a-t-elle
» été communiquée secrètement dans la salle de délibé-
» rations ?

» — Jamais de la vie, s'écria-t-il. Ce serait mons-
» trueux ! »

Le cas de cassation.

» — Mais pourquoi ne profitez-vous pas de cette circonstance inespérée pour demander la revision ?

» — Oh ! ce n'est pas de revision qu'il s'agirait au cas où cette illégalité flagrante serait démontrée : c'est *d'annulation pure et simple*. C'est l'article 341, et non plus l'article 343 du Code d'instruction criminelle qui serait ici applicable. Mais le tout, c'est d'avoir la *preuve juridique* : jusqu'à présent, je n'en ai que la *certitude absolue*. Cela ne suffit pas. Je m'occupe activement de la question avec mon avocat à la Cour de cassation. En tout cas, je suis très méfiant et ne veux m'avancer qu'à coup sûr.

» Et puis il faut absolument que cet affolement d'une

partie du public cesse : il n'y a pas de justice possible dans une atmosphère pareille.

» Déjà il s'est opéré un très grand revirement parmi tous les hommes qui réfléchissent, comme l'attestent ces pétitions couvertes de signatures appartenant à toutes les notoriétés de la science et de la littérature. Ceux même qui, naguère, disaient qu'il fallait faire à la patrie le sacrifice d'un innocent en reviennent de ces étranges théories.

» Dans ce cabinet même, quelqu'un a dit un jour à M. Ma-
» thieu Dreyfus : « Eh ! sans doute, votre frère est inno-
» cent : mais votre devoir, c'est de le sacrifier à l'honneur
» de la France... »

« A quoi M. Mathieu Dreyfus (et Mᵉ Demange, en citant ce nom, s'exclame : « *Quel homme admirable !* c'est une des
» plus belles natures que je connaisse !...»), de répondre : « Monsieur, il y a deux ans que je me dis cela... »

» Aujourd'hui, heureusement, on envisage les choses avec plus de sang-froid et de bon sens, et on ne pense plus que l'honneur de la France en soit réduit à avoir besoin de pareils holocaustes. Quoi qu'il en soit, j'attends avec vigilance et espoir l'occasion de faire la tentative décisive et, le moment une fois venu, je ferai ce qu'il faudra. »

Mᵉ Demange.

Mᵉ DEMANGE avait du reste fait, en décembre 1897, des déclarations importantes ; les voici : (*Temps*, 3 décembre).

— Je persiste à déclarer, a dit l'éminent avocat, que le bordereau est l'unique pièce qui a été soumise à l'accusé et à moi-même. L'acte d'accusation en fait foi. Qu'on le publie et on verra !

Quant à la démonstration de M. Bertillon pour le caractère duquel, je m'empresse de le dire, j'ai la plus grande estime, elle a duré trois heures. Lorsque l'honorable expert eut terminé sa démonstration, le commissaire du gouvernement, les   es et moi, nous nous regardâmes avec inquiétude : personne n'avait rien compris. Cette opinion fut d'ailleurs exprimée à voix haute en séance du conseil.

Je serais d'ailleurs fort heureux que le sympathique directeur du service anthropométrique publiât son travail ; peut-être le public serait-il plus intelligent que le commissaire du gouvernement et moi.

M⁰ Demange.

A cette déclaration du *Temps*, ajoutons celle que M⁰ Demange a faite à un rédacteur de l'*Agence nationale*.

« Je m'étais imposé une règle absolue : ne recevoir aucun journaliste ; mais en présence d'une affirmation aussi catégorique de M. Bertillon, voici ma réponse : Il ne faut plus qu'il y ait la moindre équivoque. J'affirme qu'il n'y a qu'une seule et unique pièce qui ait servi de base à l'accusation : *Le bordereau.*

» Les autres pièces dont parle M. Bertillon sont des lettres ou des papiers saisis soit chez Dreyfus, soit chez d'autres ; *ce ne sont que des pièces de comparaison*, et je suis très affirmatif sur ce point. Ces spécimens de l'écriture de l'inculpé n'ont été remis à M. Bertillon, comme aux autres experts d'ailleurs, qu'à titre comparatif pour leur travail d'expertise. »

Notre collaborateur ayant demandé à M⁰ Demange ce qu'il comptait faire désormais, le défenseur de Dreyfus nous a répondu :

« Je ne puis rien dire, mais, puisque M. Bertillon nous parle de publier son expertise, qu'il le fasse donc ! Ce n'est pas la défense du capitaine Dreyfus qui aura à en souffrir. »

Trarieux.

Une lettre de M. Trarieux sur les *voies légales*. (*Temps* du 9 février 1898.)

La responsabilité de l'agitation à laquelle a donné lieu l'affaire Dreyfus appartient-elle, comme certains le prétendent, à ceux qui ont réclamé la revision du procès de 1894 en dehors des formes qu'aurait tracées la loi du 8 juin 1895 ?

L'accusation est mal fondée, et, les textes en main, il me semble facile de le démontrer.

Comment la revision de ce procès pouvait-elle juridiquement être entreprise ?

Deux voies étaient ouvertes :

On pouvait, d'abord, en obtenant une condamnation contre le commandant Esterhazy, provoquer la contradiction de décision prévue par le paragraphe 2 de l'article 443 du Code d'instruction criminelle, qui, une fois établie, entraîne de droit la revision.

On pouvait aussi, en apportant un fait nouveau de nature à établir l'innocence de Dreyfus, solliciter du ministre de la justice qu'il saisît d'un pourvoi en revision la Cour de cassation (§ 4 du même article).

Or, on ne saurait contester qu'en déposant une plainte aux mains du chef de la justice militaire, le frère de Dreyfus ait bien visé la première de ces procédures, et il ne serait pas vrai de prétendre qu'il n'a pas agi par une voie légale, puisque, en conséquence de son acte, une poursuite a été exercée contre celui qu'il avait désigné comme le vrai coupable des faits sur lesquels avait porté la condamnation de 1894, qu'il arguait d'erreur.

S'étant engagé dans cette première voie, il est bien évident qu'il ne pouvait simultanément recourir à la seconde. Mais aurait-il dû préférer cette dernière, et serait-il vrai que, s'il l'eût choisie, il fût arrivé à éviter l'éclat auquel a donné lieu le procès instruit contre le commandant Esterhazy ? Il suffit d'y réfléchir pour se rendre compte que le résultat eût été forcément le même.

Quel est donc le fait nouveau qu'il eût fallu invoquer auprès de M. le ministre de la justice pour obtenir de lui qu'il saisît la Cour de cassation ? Il n'en existe qu'un seul : c'est la découverte de l'écriture Esterhazy, plus semblable que celle de Dreyfus à l'écriture de la pièce accusatrice dont ce dernier a été déclaré l'auteur.

Mais, dès que ce fait nouveau eût été révélé à la connaissance du ministre de la justice, s'imagine-t-on que ce dernier eût pu engager l'instance en revision ? Il en eût été évidemment empêché par les conséquences immédiates qu'il lui eût fallu tirer des termes mêmes de la supplique dont il se fût trouvé saisi.

Cette supplique, en effet, en plaçant sous ses yeux l'écriture du commandant Esterhazy, lui eût virtuellement dénoncé ce dernier comme le véritable coupable du crime dont Dreyfus supportait la peine, et il eût été dans la nécessité de faire juger contradictoirement la question avec lui avant qu'il fût possible d'arriver à une revision. Or, le commandant Esterhazy était militaire et n'appartenait pas à sa juridiction. Il ne pouvait être jugé que par un conseil de guerre.

Le ministre de la justice eût donc été obligé de le renvoyer, pour le faire mettre régulièrement en jugement, à son collègue de la guerre, et on n'eût, en réalité, par ce circuit, rien fait autre chose que perdre du temps pour aboutir à la solution même que le frère de Dreyfus a cru devoir adopter de prime abord.

Il faut ajouter que, quant à M. Scheurer-Kestner, auquel s'est étendu le reproche fait à M. Mathieu Dreyfus, il n'eût pas même eu qualité pour se pourvoir auprès du ministre de la justice, et s'il y a songé un instant, comme il semble l'avoir indiqué, c'est qu'il commettait une erreur.

Aux termes de l'article 444, §4 du Code d'instruction criminelle, en effet, le ministre de la justice n'est tenu de déférer qu'à la demande des *parties*, c'est-à-dire du condamné ou de son représentant légal et, après sa mort, de ses successeurs légitimes. Or, M. Scheurer-Kestner ne tient par aucun lien au condamné Dreyfus et il n'avait pas d'autre droit pour s'intéresser à sa situation légale que celui qui appartient à tout citoyen de dénoncer par la parole ou par la voie de la presse les erreurs et les injustices qu'il est dans l'intérêt du corps social de réparer.

Enfin, la poursuite de cette réparation n'a pas besoin d'être requise pour se produire. Elle entre dans le pouvoir propre des chefs de la justice, qui doivent en prendre l'initiative dès que les circonstances leur en tracent le devoir. Les faits ont été connus du gouvernement depuis le jour où le lieutenant-colonel Picquart d'abord, et M. Mathieu Dreyfus ensuite, ont appelé son attention sur eux, et si le gouvernement n'a pas spontanément réclamé la revision, c'est que, sous sa responsabilité, il n'a pas jugé, sans doute, qu'elle fût justifiée. Elle lui eût été expressément demandée que son attitude fût certainement restée la même.

Ce que nous constatons pour la revision est également vrai pour un autre mode de recours dont l'éventualité a été aussi indiquée.

Si comme on l'a dit, Dreyfus a été condamné sur la production de pièces secrètes que sa défense n'a pas connues, la décision qui l'a frappé serait entachée d'une nullité radicale qui permettrait au garde des sceaux de la déférer à la Cour de cassation, aux termes de l'article 441 du Code d'instruction criminelle.

Ici, la loi ne prévoit aucune réquisition des parties intéressées : c'est le ministre qui doit agir de sa propre initiative.

Il est bien incontestable que, si ce dernier n'agit pas, ce n'est point qu'il ignore les faits qui pourraient le déterminer à se pourvoir, c'est que pour un motif quelconque, il croit devoir rester dans l'inaction.

Il ne m'a pas semblé indifférent d'envisager ces questions sous leur aspect purement juridique. C'est travailler à l'apaisement que de dissiper des malentendus irritants, quels qu'ils soient, d'ailleurs, et d'où qu'ils viennent.

Madame Dreyfus.

Concernant la demande de madame Dreyfus, d'aller retrouver son mari à l'île du Diable, voici les lettres qu'il est nécessaire que l'histoire enregistre.

Lettre de madame DREYFUS au ministre des Cololonies, en date du 28 février 1898 :

Paris, le 28 février 1898.

« Monsieur le Ministre,

» Dans toutes les lettres que mon mari m'a adressées des îles du Salut, il m'a, malgré mon ardent désir de le rejoindre, prescrit de rester ici et d'employer tous mes efforts à faire la lumière sur l'effroyable erreur judiciaire dont il est la victime

» Il m'écrivait encore l'été dernier, dans une lettre dont l'original est entre vos mains : « Ce but vous devez l'atteindre, en bons et vaillants Français qui souffrent le martyre, mais qui, ni les uns, ni les autres, quels qu'aient été les outrages, les amertumes, n'ont jamais oublié un seul instant leurs devoirs envers la patrie. »

» Mais je pense que mon devoir est aujourd'hui d'aller partager, dans l'île où il est déporté, le sort de mon mari. Il a été malade, il s'épuise lentement dans l'horreur d'un supplice immérité ; malgré sa force d'âme et son héroïsme, il ne réussit pas toujours à me dissimuler ses souffrances.

» Je vous supplie de me permettre d'aller le retrouver dans son bagne, de le revoir.

» Cette permission, que vos prédécesseurs ne m'ont pas accordée, la loi ne la refuse pas aux femmes de criminels avérés ; j'invoque la loi, j'invoque votre pitié.

» Que pouvez-vous craindre, de ma présence auprès de mon mari, dans cette île lointaine ? Je me soumets d'avance au régime qui lui sera infligé ; j'en partagerai avec lui toute la rigueur.

» Je vous prie d'agréer, monsieur le ministre, etc. »

Madame Alfred Dreyfus n'a jamais reçu de réponse de M. Lebon.

Voici les demandes précédentes auxquelles madame Dreyfus fait allusion :

Le 18 février 1895, à la veille par conséquent du départ du capitaine Dreyfus, madame Dreyfus écrivit à M. Chautemps, alors ministre des Colonies, pour lui demander l'autorisation de se rendre aux îles du Salut.

Cette lettre étant demeurée sans réponse, madame Dreyfus, quelques jours après, adressa la lettre suivante à M. le Président de la République.

« Lettre à M. le Président de la République.

» Monsieur le Président,

» Le 18 février dernier, j'avais adressé une demande à

M. Chautemps, ministre des Colonies, pour le prier de vouloir bien m'autoriser à accompagner mon mari, M. Dreyfus, dans son lieu de déportation. Cette lettre étant restée sans réponse, j'ai eu le chagrin de laisser partir mon mari seul. J'écrivais alors une nouvelle lettre à M. le ministre pour le supplier de me permettre de rejoindre mon mari. Cette lettre est restée sans réponse.

» Je ne viens pas, monsieur le président, vous demander une faveur : la loi autorise la femme et la famille d'un déporté à partager son exil. Mon désir se trouve justifié légalement et c'est un droit que nul ne peut contester.

» C'est votre cœur que je veux émouvoir, c'est votre bonté que j'invoque, Monsieur le Président, pour m'accorder cette autorisation si ardemment désirée.

» Mon mari a une conscience pure ; son honneur n'a jamais faibli. Il a supporté vaillamment et supporte encore ses horribles tortures, dans le ferme espoir que l'épouvantable erreur judiciaire dont il est la triste victime sera reconnue. Toute ma vie, toutes mes forces et celles de ma famille seront consacrées désormais à éclaircir ce mystère, à découvrir le coupable d'un crime double, envers la patrie et envers un compatriote.

» Moi qui ai obtenu de mon pauvre mari l'immense sacrifice de vivre et d'attendre dignement sa réhabilitation, je veux au moins l'aider à accomplir sa tâche, le soutenir par ma présence, par mon affection, et lui adoucir ainsi ses horribles souffrances morales.

» Je vous en supplie, monsieur le Président, permettez-moi d'aller à ses côtés, au moins quelque temps, partager sa vie, sa demeure.

» Vous ferez un acte d'humanité.

» Veuillez agréer, Monsieur le Président, avec mes remerciements, l'expression de mon profond respect. »

L. Dreyfus.

Cette lettre demeura également sans réponse.

Le 3 janvier 1896, madame Dreyfus renouvela sa tentative en adressant à M. Guieysse, ministre des Colonies au cabinet Bourgeois, la lettre suivante :

«"Paris, le 3 janvier 1896.

» Monsieur le Ministre,

» J'ai déjà eu l'honneur de vous demander, dans deux lettres restées sans réponse, l'autorisation d'aller rejoindre, aux îles du Salut, mon mari, M. Dreyfus, de partager sa demeure afin de soutenir par ma présence ce martyr, victime d'une terrible erreur. Je viens, pour la troisième fois, réitérer ma requête. Je suis certaine, monsieur le ministre, que vous sanctionnerez volontiers un droit reconnu par la loi, et que votre bonté, votre justice ne peuvent qu'approuver.

» Veuillez agréer, etc. »

Guieysse.

M. Guieysse répondit par la lettre suivante :

« Paris, le 23 janvier 1896.

» Madame,

» J'ai reçu la demande que vous m'avez adressée le 3 janvier courant, en vue d'obtenir l'autorisation d'aller rejoindre votre mari à la Guyane.

» J'ai le regret de vous informer qu'en raison de la situation spéciale dans laquelle se trouve le déporté Dreyfus, ainsi que des nécessités de la surveillance, il n'est pas possible de déférer au désir que vous avez manifesté.

» Recevez, etc. »

» Guieysse. »

Depuis cette époque, madame Dreyfus n'a reçu d'autre réponse à ses demandes que la lettre suivante, émanant du ministre actuel des colonies, M. André Lebon.

André Lebon.

« Paris, le 11 juillet 1896.

» Madame,

» Pour faire suite à ma dépêche du 4 juillet courant,

LES FAITS ACQUIS A L'HISTOIRE 157

n° 2898, je vous informe qu'en raison de nouvelles nécessités administratives, vous ne serez plus autorisée, à l'avenir, à envoyer des livres ou des publications diverses au déporté Dreyfus.

» Il sera pourvu directement, par les soins du département et au compte de l'intéressé, à l'achat et à l'envoi des ouvrages qui seront demandés par ce condamné.

» Recevez, etc. »

Enfin, madame Dreyfus a dernièrement renouvelé sa demande par la lettre que nous avons publié en date du 28 février.

Elle n'a encore reçu aucune réponse du ministre.

E. Zola.

Lettre de M. E. ZOLA, en réponse à la seconde assignation du Conseil de guerre diminuant encore le texte poursuivi de sa lettre : *J'accuse...* (*Aurore*, 14 avril 1898.)

Une nouvelle ignominie.

Mon intention formelle était de me taire jusqu'au nouveau procès qui doit se juger à Versailles. Je trouvais cela correct ; et, d'ailleurs, ce que j'ai à dire maintenant, je me réserve de le dire à mes juges.

Mais, dans la guerre au couteau qui m'est faite, pour ma grande faute d'avoir simplement voulu la vérité et la justice, il vient de se commettre une nouvelle ignominie, qui soulève ma conscience d'un tel cri d'indignation, que j'ai le besoin de le jeter, ce cri, à tous les honnêtes gens de France et du monde entier.

On se rappelle, lors du premier procès, le choix long et pénible que le ministre de la guerre avait fait, parmi les sept à huit cents lignes de ma « Lettre au président de la République », des quinze lignes qu'il s'agissait de déférer à la cour d'assises, sans courir le risque redouté d'explications franches et de pleine lumière. La preuve, la terrible preuve, telle était l'épouvante ; et le problème à résoudre était de m'empêcher de faire la preuve, malgré la loi formelle, tout en gardant du délit l'indispensable pour obtenir une condamnation. Le petit jeu consistait à se mettre à l'abri derrière un article qui ne permet la preuve que des faits relevés dans l'assignation. De là, les quinze lignes extraites avec soin, de façon à limiter mon droit, à m'empêcher de prouver, par exemple, l'illégalité certaine qui a fait de la condamnation Dreyfus la plus monstrueuse des iniquités. Et cette hypocrisie flagrante dans les poursuites, cette basse procédure de jésuitisme et d'obscurité, avait indigné déjà tous les esprits justes.

Eh bien! pour le second procès, la manœuvre est plus honteuse, plus abominable encore. Car il paraît que le premier travail d'élimination avait été fait d'une façon trop honnête. On avait accepté trop de mots, trop de lignes de ma Lettre; on avait, sans le vouloir, laissé des portes par lesquelles pouvait pénétrer l'éblouissante lumière de la vérité; et quel désastre, si la question des pièces secrètes avait pu être posée à certains témoins, qui en auraient affirmé la communication au conseil de guerre de 94, en dehors de l'accusé et de la défense! Nos adversaires doivent en frissonner, depuis qu'ils ont lu, dans le rapport de M. le conseiller Chambareaud, la façon dont nous aurions dû nous y prendre pour user de notre droit, qui était, en nous appuyant sur les termes de l'assignation eux-mêmes, de prouver l'innocence de Dreyfus, comme nous avons prouvé la culpabilité d'Esterhazy.

Effroyable péril! Puisqu'on nous poursuivait de nouveau, nous allions donc user de ce droit. C'était l'illégalité constatée, la revision certaine, cette revision que la Cour de cassation attend. Et que faire pour reculer encore, pour échapper à cette menace de lumière, pour nous garrotter davantage, de façon à nous frapper en toute sécurité, sans nous permettre un mouvement? Oh! c'est bien simple, et d'une impudence tranquille : rogner encore, ne garder de mes quinze lignes que trois lignes, ne prendre de mes six colonnes d'accusations que ce membre de phrase : « Un conseil de guerre vient par ordre d'oser acquitter un Esterhazy, soufflet suprême à toute vérité, à toute justice. »

Oui, ils en sont descendus jusque-là, à cette manœuvre indigne d'isoler quelques mots; et tout cela pour m'attendre à ce guet-apens, où ils espèrent m'étrangler, sans que je puisse jeter un cri. Eh bien! je dis que ces façons d'appeler les gens en justice ressemblent fort à des assassinats. On ne commence pas par bâillonner les gens, lorsqu'on les convoque pour se défendre. Je dénonce à la France, je dénonce à l'univers civilisé cette ignominie nouvelle, l'aveu et la reculade qui s'étalent cyniquement dans le choix des trois lignes de la nouvelle assignation, extraites des quinze lignes de la première. Pourquoi donc ne les avoir pas répétées, ces quinze lignes, puisque la plainte restait la même? Pourquoi donc n'en avoir gardé que trois, si ce n'est dans la terreur de voir les autres me permettre de faire la preuve de ma droiture et de ma bonne foi? Et j'ajoute que de telles manières d'agir, plus tard, quand l'histoire les dira, soulèveront l'exécration du monde entier.

Alors, maintenant, les voilà bien tranquilles. Ils rient et se frottent les mains. Grand merci à M. le conseiller Chambareaud, qui les a prévenus! Bâillonnés et garrottés, les accusés et leurs défenseurs! Plus moyen de parler de Dreyfus, de son innocence, de l'effroyable illégalité dont il est la victime! La Cour de cassation peut attendre, la revision du procès n'est pas pour demain. Et ils exultent!

Moi, à leur place, je ne serais pas si rassuré. Trois lignes, c'est encore beaucoup. Je dirai même que c'est trop. Qui sait, dans ces trois lignes, s'il ne va pas brusquement se déclarer une fenêtre, laissant passer le libre soleil? « Un Esterhazy » me semble menaçant. Et puis, que dites-vous de « soufflet suprême à toute vérité, à toute justice? » Est-ce que cela ne contient pas aussi bien l'affaire Dreyfus que l'affaire Esterhazy? Décidément, s'il y a un troisième procès, ce qui est fort possible, il faudra s'en tenir à une seule ligne; et encore un seul mot serait d'un choix plus prudent.

Ainsi, voilà toute la louche invention que ces gens ont trouvée pour arrêter la vérité en marche. Et, du coup, ils s'imaginent peut-être nous avoir anéantis, nous avoir fermé la bouche à jamais. Ils sont fous, les furies galopent désormais derrière eux et leur soufflent la démence. Mesurez donc le chemin que la vérité a fait en quelques semaines. La vérité! mais rien ne peut la vaincre; elle est l'indomptable, l'inexpugnable, elle sortira davantage du silence même où l'on cherche à nous murer! Mais, si l'on me condamne, elle renaîtra plus large et plus farouche de

l'abomination même de la peine dont on me frappera !
Mais, derrière moi, si l'on me supprime, elle soulèvera les
pavés, elle fera pousser de chacun d'eux un vengeur du
droit opprimé, souffleté ! Mais, si ce n'est demain, dans un
mois, dans un an, dans dix ans, elle clouera au poteau
d'infamie tous ceux qui ont travaillé pour le mensonge et
la violence, contre la vérité et la justice !

Ah ! les pauvres gens, quelle nausée, quel dégoût ! Et
dire qu'ils sont là un tas à se salir les mains pour envoyer
en prison un homme qui n'a rêvé que d'humanité et
d'équité !

Emile Zola.

Colonel Picquart.

Plainte du colonel Picquart contre les affirmations du *Jour*, relativement à la photographie de Carlsruhe.

Paris, le 6 mai 1898.

Monsieur le Procureur de la République,

J'ai l'honneur de porter à votre connaissance trois articles parus dans le journal *le Jour*, portant les dates des 1er, 2 et 6 mai, et dans lesquels il est raconté que, dans le courant du mois d'avril dernier, j'avais eu, soit à Bade, soit à Carlsruhe, diverses entrevues avec M. de Sckwarzkoppen, ancien attaché militaire allemand à Paris.

Le signataire de ces articles déclare être en possession de certaines preuves.

Comme je suis en mesure d'établir péremptoirement que je n'ai pas quitté Paris depuis le 25 novembre, date de mon retour de Tunisie, il est évident que ces prétendues preuves ont la même origine que les faux à l'occasion desquels vous avez prescrit l'ouverture d'une instruction.

Je viens en conséquence vous prier, monsieur le procureur de la République, de transmettre ces nouvelles indications à M. le juge d'instruction, en le priant de diriger de ce côté une information dont les résultats l'éclaireront sans aucun doute sur l'instruction en cours, et j'étends, en tant que de besoin, ma plainte précédente à ces nouveaux faits.

Veuillez agréez, etc...

PICQUART.

Colonel Picquart.

Lettre du colonel PICQUART à M. Brisson, président du Conseil, en réponse au discours de M. Cavaignac à la Chambre.

Paris, 9 juillet 1898.

Monsieur le président du Conseil,

Il ne m'a pas été donné jusqu'à présent de pouvoir m'expliquer librement au sujet des documents secrets sur lesquels on a prétendu établir la culpabilité de Dreyfus.

M. le ministre de la guerre ayant cité à la tribune de la Chambre des députés trois de ces documents, je considère comme un devoir de vous faire connaître que je suis en état d'établir, devant toute juridiction compétente, que les deux pièces qui portent la date de 1894 ne sauraient s'appliquer à Dreyfus, et que celle qui porte la date de 1896 a tous les caractères d'un faux.

Il apparaîtra alors manifestement que la bonne foi de M. le ministre de la guerre a été surprise et qu'il en a été de même d'ailleurs pour tous ceux qui ont cru à la valeur des deux premiers documents et à l'authenticité du dernier.

Veuillez agréer, monsieur le président du conseil, l'assurance de mes sentiments les plus respectueux.

PICQUART.

Mᵉ Demange.

Lettre de Mᵉ DEMANGE à Madame Dreyfus, en date du 11 juillet 1898.

Madame Dreyfus, ayant écrit à Mᵉ Demange, a reçu de lui la lettre suivante :

« Paris, 11 juillet 1898.

» Madame,

» Je suis profondément ému de la lettre que vous me faites l'honneur de m'écrire.

» Je regrette de ne pouvoir accéder à votre désir, mais je sortirais de mon rôle en adressant à M. le ministre de la guerre une réponse à son discours.

» J'espère, cependant, donner satisfaction à ces douloureuses préoccupations en vous communiquant la lettre que j'ai envoyée à M. le ministre de la Justice et la copie d'une note de votre mari que j'y ai jointe.

» Cette note, je l'ai remise à M. le garde des Sceaux dans son intégralité. Je supprime dans la copie que je vous adresse des mots et des phrases : ces coupures n'enlèvent rien à l'intérêt que ce document a pour vous ; mais elles me sont commandées par une réserve que vous comprendrez facilement.

» Je vous prie d'agréer, madame, mes très respectueux hommages.

» E. DEMANGE. »

Mᵉ Demange.

Voici le texte de la lettre qui a été adressée par Mᵉ DEMANGE à M. le ministre de la Justice :

« 9 juillet 1898.

» Monsieur le Garde des Sceaux,

» Au moment où vous êtes saisi d'une demande de madame Dreyfus, vous priant de faire annuler pour violation de la loi le jugement du conseil de guerre qui a condamné son mari, j'ai le devoir de vous attester que les pièces datées de mars et avril 1894, lues à la tribune de la Chambre des députés par M. le ministre de la guerre et ayant contribué à former sa conviction, n'ont été connues ni de M. Dreyfus ni de son défenseur.

» J'affirme que je n'ai connu et que le conseil de guerre n'a pu connaître *légalement* que la lettre-missive dite le bordereau, base unique de l'accusation dont M. le ministre de la Guerre n'a même pas fait mention dans son discours.

» Je crois devoir aussi, M. le Garde des Sceaux, vous adresser copie d'une note que j'ai reçue de mon client, le capitaine Dreyfus, le 31 décembre 1894. La portée de cette note n'échappera pas à la sagacité de votre esprit.

» Veuillez agréer, monsieur le ministre, l'expression de mes respectueux sentiments.

» E. DEMANGE. »

Note du capitaine Dreyfus.

Le commandant du Paty est venu aujourd'hui lundi 31 décembre 1894, à 5 heures et demie du soir, après le rejet du pourvoi, me demander de la part du ministre si je n'avais pas été peut-être la victime de mon imprudence, si je n'avais pas voulu simplement amorcer......, puis que je me sois trouvé entraîné dans un engrenage fatal.

Je lui ai répondu que je n'avais jamais eu de relations avec un agent ni attaché......, que je ne m'étais livré à aucun amorçage, que j'étais innocent.

Il me dit alors, de sa part personnelle, que sa conviction de ma culpabilité s'était faite, d'abord de l'examen de l'écriture de la pièce accusatrice et de la nature des documents qui y sont énumérés, puis des renseignements d'après lesquels la disparition des documents correspondait avec mon séjour à l'Etat-Major, qu'enfin un agent secret aurait dit qu'un Dreyfus était un espion........ sans toutefois affirmer que ce Dreyfus fût un officier. J'ai demandé au commandant du Paty à être confronté avec cet agent : il m'a répondu que c'était impossible.

Le commandant du Paty a reconnu qu'on ne m'avait jamais soupçonné avant d'avoir reçu la pièce accusatrice.

» Je lui ai alors demandé pourquoi on n'avait pas exercé de surveillance sur les officiers dès le mois de février, puisque le commandant Henry est venu affirmer au conseil de guerre avoir été prévenu à cette date qu'il y avait un traître parmi les officiers. (Ce renseignement, d'après le commandant du Paty, aurait été donné au commandant Henry par.......). Le commandant m'a répondu qu'il n'en savait rien, que ce n'était pas son affaire mais celle du commandant Henry, qu'il était difficile de suivre tous les officiers de l'Etat-major.... etc., puis, sentant qu'il en avait trop dit, il ajouta : « Nous parlons entre quatre murs, si on m'interroge sur tout cela, je nierai tout. »

J'ai conservé tout mon calme, car je voulais connaître toute sa pensée.

« En résumé, me dit-il, vous avez été condamné parce qu'il y avait un fil qui indiquait que le coupable était un officier, et la lettre saisie est venue mettre un point sur ce fil : le coupable, c'était vous. »

Le commandant a encore ajouté que depuis mon arrestation la fuite avait tari au ministère, que peut-être....... avait laissé traîner exprès la lettre pour me brûler afin de ne pas satisfaire mes exigences.

Il m'a parlé ensuite de l'expertise si remarquable de M. Bertillon, d'après laquelle j'aurais calqué ma propre écriture et celle de mon frère pour pouvoir, au cas où je serais arrêté porteur de la lettre, arguer d'une machination ourdie contre moi ! ! !

Il m'a laissé entendre ensuite que ma femme et ma famille étaient mes complices, toute la théorie de Bertillon enfin. A ce moment-là, sachant ce que je voulais, et ne voulant pas lui permettre d'insulter encore ma famille, je l'ai arrêté en lui disant : « C'est assez, je n'ai qu'un mot à vous dire, c'est que je suis innocent et que votre devoir est de poursuivre vos recherches. »

« Si vous êtes vraiment innocent, s'est-il écrié alors, vous subissez le martyre le plus épouvantable de tous les siècles. » Je suis ce martyr, lui ai-je répondu, et j'espère que l'avenir vous le prouvera.

En résumé, de cette conversation, il résulte :

1º Qu'il y a eu des fuites au ministère.

2º Que . . . .
. . . . . a dû entendre dire et a répété qu'il y avait un officier traître ; je ne pense pas qu'il l'ait inventé de son propre cru.

3º Que la lettre incriminée a été prise à . . . .

J'en conclus les faits suivants :

Le premier certain, les deux autres possibles.

1º Il existe réellement un espion... au ministère français, puisque des documents ont disparu ;

2° Peut-être cet espion s'est-il introduit dans la peau d'un officier en imitant son écriture pour dérouter les soupçons.

3° . . . .
. . . .
. . . .
. . . . Cette hypothèse n'exclut pas le fait n° 1 qui semble certain. Cependant la teneur de la lettre ne rend pas cette troisième hypothèse très vraisemblable; elle se rattacherait plutôt au premier fait et à la deuxième hypothèse, c'est-à-dire présence d'un espion au ministère et imitation de mon écriture par cet espion ou simplement similitude d'écriture.

Quoi qu'il en soit, il me semble que si votre agent est habile, il doit pouvoir dénouer cet écheveau en tendant ses filets aussi bien du côté. . . . . . que du côté le. . . . . . .

Cela n'empêchera pas d'employer tous les autres procédés que j'ai indiqués, car il faut découvrir la vérité.

Après le départ du commandant du Paty, j'ai écrit la lettre suivante au ministre :

« J'ai reçu par votre ordre la visite du commandant du Paty, auquel j'ai déclaré encore que j'étais innocent et que je n'avais même jamais commis d'imprudence.

» Je suis condamné, je n'ai aucune grâce à demander.

» Mais au nom de mon honneur, qui, je l'espère, me sera rendu un jour, j'ai le devoir de vous prier de vouloir bien poursuivre vos recherches.

» Moi parti, qu'on cherche toujours, c'est le seule grâce que je sollicite. »

Trarieux.

Lettre de M. TRARIEUX au ministre de la Justice, 12 juillet 1898.

Paris, 12 juillet 1898.

Monsieur le Ministre de la Justice,

J'apprends avec un grand sentiment de tristesse que,

pour la seconde fois, en violation des règles de l'instruction criminelle, on vient de faire des perquisitions chez le lieutenant-colonel Picquart, en dehors de sa présence et sans qu'il ait été requis d'y assister.

Devant cet acte arbitraire, que rend surtout grave le caractère dérisoire de la poursuite annoncée contre le lieutenant-colonel Picquart, je profite de ce qu'il dîne ce soir chez moi pour lui offrir asile.

Si son arrestation doit avoir lieu, je tiens, pour lui épargner d'inutiles vexations, à ce que ce soit sous mon toit qu'on le vienne chercher.

Cela vous dit assez, monsieur le ministre, l'émotion que me causent les événements auxquels j'assiste. Le droit est profané, la justice est méconnue ; je me sens l'esprit inquiet et la pensée en deuil.

Veuillez agréer, monsieur le ministre de la justice, l'assurance de ma haute considération.

Trarieux.

E. Zola.

Lettre de M. Émile Zola à M. Brisson, président du Conseil des ministres (*Aurore* du 16 juillet) :

Monsieur Brisson,

Vous incarniez la vertu républicaine, vous étiez le haut symbole de l'honneur civique. Et, brusquement, vous tombez dans la monstrueuse affaire. Vous voilà dépossédé de votre souveraineté morale, vous n'êtes plus qu'un homme faillible et compromis.

Quelle effroyable crise et quelle tristesse affreuse, pour les penseurs solitaires et silencieux comme moi, qui se contentent de regarder et d'écouter ! Depuis que j'appartiens à la justice de mon pays, je me suis fait une loi de me tenir à l'écart de toute polémique ; et, si je cède aujourd'hui à l'impérieux besoin de vous écrire cette lettre, c'est qu'il est des heures où les âmes crient d'elles-mêmes leur angoisse. Mais, dans mon silence, depuis six mois, dans le silence de tant d'autres consciences, que je sens frémir, quelle détresse patriotique, quelle agonie, en voyant les meilleurs de notre malheureuse France, tant de gens intelligents et honnêtes en somme, glisser à toutes les compromissions, abandonner leur honneur de citoyens, au vent de folie qui souffle ! Et c'est à pleurer, à se demander quelle hécatombe de victimes considérable il faudra encore au mensonge, avant que la vérité se lève sur le pays décimé, jonché de ceux que nous pensions être sa probité et sa force.

Chaque matin, depuis six mois, je sens grandir ma surprise et ma douleur. Je ne veux nommer personne, mais je les évoque, tous ceux que j'aimais, que j'admirais, en qui j'avais mis mon espoir pour la grandeur de la France. Il est dans votre ministère, monsieur Brisson, il en est dans les Chambres, il en est dans les lettres et dans les sciences, dans toutes les conditions sociales. Et c'est mon cri continuel : comment celui-ci, comment celui-là, comment cet autre ne sont-ils pas avec nous, pour l'humanité, pour la vérité, pour la justice ? Ils semblaient d'intelligence saine pourtant, je les croyais de cœur droit ! C'est à confondre la raison. D'autant plus que, lorsqu'on veut m'expliquer leur conduite par la nécessité de certaines habiletés politiques, je comprends moins encore. Car il est bien certain, pour tout homme de bon sens et de bonne réflexion, que ces habiles courent de gaieté de cœur à leur perte prochaine, inévitable, irréparable.

Je vous croyais trop avisé, monsieur Brisson, pour ne pas être convaincu, comme moi, que pas un ministère ne pourra vivre, tant que l'affaire Dreyfus ne sera pas légalement liquidée. Il y a quelque chose de pourri en France, la vie normale ne reprendra que lorsqu'on aura fait œuvre de santé. Et j'ajoute que le ministère qui fera la revision, sera le grand ministère, le ministère sauveur, celui qui s'imposera et qui vivra.

Vous vous êtes donc suicidé, dès le premier jour, en croyant peut-être fonder solidement et pour longtemps votre pouvoir. Et le pis est que, prochainement, lorsque vous tomberez, vous aurez perdu dans l'aventure votre honneur politique ; car je ne songe qu'à vous, je ne m'occupe pas de vos sous-ordres, le ministre de la guerre et le ministre de la justice, dont vous êtes le chef responsable.

Spectacle lamentable, la fin d'une vertu, cette faillite d'un homme en qui la République avait mis son illusion, convaincue que celui-là ne trahirait jamais la cause de la justice, et qui, dès qu'il est le maître, laisse assassiner la justice sous ses yeux ! Vous venez de tuer l'idéal. C'est un crime. Et tout se paie, vous serez puni.

* *

Voyons, monsieur Brisson, quelle ridicule comédie d'enquête venez-vous de permettre ? Nous avions pu croire que le fameux dossier allait être apporté en conseil des ministres, et que là vous vous mettriez tous à l'examiner, additionnant vos intelligences, vous éclairant les uns les autres, discutant les pièces comme elles doivent l'être, scientifiquement. Et pas du tout, il apparaît nettement par le résultat qu'aucun contrôle n'a eu lieu, qu'aucune discussion sérieuse n'a dû s'établir, que tout s'est borné à chercher fiévreusement dans le dossier, non pas la vérité, mais les seules pièces qui pouvaient le mieux combattre la vérité, en faisant impression sur les simples d'esprit. Elle est connue, cette façon d'étudier un dossier pour en extraire ce qui peut tant bien que mal servir une conviction obstinément arrêtée à l'avance. Ce n'est pas là une certitude discutée et prouvée, ce n'est que l'entêtement d'un homme, placé dans de telles conditions d'état d'esprit personnel, de milieu et d'entourage, que sa déposition, historiquement, n'a aucune valeur.

Et voyez aussi quel piteux résultat ! Comment ! vous n'avez trouvé que ça ? Et si vous n'apportez que ça, dans le furieux désir que vous avez de nous vaincre, c'est donc bien qu'il n'y a que ça, que vous sortez le fond de votre sac ? Mais nous les connaissions, vos trois pièces ; nous la connaissions surtout, celle qu'on a si violemment produite en cour d'assises, et c'est bien le faux le plus impudent, le plus grossier, auquel des naïfs puissent se prendre. Quand je songe qu'un général est venu lire sérieusement cette monumentale mystification à des jurés, qu'il s'est trouvé un ministre de la guerre pour la relire à des députés et des députés pour la faire afficher dans toutes les communes de France, je demeure stupide. Je ne crois pas que quelque chose de plus sot laisse jamais sa trace dans l'histoire. Et vraiment je demande à quel état d'aberration mentale la passion peut réduire certains hommes, pas plus bêtes que d'autres sans doute, pour qu'ils accordent la moindre créance à une pièce qui semble être la gageure d'un faussaire, en train de se moquer du monde.

Vous pensez bien que je ne vais pas discuter les deux autres pièces produites. On est las de le faire, de démontrer qu'elles ne sauraient s'appliquer à Dreyfus. Et, d'ailleurs, la nécessité de la revision reste absolue, du moment qu'elles n'ont été communiquées ni à l'accusé ni à la défense. L'illégalité est quand même formelle. La Cour de cassation doit annuler l'arrêt du conseil de guerre. Mais vous savez ces choses aussi bien que moi, monsieur Brisson, et c'est bien là ma stupeur. Les sachant, comment avez-vous pu écouter sans frémir les affirmations passionnées de votre ministre de la guerre? Quel drame, à cette minute, s'est passé dans votre conscience? En êtes-vous à croire que la politique prime tout, qu'il vous est permis de mentir, pour assurer au pays le salut que votre ministère, selon vous, lui apporte? Vous croire assez peu intelligent pour garder une ombre de doute sur l'innocence de Dreyfus, cela m'est pénible; mais, d'autre part, admettre un instant que vous sacrifiiez la vérité dans l'idée que le mensonge est nécessaire pour sauver la France, me paraît plus insultant encore. Ah! que je voudrais lire en vous, et que ce qui se passe là doit être intéressant pour un psychologue!

Ce que je puis vous affirmer, c'est que vous rendez notre gouvernement profondément ridicule. On m'a conté que, jeudi, la tribune diplomatique était restée vide. Je crois bien; pas un diplomate n'aurait pu tenir son sérieux, à la lecture des trois fameuses pièces. Et ne vous imaginez pas que notre ennemie l'Allemagne est la seule à s'amuser. Notre grande alliée la Russie, très au courant de l'affaire, très renseignée et absolument convaincue de l'innocence de Dreyfus, devrait bien nous rendre le service de vous dire ce que pense de nous l'Europe. Peut-être l'écouteriez-vous, elle, l'amie souveraine. Causez donc de cela avec votre ministre des affaires étrangères!

Qu'il vous dise aussi de quelle gloire nouvelle les extraordinaires poursuites contre le lieutenant-colonel Picquart vont faire reluire le bon renom de la France à l'étranger. Un homme juste vous demande respectueusement de faire la lumière, et vous lui répondez en intentant un procès sur une vieille accusation dont les débats récents de la Cour d'assises ont démontré l'ineptie. « Tu me gênes, je te supprime. » Cela devient d'un comique effroyable, et je crois qu'il n'y a pas dans l'histoire un exemple plus insolent d'iniquité hypocrite.

**

Mais, si les trois pièces ne prêtent qu'à rire, que dites-vous, monsieur Brisson, des prétendus aveux de Dreyfus apportés à la tribune française, donnés par un de vos ministres comme la base inébranlable de sa conviction ? Est-ce qu'ici votre honnêteté ne proteste pas en un cri de furieuse révolte ? Est-ce que vous n'avez pas senti l'abomination du procédé qui va soulever la conscience universelle ?

Les aveux de Dreyfus, grand Dieu ! Vous ignorez donc toute cette tragique histoire ? Vous ne connaissez donc pas le récit vrai de sa détention, de sa dégradation ? Et ses lettres, vous ne les avez donc pas lues ? Elles sont admirables. Je ne connais pas de pages plus hautes, plus éloquentes. C'est le sublime dans la douleur, et plus tard elles resteront comme un monument impérissable, lorsque nos œuvres, à nous écrivains, auront peut-être sombré dans l'oubli ; car elles sont le sanglot même, toute la souffrance humaine. L'homme qui a écrit ces lettres ne peut être un coupable. Lisez-les, monsieur Brisson, lisez-les un soir avec les vôtres, au foyer domestique. Vous serez baigné de larmes.

Et l'on vient sérieusement nous parler des aveux de Dreyfus, de ce malheureux qui n'a jamais cessé de hurler son innocence ! On fouille les souvenirs chancelants d'hommes qui se sont contredits vingt fois, on apporte des pages de carnet sans authenticité aucune, des lettres que d'autres lettres démentent ! Des témoignages contradictoires s'offrent de toutes parts, qu'on ne veut pas entendre. Et rien de légal là encore, pas de procès-verbal signé par le coupable, à peine des commérages en l'air, de sorte que ces prétendus aveux sont le néant même, quelque chose d'inexistant, que pas un tribunal ne retiendrait.

Alors, s'il est bien évident que, ces prétendus aveux, on ne saurait les faire accepter par les gens raisonnables, de quelque culture, pourquoi donc les produire au plein jour, pourquoi donc les étaler ainsi à grand fracas? Ah! c'est ici l'habileté affreuse, l'effroyable calcul, de jeter cette conviction aisée au petit peuple, aux simples d'esprit. Quand ils auront lu vos affiches, n'est-ce pas? vous espérez que tous les humbles des campagnes et des villes seront avec vous. Ils diront des affamés de vérité et de justice : « Qu'est-ce qu'ils nous embêtent, ceux-là, avec leur Dreyfus, puisque le traître a tout avoué! » Et, selon vous, tout sera fini, la monstrueuse iniquité sera consommée.

Savez-vous bien, monsieur Brisson, qu'une telle manœuvre est odieuse? Je défie qu'un honnête homme n'en soit pas bouleversé, les mains tremblantes de colère et d'indignation. Il y a là-bas, dans la pire torture, une torture d'exception, illégale comme le jugement qui l'a infligée, il y a un misérable qui a toujours crié son innocence. Et, tranquillement, on lui fait avouer le crime qu'il n'a pas commis, on se sert de ces prétendus aveux pour le murer plus étroitement dans son cachot. Mais il vit, il peut encore vous répondre, heureusement pour vous, car le jour où il sera mort, votre crime deviendra irréparable; et, s'il vit, vous pouvez l'interroger, obtenir une fois de plus le cri de son innocence. Non! il est si simple de dire qu'il a tout avoué, de persuader cela au peuple, pendant que le malheureux jette au vent de la mer sa perpétuelle plainte, sa clameur infinie de vérité et de justice. Je ne sais rien de plus bas ni de plus lâche.

Et vous voilà avec la presse immonde. Ainsi qu'elle, à sa suite, vous empoisonnez la nation de mensonges. Vous placardez sur les murs des faux et des contes imbéciles, comme pour aggraver à plaisir la désastreuse crise morale que nous traversons. Ah! pauvre petit peuple de France, quelle belle éducation civique on te donne là, à toi qui aurais tant besoin aujourd'hui, pour ton salut de demain, d'une âpre leçon de vérité!

***

Enfin, monsieur Brisson, puisque nous sommes là à causer tranquillement, je crois devoir vous prévenir que j'attends, avec une vive curiosité, la façon dont vous allez entendre la liberté individuelle et le respect de la justice, lundi prochain, au procès de Versailles.

Vous ne pouvez ignorer les faits qui se sont passés à Paris, avant et après chacune des quinze audiences du premier procès, et à Versailles encore, lors de l'unique audience du second. Ces jours-là, la France, notre grande et généreuse France, a donné au monde civilisé l'exécrable spectacle d'une poignée de bandits injuriant et menaçant de mort un homme, un accusé qui se rendait librement devant la justice de son pays. Que pense de cela votre honnêteté, monsieur Brisson, votre vertu républicaine, votre culte des droits de l'homme et du citoyen ? Ne dites-vous pas avec moi que des cannibales seuls ont des mœurs pareilles et que nous voilà tombés dans le mépris et dans le dégoût de l'univers ?

Encore, s'il s'agissait de la nation égarée, d'une foule de bonne foi s'affolant et se ruant, l'excuse de la passion, même criminelle, suffirait. Mais, puisque vous êtes aujourd'hui ministre de l'intérieur, causez donc de ces choses avec votre préfet de police, M. Charles Blanc, qui est un homme d'une vive intelligence et d'une urbanité parfaite. Il est naturellement très renseigné. Il vous expliquera où et comment les bandes se recrutaient, quel prix on payait les hommes, quel appoint désintéressé et passionné apportaient les cercles cléricaux, combien étaient les bandits et combien les sectaires, enfin combien de badauds auraient pu finir par suivre les provocateurs et rendre le jeu fort dangereux. Alors, je l'espère, vous n'aurez plus de doute sur l'organisation du désordre, vous serez convaincu qu'il s'agissait, pour les organisateurs, de tromper la France, de tromper le monde, de leur faire croire que Paris entier se soulevait contre moi, et d'empoisonner ainsi l'opinion publique, et d'opérer sur la justice la plus infâme des pressions.

Mais ce n'est pas tout ce que M. Charles Blanc pourra vous apprendre, à vous qui êtes son chef. Il vous expliquera comment la police avait à nous sauver chaque soir, lorsque quelques arrestations, quelques poursuites, dès le premier jour, auraient tout fait rentrer dans l'ordre. Certes, je ne me plains pas de la police, qui a été très empressée et très dévouée autour de ma personne. Seulement, autour du préfet lui-même, il semblait y avoir un désir supérieur que les choses se passassent d'une certaine façon. Toutes les injures, toutes les menaces étaient permises, et les plus basses, et les plus immondes : on n'arrêtait personne. Même on tolérait que les manifestants pussent se rapprocher assez pour qu'il y eût un certain danger. Et la police n'intervenait, ne me sauvait, qu'à cette minute exacte où les choses menaçaient de se gâter. C'était fait avec beaucoup d'art, l'effet désiré en haut lieu était évidemment de donner à croire au monde qu'il fallait chaque soir une bataille pour me soustraire à la juste indignation du peuple de Paris.

Eh bien ! monsieur Brisson, je me demande avec curiosité quel plan de campagne vous allez arrêter avec M. Charles Blanc. Là, vous êtes le maître absolu, aucun de vos ministres en sous-ordre ne pourra intervenir, car en dehors de votre autorité de président du conseil, vous êtes bien ministre de l'intérieur, vous répondez de la tranquillité des rues. Nous allons donc savoir dans quelles conditions vous estimez qu'un accusé doit se rendre devant la justice, et s'il est permis de l'injurier et de le menacer, et si un spectacle d'une telle barbarie n'est pas un déshonneur suprême pour la France. Je crois bien que jamais, mes amis et moi, nous ne nous sommes trouvés dans un danger sérieux. Mais, n'importe ! comme il faut tout prévoir, je déclare à l'avance, monsieur Brisson, que, si l'on nous assassine, lundi, c'est vous qui serez l'assassin.

*
* *

Et, pour finir, laissez-moi m'étonner encore que vous soyez tous de petits hommes.

Je comprends à la rigueur qu'il n'y ait pas, parmi vous, un amoureux hautain et passionné de l'idée, donnant sa fortune et sa vie à la seule joie d'être juste, et prêt à rentrer dans le rang, quand la vérité aura vaincu. Mais des ambitieux, il y en a pourtant, vous n'êtes même tous que des ambitieux. Alors, comment se fait-il que, de votre cohue, ne se lève pas au moins un ambitieux de vive intelligence, et d'audace, et de force, un de ces ambitieux de vaste envergure, au coup d'œil clair, à la main prompte, capable de voir où est la vraie partie à jouer, et de la jouer vaillamment ?

Voyons, combien y en a-t-il parmi vous qui ambitionnent la présidence de la République? Tous, n'est-ce pas? Vous vous regardez tous avec des coups d'œil obliques, vous croyez tous mener vos affaires d'une façon supérieure, celui-ci par la prudence, celui-là par la popularité, cet autre par l'austérité. Et vous me faites rire, car pas un de vous n'a l'air de se douter que, dans trois ans, l'homme politique qui entrera à l'Élysée sera celui qui aura restauré chez nous le culte de la vérité et de la justice, en procédant à la revision du procès Dreyfus.

Croyez-moi, les poètes sont un peu des voyants. Dans trois ans, la France ne sera plus la France, la France sera morte, ou nous aurons à la présidence le chef politique, le ministre juste et sage qui aura pacifié la nation. Et, châtiment mérité des calculs mesquins et lâches, des passions aveugles et inintelligentes, tous ceux qui auront pris parti contre le droit opprimé et l'humanité outragée seront par terre, avec leur rêve en morceaux, sous l'exécration publique.

Chaque fois, donc, que je vois un de vous céder au vent de folie, se salir dans l'affaire Dreyfus, avec la sotte pensée peut-être qu'il travaille à son avènement, je me dis : « Encore un qui ne sera pas président de la République. »

Veuillez agréer, monsieur Brisson, l'assurance de ma haute considération.

EMILE ZOLA.

« Le Siècle »

Accusation du « SIÈCLE » contre M. du Paty de Clam (24 juillet 1898).

Les faussaires.

Quatrième article.

La presse d'Esterhazy se tait; mais cet aveu par le silence ne saurait suffire à la conscience publique.

Puisqu'il faut préciser, nous précisons.

Le complice en faux d'Esterhazy et de la fille Pays, c'est M. du Paty de Clam.

L'officier qui a averti Esterhazy, qui a trahi, pour sauver le traître, le secret des enquêtes, qui a renseigné Esterhazy, qui l'a documenté, conseillé, conduit par la main, c'est M. du Paty de Clam.

Le faussaire « Speranza », la « dame voilée », l'inventeur de tant de machinations criminelles, les unes odieuses, les autres stupides, c'est M. du Paty de Clam.

Celui qui a fait sortir de la caisse secrète du ministère de la guerre le « document libérateur », qui l'a donné à Esterhazy, c'est M. du Paty de Clam.

L'inspirateur des dépêches « Blanche » et « Speranza », le complice de ces faux, c'est M. du Paty de Clam.

Ce que nous disons aujourd'hui, les principaux membres du cabinet Brisson le savent, les principaux membres du cabinet Méline l'ont su.

Nous attendons.

« Le Siècle. »

Scheurer-Kestner.

Lettre de M. Scheurer-Kestner au *Temps*.

3 août 1898.

Monsieur le rédacteur,

D'après une note du *Temps*, parue il y a quelques jours, un nommé Souligaud aurait affirmé à M. le juge d'instruction Fabre qu'étant à Sousse, au service du colonel Picquart, à titre de planton, il aurait mis, au commencement de l'année 1896, à la poste, des lettres adressées à moi par le colonel Picquart.

Le colonel Picquart n'étant pas à même, en ce moment, de se défendre publiquement, j'estime que j'ai un devoir à remplir envers lui en lui apportant mon témoignage.

Si, ce que j'ignore, un nommé Souligaud a eu le triste courage de tenir le langage que lui prête votre note, j'y oppose le démenti le plus catégorique.

Non, jamais je n'ai reçu de l'honorable colonel Picquart, pendant son séjour en Tunisie, aucune lettre de sa part.

J'ai toujours déclaré et je déclarerai toujours, parce que c'est la vérité, que je ne connais le colonel Picquart que depuis le mois de janvier 1898, où je l'ai rencontré dans la salle des témoins du conseil de guerre, que je n'ai jamais correspondu avec lui, ni par lettre ni autrement, avant cette époque, et que prétendre le contraire c'est outrager la vérité.

Recevez, monsieur le rédacteur, l'expression de mes sentiments distingués.

SCHEURER-KESTNER.

Bertulus.

Ordonnance de M. BERTULUS, juge d'instruction (extraits concernant l'implication de M. du Paty de Clam dans les faux *Blanche* et *Speranza*), 28 juillet 1898.

... Attendu qu'il résulte de l'information que le lieutenant-colonel du Paty de Clam a eu des relations répétées avec Walsin-Esterhazy, la fille Pays et Christian Esterhazy :

... Que la version de la dame voilée est inadmissible...

... Que le lieutenant du Paty de Clam ne serait pas resté étranger à l'usage qu'en a fait Walsin-Esterhazy, après avoir reçu du lieutenant-colonel du Paty de Clam toutes données utiles à la sûre expédition de ce télégramme... etc.

Déclarons :

1º Que nous sommes incompétent pour instruire sur la plainte de M. Georges Picquart, partie civile contre le lieutenant-colonel du Paty de Clam en tant qu'auteur unique du télégramme faussement signé Blanche, en date du 10 novembre 1897;

2º Que nous sommes compétents pour instruire sur la plainte déposée en notre cabinet de juge d'instruction, le 25 juillet 1897, par M. Georges Picquart, partie civile, contre le lieutenant-colonel du Paty de Clam, celui-ci considéré seulement en tant que complice des crimes de faux, usage de faux et complicité relevés par réquisitoire du 12 juillet 1898 contre Walsin-Esterhazy (Ferdinand), officier en non activité pour infirmité temporaire, et la fille Pays (Marie-Hortense), dite Marguerite.

Fait à Paris, en notre cabinet, au Palais de Justice, le 28 juillet 1898.

Le juge d'instruction, BERTULUS.

Cavaignac.

Lettre de démission de M. CAVAIGNAC, ministre de la guerre :

3 septembre 1898.

Monsieur le président,

J'ai l'honneur de vous adresser et je vous prie de transmettre à M. le président de la République ma démission de ministre de la guerre.

Il existe entre nous un désaccord qui, en se prolongeant, paralyserait le gouvernement au moment où il a le plus besoin de toute sa décision.

Je demeure convaincu de la culpabilité de Dreyfus et aussi résolu que précédemment à combattre la revision du procès.

Je n'entendais pas me dérober aux responsabilités de la situation actuelle, mais je ne saurais les assumer sans être d'accord avec le chef du gouvernement auquel j'ai l'honneur d'appartenir.

Veuillez agréer, monsieur le président, l'assurance des sentiments d'affectueuse déférence que notre dissentiment actuel ne saurait affaiblir.

CAVAIGNAC.

Madame Dreyfus.

Seconde demande de REVISION de madame DREYFUS au ministre de la justice :

Paris, le 3 septembre 1898.

Monsieur le ministre,

J'ai eu l'honneur, au mois de juillet, de vous remettre une requête où je vous demandais d'user du droit qui vous est conféré par la loi, et qui n'est conféré qu'à vous seul, de déférer à la Cour de cassation le jugement rendu, en violation de l'article 101 du Code militaire, contre mon infortuné mari.

J'ai l'honneur aujourd'hui, monsieur le ministre, de m'adresser une seconde fois à vous, parce que la loi sur la revision ne me permet pas de saisir moi-même et directement la justice. Vous seul, vous avez le droit de provoquer la revision d'un jugement de condamnation pour un fait nouveau tendant à établir l'innocence du condamné.

En dehors de toutes les révélations qui, depuis plusieurs mois, ont fait la lumière sur l'erreur judiciaire de 1894, qui ont provoqué dans le pays une si profonde émotion, il n'est pas possible que votre esprit ne soit pas frappé de ces deux faits :

C'est d'abord l'expertise même du bordereau, qui a été faite au procès de janvier 1898. Cette expertise n'a pas été communiquée à mes conseils, dont l'intervention au Conseil de guerre a été refusée. Mais il résulte pour moi, d'informations sûres, que cette expertise n'aboutit point aux mêmes conclusions que l'expertise de 1894.

Il y a ensuite l'aveu, fait par l'un des principaux instigateurs et témoins du procès de mon mari, qu'il a fabriqué lui-même une pièce que le ministre de la guerre, dans son discours du 7 juillet, a déclarée, bien que postérieure à la condamnation, être la preuve décisive de la culpabilité de mon mari.

Cette preuve s'écroule; s'écroulant, elle ôte toute valeur aux dépositions et aux agissements qui ont surpris la bonne foi des juges de 1894, puisque ce témoin, l'artisan de la condamnation de mon mari, a été convaincu du crime de faux dans les conditions que vous savez.

Mais, monsieur le ministre, comme je viens de vous le dire, dans le cas nouveau de revision qui a été institué par la loi sur les erreurs judiciaires, le droit de demander la revision n'appartient ni à l'innocent qui a été injustement condamné, ni à sa femme ni à ses enfants.

Ce droit n'appartient qu'à vous seul.

Je viens donc vous demander, monsieur le ministre, d'user sans retard des droits qui vous sont conférés par la loi, qui ne sont conférés qu'à vous tant pour l'annulation que pour la revision d'un jugement qui n'a été ni juste ni légal, d'entendre la voix maintenant presque unanime de l'opinion publique et de mettre fin au supplice d'un innocent qui a été toujours un soldat loyal, qui n'a pas cessé, même au milieu des plus horribles souffrances d'un châtiment immérité, de protester de son amour pour la patrie, de sa foi dans la justice définitive.

Je vous prie d'agréer, monsieur le ministre, l'asurance de ma considération la plus distinguée.

Lucie Dreyfus.

De Boisdeffre.

Lettre de démission du GÉNÉRAL DE BOISDEFFRE :

Paris, 30 août.

Monsieur le ministre,

Je viens d'acquérir la preuve que ma confiance dans le lieutenant-colonel Henry, chef du service des renseignements, n'était pas justifiée. Cette confiance, qui était absolue, m'a amené à être trompé et à déclarer vraie une pièce qui ne l'était pas, et à vous la présenter comme telle.

Dans ces conditions, monsieur le ministre, j'ai l'honneur de vous demander de vouloir bien me relever de mes fonctions.

Général de Boisdeffre.

Zurlinden.

Lettre de démission du GÉNÉRAL ZURLINDEN :

Paris, 17 septembre.

Monsieur le Président du Conseil,

J'ai l'honneur de vous prier de recevoir ma démission de ministre de la guerre.

L'étude approfondie du dossier judiciaire de Dreyfus m'a trop convaincu de sa culpabilité pour que je puisse accepter, comme chef de l'armée, toute autre solution que celle du maintien intégral de jugement.

Agréez, monsieur le Président du conseil, les assurances de ma très haute considération.

Général Zurlinden.

DOCUMENTS CONCERNANT LE BORDEREAU ET LES EXPERTS

Bertillon.

Déclaration de M. BERTILLON à M. Yves Guyot.
(*Siècle*, 11 janvier 1898.)

La science de M. Bertillon est ésotérique. Cependant, il me l'a révélée après sa déposition dans l'affaire Dreyfus.

Un jour, il vint me trouver, me déclarant qu'il considérait Dreyfus comme coupable, mais qu'il tenait à m'expliquer pourquoi. Je lui répondis :

— Ne me dites pas de secrets, parce que je ne veux pas m'engager à conserver des secrets qui pèseraient sur ma conscience. Si vous voulez me parler simplement de la méthode que vous avez suivie, je vous écoute.

— Oui, je ne vous parlerai que de cela.

— Bien.

— Vous savez, me dit-il, qu'il y a deux sortes d'écritures : l'écriture *senestrogyre* et l'écriture *dextrogyre*.

— Je vous avoue que ma science ne va pas jusque-là. Veuillez m'expliquer leurs différences.

— Eh bien ! l'écriture « dextrogyre » est celle dont les ouvertures, les lettres sont dirigées à droite ; l'écriture senestrogyre, c'est le contraire.

Il me donna quelques exemples, et j'eus la satisfaction d'apprendre que, dans ma signature, mon G était dextrogyre.

— Eh bien ! lui dis-je, l'écriture de Dreyfus ?

— Était dextrogyre !

— Et le bordereau ?

— Très souvent senestrogyre ?

— Alors !

— Comme Dreyfus était un homme très intelligent, j'ai conclu qu'il avait changé son écriture dextrogyre en écriture senestrogyre pour la dissimuler.

— Alors ce n'est pas sur une identité d'écritures, mais sur des dissemblances d'écritures que vous avez conclu ?

— Oui, parce que j'ai reconnu qu'il y avait des contractions dans les lettres senestrogyres qui indiquaient qu'au lieu d'être spontanées elles étaient voulues!

— Et c'est là votre preuve! C'est là-dessus que vous avez établi une certitude!

M. Bertillon me répondit alors :

— Ah! pardon, ce n'est pas moi qui ai fait l'instruction. Moi, je n'ai été qu'un expert. J'avais même conseillé d'acquérir d'autres preuves. Ainsi je proposai de mettre une composition dans l'encrier et de saisir une autre pièce. « Ce n'eût pas encore été une preuve; mais cela eût confirmé ma présomption. J'indiquai encore quatre ou cinq autres moyens. On ne les a pas employés. »

Après cette conversation avec M. Bertillon, je sentis augmenter tous les doutes que j'avais déjà.

YVES GUYOT.

Belhomme et Varinard.

Déclarations de MM. BELHOMME et VARINARD à l'*Écho de Paris* et au *Matin* (voir *Temps* du 23 janvier 1898), concernant le Bordereau :

Au sujet du bordereau, M. BELHOMME s'est exprimé comme suit :

« Laissons la lettre, sur l'authenticité de laquelle je m'expliquerai tout à l'heure, ne nous occupons que du bordereau. Il n'est pas de la main du commandant; cela, voyez-vous, ne peut être discuté. Seulement, il faut, pour se prononcer comme je le fais, avoir eu en main la pièce originale et procédé à toutes les comparaisons nécessaires... »

M. Belhomme a montré ensuite au rédacteur de l'*Echo de Paris* d'immenses épreuves photographiques.

Et il a dit:

« Retenez bien ceci. Toute écriture clichée ou photographiée perd par cela seul son caractère vivant. C'est une chose morte, qui ne garde plus rien de la personnalité de celui qui l'a tracée. La manière dont le coup de plume a été donné n'est plus saisissable. Il se forme des empâtements. Avec un cliché on obtient ce qu'on veut. »

M. Belhomme montre ensuite à notre confrère une feuille

de papier très épais, timbrée à son cachet et sur laquelle sont reproduites à la main, avec une perfection absolue, six lignes du bordereau :

— Lorsque j'ai montré cela au général de Pellieux, a dit M. Belhomme, il s'est écrié : « Ce que vous me montrez là m'effraye, tant c'est exact! » Eh bien, monsieur, si je faisais clicher ces six lignes qui ont été *dessinées* par un spécialiste — je dois vous le dire, ça ne coûte pas cher — je défierais n'importe quel expert d'en discuter l'authenticité. Tandis qu'ayant l'original sous les yeux, vous n'avez qu'à prendre une loupe et tout le travail du dessinateur vous apparaîtra. Vous distinguerez, très imparfaitement il est vrai, les reprises, les surcharges, tout ce qui caractérise une écriture imitée. Mais tous ces détails apparaîtront avec une netteté extraordinaire si vous faites agrandir les caractères de ces lignes par la photographie. Tous ces détails s'accusent si nettement qu'il n'est pas nécessaire d'être expert pour les relever.

Eh bien ! nous avons fait photographier ainsi, non seulement le bordereau, mais des pages entières du commandant Esterhazy... Sur ces épreuves-là, les similitudes, les ressemblances obtenues dans le *Figaro*, et depuis dans le *Siècle*, qui a employé le même procédé, disparaissent, et l'on voit que le bordereau n'est pas d'une écriture spontanée. Il y a des surcharges nombreuses, des reprises, des mots décalqués même, car si on les juxtapose ils s'identifient parfaitement. Or, je défie n'importe qui de tracer deux lettres, et à plus forte raison deux mots entiers, avec des caractères absolument identiques.

M. Belhomme ne s'est pas arrêté là. Il a donné à notre confrère les renseignements suivants :

« Celui qui a écrit le bordereau a imité, calqué, c'est manifeste, l'écriture du commandant. Ce dernier emploie quelquefois, mais assez rarement en somme, des s allemandes, et dans le bordereau, sur six s, il y en a cinq de cette forme et toutes sont calquées. De plus, les mots essentiels par leur sens sont calligraphiés. L'écriture est inégale, incertaine. Aucune des lettres du commandant mises sous nos yeux n'a ce caractère, mais cette différence n'est sensible que pour nous qui avons vu les originaux. Avec des clichés habilement faits, on a pu espérer tromper le public et l'on y a réussi. »

Les déclarations de M. Belhomme contrediraient ainsi celles des experts qui, lors du procès du capitaine Dreyfus, ont reconnu l'écriture de celui-ci dans ce bordereau.

Notre confrère a ensuite interrogé M. Belhomme sur la fameuse lettre où le commandant Esterhazy exprimait le vœu de mourir capitaine de uhlans.

« C'est également l'œuvre d'un faussaire, dit M. Belhomme. Si vous la lisiez, vous verriez que celui qui l'écrit exhale sa fureur en cris abominables, qu'il parle de sa rage noire, de sa situation atroce, etc., etc., et toutes ces phrases sont écrites posément, calligraphiées même. Or, il est bien évident qu'une personne qui écrit sous l'empire de la colère une lettre de huit pages, ne songe pas à former parfaitement toutes ses lettres, à mouler tous ses accents et toutes ses virgules. De plus, il manque la moitié de la lettre qui n'est ni datée ni signée, et l'enveloppe qui la renfermait portait un cachet timbré au millésime 1882. Or, la lettre n'est certainement pas de cette époque. Puis le chimiste a relevé deux encres différentes sur la lettre et sur l'enveloppe. Enfin, il est question dans cette missive d'une femme que le commandant ne connaissait pas en 1882. Ma conviction est donc que cette lettre est l'œuvre d'un faussaire. Toutefois, comme la pièce est douteuse, j'ai mis dans mon rapport ce correctif : « Me paraît être... » Et je demande maintenant ce que j'ai pu commettre de frauduleux ».

Revenant enfin sur la question du bordereau, M. Belhomme a de nouveau insisté sur son attribution au capitaine Dreyfus :

« J'ai lu le livre de M. Bernard Lazare, a-t-il dit. Le voici. Regardez. Je l'ai annoté. Comment ! voilà des experts qui ont accepté de faire un travail de comparaison sur un cliché publié dans le *Matin*, cliché qu'ils reconnaissent eux-mêmes très défectueux, écrasé, usé ! Et dans leurs conclusions ils disent : « Le bordereau est l'œuvre de quelqu'un » qui a cherché à imiter l'écriture de Dreyfus ! »

» Or j'ai eu la curiosité de parcourir une à une toutes les lettres de l'ancien capitaine jointes au volume. Dans ces lettres, il n'y a pas une s allemande et j'en trouve cinq dans le bordereau, qui a trente lignes... Que voulez-vous que je vous dise de plus sur ce point ? »

De son côté, M. Varinard a été interrogé par un rédacteur du *Matin*. Il lui a confirmé les déclarations qu'il nous avait déjà faites.

M. Varinard a ajouté :

« Car il ne faut pas confondre, a-t-il dit, les experts en écriture, comme MM. Belhomme et Couard, et les graphologues. J'étais adjoint à mes deux collègues en qualité de graphologue, c'est-à-dire qu'aux arguments de mes collègues, d'ordre purement matériel, purement graphique et tirés de la seule comparaison des lignes, des traits, je devais ajouter des arguments de graphologie, qui sont, eux, d'ordre moral, phsychologique, puisque, derrière l'écriture, au-delà des traits, je découvre la personnalité de l'intéressé et précise sa nature. Il ne faut pas, comme on l'a fait dans le *Matin* même, confondre ces deux sciences différentes.

» Or, indiscutablement, le bordereau n'était pas du comandant Esterhazy. Je connaissais sa nature, d'après les lettres de lui que déjà j'avais eu à examiner. Aussitôt, j'ai découvert, graphologiquement, que le bordereau était l'œuvre d'un très habile faussaire. Les traits, les lignes pouvaient, au premier abord, paraître semblables, mais combien le tempérament des deux personnages différait !

» Je vous répète donc que nous avons fait tout notre devoir, et M. Zola n'aurait eu qu'à se livrer à une rapide enquête : il n'aurait point parlé de maladie de la vue et du jugement s'il avait constaté avec quelle impartialité et quelle exactitude scrupuleuse j'ai toujours écrit mes rapports devant les tribunaux. »

Ch. Petitjean.

M. Ch. PETITJEAN, administrateur-délégué de l'Imprimerie Kugelmann, adresse à Mᵉ Labori la lettre suivante :

Monsieur,

M. le général de Pellieux a dit, dans sa déposition, que les reproductions du bordereau ressemblaient beaucoup à des *faux*. D'autre part, M. Teyssonnières a cru devoir insinuer que les imprimeurs avaient été les complices de ces *faux* en « soulageant » ou en « plongeant » plus ou moins certaines parties des clichés à reproduire, le tout volontairement et dans un but déterminé.

Or, l'imprimerie que je dirige a fait, pour le *Siècle* et pour la brochure *La Revision du procès Dreyfus*, un certain nombre de ces reproductions du bordereau, de lettres d'Esterhazy et du capitaine Dreyfus. L'imputation de M. Teyssonnières est donc directement dirigée contre nous.

Je certifie :

1º Que le *Siècle* s'est borné purement et simplement à nous remettre les clichés sans nous faire aucune recommandation particulière pour le tirage ;

2º Qu'aucune recommmandation particulière n'a été faite au conducteur qui a fait le tirage ni par nous ni par le *Siècle*;

3º Une lettre autographe du capitaine Dreyfus, en date du 5 mai 1898, nous ayant été remise pour être reproduite dans la brochure « La Revision, etc. » nous en avons fait faire le cliché par la maison Yves, notre fournisseur ordinaire, à laquelle aucune recommandation particulière n'a été faite.

Je certifie de plus que ce dernier cliché est absolument comparable, pour la netteté des traits et la finesse des déliés, à l'original, que j'ai eu entre les mains.

J'ajoute que je fais la présente déclaration de mon propre mouvement, sans que personne m'ait demandé, ni directement ni indirectement, de la faire, et sans que personne même sache que je vous envoie cette lettre ou aie l'intention de vous l'envoyer.

De tout ceci, je vous donne ma parole d'honneur d'honnête homme qui vaut bien, je crois, une parole de soldat.

Veuillez agréer, monsieur, l'expression de ma considération la plus distinguée.

Petitjean.

Meyer, Giry, Molinier.

Déclarations de MM. Meyer, Giry et Molinier, sur le Bordereau. (*Siècle*, 22 février 1898.)

Paris, le 21 février 1898.

Monsieur le Directeur,

L'*Éclair* du 22 février contient une déclaration par laquelle un certain nombre d'archivistes-paléographes adhèrent à un avis de notre collègue, M. le comte de Lasteyrie, membre de l'Institut et député de la Corrèze, exprimée dans une *interview* également publiée par vous le 18 février dernier.

Dans cet avis, où nous présumons que sa pensée a pu être inexactement interprétée, M. de Lasteyrie nous aurait reproché d'avoir oublié, dans nos dépositions devant la Cour d'assises de la Seine, « toutes les traditions de la critique en honneur à l'École des Chartes » et d'avoir violé « une des premières règles que nous enseignons à nos élèves », celle de « recourir toujours aux originaux ».

Il suffit de jeter les yeux sur la sténographie de nos dépositions, pour constater que nous avons exprimé le regret de n'avoir pas eu à notre disposition l'original du document sur lequel portait la discussion. Mais M. de Lasteyrie sait comme nous que l'existence des originaux est un fait exceptionnel et que la critique n'est pas désarmée en leur absence. Où en serait l'histoire, si on devait renoncer à se servir de tous les documents dont les originaux ont disparu? Pour ne citer qu'un exemple, M. de Lasteyrie n'ignore pas que l'un de nos confrères, qui fut l'honneur de notre École, a pu reconstituer et interpréter une écriture chiffrée du dixième siècle, connue seulement par de médiocres dessins du dix-septième, qui ne valaient certainement pas le fac-similé du fameux bordereau; lui serait-il venu à l'esprit de contester l'évidence de cette brillante découverte sous le fallacieux prétexte que Julien Havet n'avait pas consulté les originaux, depuis longtemps disparus, des lettres de Gerbert?

De l'étude que nous avons faite, des renseignements que nous avons recueillis, comme des débats du procès et des témoignages de personnes autorisées, il résulte que le fac-similé du bordereau représente le document original tout aussi fidèlement que beaucoup de reproductions dont on se sert couramment à l'École pour les besoins de l'enseignement. M. le général de Pellieux avait dit, il est vrai, dans sa déposition, que ce fac-similé « ressemblait beaucoup à un faux », mais il a dû revenir sur cette allégation et déclarer que cette expression s'appliquait dans son esprit — inexactement, du reste — non pas à la reproduction publiée en 1896 par le journal le *Matin*, mais à une publication récente du journal le *Siècle*, dans laquelle on avait ingénieusement intercalé des lignes de l'écriture du commandant Esterhazy entre celles du bordereau.

Loin de « négliger la précaution » d'examiner l'original et de « la juger inutile », nous n'avons cessé d'en réclamer la production ou du moins celle d'un cliché photographique pris directement sur l'original.

A défaut de cette pièce, qu'il n'était pas en notre pouvoir de nous procurer, nous avons procédé à notre examen sur le fac-similé, mais avec toute la prudence et les réserves nécessaires et sans nous départir d'aucune des règles de la critique. Nous avons reconnu que l'original aurait permis certaines observations qu'il n'était pas possible de faire sur un fac-similé, mais nous avons estimé et nous estimons encore que celui-ci nous permettait de juger de la physionomie générale de l'écriture et de la forme des lettres, ce qui était suffisant :

1º Pour y reconnaître une écriture courante, naturelle, non mélangée et exclure en conséquence toute possibilité d'un décalque par mots rapportés ;

2º Pour identifier cette écriture avec celle du commandant Esterhazy que nous avions pu étudier sur des fac-similes zincographiques, des photographies directes et des originaux.

Nous ne doutons pas, monsieur le directeur, que vous publierez cette lettre, et nous vous prions d'agréer l'assurance de nos sentiments distingués.

Charavay.

Déclaration DE M. CHARAVAY au *Matin*, (d'après la *Lanterne* du 16 mai.)

Nous avons, mes deux collègues et moi, nous dit Charavay, rédigé nos conclusions avec un accord absolu. Nous déclarons textuellement que, pour des raisons techniques exposées au cours du rapport, *la lettre soumise à notre examen nous paraît être plutôt l'œuvre d'un faussaire habile qu'un original.* Notre conclusion est donc, en effet, que cette lettre ne *paraît pas être de la main du commandant Esterhazy.*

Il y avait des doutes. Ils devaient bénéficier à l'auteur incriminé des originaux. Nous avons relevé effectivement des antinomies graphiques qui, malgré la ressemblance apparente des écritures, devaient faire pencher notre opinion en faveur de M. Esterhazy.

Nous avons fait photographier et agrandir la lettre soumise à notre expertise et avons fait agrandir, par un même procédé, des originaux du commandant. Nous avons alors constaté, dans la lettre expertisée, qu'il y avait des reprises, des retouches qui n'existaient pas dans l'écriture courante du commandant. Or, ces reprises portaient précisément sur les mots qui pouvaient le plus sévèrement être reprochés à l'auteur. Nous avons donc cru devoir conclure, graphiquement, qu'une lettre du commandant pouvait avoir été prise, recopiée par un faussaire qui y aurait ajouté précisément ces mots, d'une écriture plus lente, plus appliquée.

Cette lettre avait sans doute huit pages, mais on n'en a retrouvé que quatre, et le texte incriminé commençait au haut d'un feuillet qui devait être le cinquième et continuait une page non remise au juge. Cette lettre avait encore quatre grands feuillets. Pourquoi la première moitié manquait-elle ? Mystère.

En outre, l'expertise chimique a révélé que la lettre et l'enveloppe n'avaient pas été écrites à la même époque : l'encre accuse des différences caractéristiques, le papier aussi. Donc, le commandant devait bénéficier de toutes ces particularités étranges.

Voilà pour l'expertise graphologique. J'ajouterai que cette lettre contenait le récit de faits que l'enquête a reconnus inexacts ; cette lettre exprimait des sentiments très spéciaux qui, cela ressort encore de l'enquête, ne pouvaient être à ce moment ceux de M. Esterhazy. Aux arguments graphiques qui nous permettaient de pencher pour la non ressemblance des deux écritures, viennent donc s'ajouter des arguments moraux, pourrais-je dire, que l'enquête a bien établis et qui disculpaient encore le commandant.

Mais, je l'avoue, de certitude absolue, nous ne pouvons point en avoir. J'ai émis une opinion, qui était conforme à celle de mes deux honorables collègues, mais nous ne pouvons jurer que notre jugement fût infaillible.

Varinard.

Déclaration de M. VARINARD au *Petit Temps*. (*Lanterne* du 16 janvier.)

L'opinion de M. Varinard.

L'expert Varinard, interviewé par le *Petit Temps* au sujet de l'expertise qui lui avait été confiée concurremment avec MM. Charavay et Belhomme, a fait les déclarations suivantes :

« L'auteur du bordereau a manifestement imité l'écriture du commandant Esterhazy et peut-être même celle d'autres personnes ; mais nous n'avons pas eu à approfondir ce dernier point. Cet auteur a imité d'une façon générale l'allure de l'écriture du commandant et a décalqué un certain nombre de mots de cette dernière écriture. Par exemple, les mots *une note* sont répétés trois fois et il apparaît manifestement que ces mots ont été décalqués, chacune de ces trois fois, sur une matrice unique.

» Il en est de même du mot *artillerie*. Parfois c'est une portion de mots qui est décalquée ; ainsi l'auteur du bordereau avait à sa disposition le mot *que*, de l'écriture du commandant ; ayant à écrire le mot *quelque*, il a décalqué deux fois le mot *que* et, dans l'intervalle, a ajouté, de son écriture, la lettre *l*.

» Ce dernier fait semble laisser croire que l'auteur du bordereau n'avait à sa disposition qu'un nombre restreint de mots de l'écriture du commandant Esterhazy. »

Alfred Dreyfus.

Quelques lettres d'ALFRED DREYFUS.

Décembre 1894, Cherche-Midi, Vendredi.

Ma chère Lucie,

J'ai reçu ta bonne lettre ainsi que celle de maman, merci des sentiments que celle-ci exprime à mon égard, sentiments dont je n'ai jamais douté et que j'ai toujours mérités, je puis le dire hautement.

Enfin, le jour de ma comparution approche, j'en finirai donc avec cette torture morale. Ma confiance est absolue, quand on a la conscience pure et tranquille, on peut se présenter partout la tête haute. J'aurai affaire à des soldats qui m'entendront et me comprendront. La certitude de mon innocence entrera dans leur cœur, comme elle a été toujours dans celui de mes amis, de ceux qui m'ont connu intimement.

Ma vie tout entière en est le meilleur garant. Je ne parle pas des calomnies infâmes et anonymes qu'on a débitées sur mon compte, elles ne m'ont pas touché, je les méprise.

Embrasse bien nos chéris pour moi, et reçois pour toi les tendres baisers de ton dévoué mari.

ALFRED.

Alfred Dreyfus.

Jeudi, midi, 3 janvier 1895.

Cher maître,

Je viens d'être prévenu que je subirai demain l'affront le plus sanglant qui puisse être fait à un soldat.

Je m'y attendais, je m'y étais préparé ; le coup a cependant été terrible. Malgré tout, jusqu'au dernier moment, j'espérais qu'un hasard providentiel amènerait la découverte du véritable coupable.

Je marcherai à ce supplice épouvantable, pire que la mort, la tête haute, sans rougir.

Vous dire que mon cœur ne sera pas affreusement torturé quand on m'arrachera les insignes de l'honneur que j'ai acquis à la sueur de mon front, ce serait mentir.

J'aurais certes mille fois préféré la mort.

Mais vous m'avez indiqué mon devoir, cher maître, et je ne puis m'y soustraire, quelles que soient les tortures qui m'attendent. Vous m'avez inculqué l'espoir, vous m'avez pénétré de ce sentiment qu'un innocent ne peut rester éternellement condamné, vous m'avez donné la foi.

A. Dreyfus.

Alfred Dreyfus.

Prison de la Santé, samedi.

Cher maître,

J'ai tenu la promesse que je vous avais faite.

Innocent, j'ai affronté le martyre le plus épouvantable qu'on puisse infliger à un soldat ; j'ai senti autour de moi le mépris de la foule ; j'ai souffert la torture la plus terrible qu'on puisse s'imaginer. Et que j'eusse été plus heureux dans la tombe. Tout serait fini, je n'entendrais plus parler de rien, ce serait le calme, l'oubli de toutes mes souffrances.

Mais hélas, le devoir ne me le permet pas, comme vous me l'avez si bien montré.

Je suis obligé de vivre, je suis obligé de me laisser encore martyriser pendant de longues semaines pour arriver à la découverte de la vérité, à la réhabilitation de mon nom.

Hélas quand tout cela sera-t-il fini, quand serai-je de nouveau heureux ?

Enfin je compte sur vous, cher maître. Je tremble encore au souvenir de tout ce que j'ai enduré aujourd'hui, à toutes les souffrances qui m'attendent encore.

Soutenez-moi, cher maître, de votre parole chaude et éloquente ; faites que ce martyre ait une fin, qu'on m'envoie le plus vite possible là-bas où j'attendrai patiemment, en compagnie de ma femme, que l'on fasse la lumière sur cette lugubre affaire et qu'on me rende mon honneur.

Pour le moment c'est la seule grâce que je sollicite. Si Si l'on a des doutes, si l'on croit à mon innocence, je ne demande qu'une seule chose pour le moment : c'est de l'air, c'est la société de ma femme et alors j'attendrai que tous ceux qui m'aiment aient déchiffré cette lugubre affaire. Mais qu'on fasse le plus vite possible, car je commence à être à bout de résistance. C'est vraiment trop tragique, trop cruel, d'être innocent et d'être condamné pour un crime aussi épouvantable.

Pardon de ce style décousu, je n'ai pas encore les idées à moi, je suis profondément abattu physiquement et moralement. Mon cœur a trop saigné aujourd'hui.

Pour Dieu donc, cher maître, qu'on abrège mon supplice immérité.

Pendant ce temps, vous chercherez et, j'en ai la foi, la conviction intime, vous trouverez.

Croyez-moi toujours votre dévoué et malheureux.

A. Dreyfus.

Alfred Dreyfus.

Prison de la Santé, 8 janvier 1895.

Ma bonne chérie,

Je reçois également tes lettres avec un grand retard. Ainsi on me remet seulement ta lettre de mardi matin ; il y était joint de nombreuses lettres de toute la famille. Que veux-tu, ma chérie, il faut nous incliner et souffrir en silence.

Vraiment, quand j'y pense encore, je me demande comment j'ai pu avoir le courage de te promettre de vivre après ma condamnation. Cette journée de samedi reste dans mon esprit gravée en lettres de feu. J'ai le courage du soldat qui affronte le danger en face; mais, hélas! aurai-je l'âme du martyr ?

Mais sois tranquille, ma chérie, je m'efforcerai de vivre jusqu'à ma réhabilitation.

J'ai supporté sans défaillir le plus sanglant supplice qu'on puisse infliger à un homme de cœur, à un soldat qui n'a rien à se reprocher. Mon cœur a saigné, il saigne encore, il ne vit qu'avec l'espoir qu'on lui rendra un jour ces galons qu'il a noblement gagnés et qu'il n'a jamais souillés.

Et d'ailleurs, quelles que soient les souffrances qui m'attendent encore, mon devoir me commande de vivre.

Il faut que je résiste pour le nom que portent nos chers enfants, pour le nom de toute la famille.

Mais que le devoir est parfois dur à remplir !

Te parler de ma vie ici ! A quoi bon t'attrister, ma chérie ? Ton chagrin est déjà assez grand pour ne pas l'augmenter encore par mes doléances.

Je vis d'espoir, ma bonne chérie ; je vis dans la conviction qu'il est impossible que la vérité ne se fasse pas jour, que mon innocence ne soit pas reconnue et proclamée par cette chère France, ma patrie, à laquelle j'ai toujours apporté tout le concours de mon intelligence et de mes forces, à laquelle j'aurais voulu consacrer tout mon sang. Il me faut de la patience, il faut que je la puise dans ton amour, dans l'affection de tous les nôtres, dans la conviction enfin de la réhabilitation.

Mille baisers aux chéris. Je t'embrasse comme je t'aime.

ALFRED.

Alfred Dreyfus.

Prison de la Santé, le 12 janvier 1895.

Samedi, 4 heures. Comme la demi-heure d'hier a été courte ! On prévoit à l'avance l'emploi de chaque minute, afin de ne rien oublier de ce que l'on veut se dire... puis le temps s'écoule comme dans un rêve et on s'aperçoit tout d'un coup qu'on est à la fin de l'entrevue et qu'on ne s'est presque rien dit encore.

Comment deux êtres comme nous peuvent-ils être si cruellement éprouvés ?

Te souviens-tu des sujets charmants que nous avions ébauchés pour cet hiver ? Nous devions enfin profiter un peu de notre liberté, aller vers cette époque, comme deux jeunes amoureux, nous promener au pays du soleil. Ah ! tout cela n'est pas possible, tout ce qui se passe est inhumain. S'il y a un Dieu, s'il y a une justice en ce monde, il faut espérer que la vérité éclatera bientôt et nous dédommagera de tout ce que nous avons souffert.

J'ai mis les photographies des enfants devant moi sur la tablette de ma cellule. Quand je les regarde, les larmes mouillent mes paupières, mon cœur se fend... mais cela me fait en même temps du bien, raffermit mon courage. Apporte-moi aussi ta photographie. Vos trois figures devant les yeux seront les compagnons de ma triste solitude.

Ah, ma chère femme, tu as une noble mission à remplir, pour laquelle il te faut toute ton énergie. C'est pourquoi je te recommande instamment de soigner ta santé. Tes forces physiques te sont plus nécessaires que jamais. Tu te dois à tes enfants d'abord, au nom qu'ils portent ensuite. Il faut prouver au monde entier que ce nom est pur et sans tache.

Ah! cette lumière sur ma tragique affaire, comme je la souhaite, comme je l'attends, comme je voudrais l'acheter, non seulement au prix de toute ma fortune, cela est tout naturel, mais encore au prix de mon sang.

Si seulement je pouvais endormir mon cerveau, l'empêcher de penser toujours à cette énigme indéchiffrable pour lui. Je voudrais pouvoir percer les ténèbres qui enveloppent mon affaire. Je voudrais gratter la terre pour en faire jaillir la lumière.

Tu me répondras avec juste raison qu'il faut prendre patience, qu'il faut du temps pour arriver à la découverte de la vérité... je sais tout cela, hélas. Mais que veux-tu, les minutes sont pour moi des heures... il me semble toujours qu'on va venir me dire « Pardon on s'est trompé, l'erreur est découverte. »

Maintenant j'attends lundi. Dorénavant les semaines ne se composeront plus que des deux jours où tu dois venir me rendre visite. Tu ne peux te figurer combien j'admire ton abnégation, ton héroïsme, combien je puise de courage dans ton amour si profond et si dévoué.

Mille baisers pour toi.

Bons baisers aux enfants.

ALFRED.

Alfred Dreyfus.

Iles du Salut, 27 avril 1895.

Ma chère Lucie,

Quelques lignes encore pour que tu saches que je suis toujours en vie et pour t'envoyer l'écho de mon immense affection.

Quelque grand que soit notre chagrin à tous deux, je ne puis que te dire toujours de le surmonter pour poursuivre la réhabilitation avec une persévérance indomptable.

Garde toujours le calme et la dignité qui conviennent à notre grand malheur, si immérité, mais travaille pour me faire rendre mon honneur, l'honneur du nom que portent nos chers enfants.

Qu'aucune démarche ne te rebute, ni te lasse ; va trouver, si tu le juges utile, les membres du Gouvernement, émeus leur cœur de père et de Français, dis bien que tu ne demandes pour moi ni grâce ni pitié, mais seulement qu'on poursuive les recherches à outrance.

Malgré une coïncidence parfois terrible de tourments aussi bien physiques que moraux, je sens bien que mon devoir vis à vis de toi, vis à vis de nos chers enfants, est de résister jusqu'à la limite de mes forces, et de protester de mon innocence jusqu'à mon dernier souffle.

Mais s'il y a une justice en ce monde, il me semble impossible, ma raison se refuse à y croire, que nous ne retrouvions le bonheur qui n'aurait jamais dû nous être enlevé.

Je t'écris, certes, parfois des lettres exaltées, sous l'empire d'impressions nerveuses extrêmes ou de dépression physique considérable, mais qui n'aurait pas de ces coups de folie, de ces révoltes du cœur et de l'âme dans une situation aussi tragique, aussi émouvante que la nôtre. Et si je te dis de te hâter, c'est que je voudrais assister au jour de triomphe de mon innocence reconnue. Et puis, toujours seul, en tête-à-tête avec moi-même, livré à mes tristes pensées, sans nouvelles de toi, des enfants, de tous ceux qui me sont chers, depuis plus de deux mois, à qui confierais-je les souffrances de mon cœur, si ce n'est à toi, confidente de toutes mes pensées.

Je souffre non seulement pour moi mais bien plus encore peut-être pour toi, pour nos chers enfants. C'est en ces derniers, ma chérie, que tu dois puiser cette force morale, cette énergie surhumaine qui te sont nécessaires pour aboutir à tout prix à ce que notre honneur apparaisse de nouveau, à tous sans exception, ce qu'il a toujours été, pur et sans tache.

Mais je te connais, je connais ta grande âme, j'ai confiance en toi.

Je n'ai toujours pas de lettres de toi ; quant à moi, c'est la cinquième fois que je t'écris.

Embrasse tout le monde de ma part.

Mille bons baisers pour toi, pour nos chers enfants. Parle-moi longuement d'eux.

ALFRED.

A. Dreyfus.

Iles du Salut, 27 juin 1898.

Ma chère et bonne Lucie,

Je te sens à travers la distance si angoissée toi-même, souffrant non-seulement de tes souffrances, mais des miennes, que je veux venir encore te causer, quoique je t'aie écrit, il y a quelques jours, me rapprocher de toi plus près encore que par la pensée qui, cependant, ne te quitte pas, toujours aussi pour te répéter les paroles qui doivent contenir ton inébranlable courage.

Comme je te l'ai dit, innocent de ce crime abominable, mon cri d'appel, je l'ai jeté vers la patrie pour demander mon honneur, la revision de mon procès.

Nous avons trop souffert moralement l'un et l'autre, nos souffrances durent depuis trop longtemps, les heures sont trop lourdes, pour que je puisse te parler de moi.

Tout ce que je puis te dire, c'est que, nuit et jour, à toutes les heures, à toutes les minutes, mon cœur, ma pensée, tout ce qu'il y a de vivant en moi est pour toi, pour nos enfants.

Ma vie, certes, est à mon pays, aujourd'hui comme hier, mais mon honneur ne lui appartient pas, c'est le patrimoine de nos enfants, le bien propre de deux familles.

Aussi, innocent de ce crime abominable, mon cri d'appel je l'ai encore jeté à la patrie pour réclamer cet honneur, de tout mon cœur de Français et de soldat, de tout mon cœur d'époux et de père, pour demander la revision enfin de mon procès à M. le Président de la République.

Je t'embrasse comme je t'aime, de toute la puissance de mon affection, ainsi que nos chers et adorés enfants.

Ton dévoué,

ALFRED.

Esterhazy.

ESTERHAZY ET LE BORDEREAU

L'agence Havas a transmis aux journaux la dépêche suivante :

Londres, 25 septembre.

Un rédacteur de *l'Observer*, qui a donné l'hospitalité à Esterhazy pendant dix jours, dit avoir reçu de lui des détails du plus grand intérêt sur l'affaire Dreyfus, mais surtout en ce qui concerne le bordereau. Le bordereau, dit-il, était le thème favori dans ses conversations.

Voici en quels termes le journaliste anglais, dont nous reproduisons le récit à titre de curiosité et en lui en laissant toute la responsabilité, fait parler Esterhazy :

« J'AI ÉCRIT LE BORDEREAU (1), dit Esterhazy, sur la demande du colonel Sandherr, et le colonel Henry était au courant du fait; ces deux hommes ne sont plus, mais, néanmoins, il m'est possible de prouver que le bordereau est bien de moi. Le bordereau devait servir à prouver matériellement la culpabilité de Dreyfus, car le bureau des renseignements n'avait pu recueillir contre lui que des preuves morales (2). On savait cependant, par le service d'espionnage français à Berlin (3), que l'état-major allemand était en possession de documents que seul Dreyfus pouvait lui communiquer (4). C'est la liste de ces documents qui constituait le bordereau.

» Esterhazy rappelle les épreuves auxquelles Dreyfus a été soumis par l'État-Major, qui voulait bien se convaincre qu'il était le traître. Il dit qu'on dicta un jour un plan tout à fait fantastique de concentration des troupes sur la frontière du sud-ouest (5), et que quelque temps après les espions au service de la France en Italie informaient le service des renseignements que l'État-Major italien faisait certaines modifications à la frontière, aux environs de Nice (6). Or, ces modifications correspondaient exactement aux changements annoncés dans le projet imaginaire qui avait été dicté à Dreyfus.

» Esterhazy dit aussi que Dreyfus pouvait passer de

longues vacances en Allemagne, sans être même inquiété par les autorités allemandes, ce qui était une nouvelle preuve qu'on le connaissait bien en Allemagne (7).

» Esterhazy déclare avoir écrit le bordereau sans aucune hésitation ; il reconnaît qu'il est presque toujours nécessaire de fabriquer des preuves matérielles contre les espions (8), car autrement il serait presque impossible d'arriver à les punir.

» Le colonel de Schwarzkoppen, qui a déclaré n'avoir jamais vu le bordereau, a dit la vérité : il ne l'a jamais vu. En effet, c'est un agent du service des renseignements qui le remit au concierge de l'ambassade allemande, lequel était un espion au service de la France ; celui-ci le remit à un autre agent du nom de G..., qui le rapporta au bureau des renseignements (9). Il était essentiel en effet de donner à ce document un caractère authentique.

» C'est exclusivement sur le bordereau que Dreyfus a été condamné (10) : la pièce secrète qui a été montrée aux juges du conseil de guerre était cette fameuse lettre qui contient le mot : « ... Cette canaille de D... » Esterhazy dit que l'initiale D... ne désignait pas Dreyfus (11), mais un individu dont le nom commençait également par un D... et qui était une sorte de colporteur des petits papiers du service des renseignements (12). »

L'*Observer* ajoute qu'Esterhazy a résidé à Londres, à l'hôtel Provitali ; c'est là qu'il a eu une première entrevue avec le représentant de l'*Observer*, et il est maintenant à l'abri de la surveillance de la police française.

Ajoutons que la *Weekly-Despatch* annonce qu'Esterhazy, qui est encore à Londres, a dû changer de résidence, qu'il se trouve actuellement en lieu sûr et qu'il n'a rien à craindre des agents de la police française.

COMMENTAIRES (*Siècle* du 26 septembre 1898).

(1) Ce qui avait été démontré par MM. Paul Meyer, Giry, Havet, membres de l'Institut, Auguste et Emile Molinier. Ce qui était l'évidence pour tous ceux qui ont des yeux pour voir.

(2) *Les prétendues preuves morales ont été toutes abandonnées*, à la dernière audience du procès Dreyfus, *par le commissaire du gouvernement*, qui ne retint que le bordereau.

(3). C'est les rapports, faits par ordre, qui constituent des faux, et dont on connait aujourd'hui la fabrication, postérieure au procès.

(4) Il a été démontré cent fois qu'Esterhazy s'était procuré, sans peine, tous les documents énumérés au bordereau.

(5) Invention infâme et stupide. *Il n'en a été fait mention ni dans le rapport de M. Besson d'Ormescheville ni à aucun moment du procès Dreyfus.*

(6) Les renseignements en question avaient été communiqués par Esterhazy lui-même à Schwarzkoppen, qui en fit part à Panizzardi.

(7) Un communiqué officiel à la *Strasburger Post*, reproduit par l'agence Havas du 10 janvier, déclare qu' « en réalité Dreyfus a demandé un permis de séjour en juin et juillet 1892, et que les deux fois sa demande a été rejetée. Au mois de décembre 1893, il a été accordé à Dreyfus un permis de cinq jours, son père étant gravement malade. »

(8) Esterhazy et Henry sont de la même école, collaborateurs et complices.

(9) Esterhazy a pris ces renseignements dans le *Siècle*, qui a défié, le jour où il les a publiés, tout démenti. Seulement, ce n'est pas un agent du service des renseignements, *c'est Esterhazy lui-même qui a porté le bordereau à l'ambassade d'Allemagne.*

(10) Or, Esterhazy avoue être l'auteur du bordereau.

(11) C'est ce que le colonel Picquart a déclaré dans sa lettre à M. Brisson. Au procès Zola, Henry avait dit également que D... ne désignait pas Dreyfus. M. Cavaignac, trompant la Chambre, a affirmé le contraire. L'affiche est encore sur les murs. *Les ambassadeurs d'Italie et d'Allemagne avaient déclaré à M. Hanotaux que D... n'est point Dreyfus.*

(12) Esterhazy est bien renseigné et, sans doute, pour cause. *Il a évidemment travaillé avec cette canaille de D...*

LETTRES ET DÉCLARATIONS

Alexandre Bertrand.

Lettre de M. ALEXANDRE BERTRAND, membre de l'Institut, officier de la Légion d'honneur, à M. YVES GUYOT.

Paris, le 20 janvier 1898.

Mon cher compatriote,

Je suis avec le plus grand intérêt votre courageuse campagne. J'approuve complètement les lettres de mes confrères Duclaux et Louis Havet réclamant la revision, et je vous autorise à ajouter mon nom à ceux des esprits libéraux et indépendants qui demandent que pleine lumière se fasse au sujet de cette douloureuse question.

Veuillez agréer, etc.

ALEXANDRE BERTRAND,
Membre de l'Institut.

Boutroux.

Lettre de M. BOUTROUX, de l'Institut, sur l'antisémitisme, à un de ses amis.

Paris, 25 janvier.

Mon cher ami,

Vous me demandez quels sont mes sentiments en présence des désordres auxquels nous assistons, notamment au sujet des manifestations qui se sont produites sur la place de la Concorde. Je ne suis, vous le savez, qu'un méditatif retiré, impropre de toute manière à la vie active. Mais je n'ai pas besoin de songer à mon devoir, je suis l'impulsion invincible de mon cœur, en unissant intimement ma vie à celle de mon pays. Je ne songe point à dissimuler mon émotion actuelle, et je vous répondrai très librement, puisque vous voulez bien m'interroger.

. . . .

Quels sens pourrait donc avoir dans notre pays cet accouplement monstrueux : « Vive l'armée ! A bas les juifs ! » Et cela devant l'image de Strasbourg ! L'armée est la force organisée en vue de la conservation de la patrie, et la patrie, chez nous, c'est le respect de la dignité humaine et l'égalité civile et politique de tous les citoyens. On s'étonnerait grandement à l'étranger, si de tels égarements avaient quelque généralité et quelque durée. On serait douloureusement ému, là même où l'on s'est fait de la fidélité une religion. Et qui sait si quelques âmes faibles ne se demanderaient pas : « Est-ce bien encore la France, la France que nous portons dans notre cœur, et à qui nous sacrifions notre tranquillité, notre sécurité, nos joies de famille ? »

Il faudrait déplorer les erreurs présentes si nous n'avions affaire qu'à nous-mêmes. Si nous songeons à l'effet qu'elle pourrait produire à l'étranger, jusque parmi ceux qui nous sont le plus attachés, elles doivent nous préoccuper très sérieusement. Là, plus anxieusement encore que chez nous-mêmes, on attend que se dissipe le brouillard qui passe devant la statue de la France.

Agréez, mon cher ami, l'assurance de mes sentiments très affectueux.

EMILE BOUTROUX.

Michel Bréal.

Lettre de M. MICHEL BRÉAL à M. JEAN PSICHARI.

Paris, 30 janvier 1898.

Mon cher ami,

Vous me demandez pourquoi mon nom ne se trouve pas parmi ceux qui demandent la revision du procès Dreyfus. C'est que j'ai pensé que l'initiative devait appartenir à ceux qui ne sont pas les coreligionnaires de Dreyfus. Mais je n'en suis pas moins de cœur avec vous. Je me joins à toutes ces consciences honnêtes qui réclament la revision.

S'il me fallait quelque chose pour la désirer encore davantage, ce serait la vue du tort moral que se fait la France à l'étranger. Il est temps que le véritable esprit de notre pays, qui est un esprit de justice et d'équité, se retrouve.

Je vous autorise, mon cher ami, et même je vous invite à publier cette lettre.

Votre dévoué,

MICHEL BRÉAL.
Membre de l'Institut.

Duclaux.

Lettre de M. DUCLAUX, membre de l'Institut, directeur de l'Institut Pasteur, professeur à la faculté des Sciences et commandeur de la Légion d'honneur.

M. Scheurer-Kestner ayant demandé à M. Duclaux, membre de l'Institut Pasteur, auquel nous devons les *Propos d'un Solitaire*, son opinion de savant sur l'affaire Dreyfus, a reçu la lettre suivante :

« Paris, le 8 janvier 1898.

» Cher Monsieur,

» Vous voulez bien me demander ce que je pense, *comme savant*, de l'acte d'accusation porté contre le capitaine Dreyfus, tel qu'il a paru hier dans les journaux. Je pense tout simplement que si, dans les questions scientifiques que nous avons à résoudre, nous dirigions notre instruction comme elle semble l'avoir été dans cette affaire, ce serait bien par hasard que nous arriverions à la vérité.

» Nous avons des règles tout autres, qui nous viennent de Bacon et de Descartes : garder notre sang-froid, ne pas nous mettre dans une cave pour y voir plus clair, croire que les probabilités ne comptent pas et que cent incertitudes ne valent pas une seule certitude. Puis, quand nous avons cherché et cru trouver la preuve décisive, quand nous avons même réussi à la faire accepter, nous sommes résignés à l'avance à la voir infirmer dans un procès de revision auquel souvent nous présidons nous-mêmes.

» Nous voilà loin de l'affaire Dreyfus ; et vraiment c'est à se demander si l'Etat ne perd pas son argent dans ses établissements d'instruction, car l'esprit public est bien peu scientifique.

» Bien cordialement à vous.

» DUCLAUX. »

« Les tribunaux ne sont pas seuls à casser leurs jugements.

» Il y a aussi l'opinion publique. C'est celle-ci qu'il faut éclairer sans l'effaroucher par de vaines déclamations et en s'adressant à sa raison, à son esprit de justice.

» Le jour où les milliers d'honnêtes gens qui, en France comme à l'étranger, suivent avec émotion les phases de ce procès et réfléchissent froidement sur ce qu'ils apprennent, seront bien convaincus que la seule charge relevée contre Dreyfus n'est pas probante, et qu'il y a là-bas le condamné de tout un pays, qui est peut-être innocent, vous verrez si ce jour-là ce sont les raisons de procureur qui peuvent empêcher la revision de se faire. »

(Extrait des « *Propos d'un Solitaire* »,
(Une brochure de Stock 1897.)

Anatole France.

Déclaration de M. A. FRANCE, de l'Académie française; extrait de sa déposition en Cour d'assises au procès Zola. (Audience du 19 février 1898.)

M'étant trouvé, en décembre dernier, avec M. Zola, et ayant pour ainsi dire, pendant quelques heures, été le témoin de sa pensée, je puis attester ici l'admirable bonne foi et l'absolue sincérité de M. Zola. Mais la sincérité de M. Zola n'a pas besoin de garant; je me bornerai donc à dire que M. Zola a agi, dans cette circonstance, avec courage, selon son tempérament, pour la justice et pour la vérité. Il s'est inspiré des sentiments les plus généreux.

Giry.

Déclaration de M. GIRY, membre de l'Institut, professeur à l'École des Chartes, et à l'École des Hautes Études, Chevalier de la Légion d'honneur, extraite de sa déposition à la Cour d'assises de la Seine, procès Zola. (Audience du 17 février 1898.)

Maintenant, je dois dire encore ceci : Lorsque M. Zola m'a écrit pour me prier d'examiner les documents qui devaient être versés dans ce débat, j'ai hésité un moment à accepter la charge de faire cet examen. J'ai hésité parce que je n'avais pas l'habitude, je dois le confesser, de ces sortes d'expertises ; on m'en avait sollicité quelquefois et j'avais toujours obstinément, absolument refusé de me détourner, pour cela, de mes études. Et puis, je dois le dire, je craignais que les conditions dans lesquelles je pouvais être obligé de faire cette expertise ne fussent assez défectueuses ; je prévoyais déjà qu'il ne me serait peut-être pas possible d'examiner l'original même de la pièce principale.

Mais, en y réfléchissant, en réfléchissant à la gravité des questions de justice et de légalité qui dominent tout ce débat, j'ai pensé qu'il était de mon devoir de sortir de ma réserve habituelle pour faire l'examen qu'on me demandait, afin d'essayer, dans la mesure de mes forces, d'aider à la manifestation de la vérité. J'acceptai donc. Seulement en acceptant, je spécifiais, en écrivant à M. Zola, que je voulais — cela était naturel, mais enfin je tenais à le spécifier d'une façon très précise — que je tenais à ce que ma liberté fût absolument entière, et que, si je faisais cet examen, quel que fût le résultat des études auxquelles j'allais me livrer, je viendrais l'exposer ici franchement et nettement.

M. Zola m'a répondu aussitôt, par une lettre que j'aurais voulu vous lire, mais que je puis citer de mémoire, en me disant qu'il acceptait absolument toutes mes conditions, toutes mes réserves, qu'elles étaient toutes naturelles, et qu'il demandait simplement à des hommes de science et de bonne foi de venir dire devant la Cour ce qu'ils pensaient.

C'est dans ces conditions que j'ai accepté de faire cet examen. Je l'ai fait sans me préoccuper aucunement du fond du débat. J'ai traité ces documents comme je l'aurais fait de documents du moyen âge, n'ayant d'autre but, d'autre parti pris, que celui de la recherche de la vérité.

. . . .

En résumé, ma conclusion a été celle-ci : c'est qu'il existe entre l'écriture du bordereau et l'écriture du commandant Esterhazy une ressemblance, une similitude qui va jusqu'à l'identité.

Edouard Grimaux.

Déclaration de M. le professeur EDOUARD GRIMAUX membre de l'Institut, agrégé honoraire de la Faculté de médecine de Paris, professeur à l'École Polytechnique, officier de la Légion d'honneur, extraite de sa déposition à la Cour d'assises de la Seine, au procès Zola. (Audience du 15 février 1898.)

Pourquoi j'ai signé cette protestation et tant d'autres avec moi ? je vais vous le dire. Mais d'abord je dois vous signaler ce mouvement singulier de tant d'hommes de science, tant d'hommes de lettres, d'artistes, de ces hommes qui ne suivent pas les fluctuations de la politique quotidienne et dont beaucoup ignorent même les noms des ministres !

Ces hommes sont sortis de leurs laboratoires, de leurs cabinets de travail, de leurs ateliers, pour faire entendre leur voix, parce qu'ils ont compris qu'il s'agit aujourd'hui de la Liberté et de l'honneur de la Patrie.

Des doutes me sont d'abord venus; puis peu à peu, lentement, progressivement, par l'examen des pièces officielles non démenties, ma conviction s'est faite. Tout d'abord, j'ai vu, sans être grapho'ogue, ni expert en écritures, que l'écriture de M. Esterhazy se confondait avec celle du bordereau. Les rapports des derniers experts m'ont donné raison. Puis, j'ai examiné les actes d'accusation, je les ai minutieusement étudiés, j'en ai pesé moi-même la valeur et j'en ai tiré une conclusion. Cette conclusion, c'est que jamais homme qui a l'habitude de raisonner, jamais magistrat, jamais homme de science n'aurait voulu signer de telles pièces. On n'y trouve que des insinuations sans preuves, des racontars, des commérages, et enfin les rapports contradictoires des experts. Un examen rigoureux de ces pièces nous montre qu'elles n'ont aucune valeur ; soumises à une critique sévère, il n'en reste rien, rien, rien !

C'est qu'en effet, messieurs, nous autres, hommes de science, nous avons une autre manière de raisonner. Quand nous découvrons un fait, croyez-vous que nous nous empressons de le publier ? Non, nous répétons encore l'expérience, nous en vérifions les conditions ; et ce n'est que quand notre certitude est faite, inébranlable, que nous publions le fait. Et pensez-vous alors — car je dois vous dire qu'en science, quelques faits nouveaux ne sont rien ; ce qui a de l'importance, ce sont les conclusions générales qu'on en tire — pensez-vous que tout d'abord nous allons présenter, comme des vérités, les hypothèses que nous en tirons ? Non, nous les présentons comme des hypothèses; nous disons : Il est probable que... et ce n'est qu'après des expériences nouvelles que nous les proclamons comme loi.

Voilà la vraie méthode scientifique ! voilà la méthode qui a manqué aux actes de l'accusation !

Et alors ma conviction s'est faite inébranlable, lors du procès Esterhazy. D'abord le rapport du commandant Ravary qui paraît celui d'un ami de l'accusé, plutôt que celui du Ministère public ; cet acte dans lequel il accuse de faux, d'après les seuls racontars d'Esterhazy, un de ces brillants et jeunes officiers, qui sont l'espoir du pays; et, dans ce rapport, nous voyons encore cette chose étrange : qu'il est dit qu'une pièce secrète a été volée au ministère de la guerre, qu'elle a passé par les mains d'une dame voilée, au Sacré-Cœur, qu'elle revient dans les mains de M. Esterhazy, et

M. Ravary ne s'en étonne pas ! Il semble trouver la chose toute naturelle, et tout naturel que cette pièce secrète, que le ministère de la guerre a refusé de communiquer au probe et loyal M. Scheurer-Kestner, ce soient des dames voilées qui la promènent ! ! !

Voilà, messieurs, une des causes de ma conviction ! Il en est d'autres encore. La singulière façon dont les débats ont été menés ; ce président, quand il voit l'accusé embarrassé, lui soufflant ses réponses, et, enfin, cette contradiction des experts ! Les experts, en effet, dans ce procès, ont déclaré que la pièce n'avait pas été écrite par M. Esterhazy ; mais ils ont déclaré qu'elle était de son écriture, en contradiction avec les premiers experts qui avaient déclaré qu'elle était de l'écriture de Dreyfus. C'est ainsi que les premiers experts se sont grossièrement trompés et qu'ils ont trompé, avec eux, sept officiers, les sept juges qui, dans la loyauté de leur âme, ont condamné Dreyfus. On vient dire encore que cette pièce est un décalque de l'écriture Esterhazy, et M. Ravary trouve cela tout naturel, et il ne cherche pas qui a pu faire ce décalque ! On arrive à ce singulier raisonnement : C'est Dreyfus qui a fait ce décalque, parce qu'il est un traître, et la preuve qu'il est un traître, c'est qu'il n'a pas fait de décalque et qu'il a fait le bordereau.

Je ne veux pas, messieurs, abuser de votre patience, mais je dois vous dire que j'ai fait ma conviction inébranlable, malgré les menaces déguisées, et les procédés d'intimidation. Pour nous tous, pour tous ceux qui ont signé avec moi, la revision du procès Dreyfus s'impose. Nous voulons la lumière, toute la lumière, encore plus de lumière !

Louis Havet.

Lettre de M. Louis HAVET, membre de l'Institut, professeur au Collège de France, Chevalier de la Légion d'honneur :

Même dans les affaires les plus émouvantes, la froide logique ne perd jamais ses droits. La France, aujourd'hui, souffre cruellement d'un accroc donné à la logique.

L'affaire Dreyfus est rouverte dans des conditions lamentables. C'est la conséquence d'une erreur de logique de M. le ministre de la guerre.

Lorsque le frère du condamné dénonça une tierce personne comme étant l'auteur du bordereau, M. le ministre avait le choix entre deux partis : ou refuser de donner suite, en invoquant, par exemple, la raison d'Etat, ou consentir. S'il avait refusé, l'affaire se serait sans doute rouverte malgré lui ; elle aurait pu amener une crise et le forcer à quitter le pouvoir ; mais, en aucun cas, elle n'aurait pu faire descendre la polémique sur d'autres têtes.

Le ministre a pris l'autre parti : consentir à donner suite. Par là il rouvrait lui-même l'affaire. Donner à élucider si, oui ou non, le bordereau était d'un autre, c'était reconnaître que la culpabilité de Dreyfus était un objet d'examen, et ruiner toute objection, telle que la raison d'Etat. Le ministre ne s'en est pas rendu compte, là est l'erreur de logique dont je parlais. Il a voulu à la fois chercher la vérité, — ce qui suppose qu'on l'ignore, — et « respecter la chose jugée », c'est-à-dire, le cas échéant, peut-être une erreur. Il s'est ainsi donné deux buts inconciliables à poursuivre en même temps ; il a entrepris non pas seulement l'impossible, mais l'absurde. Le plus fâcheux, c'est que ses instructions, son exemple, ses succès dans le Parlement, ont engagé ses subordonnés dans une tâche fatale, où ils ne pouvaient rencontrer que des pièges. Ainsi, au rebours de ce qui doit être, le chef s'est trouvé avoir découvert ses soldats.

Tout ce qui a déconcerté l'opinion est venu de cette erreur initiale. Si le ministre avait vu clair au début, il n'aurait pas ordonné qu'on essayât d'enquérir sur le bordereau en se passant du bordereau. S'il avait pris pour programme de faire rechercher la vérité, et rien de plus, il serait devenu possible de ne pas introduire une fable de dame voilée dans un document officiel. Si le ministre, au moment où il a bel et bien rouvert l'affaire Dreyfus, avait compris qu'il la rouvrait, et que, par conséquent, il allait de soi que la cause de Dreyfus fût soutenue, il n'aurait pas exposé des juges aux inconvénients de n'entendre qu'une cloche. Si, enfin, il avait eu de la *chose vraie* l'idée impérieuse qu'il a de la *chose jugée*, il ne lui aurait pas échappé qu'elle craint moins la lumière, et que des jambages d'écriture, par exemple, peuvent être discutés sans huis-clos.

J'abrège, car je n'aurais jamais fini. Il suffit d'avoir indiqué nettement comment un point de départ faux a tout vicié.

Maintenant, la situation n'est plus entière. L'affaire Dreyfus a été rouverte par M. le ministre de la guerre, bien qu'à son insu ; elle reste ouverte. Rien ne peut faire qu'elle cesse de l'être, sinon une liquidation complète, lumineuse, franchement secondée.

Ce n'est pas seulement l'évidente vérité et la justice qui réclament la revision ; c'est aussi la logique, qui exige qu'on achève ce qu'on a commencé, et qu'après avoir permis le doute on accorde l'éclaircissement. C'est aussi l'honneur de l'armée : elle a été défendue par des paroles, mais, dans le fait, le choix d'une position fausse l'a exposée aux éclaboussures. La revision est le vrai remède contre les dénonciations bruyantes, contre les soupçons muets, et, — c'est un point que nos hommes politiques oublient trop, — contre les sévérités de l'Europe.

L. Havet.

Paul Meyer.

Déclaration de M. Paul Meyer, membre de l'Institut, professeur au Collège de France, directeur de l'Ecole des Chartes. (Extrait de sa déposition à la Cour d'assises de la Seine, procès Zola, audience du 15 février 1893.)

Eh bien ! je veux vous indiquer en quelques mots l'esprit que j'apporte ici : je ne suis pas de ceux qui arrivent ici avec leur siège fait comme l'abbé de Vertot, à qui on disait : « Eh bien, voici des documents sur le siège de Rhodes », et il répondait : « Trop tard, mon siège est fait ! » Je ne suis pas dans ces idées-là ; je suis disposé à former mon opinion d'après les faits. De plus, ce qui m'intéresse le plus ici, ce sont les questions de procédés employés pour arriver à la vérité, les questions de méthode. Je vois là une matière à recherches scientifiques ; recherches qui, dans cette affaire, ne me paraissent pas avoir été conduites avec l'esprit suffisamment dégagé de préoccupations.

Il y a vraiment trop de personnes qui ont leur siège fait, et à mesure que nous avançons et que je puis lire les dépositions qui ont précédé la mienne, j'éprouve souvent un sentiment de tristesse, en voyant combien on s'entête dans des opinions qui souvent portent sur des questions secondaires, questions qui peuvent être résolues sans grande importance dans un sens ou dans un autre ; on s'y entête parce qu'une fois on s'y est arrêté : ce n'est pas l'esprit scientifique.

J'étudie ces questions d'écriture absolument comme j'étudierais une page d'un texte difficile, me souciant très peu au fond de savoir si cette page que j'ai tenu à comprendre soutient une doctrine ou une autre, mais voulant par-dessus tout savoir ce que cette page veut dire.

Et je dois dire, puisque j'ai parlé de l'écriture du bordereau, que véritablement j'ai été affligé et attristé lorsque j'ai lu la déposition d'un expert, qui a été reproduite par la sténographie, et qui ne m'a pas étonné ; car j'avais causé auparavant avec cet expert, qui est un homme bien remarquable à certains égards et qui a fait, qui a créé une chose vraiment magnifique : l'anthropométrie.

Eh bien ! cette conversation m'avait d'abord intéressé ; on trouve toujours à apprendre ; — ensuite, par moments, elle m'a amusé ; enfin j'en suis sorti navré, Messieurs, navré ! en pensant qu'il était possible de confier une expertise si grave, si pleine de responsabilité, d'une responsabilité effrayante, à un homme dont les procédés d'investigation échappent à toute contradiction, à toute critique, parce que ces procédés sont en dehors de toute méthode et de tout bon sens.

J'ai dit que le fac similé du bordereau reproduisait absolument son écriture, que je ne voyais pas de raison pour faire une distinction entre l'*écriture* et la *main*. Cependant, je fais cette réserve prudente et parfaitement scientifique, parce que je ne sais pas ce qu'il y a dans le rapport où on explique que cette écriture n'a pas été tracée par le commandant Esterhazy. Je ne crois pas que, même avec une hypothèse compliquée, on puisse arriver à le démontrer ; mais, enfin ! je ne puis pas discuter ce que je ne connais pas : je ne parle jamais que des choses que je sais.

. . . .

Seulement, je dis que la question de l'identité de l'écriture du bordereau et de celle de M. Esterhazy se présente dans des conditions d'une telle simplicité, d'une telle évidence, qu'il suffit d'avoir l'habitude de l'observation, de la critique pour arriver à la conclusion que j'ai formulée, sauf réserve.

Molinari.

LETTRE de M. MOLINARI, membre correspondant de l'Institut, rédacteur en chef du *Journal des Economistes*. (*Siècle*, 17 avril.)

A Monsieur Yves Guyot, directeur du Siècle.

Mon cher ami,

Dans le surcroît de précautions que le gouvernement vient de prendre pour arrêter la marche de la vérité dans l'affaire Dreyfus, ne retrouvez-vous pas, comme moi, l'inspiration de la doctrine favorite de M. Méline? En empêchant la revision, M. Méline a voulu protéger la conscience des juges qui ont condamné le malheureux prisonnier de l'île du Diable, l'honneur de l'armée, le bon renom de la France à l'étranger, et finalement se protéger lui-même. Voyons s'il y a réussi.

Nous n'avons jamais mis en doute la parfaite honnêteté des membres du conseil de guerre de 1894. Des préventions ont pu fausser leur jugement, mais ils ont cru certainement à la culpabilité de l'accusé. Ils avaient la conviction entière que le bordereau sur lequel ils l'ont condamné était écrit de sa main. En sortant de l'audience, leur conscience était en repos. L'est-elle encore aujourd'hui? Ils savent que le bordereau a été écrit par un autre ; ils savent encore — ce qu'ils pouvaient ignorer, n'étant pas robins — que toute pièce produite hors de la présence de l'accusé frappait leur verdict de nullité. Ils savent enfin que la victime de ce verdict subit depuis trois ans le plus affreux des supplices, — un supplice aggravé malgré la loi plus humaine que ses ministres. Est-ce que ces révélations ne troublent point leur conscience d'honnêtes gens? Est-ce que la pensée d'avoir condamné un innocent ne leur cause aucun remords? Existe-t-il une torture plus cruelle que celle-là? Et ne serait-ce pas leur rendre le plus signalé des services que d'y mettre fin en faisant cesser l'agonie de la victime de leur erreur inconsciente?

L'honneur de l'armée serait compromis, dit-on, par la revision du procès Dreyfus. Mais est-ce que l'honneur de l'armée a jamais été en cause? Est-ce que l'honneur de la magistrature a été atteint par la réhabilitation de l'infortuné Pierre Vaux? Les magistrats ne se sont-ils pas honorés, au contraire, en reconnaissant et en réparant une erreur de leur justice? N'est-ce pas faire injure à l'armée que de la croire incapable de reconnaître et de réparer une erreur de la science? Et les précautions extraordinaires qui ont été et qui continuent à être prises pour fermer toutes les issues à la lumière ne doivent-elles pas donner crédit à cette opinion, erronée sans doute, que le prisonnier de l'île du Diable a été victime de quelque abominable complot, dont la divulgation entacherait l'honneur des chefs militaires? Enfin, l'armée sera-t-elle plus digne du respect de tous parce qu'on aura chassé de son sein et couvert d'ignominie un officier innocent, pour conserver dans ses rangs l'auteur de la trahison?

« Ce que nous défendons, dit M. Méline, c'est le bon renom de la France à l'étranger. Mais, ce bon renom, qui l'a compromis? Est-ce l'élite qui a réclamé la lumière, ou est-ce la tourbe des antisémites et des boulangistes qui se sont coalisés pour l'étouffer? On aura beau donner satisfaction à M. Drumont et à M. Rochefort en condamnant une seconde fois M. Zola, on aura beau mettre un double cadenas à l'armoire qui contient les pièces secrètes du procès Dreyfus, le bon renom de la France et de la justice française en sera-t-il mieux défendu? Il n'y a qu'un moyen de le défendre, et celui-là est infaillible : c'est d'ouvrir l'armoire au lieu de la fermer.

Mais M. Méline a-t-il mieux protégé son bon renom à lui-même que celui de la France? Le procès Dreyfus, qui est l'affaire Calas de notre siècle, n'a pas seulement retenti à l'étranger, il retentira jusque dans la plus lointaine postérité, et l'histoire se montrera à bon droit sévère pour le ministre qui, ayant le droit et le pouvoir de faire justice, s'y est refusé. C'est pourquoi, mon cher et courageux ami, vous protégez mieux le bon renom de M. Méline que ses journaux et lui-même en lui criant tous les jours : Laissez faire la lumière, laissez passer la vérité.

Revisez !

G. MOLINARI.

Gabriel Monod.

Lettre de M. Gabriel Monod, membre de l'Institut, professeur à l'École des Hautes Études, maître de conférences à l'École normale.

Versaille, 5 novembre 1897.

Monsieur le directeur,

En arrivant ce matin de Rome, j'apprends que divers journaux ont prononcé mon nom à propos de l'affaire Dreyfus et qu'on est venu chez moi pour m'inviter à faire connaître mon opinion. Bien que, depuis plusieurs mois, je sois arrivé, en effet, à la conviction que le capitaine Dreyfus avait été victime d'une erreur judiciaire, je n'ai pas cru de mon devoir de donner aucune publicité à cette opinion, et cela pour deux raisons.

D'abord, je ne me croyais pas le droit de jeter le trouble dans les consciences et d'accuser d'erreur des autorités militaires que je respecte, sans être sûr de pouvoir provoquer la revision du procès et faire reconnaître la vérité. Or, pour cela, des preuves positives, l'indication de la trace des vrais coupables étaient nécessaires. Je n'avais que des preuves négatives et des certitudes morales. En second lieu, l'initiative de démarches de ce genre ne devait pas venir d'un fonctionnaire du corps enseignant. Un homme politique ou un publiciste auraient seuls, me semblait-il, toute l'indépendance et toute l'autorité nécessaires pour agir.

J'espérais, de plus, que cette initiative viendrait d'un catholique, et qu'un nouveau Voltaire surgirait pour défendre ce nouveau Calas. J'aurais craint que ma qualité de protestant et les stupides attaques que m'ont souvent values cette qualité et le nom que j'ai l'honneur de porter, diminuassent auprès d'un certain public la valeur de mes jugements. Mais, puisque je suis aujourd'hui directement mis en cause, je pense qu'il y aurait lâcheté de ma part à ne pas dire comment j'ai été amené à croire à l'innocence du capitaine Dreyfus.

Quand sa condamnation fut prononcée, j'ai cru, comme tout le monde, à sa culpabilité, bien que j'eusse été troublé et écœuré de la passion haineuse avec laquelle une partie de l'opinion et de la presse l'avait déclaré coupable dès le premier jour, avant même de savoir de quoi il était accusé, et accablait sa famille et celle de sa femme d'insultes et de calomnies. Je ne pouvais admettre qu'un officier français pût être déclaré coupable du plus abominable des crimes sans avoir été convaincu par des preuves irrécusables qui l'auraient réduit au silence ainsi que son défenseur.

Mais bientôt des doutes naquirent dans mon esprit, quand je vis le capitaine Dreyfus proclamer son innocence, en présence d'une foule en furie, avec un calme et une fermeté d'âme qu'un coupable aurait pu difficilement affecter, et Me Demange affirmer avec plus d'énergie que jamais que son client était victime d'une effroyable méprise; quand je constatai que dans les hautes sphères politiques, dans le monde judiciaire et même dans le monde militaire, des hommes prudents et bien informés hésitaient à croire à la culpabilité; quand enfin des témoins sûrs me firent connaître tous les antécédents de Dreyfus, sa situation et ses relations.

Je ne connaissais personne de sa famille, mais je savais par mes parents d'Alsace, bien peu suspects pourtant de partialité en faveur des juifs, que ses frères étaient entourés de l'estime universelle, qu'ils étaient animés d'une inaltérable fidélité envers la France, qu'ils faisaient élever leurs fils au lycée de Belfort pour leur donner une culture toute française, qu'ils construisaient une fabrique à Belfort pour y transporter leur industrie, que l'un d'entre eux avait été blessé par un officier prussien qu'il avait provoqué en duel pour des paroles malsonnantes à l'égard de la France.

Quant au capitaine Dreyfus, on me disait qu'il avait, par patriotisme, préféré la carrière des armes en France à la situation brillante et facile que lui offrait, à Mulhouse, l'industrie paternelle. Il s'était marié dans une famille connue par son honorabiltié et son extrême bienfaisance. Il était riche par lui-même et par sa femme. Il n'avait ni besoins de luxe, ni goûts vicieux, ni relations suspectes. Il menait une vie de famille heureuse et calme, tout entier à ses devoirs de père, de mari et d'officier. Comment un pareil homme aurait-il pu devenir un traître ?

Mais toutes ces circonstances ne créaient qu'une présomption, non une certitude. On peut admettre des accès de folie criminelle.

L'article, désormais fameux, publié en 1896 par l'*Eclair*, qui émanait visiblement d'un personnage mêlé de très près au procès, et la publication dans le *Matin* du fac-similé du bordereau attribué à Dreyfus, m'ont poussé à poursuivre mon enquête en fortifiant mes doutes. Il résultait de cet article que ce bordereau, où deux experts sur cinq avaient refusé de reconnaître la main de Dreyfus, avait été l'unique preuve sur laquelle la condamnation était motivée, car on n'avait pas pu tenir compte juridiquement d'un papier communiqué après coup aux juges à l'insu de l'accusé et du défenseur, dont on ne savait ni les garanties d'authenticité, ni la date, ni la provenance, et qui, dit-on, ne contenait qu'une initiale susceptible de toutes les interprétations.

Sans entrer en relation avec la famille du capitaine, car je tenais à éviter les influences personnelles, j'ai obtenu par un tiers des fac-similés du bordereau et de plusieurs lettres de Dreyfus de diverses dates, et j'en ai comparé avec soin les écritures ; je les ai fait examiner aussi par un très habile graphologue de mes amis, qui a conclu comme moi. Je crois pouvoir affirmer que le bordereau ne peut être de la main de Dreyfus.

Aux yeux d'un observateur inexpérimenté ou prévenu, les deux écritures peuvent avoir une certaine ressemblance ; mais, si on les analyse, on s'aperçoit que tous les détails et le caractère même de la calligraphie diffèrent. Si Dreyfus avait écrit ce bordereau en dénaturant son écriture, il aurait adopté un type bien plus différent de sa propre main, et d'autre part il aurait trahi ses habitudes graphiques à des traits isolés.

J'ai cru pouvoir conclure de cette double enquête sur le bordereau et sur la personne de Dreyfus, que tout concourait à me convaincre qu'il était victime d'une déplorable erreur. Je suis arrivé à cette conviction seul, sans avoir subi l'influence d'aucun de ceux qui se sont occupés de cette affaire.

On a prétendu que je m'étais posé en défenseur de Dreyfus. Je n'ai pas cru, et j'ai dit plus haut pourquoi, que je fusse destiné à jouer ce rôle. C'est un besoin personnel de conscience, un pur scrupule de justice qui m'a contraint à m'éclairer sur cette douloureuse affaire. Je puis me tromper; je dirai même : je voudrais qu'on me démontrât que je me trompe, car j'échapperais ainsi à cette torture de penser que mon pays a condamné un innocent à une telle peine pour un tel crime.

Mais je ne crois pas me tromper; je ne crois pas avoir cédé, en me persuadant de l'innocence de Dreyfus, à un don-quichottisme chimérique, ni avoir été aveuglé, moi, descendant de persécutés, par l'indignation que j'ai éprouvée en voyant se mêler ces haines de religion et de race à une pure question de justice et de patriotisme, et par le désir de défendre un juif dans un temps où les juifs sont l'objet de préjugés cruels et de mesquines persécutions.

Je ne suspecte d'ailleurs nullement la bonne foi et l'impartialité des honorables officiers qui composaient le conseil de guerre. Je suis convaincu qu'ils ont condamné Dreyfus avec douleur, pour obéir à leur conscience. Mais quiconque a étudié les annales judiciaires sait que tout tribunal est faillible, et il suffit de se rappeler dans quelles conditions s'est produit et s'est développé le procès Dreyfus pour comprendre et excuser l'erreur commise alors par les juges, s'ils en ont commis une.

Quant à ceux qui prétendent que la revision du procès serait une insulte à l'armée, je ne sais ce qu'ils veulent dire. Aucune honte ne saurait être attachée à une erreur consciencieusement commise et consciencieusement réparée.

Toute l'armée ne se réjouirait-elle pas au contraire de voir le corps impeccable de nos officiers d'artillerie lavé de la tache que la trahison présumée du capitaine Dreyfus a fait rejaillir sur lui ?

Veuillez agréer...

GABRIEL MONOD.
Membre de l'Institut.

Gabriel Monod.

Seconde lettre de M. G. Monod, adressée de Rome à un de ses amis :

Rome, le 3 janvier.

Vous me demandez mon opinion sur le document intitulé : *Clef de l'affaire Dreyfus,* où l'on a mis en regard du bordereau qui a servi de base à l'accusation contre le capitaine Dreyfus, les lettres de Dreyfus et du comte Esterhazy.

Je ne puis pas vous la refuser ; mais mon opinion sur ce sujet ne peut avoir grand intérêt, tant la question est claire aux yeux de tout homme de bon sens. L'examen le plus superficiel fait reconnaître qu'il n'y a aucun trait de ressemblance entre l'écriture de Dreyfus et celle du bordereau, tandis que celle-ci est identique à celle du comte Esterhazy. Ce dernier l'a d'ailleurs reconnu, dès le premier jour, puisqu'il a déclaré que le bordereau était décalqué sur son écriture. Un des journaux qui se sont faits ses défenseurs officieux a été plus loin. Il a raconté, si j'ai bonne mémoire, que le comte Esterhazy, chargé par le général Mercier, en 1894, de procéder à l'enquête contre Dreyfus, avait fabriqué le bordereau pour tendre un piège au capitaine qui s'y était laissé prendre. Sans m'arrêter à cette explication fantaisiste, pouvons-nous admettre que le bordereau soit un décalque, bien qu'on ne trouve aucune trace d'un pareil travail dans cette écriture rapide, cursive, très semblable partout à elle-même et où chaque mot a pourtant son individualité ?

J'avoue ne pas être en mesure d'apporter à cette question une réponse positive, affirmative ou négative. Seulement, je crois pouvoir affirmer que, si le bordereau est l'œuvre d'un faussaire, ce faussaire ne peut pas avoir été le capitaine Dreyfus. S'il avait, en effet, décalqué l'écriture du comte Esterhazy, au lieu d'employer le système élémentaire des majuscules d'imprimerie, c'est qu'il aurait eu l'intention de rejeter son crime sur un officier d'origine étrangère connu pour ses embarras d'argent. On aurait vu alors Mᵉ Demange, au milieu du procès, dénoncer tout à coup le comte Esterhazy comme auteur du bordereau et anéantir d'un coup tous les raisonnements des experts.

Que le bordereau soit écrit par le comte Esterhazy ou par un faussaire, l'identité de l'écriture du comte et celle du bordereau est en tous cas un fait nouveau, inconnu des experts et des juges de 1894, et qui, à lui seul, autorise et impose la revision du procès Dreyfus. M. Rochefort lui-même n'a-t-il pas écrit, le 4 décembre : « Si les membres du conseil de guerre trouvaient moyen de décider que l'écriture du bordereau a une certaine similitude avec celle du commandant, la revision du procès Dreyfus s'imposerait inévitablement. » A vrai dire, on ne comprend même pas comment un Conseil de guerre pourra porter un jugement éclairé sur le cas du commandant Esterhazy sans le confronter avec Dreyfus. Plus les membres du gouvernement sont certains de la culpabilité de Dreyfus, plus ils doivent désirer la revision de son procès, car c'est le seul moyen régulier de fournir les preuves indiscutables de cette culpabilité et de mettre à néant les doutes affreux qui torturent à l'heure actuelle toutes les consciences délicates. Je suis sur ce point absolument de l'avis de M. de Cassagnac. Personne dans le public n'a aujourd'hui entre les mains les éléments d'un jugement définitif et motivé sur l'affaire Dreyfus. La revision seule peut les donner. Aussi, ceux qui croient à la culpabilité comme ceux qui en doutent ont-ils également besoin de la revision.

Gabriel Monod,
Membre de l'Institut.

Paul Viollet.

Lettre de M. Paul Viollet, de l'Institut, publiée au *Siècle :*

M. Paul Viollet, membre de l'Institut, a adressé la lettre suivante à un personnage que nous ne désignerons pas, afin de ne pas provoquer une réponse de sa part ; nous supprimerons même un paragraphe qui le désigne trop clairement.

Le 4 septembre 1898.

Monsieur et honoré confrère,

Un catholique qui n'a pas eu besoin d'évoluer pour se

rencontrer avec vous sur le terrain religieux tient à vous dire très franchement les sentiments divers qu'a fait naître en son esprit l'attitude que vous avez prise depuis un certain temps.

Vous êtes catholique, je m'en réjouis sincèrement pour vous. Mais, dans l'intérêt des catholiques français, j'aimerais mieux vous savoir très loin du giron de l'Église, car vous exercerez, grâce à votre talent, sur vos coreligionnaires, une influence désastreuse.

Les catholiques ont besoin de faire pénétrer de plus en plus, dans leurs études et dans leur enseignement, l'esprit scientifique le plus rigoureux. — Vous n'avez réussi qu'à vous faire considérer, à tort, j'aime à le croire, comme le contempteur de la science.

Tous les catholiques de ce pays devraient comprendre que les principes de 89 et la Déclaration des Droits de l'Homme sont leur meilleure sauvegarde, celle de tous les Français. — Est-ce la direction que vous leur donnez ? Je crains bien que vous n'accordiez trop de crédit à Joseph de Maistre, l'un de vos docteurs.

J'arrive aux questions du jour : les catholiques les plus en vue n'ont-ils pas, à cette heure, le regret, quelques-uns la honte, de n'avoir pas soutenu, dans l'affaire Dreyfus, la cause de la justice ? Il ne leur eût fallu pourtant qu'un peu de critique et de courage. Or, quelles indications fournissez-vous aujourd'hui aux catholiques, à cette grande armée de braves gens ? Le 30 août 1898, vous en êtes à cette formule : Nous croyons que Dreyfus « a été régulièrement condamné, et jusqu'à preuve juridique du contraire, nous continuerons à le croire ». Permettez ici à un historien du droit de saluer au passage cette vieille notion de la preuve juridique, depuis quelque cent ans caduque !

Dans les luttes de la vie, les catholiques ont, comme tous, le devoir de juger leurs adversaires avec cet esprit d'équitable modération qui seul permet de bien juger. Vous leur donnez la plus étrange leçon de psychologie en appréciant la conduite des intellectuels qui ont agi, suivant vous, dans un sentiment de vanité exaspérée, en commentant comme vous le faites l'admirable lettre de M. Trarieux au ministre de la guerre.

Puissiez-vous, monsieur et cher coreligionnaire, unir un jour à votre catholicisme un peu plus d'esprit critique, un

peu plus de libéralisme, un peu plus d'esprit scientifique !
Avec quelle joie je saluerai cette évolution nouvelle !

Veuillez agréer, Monsieur et honoré confrère, l'assurance de ma considération la plus distinguée.

P. VIOLLET.

G. Paris.

Déclaration de M. G. PARIS (extrait d'un article de la *Revue du Palais*, 1er juillet, sur « *Un procès criminel sous Philippe-le-Bel* »).

Toute confiance dans l'équité et l'impartialité du jugement avait disparu...; les enquêtes, les débats, les moyens de droit n'étaient que des apparences qui ne trompaient personne. En vain les consciences honnêtes protestaient : une absolue méfiance de la valeur juridique des procès où la politique tenait une part quelconque avait pénétré toutes les âmes.

C'est un des plus tristes moments de notre histoire. Quand un peuple ne croit plus à l'intégrité incorruptible de ses juges, tout chancelle dans sa conscience, tout s'obscurcit dans son sentiment du droit. Placer la justice en dehors et au-dessus de toutes les passions, de toutes les haines, de toutes les cupidités, c'est le premier devoir des gouvernants. La royauté française l'avait admirablement rempli sous Louis IX, qui plus d'une fois avait incliné les intérêts de la couronne devant les décisions du droit et qui recommandait à ses gens de loi de ne jamais favoriser sa cause au détriment de ceux qui plaidaient contre lui. Ses successeurs n'agirent pas de même. Ils firent de la justice un instrument de leurs rancunes et de leurs convoitises, et ils faillirent ainsi à la plus sacrée de leurs missions. Cette mission, c'est l'État moderne qui en a hérité aujourd'hui. Représentant direct de la nation, il est plus tenu encore à lui conserver sa foi dans la justice, sans laquelle il n'y a plus de conscience publique. Puissent le comprendre ceux que la confiance de leurs concitoyens a investis du redoutable pouvoir de châtier le crime et de protéger l'innocence ! Puissions-nous ne pas revoir des jours où les enquêtes judiciaires ne seraient que des comédies, où les témoins véridiques seraient menacés ou réduits au silence, où les débats intéressant l'honneur et la vie des citoyens seraient enveloppés de ténèbres! Puisse rien, dans notre existence contemporaine, ne nous rappeler les tristes scènes que notre pays a vu se succéder il y a six siècles et qui ont marqué d'une si odieuse empreinte l'époque où elles se sont déroulées!

G. Paris.

F. Passy.

Déclaration de M. F. Passy, membre de l'Institut, officier de la Légion d'honneur. (*Siècle*, 27 juillet 1898.)

On a publié (je ne sais comment, mais sans qu'il ait été contesté par personne) le texte de l'acte d'accusation produit contre l'ex-capitaine Dreyfus. Parmi les griefs allégués contre lui, se trouvait une articulation relative à une liaison déshonorante avec une malheureuse femme assassinée par un de ses amants. Et l'acte d'accusation disait : Dreyfus a figuré à ce propos devant la Cour d'assises de Versailles. Cela voulait dire évidemment que sa conduite déshonorante tout à moins avait été judiciairement constatée. C'est sa conduite honorable qui avait été constatée, et qui lui avait valu les justes félicitations du président des assises. Comment, dans un document aussi grave, pareille contre-vérité a-t-elle pu trouver place? Et, puisque très certainement aucune intention d'altérer les faits ne peut être attribuée à l'honorable officier qui avait rédigé ce document, que penser de la légèreté avec laquelle lui avaient été fournis les éléments qui ont dû servir de base à son rapport?

Même réflexion — c'est avec douleur que je le fais — à propos d'un autre rapport, celui à la suite duquel un autre accusé fut renvoyé des fins de la plainte. De quoi le plaignant, M. Mathieu Dreyfus, accusait-il celui qu'il signalait à la justice? D'être le véritable auteur de cette pièce trop fameuse que l'on a appelée le bordereau. Que devait discuter dès lors le rapporteur? Et sur quoi devait statuer le conseil? Sur le point de savoir si, oui ou non, la personne dénoncée par le plaignant était l'auteur de cette pièce. Ni le rapport, ni la sentence n'en ont parlé. On a dit, au mépris du huis-clos, que la question avait été examinée par les experts. Je n'ai pas le droit de savoir si cela est ou n'est pas exact. Mais le rapport et la sentence sont connus. La seule chose dont ils ne disent pas un mot, à laquelle ils ne font pas même allusion, c'est la seule dont ils étaient appelés à s'occuper.

Encore une fois, je respecte profondément toutes les convictions ; je m'incline, tant qu'elles subsistent, devant tous les arrêts et toutes les décisions ; je m'abstiens de formuler, au sujet de ce qui n'est point complètement éclairci, des affirmations qui pourraient n'être pas suffisamment confirmées par la pleine lumière le jour où elle sera faite ; mais au nom du simple sens commun, et peut-être aussi au nom du peu de sens juridique que m'ont laissé mes anciennes études et quelques parties de ma carrière, je ne puis m'empêcher d'éprouver, depuis un certain temps, des étonnements que je n'aurais jamais cru avoir l'occasion d'éprouver. Et, en les confessant humblement après les avoir longtemps contenus, je prie respectueusement ceux qui pourraient s'en étonner à leur tour de vouloir bien me les pardonner, certains que je ne cherche en tout ceci, comme eux-mêmes, que la vérité et la justice : intérêt suprême et commun devoir des plus grands comme des moindres, dans toute société humaine.

Frédéric Passy.

Ch. Richet.

Allocution adressée à M. Grimaux par M. Ch. Richet, professeur à la Faculté de Médecine, chevalier de la Légion d'honneur, à la Société de biologie. (*Siècle*, 28 février 1898.) — Réponse de M. Grimaux.

Au début de la séance de la Société de biologie, dont Claude-Bernard, Paul Bert, Brown-Sequart, Bouchard furent les célèbres présidents, et à laquelle appartient M. Grimaux, les membres présents résolurent de donner à ce dernier une marque de sympathie dès qu'il entrerait dans la salle de leurs réunions. En effet, lorsque M. Grimaux parut, les quarante professeurs se levèrent et M. Charles Richet prononça l'allocution suivante :

« Messieurs,

» A la Société de biologie, nous avons un usage touchant, c'est de féliciter dans leur triomphe ceux de nos collègues à qui vient de survenir un événement mémorable, une nomination, une décoration, une dignité quelconque. Aujourd'hui, c'est à notre collègue, notre maître, notre ami, M. Grimaux, que nous tenons à adresser l'hommage de notre affection. Il a été durement frappé ; nous n'avons pas à apprécier cet acte ; mais nous tenons à lui dire quelle admiration, quelle sympathie, quel respect nous avons tous ici pour lui. »

M. Grimaux, très ému par cette manifestation sincère et si honorable pour lui, a répondu par une improvisation dont voici le sens :

« Merci, messieurs, pour la preuve d'affection et d'estime que vous voulez bien me donner ; elle m'est d'autant plus précieuse que je viens d'être la victime de l'accomplissement d'un devoir.

» La manifestation que vous faites, messieurs, a une plus haute portée que la marque d'estime que vous pourriez donner à un simple collègue. Par votre acte, vous honorez en moi celui qui, après avoir juré devant la justice de son pays de dire la vérité, toute la vérité, a cru devoir exposer devant tous le fond de sa pensée.

» Donc, en manifestant pour moi, après le coup qui a frappé un témoin consciencieux, vous manifestez surtout pour la loi dont nous devons tous être les serviteurs respectueux. »

A l'issue de la séance, l'adresse suivante est votée en l'honneur de M. Grimaux, par ses collègues :

« Mon cher collègue,

» Les membres de la Société de biologie tiennent à honneur de vous adresser leur profonde sympathie, au moment où vous êtes si durement atteint. »

Cette adresse a été signée à l'unanimité des quarante membres de la Société de biologie présents à la séance, moins cinq abstentions.

Delpech.

Une lettre de M. DELPECH :

M. Julien Dumas, député de l'Ariège dont M. Delpech est sénateur, avait, dans une sorte de circulaire électorale publiée par la *Dépêche*, dénoncé, en procédant par voie d'insinuation, « l'attitude prise par un représentant de l'Ariège dans l'affaire Dreyfus ».

M. Delpech, dans une lettre à la *Dépêche*, relève fièrement le gant.

Voici quelques extraits de cette courageuse lettre :

.   .   .   .

« La République traverse une crise redoutable ; il appartient surtout aux membres du Parlement de revendiquer sans faiblesse leur part de responsabilité en bravant, au besoin, l'opinion de masses déroutées comme aux temps maudits du boulangisme.

» J'ai cherché de bonne foi où était mon devoir ; j'ai reconnu qu'une illégalité inconcevable avait été commise et que, par conséquent, il fallait la réparer par la revision.

» Il appartient aux parlementaires de faire respecter la loi dans toute son intégrité.

» L'opinion des juges qui ont condamné Dreyfus a été déterminée par la communication de pièces qui n'étaient connues ni de l'accusé, ni de la défense.

» Ils ont condamné loyalement, mais non légalement.

» Toute la question est là, et nous ne sommes pas de ceux qui se rient de la légalité.

.   .   .   .

» Moi aussi, certes, je veux la pacification des esprits : l'*unique moyen* de l'obtenir est de donner aux partisans de la revision la satisfaction qui leur est due.

» C'est pourquoi je m'associe à cette cohorte de bons et loyaux Français, d'une valeur intellectuelle et morale capable de résister à toute comparaison.

» Il en est plusieurs, et non des moindres, qui collaborent à la *Dépêche*.

» Je suis en bonne compagnie avec les Ranc, les Jaurès, les Clemenceau, les Lucien Victor-Meunier, les Sigismond-Lacroix, etc.

» Vous connaissez cette légion d'intellectuels dont les

moines et les forbans ricanent. De leur suite, j'en suis.
Avec eux, je réclamerai obstinément le respect des Lois.

» Ceux qui confondent la cause de notre armée avec les
intérêts de quelques hommes gravement compromis par
leur prétention insolente de se placer au-dessus des lois,
commettent une errreur qu'ils pourraient amèrement regretter.

» C'est par souci de l'intérêt de l'armée, de la République
et de l'honneur national, que je me suis déterminé à prendre
l'attitude que je garde avec le désir de convaincre mes amis
politiques en conservant leur confiance.

» Que m'importe l'opinion des autres ?

» Je vous prie d'agréer, etc.

» DELPECH,
» Sénateur de l'Ariège. »

Ranc.

Déclaration de M. RANC, sénateur. (Extrait de la
déposition en Cour d'assises, procès Zola, 12 février 1898.)

. . . .

Je sais, monsieur le Président, que vous ne me laisserez
pas parler de la *violation* de la loi et des droits de la défense, qui a été commise dans le procès de 1894 par suite
de la non-communication à la défense d'une pièce secrète.
Je dirai donc seulement, monsieur le Président, que
M. Zola a dû être légitimement surpris par la manière
dont le second procès a été conduit, par ce qui a été un simulacre d'instruction — ce qui, du moins, a paru n'être
pour beaucoup de gens qu'un simulacre d'instruction — ce
qui, certainement, n'a été qu'un simulacre de débat contradictoire, puisque le plaignant n'y était pas représenté, puisqu'il n'y a pas eu de contre-expertise d'écritures, puisqu'après avoir donné lecture de l'acte d'accusation — qui
était en réalité un plaidoyer en faveur de l'accusé — on a
fait le huis-clos partiel, on a fait le silence autour du témoignage du colonel Picquart et des dépositions des experts
en écritures.

Cela seul, à mon sens, suffit pour expliquer et pour justifier les sentiments de généreuse indignation auxquels a obéi M. Zola. M. Zola a cherché la vérité, il a voulu la justice ; ce qu'il a fait est, à mes yeux, l'acte d'un homme de cœur et de grand courage.

RANC.

Ranc.

Appel de M. le sénateur RANC à M. Lebon, ministre des Colonies, au sujet de mauvais traitements dont A. Dreyfus aurait été victime.

Non, vous n'avez pas fait cela. Ou vous a calomnié. Cela ne peut pas être vrai.

Ce qui est vrai, hélas! trop vrai, puisque c'est affirmé par une lettre rendue publique de madame Dreyfus, qui n'a pas été démentie par votre administration, au contraire, c'est que cette femme infortunée ne reçoit les lettres de son mari qu'en copie, en expédition sur papier administratif. Cela n'est pas dans le Code pénal, non plus, ni dans les règlements pénitentiaires.

Je ne veux pas faire de phrases, mais s'il y a une femme en France qui, en apprenant ce raffinement de répression, n'ait eu le cœur serré, celle-là je la plains. Elle est desséchée par le confessionnal.

L'administration des colonies a cru devoir balbutier des explications. D'après les journaux confidents de ces explications, si on ne remet qu'en copie à sa femme les lettres du prisonnier, c'est parce que la correspondance de Dreyfus a tous les caractères d'une correspondance à clef, chiffrée, parce qu'on s'est aperçu que par des artifices de ponctuation, par des fautes de ponctuation savamment combinées, Dreyfus écrivait des choses qui échappaient au contrôle de l'administration.

Vraiment, cette administration croit le public trop bête, et on a honte de répondre à de pareilles stupidités.

A qui ferez-vous croire, sordides tyranneaux du ministère des Colonies, que Dreyfus, dans les rares et courtes entrevues qu'il a eues avec sa femme, sous l'œil inquisitorial des geôliers, non loin de l'oreille toujours éveillée de M. le commandant du Paty de Clam, ait pu convenir avec elle de signes orthographiques de convention, d'un langage chiffré, la chose du monde la plus compliquée ?

Et puis, il est là-bas, à l'île du Diable, isolé, séparé du monde, ne recevant de sa famille que des nouvelles que l'administration bienveillante veut laisser passer... Il vit depuis trois ans dans cette cage que les journaux amis de M. du Paty de Clam ont décrite avec complaisance, avec amour... Que craignez-vous ? Avez-vous peur qu'avec ses artifices de ponctuation, au moyen d'une virgule habilement placée, il livre des secrets pouvant compromettre la défense nationale ?

En vérité, je vous le dis, c'est trop bête.

Dreyfus est coupable, c'est entendu, je vous l'accorde, monsieur Lebon. Mais sa femme, elle, est innocente. Elle est innocente et elle croit à l'innocence de son mari. Elle a foi en lui, elle l'aime et, dans son long et cruel martyre, vous lui enlevez cette consolation de recevoir les lettres mêmes du prisonnier, de toucher le papier dont il s'est servi, de recevoir l'écriture qui lui est chère !... Je m'arrête, j'ai dit que je ne ferais pas de phrases.

On prétend que M. le ministre des Colonies répète volontiers : « Je ne sais rien de l'affaire, et n'ai pas à m'en occuper ; je ne suis qu'un geôlier. »

Geôlier soit, monsieur Lebon, mais non pas bourreau et tourmenteur de femmes.

Allons, monsieur Lebon, un peu de pitié ; ne laissez pas croire que tout ce qui est humain est étranger aux âpres ambitions de votre génération !

Ranc.

Thévenet.

Déclaration de M. Thévenet, avocat, sénateur, ancien ministre de la Justice. (Extrait de sa déposition en Cour d'assises de la Seine au Procès Zola, audience du 10 février 1898.)

. . . .

Nous touchons ici à un principe beaucoup plus élevé,

celui de la liberté de la défense, celui du droit imprescriptible qu'a tout homme accusé, même de trahison, de savoir quels sont les documents qui l'accusent. Si l'illégalité a été commise, le Garde des Sceaux doit saisir la Cour de cassation. La loi lui en fait un devoir.

Dans le cas qui nous occupe, la Cour suprême annulerait la décision rendue par le premier Conseil de guerre. Dreyfus serait-il pour cela reconnu innocent? Nullement. L'autorité militaire, qu'on dit acharnée contre lui, ce que je ne puis croire, le traduirait devant un autre Conseil de guerre qui devrait, cette fois, statuer conformément à la loi, c'est-à-dire après avoir fait communiquer à M⁰ Demange, défenseur, et à Dreyfus, toutes les pièces du dossier.

Je ne sais si une seconde condamnation serait prononcée mais le débat serait, du moins, loyal et complet, la loi respectée, et la liberté de la défense, la dignité humaine, devrais-je dire, sauvegardée... (*Bruit dans l'auditoire.*)

S'il n'y a pas eu de communication clandestine et illégale, pourquoi ne pas le proclamer?

Je déclare hautement que, si M. le général Mercier, qui était alors Ministre de la guerre, était venu apporter ici, sous la foi du serment, une déclaration précise, s'il avait donné sa parole d'honneur qu'aucune pièce n'avait été cachée à la défense de Dreyfus, je me serais incliné; — mais, hélas! il garde le silence!...

Voilà ce qui trouble, ce qui inquiète les consciences impartiales. — Voilà ce qui prolonge et perpétuera peut-être ce procès, si attristant pour tous, et qui est un mal pour la Patrie!...

M. ZOLA. — A coup sûr.

M. THÉVENET. — Que faut-il croire? Que faut-il penser de ce silence? Ne sommes-nous plus une nation libre, respectueuse de la loi, voulant la loyauté et la franchise? (*Bruits.*)

M. LE PRÉSIDENT. — Silence!

M. THÉVENET. — Y a-t-il un magistrat parmi ceux qui m'écoutent, un de mes confrères du barreau, une personne quelconque, un de vous, messieurs les jurés, qui puisse comprendre cette incertitude où nous sommes sur un fait de cette importance?

Dreyfus a-t-il oui ou non connu les documents qui l'accusaient, a-t-il pu les contredire, les discuter librement? —

S'il ne les a pas connus, quelle raison y avait-il donc pour les lui cacher, pour violer la loi à son égard ?

Pourquoi les cacher aussi à M⁰ Demange, cet éminent avocat si estimé de nous tous, d'une loyauté parfaite ? N'avait-il pas autant de patriotisme que les membres du Conseil de guerre ?

Je m'arrête, m'excusant d'avoir si longuement réclamé le respect de la loi et la lumière.

Émile Zola.

I. — *Le Syndicat.*

(*Figaro* du 1ᵉʳ décembre 1897.)

On en connaît la conception. Elle est d'une bassesse et d'une niaiserie simpliste, dignes de ceux qui l'ont imaginée.

Le capitaine Dreyfus est condamné par un Conseil de guerre pour crime de trahison. Dès lors, il devient le traître; non plus un homme, mais une abstraction, incarnant l'idée de la patrie égorgée, livrée à l'ennemi vainqueur. Il n'est pas que la trahison présente et future, il représente aussi la trahison passée, car on l'accable de la défaite ancienne, dans l'idée obstinée que seule la trahison a pu nous faire battre.

Voilà l'âme noire, l'abominable figure, la honte de l'armée, le bandit qui vend ses frères, ainsi que Judas a vendu son Dieu. Et, comme il est juif, c'est bien simple, les juifs qui sont riches et puissants, sans patrie d'ailleurs, vont travailler souterrainement, par leurs millions, à le tirer d'affaire, en achetant des consciences, en enveloppant la France d'un exécrable complot, pour obtenir la réhabilitation du coupable, quittes à lui substituer un innocent. La famille du condamné, juive elle aussi naturellement, entre dans l'affaire Et c'est bien une affaire : il s'agit à prix d'or de déshonorer la justice, d'imposer le mensonge, de salir un peuple par la plus impudente des campagnes. Tout cela pour sauver un juif de l'infamie et l'y remplacer par un chrétien.

Donc, un syndicat se crée. Ce qui veut dire que les banquiers se réunissent, mettent de l'argent en commun, exploitent la crédulité publique. Quelque part, il y a une caisse qui paye toute la boue remuée. C'est une vaste entreprise ténébreuse, des gens masqués, de fortes sommes remises la nuit, sous les ponts, à des inconnus, de grands personnages que l'on corrompt, dont on achète la vieille honnêteté à des prix fous.

Et le syndicat s'élargit ainsi peu à peu, il finit par être une puissante organisation, dans l'ombre, toute une conspiration éhontée pour glorifier le traître et noyer la France sous un flot d'ignominie.

*
* *

Examinons-le, ce syndicat.

Les juifs ont fait l'argent, et ce sont eux qui payent l'honneur des complices, à bureau ouvert. Mon Dieu! je ne sais pas ce qu'ils ont pu dépenser déjà. Mais, s'ils n'en sont qu'à une dizaine de millions, je comprends qu'ils les aient donnés. Voilà des citoyens français, nos égaux et nos frères, que l'imbécile antisémitisme traîne quotidiennement dans la boue. On a prétendu les écraser avec le capitaine Dreyfus, on a tenté de faire, du crime de l'un d'eux, le crime de la race entière. Tous des traîtres, tous des vendus, tous des condamnés. Et vous ne voulez pas que ces gens, furieusement, protestent, tâchent de se laver, de rendre coup pour coup, dans cette guerre d'extermination qui leur est faite! Certes, on comprend qu'ils souhaitent passionnément de voir éclater l'innocence de leur coreligionnaire; et, si la réhabilitation leur apparaît possible, ah! de quel cœur ils doivent la poursuivre!

Ce qui me tracasse, c'est que, s'il existe un guichet où l'on touche, il n'y ait pas quelques gredins avérés dans le syndicat. Voyons, vous les connaissez bien : comment se fait-il qu'un tel, et celui-ci, et cet autre, n'en soient pas? L'extraordinaire est même que tous les gens que les juifs ont, dit-on, achetés, sont précisément d'une réputation de probité solide. Peut-être ceux-ci y mettent-ils de la coquetterie, ne veulent-ils avoir que de la marchandise rare, en la payant son prix. Je doute donc fortement du guichet, bien que je sois tout prêt à excuser les juifs, si, poussés à bout, ils se défendaient avec leurs millions. Dans les massacres, on se sert de ce qu'on a. Et je parle d'eux bien tranquillement, car je ne les aime ni ne les hais. Je n'ai parmi eux aucun ami qui soit près de mon cœur. Ils sont pour moi des hommes, et cela suffit.

Mais, pour la famille du capitaine Dreyfus, il en va autrement, et ici quiconque ne comprendrait pas, ne s'inclinerait pas, serait un triste cœur. Entendez-vous ! tout son or, tout son sang, la famille a le droit, a le devoir de le donner, si elle croit son enfant innocent. Là est le seuil sacré que personne n'a le droit de salir. Dans cette maison qui pleure, où il y a une femme, des frères, des parents en deuil, il ne faut entrer que le chapeau à la main ; et les goujats seuls se permettent de parler haut et d'être insolents. Le frère du traître ! c'est l'insulte qu'on jette à la face de ce frère ! Sous quelle morale, sous quel Dieu vivons-nous donc, pour que cette chose soit possible, pour que la faute d'un des membres soit reprochée à la famille entière ? Rien n'est plus bas, plus indigne de notre culture et de notre générosité. Les journaux qui injurient le frère du capitaine Dreyfus parce qu'il fait son devoir, sont une honte pour la presse française.

Et qui donc aurait parlé, si ce n'était lui ? Il est dans son rôle. Lorsque sa voix s'est élevée demandant justice, personne n'avait plus à intervenir, tous se sont effacés. Il avait seul qualité pour soulever cette redoutable question de l'erreur judiciaire possible, de la vérité à faire, éclatante. On aura beau entasser les injures, on n'obscurcira pas cette notion que la défense de l'absent est entre les mains de ceux de son sang qui ont gardé l'espérance et la foi. Et la plus forte preuve morale en faveur de l'innocence du condamné est encore l'inébranlable conviction de toute une famille honorable, d'une probité et d'un patriotisme sans tache.

Puis, après les juifs fondateurs, après la famille directrice, viennent les simples membres du syndicat, ceux qu'on a achetés. Deux des plus anciens sont M. Bernard Lazare et le commandant Forzinetti. Ensuite, il y a eu M. Scheurer-Kestner et M. Monod. Dernièrement, on a découvert le colonel Picquart, sans compter M. Leblois. Et j'espère bien que, depuis mon premier article, je fais partie de la bande. D'ailleurs, est du syndicat, est convaincu d'être un malfaiteur et d'avoir été payé, quiconque, hanté par l'effroyable frisson d'une erreur judiciaire possible, se permet de vouloir que la vérité soit faite, au nom de la justice.

*
* *

Mais, vous tous qui poussez à cet affreux gâchis, faux patriotes, antisémites braillards, simples exploiteurs vivant de la débâcle publique, c'est vous qui l'avez voulu, qui l'avez fait, ce syndicat !

Est-ce que l'évidence n'est pas complète, d'une clarté de plein jour ? S'il y avait eu un syndicat, il y aurait eu entente, et où est-elle donc l'entente ? Ce qu'il y a simplement, dès le lendemain de la condamnation, c'est un malaise dans certaines consciences, c'est un doute, devant le misérable qui hurle à tous son innocence. La crise terrible, la folie publique à laquelle nous assistons, est sûrement partie de là, de ce frisson léger resté dans les âmes. Et c'est le commandant Forzinetti qui est l'homme de ce frisson, éprouvé par tant d'autres, et dont il nous a fait un récit si poignant.

Puis, c'est M. Bernard Lazare. Il est pris de doute, et il travaille à faire la lumière. Son enquête solitaire se poursuit d'ailleurs au milieu de ténèbres qu'il ne peut percer. Il publie une brochure, il en fait paraître une seconde, à la veille des révélations d'aujourd'hui ; et la preuve qu'il travaillait seul, qu'il n'était en relation avec aucun des autres membres du syndicat, c'est qu'il n'a rien su, n'a rien pu dire de la vraie vérité. Un drôle de syndicat, dont les membres s'ignorent !

Puis, c'est M. Scheurer-Kestner, que le besoin de vérité et de justice torture de son côté, et qui cherche, et qui tâche de se faire une certitude, sans rien savoir de l'enquête officielle — je dis officielle — qui était faite au même moment par le colonel Picquart, mis sur la bonne piste par sa fonction même au ministère de la guerre. Il a fallu un hasard, une rencontre, comme on le saura plus tard, pour que ces deux hommes qui ne se connaissaient pas, qui travaillaient à la même œuvre, chacun de son côté, finissent, à la dernière heure, par se rejoindre et par marcher côte à côte.

Toute l'histoire du syndicat est là : des hommes de bonne volonté, de vérité et d'équité, partis des quatre bouts de l'horizon, travaillant à des lieues et sans se connaître, mais marchant tous par des chemins divers au même but, cheminant en silence, fouillant la terre, et aboutissant tous un beau matin au même point d'arrivée. Tous, fatalement, se sont trouvés, la main dans la main, à ce carrefour de la vérité, à ce rendez-vous fatal de la justice.

Vous voyez bien que c'est vous qui, maintenant, les réunissez, les forcez de serrer leurs rangs, de travailler à une même besogne de santé et d'honnêteté, ces hommes que vous couvrez d'insultes, que vous accusez du plus noir complot, lorsqu'ils n'ont voulu qu'une œuvre de suprême réparation.

*
* *

Dix, vingt journaux où se mêlent les passions et les intérêts les plus divers, toute une presse immonde que je ne puis lire sans que mon cœur se brise d'indignation, n'a donc cessé de persuader au public qu'un syndicat de juifs, achetant les consciences à prix d'or, s'employait au plus exécrable des complots. D'abord, il fallait sauver le traître, le remplacer par un innocent; puis, c'était l'armée qu'on déshonorerait, la France qu'on vendrait, comme en 70. Je passe les détails romanesques de la ténébreuse machination.

Et, je le confesse, cette opinion est devenue celle de la grande majorité du public. Que de gens simples m'ont abordé depuis huit jours, pour me dire d'un air stupéfait : « Comment! M. Scheurer-Kestner n'est donc pas un bandit? et vous vous mettez avec ces gens-là! Mais vous ne savez donc pas qu'ils ont vendu la France? » Mon cœur se serre d'angoisse, car je sens bien qu'une telle perversion de l'opinion va permettre tous les escamotages. Et le pis est que les braves sont rares, quand il faut remonter le flot. Combien vous murmurent à l'oreille qu'ils sont convaincus de l'innocence du capitaine Dreyfus, mais qu'ils n'ont que faire de se mettre en dangereuse posture, dans la bagarre!

Derrière l'opinion publique, comptant sans doute s'appuyer sur elle, il y a les bureaux du ministère de la guerre. Je n'en veux pas parler aujourd'hui, car j'espère encore que justice sera faite. Mais qui ne sent que nous sommes devant la plus têtue des mauvaises volontés? On ne veut pas avouer qu'on a commis des erreurs, j'allais dire des fautes. On s'obstine à couvrir les personnages compromis. On est résolu à tout, pour éviter l'énorme coup de balai. Et cela est si grave, en effet, que ceux-là mêmes qui ont la vérité en main, de qui on exige furieusement cette vérité, hésitent encore, attendent pour la crier publiquement, dans l'espérance qu'elle s'imposera d'elle-même et qu'ils n'auront pas la douleur de la dire.

Mais il est une vérité du moins que, dès aujourd'hui, je voudrais répandre par la France entière. C'est qu'on est en train de lui faire commettre, à elle la juste, la généreuse, un véritable crime. Elle n'est donc plus la France, qu'on peut la tromper à ce point, l'affoler contre un misérable qui, depuis trois ans, expie, dans des conditions atroces, un crime qu'il n'a pas commis? Oui, il existe là-bas, dans un îlot perdu, sous le dur soleil, un être qu'on a séparé des humains. Non seulement la grande mer l'isole, mais onze gardiens l'enferment nuit et jour d'une muraille vivante. On a immobilisé onze hommes pour en garder un seul. Jamais assassin, jamais fou furieux n'a été muré si étroitement. Et l'éternel silence, et la lente agonie sous l'exécration de tout un peuple. Maintenant, osez-vous dire que cet homme n'est pas coupable?

Eh bien! c'est ce que nous disons, nous autres, les membres du syndicat. Et nous le disons à la France, et nous espérons qu'elle finira par nous entendre, car elle s'est toujours enflammée pour les causes justes et belles. Nous lui disons que nous voulons l'honneur de l'armée, la grandeur de la nation. Une erreur judiciaire a été commise, et tant qu'elle ne sera pas réparée, la France souffrira, maladive, comme d'un cancer secret qui peu à peu ronge les chairs. Et si, pour lui refaire de la santé, il y a quelques membres à couper, qu'on les coupe.

*
* *

Un syndicat pour agir sur l'opinion, pour la guérir de la démence où la presse immonde l'a jetée, pour la ramener à sa fierté, à sa générosité séculaires. Un syndicat pour répéter chaque matin que nos relations diplomatiques ne sont pas en jeu, que l'honneur de l'armée n'est point en cause, que des individualités seules peuvent être compromises. Un syndicat pour démontrer que toute erreur judiciaire est réparable et que s'entêter dans une erreur de ce genre, sous le prétexte qu'un Conseil de guerre ne peut se tromper, est la plus monstrueuse des obstinations, la plus effroyable des infaillibilités. Un syndicat pour mener campagne jusqu'à ce que la vérité soit faite, jusqu'à ce que la justice soit rendue, au travers de tous les obstacles, même si des années de lutte sont encore nécessaires.

De ce syndicat, ah ! oui, j'en suis, et j'espère bien que tous les braves gens de France vont en être !

ÉMILE ZOLA.

II. — *Procès-verbal.*

(*Figaro*, 5 décembre 1897.)

Ah ! quel spectacle, depuis trois semaines, et quels tragiques, quels inoubliables jours nous venons de traverser ! Je n'en connais pas qui aient remué en moi plus d'humanité, plus d'angoisse et plus de généreuse colère. J'ai vécu exaspéré, dans la haine de la bêtise et de la mauvaise foi, dans une telle soif de vérité et de justice, que j'ai compris les grands mouvements d'âme qui peuvent jeter un bourgeois paisible au martyre.

C'est, en vérité, que le spectacle a été inouï, dépassant en brutalité, en effronterie, en ignoble aveu tout ce que la bête humaine a jamais confessé de plus instinctif et de plus bas. Un tel exemple est rare de la perversion, de la démence d'une foule, et sans doute est-ce pour cela que je me suis passionné à ce point, outre ma révolte humaine, en romancier, en dramaturge, bouleversé d'enthousiasme devant un cas d'une beauté si effroyable.

Aujourd'hui, voici l'affaire qui entre dans la phase régulière et logique, celle que nous avons désirée, demandée sans relâche. Un conseil de guerre est saisi, la vérité est au bout de ce nouveau procès, nous en sommes convaincus. Jamais nous n'avons voulu autre chose. Il ne nous reste qu'à nous taire et à attendre ; car, la vérité, ce n'est pas nous encore qui devons la dire, c'est le conseil de guerre qui doit la faire, éclatante. Et nous n'interviendrions de nouveau que si elle n'en sortait point complète, ce qui est, d'ailleurs, une hypothèse inadmissible.

Mais, la première phase étant terminée, ce gâchis en pleines ténèbres, ce scandale où tant de laides consciences se sont mises à nu, le procès-verbal doit en être dressé, il faut conclure sur elle. Car, dans la tristesse profonde des constatations qui s'imposent, il y a l'enseignement viril, le fer rouge dont on cautérise les plaies. Songeons-y tous, l'affreux spectacle que nous venons de nous donner à nous-mêmes doit nous guérir.

*
* *

D'abord la presse.

Nous avons vu la basse presse en rut, battant monnaie avec les curiosités malsaines, détraquant la foule pour vendre son papier noirci, qui cesse de trouver des acheteurs, dès que la nation est calme, saine et forte. Ce sont surtout les aboyeurs du soir, les feuilles de tolérance qui raccrochent les passants avec leurs titres en gros caractères, prometteurs de débauches. Celles-là n'étaient que dans leur habituel commerce, mais avec une impudence significative.

Nous avons vu, plus haut dans l'échelle, les journaux populaires, les journaux à un sou, ceux qui s'adressent au plus grand nombre et qui font l'opinion de la foule, nous les avons vus souffler les passions atroces, mener furieusement une campagne de sectaires, tuant dans notre cher peuple de France toute générosité, tout désir de vérité et de justice. Je veux croire à leur bonne foi. Mais quelle tristesse, ces cerveaux de polémistes vieillis, d'agitateurs déments, de patriotes étroits, devenus des conducteurs d'hommes, commettant le plus noir des crimes, celui d'obscurcir la conscience publique et d'égarer tout un peuple! Cette besogne est d'autant plus exécrable qu'elle est faite, dans certains journaux, avec une bassesse de moyens, une habitude du mensonge, de la diffamation et de la délation, qui resteront la grande honte de notre époque.

Nous avons vu, enfin, la grande presse, la presse dite sérieuse et honnête, assister à cela avec une impassibilité, j'allais dire une sérénité que je déclare stupéfiante. Ces journaux honnêtes se sont contentés de tout enregistrer avec un soin scrupuleux, la vérité comme l'erreur. Le fleuve empoisonné a coulé chez eux, sans qu'ils omettent une abomination. Certes, c'est de l'impartialité. Mais quoi? à peine çà et là une timide appréciation, pas une voix haute et noble, pas une, entendez-vous! qui se soit élevée dans cette presse honnête, pour prendre le parti de l'humanité, de l'équité outragées!

Et nous avons vu surtout ceci, — car au milieu de tant d'horreurs il doit suffire de choisir la plus révoltante, — nous avons vu la presse, la presse immonde continuer à défendre un officier français, qui avait insulté l'armée et craché sur la nation. Nous avons vu cela, des journaux l'excusant, d'autres ne lui infligeant un blâme qu'avec des restrictions. Comment! il n'y a pas eu un cri unanime de révolte et d'exécration! Que se passe-t-il donc pour que ce crime, qui, à un autre moment, aurait soulevé la conscience publique, en un besoin furieux de répression immédiate, ait pu trouver des circonstances atténuantes, dans ces mêmes journaux si chatouilleux sur les questions de félonie et de traîtrise?

Nous avons vu cela. Et j'ignore ce qu'un tel symptôme a produit chez les autres spectateurs, puisque personne ne parle, puisque personne ne s'indigne. Mais, moi, il m'a fait frissonner, car il révèle, avec une violence inattendue, la maladie dont nous souffrons. La presse immonde a dévoyé la nation, et un accès de la perversion, de la corruption où elle l'a jetée, vient d'étaler l'ulcère, au plein jour.

.*.

L'antisémitisme, maintenant.

Il est coupable. J'ai déjà dit combien cette campagne barbare, qui nous ramène de mille ans en arrière, indigne mon besoin de fraternité, ma passion de tolérance et d'émancipation humaine. Retourner aux guerres de religion, recommencer les persécutions religieuses, vouloir qu'on s'extermine de race à race, cela est d'un tel non-sens, dans notre siècle d'affranchissement, qu'une pareille tentative me semble surtout imbécile. Elle n'a pu naître que d'un cerveau fumeux, mal équilibré de croyant, que d'une grande vanité d'écrivain longtemps inconnu, désireux de jouer à tout prix un rôle, fût-il odieux. Et je ne veux pas croire encore qu'un tel mouvement prenne jamais une importance décisive en France, dans ce pays de libre examen, de fraternelle bonté et de claire raison.

Pourtant, voilà des méfaits terribles. Je dois confesser que le mal est déjà très grand. Le poison est dans le peuple, si le peuple entier n'est pas empoisonné. Nous devons à l'antisémitisme la dangereuse virulence que les scandales du Panama ont prise chez nous. Et toute cette lamentable affaire Dreyfus est son œuvre : c'est lui seul qui a rendu possible l'erreur judiciaire, c'est lui seul qui affole aujourd'hui la foule, qui empêche que cette erreur ne soit tranquillement, noblement reconnue, pour notre santé et pour notre bon renom. Etait-il rien de plus simple, de plus naturel que de faire la vérité, aux premiers doutes sérieux, et ne comprend-on pas, pour qu'on en soit arrivé à la folie furieuse où nous en sommes, qu'il y a forcément là un poison caché qui nous fait délirer tous ?

Ce poison, c'est la haine enragée des juifs, qu'on verse au peuple, chaque matin, depuis des années. Ils sont une bande à faire ce métier d'empoisonneurs, et le plus beau, c'est qu'ils le font au nom de la morale, au nom du Christ, en vengeurs et en justiciers. Et qui nous dit que cet air ambiant où il délibérait, n'a pas agi sur le conseil de guerre ? Un juif traître, vendant son pays, cela va de soi. Si l'on ne trouve aucune raison humaine expliquant le crime, s'il est riche, sage, travailleur, sans aucune passion, d'une vie impeccable, est-ce qu'il ne suffit pas qu'il soit juif ?

Aujourd'hui, depuis que nous demandons la lumière, l'attitude de l'antisémitisme est plus violente, plus renseignante encore. C'est son procès qu'on va instruire, et si l'innocence d'un juif éclatait, quel soufflet pour les antisémites ! Il pourrait donc y avoir un juif innocent ? Puis, c'est tout un échafaudage de mensonges qui croule, c'est de l'air, de la bonne foi, de l'équité, la ruine même d'une secte qui n'agit sur la foule des simples que par l'excès de l'injure et l'impudence des calomnies.

Voilà encore ce que nous avons vu, la fureur de ces malfaiteurs publics, à la pensée qu'un peu de clarté allait se faire. Et nous avons vu aussi, hélas ! le désarroi de la foule qu'ils ont pervertie, toute cette opinion publique égarée, tout ce cher peuple des petits et des humbles, qui court sus aux juifs aujourd'hui, et qui demain ferait une révolution pour délivrer le capitaine Dreyfus, si quelque honnête homme l'enflammait du feu sacré de la justice.

* *

Enfin, les spectateurs, les acteurs, vous et moi, nous tous.

Quelle confusion, quel bourbier sans cesse accru ! Nous avons vu la mêlée des intérêts et des passions s'enfiévrer de jour en jour, des histoires ineptes, des commérages honteux, les démentis les plus impudents, le simple bon sens souffleté chaque matin, le vice acclamé, la vertu huée, toute une agonie de ce qui fait l'honneur et la joie de vivre. Et l'on a fini par trouver cela hideux. Certes ! mais qui avait voulu ces choses, qui les traînait en longueur ? Nos maîtres, ceux qui, avertis depuis plus d'un an, n'avaient rien osé faire. On les avait suppliés, leur prophétisant, phase par phase, le terrifiant orage qui s'amoncelait. L'enquête, ils l'avaient faite ; le dossier, ils l'avaient entre les mains. Et, jusqu'à la dernière heure, malgré des adjurations patriotiques, ils se sont entêtés dans leur inertie, plutôt que de prendre eux-mêmes l'affaire en main, pour la limiter, quittes à sacrifier tout de suite les individualités compromises. Le fleuve de boue a débordé, comme on le leur avait prédit, et c'est leur faute.

Nous avons vu des énergumènes triompher en exigeant la vérité de ceux qui disaient la savoir, lorsque ceux-ci ne pouvaient la dire, tant qu'une enquête restait ouverte. La vérité, elle a été dite au général chargé de cette enquête, et lui seul a eu mission de la faire connaître. La vérité, elle sera dite encore au juge instructeur, et il aura seul qualité pour l'entendre, pour baser sur elle son acte de justice. La vérité, quelle conception avez-vous d'elle, dans une pareille aventure, qui ébranle toute une vieille organisation, pour croire qu'elle est un objet simple et maniable, qu'on promène dans le creux de sa main et qu'on met à volonté dans la main des autres, telle qu'un caillou ou qu'une pomme ? La preuve, ah ! oui, la preuve qu'on voulait là, tout de suite, comme les enfants veulent qu'on leur montre le vent qui passe. Soyez patients, elle éclatera, la vérité ; mais il y faudra tout de même un peu d'intelligence et de probité morale.

Nous avons vu une basse exploitation du patriotisme, le spectre de l'étranger agité dans une affaire d'honneur qui regarde la seule famille française. Les pires révolutionnaires ont clamé qu'on insultait l'armée et ses chefs, lorsque, justement, on ne veut que les mettre hors de toute atteinte, très haut. Et en face des meneurs de foule, des quelques journaux qui ameutent l'opinion, la terreur a régné. Pas un homme de nos assemblées n'a eu un cri d'honnête homme, tous sont restés muets, hésitants, prisonniers de leurs groupes, tous ont eu peur de l'opinion, dans la prévision inquiète sans doute des élections prochaines. Ni un modéré, ni un radical, ni un socialiste, aucun de ceux qui ont la garde des libertés publiques, ne s'est levé encore pour parler selon sa conscience. Comment voulez-vous que le pays sache son chemin, dans la tourmente, si ceux-là même qui se disent ses guides, se taisent, par tactique de politiciens étroits, ou par crainte de compromettre leurs situations personnelles ?

Et le spectacle a été si lamentable, si cruel, si dur à notre fierté, que j'entends répéter autour de moi : « La France est bien malade pour qu'une pareille crise d'aberration publique puisse se produire. » Non ! elle n'est que dévoyée, hors de son cœur et de son génie. Qu'on lui parle humanité et justice, elle se retrouvera toute, dans sa générosité légendaire.

*
* *

Le premier acte est fini, le rideau est tombé sur l'affreux spectacle. Espérons que le spectacle de demain nous relèvera et nous consolera.

J'ai dit que la vérité était en marche et que rien ne l'arrêterait plus. Un premier pas est fait, un autre se fera, puis un autre, puis le pas décisif. Cela est mathématique.

Pour le moment, dans l'attente de la décision du conseil de guerre, mon rôle est donc terminé ; et je désire ardemment que, la vérité étant faite, la justice rendue, je n'aie plus à lutter pour elles.

ÉMILE ZOLA.

J. Jaurès.

I. — *A M. Cavaignac.*

(*Petite République*, 9 juillet 1889.)

Monsieur,

Vous avez fait hier, à la Chambre, une œuvre utile et une œuvre criminelle. Vous avez fait œuvre utile en produisant au pays une partie du dossier. Désormais, il ne sera plus permis de parler de la nécessité du huis-clos. C'est la nation elle-même qui est saisie par vous du problème. Par vous, la discussion est ouverte.

Et tout d'abord, un grand fait, un fait décisif frappera tous les esprits, quand sera passé le rapide torrent des approbations parlementaires. Vous n'avez pas dit, vous n'avez pas osé dire que des pièces secrètes n'avaient pas été communiquées aux juges sans l'être à l'accusé.

Bien mieux, en citant vous-même les pièces qui selon vous doivent former notre conviction, et qui ne figurent pas à l'acte d'accusation, vous avouez, vous proclamez la monstrueuse iniquité de la procédure militaire, et vous fournissez à votre collègue M. Sarrien les éléments de preuves dont il a besoin pour la revision.

Mais, laissez-moi vous le dire, au fond, vos arguments ne portent pas ; ils n'ont aucune valeur. Bien loin d'ébranler ma conviction profonde, ils l'ont affermie au contraire, et plus que jamais je suis convaincu qu'une monstrueuse erreur judiciaire a été commise.

Plus que jamais je suis convaincu que c'est Esterhazy et Esterhazy seul qui est le traître. Quand les groupes socialistes de Paris le voudront, quand ils voudront sortir des équivoques, des ignorances et des mensonges pour saisir sur le vif le monstrueux fonctionnement de la machine militaire, je suis prêt à faire devant eux la preuve de ce que je dis.

Qu'avez-vous donc apporté? Vous avez opposé les prétendus aveux de Dreyfus au capitaine Lebrun-Renault. Mais si l'État-Major accordait quelque valeur à ce récit de Lebrun-Renault, pourquoi n'a-t-il pas exigé que celui-ci le formulât par écrit, dans un rapport formel, et sous sa signature? Pourquoi surtout n'a-t-on pas soumis à l'accusé, comme l'exige la loi, le procès-verbal de ces prétendus aveux? Pourquoi n'y en a-t-il trace que dans une note prise sur le calepin de Lebrun-Renault, ou dans une lettre du général Gonse ?

Mais il y a mieux, et si l'on veut lire avec soin cette lettre du général Gonse, on aura toute la clef de l'affaire. Au procès Zola, Mᵉ Labori a lu un extrait authentique de l'interrogatoire de Dreyfus par du Paty de Clam. Là il est constaté que du Paty de Clam a essayé en vain d'obtenir des aveux de l'accusé. Il lui a promis de le mettre en présence du ministre de la guerre si seulement il entrait dans la voie des aveux, s'il avouait au moins une imprudence.

Et l'accusé, malgré ce piège, a affirmé son innocence. Or, voici comment le général Gonse raconte, d'après Lebrun-Renault, les prétendus aveux de Dreyfus :

« Le ministre sait que je suis innocent; il me l'a fait dire par le commandant du Paty de Clam dans la prison, il y a trois ou quatre jours, et il sait que si j'ai livré des documents, ce sont des documents sans importance et que c'était pour en obtenir de sérieux. »

Oui, je vous remercie de nous avoir communiqué ces textes, car on voit à plein pas quel travail de transformation la conversation fixée au procès-verbal d'interrogatoire et répétée par Dreyfus pour sa défense, a été dénaturée, inconsciemment sans doute, par le capitaine Lebrun-Renault. On voit aussi combien il est dangereux de fonder un jugement sur de prétendus propos d'un accusé, quand on ne soumet pas à l'accusé lui-même ces propos, pour qu'il les reconnaisse et qu'il les signe. Il n'y a plus alors de limite à l'arbitraire, à la fantaisie, à l'incertitude et à l'erreur.

Mais, monsieur le ministre, il y a un homme qui aurait dû, devant la Chambre, se dresser pour vous crier que vous vous trompiez. C'est M. Charles Dupuy. J'affirme à nouveau, je jure à nouveau qu'il m'a dit que le capitaine Lebrun-Renault, appelé par lui, lui avait affirmé n'avoir point reçu d'aveux de Dreyfus. Quoi! M. Charles Dupuy sait cela, et il se tait ! Il voit que vous fondez sur ces prétendus aveux votre conviction, celle du pays ! Il sait qu'ils sont faux : et par prudence, par calcul, il se tait. De quel nom appeler son crime ? et quelle flétrissure trouvera l'histoire pour cet homme quand elle saura toute la vérité ?

Sur les autres pièces secrètes déjà connues que vous avez, aujourd'hui, citées à nouveau, je n'ai qu'un mot à dire. Tant que le bordereau n'a pas été saisi et attribué à Dreyfus on ne leur a accordé aucune valeur. Elles n'ont pris de sens que par le bordereau, et il est démontré aujourd'hui que le bordereau est d'Esterhazy.

Ah ! je sais comme il est difficile, pour quelques jours encore, d'entrer dans le détail devant le pays que vos affirmations imprudentes vont troubler et tromper. Permettez-moi seulement un rapprochement. Une de vos pièces secrètes prouve qu'en avril 1894 il y avait brouille entre l'espion, quel qu'il soit, et ceux qui l'employaient. Or, le bordereau fait allusion à ce refroidissement. Il commence ainsi : « Sans nouvelles que vous désiriez me parler... »

Le bordereau étant sûrement d'Esterhazy, pourquoi, malgré l'initiale D, qui peut répondre à un nom de guerre, ne serait-il pas question de lui ? En tout cas, pour établir que ce D... doit s'appliquer à Dreyfus, vous êtes obligé de citer un document saisi en 1896 et qui porterait en toutes lettres le nom de Dreyfus. Ce document, le général de Pellieux l'avait déjà cité, et il était déjà visible que c'était le faux le plus grossier, le plus criant, venu à point pour sauver Esterhazy.

Après ce que vous avez cité, c'est plus certain encore. Vous attribuez ce document de 1896 aux personnes qui ont écrit ceux de 1894, et il vous suffit pour établir l'identité de constat que c'est écrit au même crayon bleu. Mais comparez donc le langage des uns et de l'autre. Les documents de 1894 sont d'un français tout à fait correct. Le document de 1896 contient les fautes les plus grossières. Le faussaire, voulant imiter le style d'un étranger, a fabriqué à plaisir le français le plus pitoyable.

Mais avez-vous seulement réfléchi à ces choses ? Avez-vous pris le temps et la peine d'étudier, de comparer ? Non : il vous fallait un succès immédiat, un succès de tribune et d'opinion. L'Elysée vous fascine et vous avez pensé que les passions chauvines vous y porteraient. Prenez garde : ce n'est pas toujours impunément qu'on viole le droit, la justice, la vérité. Les acclamations passeront, la vérité restera. Et les consciences intrépides continueront leur combat implacable contre tous les mensonges, contre toutes les vilenies.

Vous avez déchaîné de nouveau la passion du pays égaré. Peu importe ! La vérité est patiente et ses amis ne fléchiront pas. Plus que jamais, nous sommes prêts à la bataille : déjà, malgré tout, vous êtes obligé de sacrifier un peu Esterhazy. En le traduisant devant un conseil d'enquête, vous avouez qu'il est l'auteur des lettres abominables du uhlan qu'il avait niées et que les experts officiels avaient déclarées fausses. Les voilà authentiques maintenant. Patience : il faudra bientôt avouer officiellement que le bordereau est de lui ; que la trahison est de lui. Et après Esterhazy, c'est l'Etat-Major qui sera jeté au gouffre.

Et vous aussi, monsieur le ministre, qui avez foulé aux pieds toute justice et toute raison.

J. Jaurès.

II. — *Extrait de sa déposition au Procès Zola.*

. . . .

Ainsi, il apparaît dans toute la procédure du procès Esterhazy, dans le huis-clos sur les expertises d'écritures, dans le procédé d'étranglement à huis clos dont on a usé envers le colonel Picquart, dans l'absence de toute enquête sur la provenance de la pièce secrète, il apparaît partout que le procès a été conduit non en vue de la vérité et de la justice, mais pour la justification systématique des grands chefs militaires.

Et alors, messieurs les jurés, le pays a d'autant plus le droit de s'émouvoir et de s'indigner qu'on se sert pour l'entraîner de mots plus nobles. Il n'est pas de paroles plus belles, plus grandes, plus sacrées que celles de patrie, de défense nationale, d'honneur national ! Mais c'est précisément parce que ces paroles sont les plus sacrées et les plus grandes qu'il y ait dans la langue des hommes, qu'on n'a pas le droit de les profaner et de les prostituer pour couvrir des habiletés de procédure... Non, non ! il y avait, dans cette profanation de la patrie, de quoi soulever toutes les consciences droites.

. . . .

On se réfugie toujours dans l'équivoque de la *vérité légale !...* Oui, c'est la vérité légale qu'un homme est coupable quand il a été légalement condamné et c'est aussi la vérité légale, paraît-il, que cet homme est coupable et qu'il a été légalement jugé lorsque son pourvoi en revision a été rejeté ; mais cela ne dit pas si la communication, inconnue à l'heure où le pourvoi en revison a été formé, si la communication d'une pièce secrète, en dehors de toutes les garanties légales, a été faite ou non.

Et à cette question, posée par les représentants responsables du pays, au gouvernement responsable, pourquoi s'est-on refusé toujours à faire une réponse claire? Je me trompe ; M. Méline, M. le président du conseil, m'a répondu : « Je ne peux pas vous répondre sans servir vos calculs... » Il paraît que c'est un calcul, dans le pays de la déclaration des Droits de l'homme, d'affirmer que l'on ne peut pas être jugé sur des pièces secrètes !

Mais il m'a dit, et ses paroles sont au *Journal officiel* : « On vous répondra ailleurs... » Ailleurs ! Je pensais que ce serait à la Cour d'assises, et il est vrai qu'on m'a dit qu'ici, comme par surprise, la vérité avait fini enfin par sortir de terre ; mais je ne sache pas qu'aucun des représentants responsables du pouvoir soit venu ici, pas plus qu'au Parlement, répondre à la question que le pays a le droit de poser, et il est vraiment prodigieux qu'un pays qui se croit libre, ne puisse savoir si la loi a été respectée, ni dans le palais où l'on fait la loi, ni dans le palais où on l'applique.

Eh bien ! cette violation, on la devine, tout le monde la pressent ! Il n'y a pas à la Chambre quatre députés qui en doutent ; et pourquoi n'en parlent-ils pas, et pourquoi n'agissent-ils pas ?... L'autre jour, lorsque très simplement j'ai posé cette question décisive, il y avait un petit groupe d'amis, quinze ou vingt, qui me soutenait, et, dans l'ensemble de la Chambre, silence passif ! Mais quand je suis descendu de la tribune, dans les couloirs, là où l'âme parlementaire retrouve son élasticité et sa liberté, dans les couloirs, des députés sans nombre, de tous les groupes et de tous les partis, me disaient : « Vous avez raison, mais quel dommage que cette affaire ait éclaté quelques mois avant les élections ! »

Eh bien ! je crois qu'ils se trompent ! je crois que, malgré tout, malgré tous les brouillards qui passent sur lui, malgré toutes les injures et toutes les menaces, je crois que ce pays aura encore la franchise de la lumière et de la vérité. Mais si la vérité devait être vaincue, il vaut mieux être vaincu avec elle que se faire le complice de toutes ces équivoques et de tous ces abaissements! (*Approbation!*)

G. Clémenceau.

I. — *Ils ne sont pas assez!*

(*Aurore* du 11 juin 1898.)

J'ai dit au juge militaire : Vous avez jugé un homme contre la loi.

Le juge militaire m'a répondu : Notre justice n'est pas la vôtre.

J'ai dit au juge militaire : Il y a contre celui que vous avez condamné une accumulation de présomptions d'innocence.

Le juge militaire m'a répondu : J'ai des preuves de culpabilité. Je ne les ai pas montrées au condamné. Je ne les montrerai à personne, sauf à ceux qui d'avance les trouveront suffisantes. Et quand d'autres me les demanderont, je dirai que si je les fais voir c'est la ruine de la France.

J'ai dit au juge militaire : Voici un homme qui dit que vous avez jugé par ordre, comme il est arrivé récemment dans le procès des ministres malgaches, où le texte du jugement et le récit de l'exécution furent envoyés au *Journal officiel* la veille du jour où se réunit le conseil de guerre.

Le juge militaire m'a répondu : Je ne m'embarrasse pas de ces histoires. Nous pouvons faire, nous ne voulons pas qu'on dise. Ce « par ordre » est un outrage à six officiers, donc à l'armée tout entière, donc à la France, car la France c'est moi. Cet homme aux gémonies!

J'ai dit au juge militaire : Voici un bandit véhémentement soupçonné d'avoir commis le crime pour lequel un autre est puni, auteur d'écrits qui sont le pire outrage à la France et à l'armée. C'est un officier, portant la croix de la Légion d'honneur.

Le juge militaire m'a répondu : Je l'acquitte au petit

bonheur, et bien que ses propres écrits le montrent infâme, il gardera ses épaulettes, il gardera sa croix « pour l'honneur de l'armée ».

J'ai dit au juge civil : Sauvez-moi de ce guerrier qui ne connaît que son sabre. Il m'amène devant vous, alléguant que je l'outrage, et ne veut pas entendre que la raison de l'accusation que j'ai portée contre lui c'est que je crois qu'il s'obstine follement dans une erreur judiciaire. Avec votre permission, j'en vais faire la preuve.

Le juge civil m'a répondu : Je ne veux pas de cette preuve. La question ne sera pas posée.

J'ai dit au jury : Je vous prends à témoin de la violence qui m'est faite.

Le jury m'a répondu : Ajoutes-y la violence que je vais te faire.

J'ai dit à la presse : Il faut me défendre. Je ne demande rien que la justice pour tout le monde.

La presse m'a répondu : Je dois respecter le parti pris des lecteurs. D'ailleurs, le ministre de la guerre est un homme généreux, et vous êtes vendu.

J'ai dit au président de la République : Vous êtes l'arbitre des partis, vous ne permettrez pas qu'ils s'accordent pour tuer un homme sans défense au nom d'une raison d'Etat menteuse.

Le président de la République m'a répondu : M'avez-vous vu devant le front des troupes sur ma jument Mariquita ? On me dit qu'à distance j'ai des parties de Louis-Philippe. D'autres disent de Napoléon.

J'ai dit aux ministres : Vous n'êtes rien sans les idées de droit et de justice que vous avez mission d'appliquer. Pourquoi violez-vous effrontément tous les principes que vous êtes tenus de respecter ?

Les ministres m'ont répondu : Qu'importe, si nous demeurons au pouvoir !

J'ai dit au Parlement : Venez au secours de la justice opprimée, représentants du peuple français, qui faites des lois d'égalité et de fraternité sur les murailles !

Le Parlement m'a répondu : Voici venir les élections. Il s'agit de savoir qui d'entre nous sera député, ministre, distributeur de prébendes aux petits des classes dirigeantes qui ont faim. Notre premier devoir est de ne perdre aucune voix. Qui est-ce qui s'intéresse à votre condamné ? Qu'est-ce que pèsent la justice et la vérité toute nue dans le compte des suffrages? Je vais toujours dire que vous êtes un traître. C'est plus sûr. Si vous vous tirez de là, nous verrons.

J'ai dit aux politiques : Vous êtes chefs du peuple. Eclairez-le. Montrez-lui que la cause d'un seul est la cause de tous. Dites-lui que son intérêt se confond avec le respect du droit, avec l'observation d'une impartiale justice.

Les politiques m'ont répondu : Le peuple a bien d'autres choses en tête. Il faut qu'il vive d'abord de son travail, ou qu'il en meure. Et puis nous ne connaissons, nous, que les comités. Qu'est-ce que cela peut faire aux comités qu'un homme de plus ou de moins soit au bagne ?

J'ai dit aux candidats : Que ferez-vous si je vous prouve qu'il est innocent?

L'un des notables candidats de la Ville-Lumière m'a répondu : Innocent ou coupable, que cet homme soit puni! Et là-dessus le candidat fut élu d'emblée.

J'ai dit au peuple : Trop de ceux qui devraient vous élever vous abaissent. Il y a des amis du peuple qui l'exploitent à leur façon. Défendez-vous, et sachez que vous n'avez pas de meilleur secours que le droit de chacun à la même justice pour tous.

Le peuple m'a répondu : Qu'est-ce que cela peut nous faire ? Nous sommes le grand souffre-douleur. Il n'y a pas de justice pour nous. Il ne nous intéresse pas qu'il y en ait pour les autres.

J'ai dit aux grands de la bourgeoisie : Vous entendez, on ne croit plus à la justice, par votre faute. Le nombre ne compte plus que sur la force. Pour n'être pas victimes du nombre, un jour, donnez-lui l'exemple du droit respecté chez tous les hommes, du plus haut au plus humble.

Les grands de la bourgeoisie m'on répondu : On ne peut pas donner raison à la canaille. Nous sommes les plus forts.

J'ai dit aux grands de l'antique noblesse : Qu'est-ce que le foyer, qu'est-ce que la patrie si chacun n'y trouve pas la protection qui lui est due? Vous qui vous vantez d'avoir défendu la France aux anciens jours, ne voyez-vous pas qu'elle croulera sous les dissensions que prépare le triomphe d'iniquité ?

Les grands de la noblesse m'ont répondu : Nous sommes

fils d'émigrés. Nos pères, il y a cent ans, marchèrent avec les Allemands contre le peuple français révolté.

J'ai dit aux paysans : Il n'arrive aucun mal en France qui ne retentisse sur vous ou sur vos fils en quelque manière. Eveillez-vous aux intérêts généraux du pays. Trop longtemps vous êtes restés sourds aux appels des nobles sentiments, vous rabaissant vous-mêmes aux intérêts étroits de l'heure.

Les paysans m'ont répondu : Votre Dreyfus fera-t-il augmenter le prix du blé ?

J'ai dit aux Juifs : C'est un des vôtres qu'on assassine, parce qu'il est de votre race et de votre religion.

M. Klotz et d'autres encore m'ont répondu : Patriotes avant tout, nous flétrissons avec indignation les manœuvres criminelles du syndicat Dreyfus.

J'ai dit aux chrétiens : L'amour de tous les hommes ne vous fut-il pas prêché jadis en Judée ?

Les chrétiens m'ont répondu : Mort aux juifs !

J'ai dit aux prêtres : Au moins protestez contre ces cris de mort !

Les prêtres m'ont répondu : Dieu reconnaîtra les siens.

J'ai dit à Dieu : On te fait outrage. Montre-toi donc. Dieu ne s'est point montré.

Et puis, repoussé de toutes parts, j'ai compris que tous les hommes et Dieu lui-même, ce ne serait pas assez pour faire de la vérité un mensonge.

Alors je me suis senti réconforté.

G. CLÉMENCEAU.

II. — *La revision inévitable.*

(*Aurore*, 8 juillet 1898.)

C'est une autre partie qui se joue. Nous avons devant nous des hommes qui prétendent apporter autre chose que de vagues affirmations. M. Cavaignac n'a pas craint de produire à la tribune ces fameux documents dont la publication, nous disait-on, devait déchaîner la guerre. Il a crânement affirmé que nous étions les maîtres chez nous et que nous n'avions besoin de l'autorisation de personne pour exercer notre justice. C'est une parole que nous avons jusqu'ici vainement sollicitée de nos gouvernants.

Elle est enfin venue, et nous voici tous d'accord sur ce fait que rien ne peut nous empêcher d'appliquer librement et justement la loi française dans toute l'étendue de la République.

Seulement, il arrive que, grâce à M. le ministre de la guerre, le résultat inévitable de la séance est tout justement l'opposé de ce qu'il a cru lui-même et de ce qu'a cru la Chambre. M. Cavaignac a donné lecture de pièces, déjà connues, qui établissent d'après lui la culpabilité de Dreyfus, et nos députés, s'érigeant en juges après le ministre de la guerre, ont, suivant la méthode antique, retourné le pouce en signe de condamnation suprême.

Les choses ne me paraissent pas aussi simples.

Je laisse de côté l'histoire du capitaine Lebrun-Renault qui aurait inscrit sur son carnet, au jour même de la parade, une note constatant des aveux de Dreyfus. Je n'ai pas besoin d'apprendre à M. Cavaignac que cet écrit est dénué de toute authenticité. Qu'est-ce qui prouve, en effet, que la note fut vraiment prise à la date indiquée ? Qu'est-ce qui prouve que les paroles consignées sont vraiment celles que prononça Dreyfus, puisqu'elles ne lui ont pas été soumises, ainsi que le veut la loi ? Le Code a prévu que les condamnés fussent dans le cas de faire des aveux. Il a voulu la présence d'un greffier et d'un juge d'instruction. C'est une autre chose qu'une note de hasard sur une feuille détachée du carnet d'un gendarme, surtout quand ce même soldat a dit à de nombreux témoins que jamais Dreyfus n'avait avoué. Enfin, si Dreyfus avait prononcé les paroles qu'on lui attribue, comment aurait-il pu adresser une dernière lettre, avant son départ, au ministre de la guerre pour proclamer son innocence et le supplier de rechercher le vrai coupable ?

Je passe donc, et j'arrive aux documents que M. le ministre de la guerre a soumis à la Chambre. Ces documents, tout le monde les connaissait déjà. J'y reviendrai encore. Pour aujourd'hui, je ne les discute pas. Rien ne m'autorise à douter — je l'ai dit hier et je le répète aujourd'hui — de la parfaite bonne foi de MM. Brisson, Cavaignac et Sarrien qui ont examiné le dossier Dreyfus. C'est leur jugement que M. Cavaignac a porté à la tribune. Je n'ai rien à dire d'eux, sinon, comme je le répète depuis le premier jour, qu'ils ne sont pas des juges. Si ces pièces sont authentiques, il faut condamner Dreyfus et, ainsi que je l'ai dit au lendemain de la condamnation, on pourra le fusiller sans que je proteste.

Mais avant de procéder à cette formalité, j'ai soutenu et je répète encore qu'il faut que ces documents accusateurs lui aient été préalablement montrés et qu'il soit mis en demeure d'y répondre. Or, c'est justement ce qu'on n'a point fait, et c'est de quoi je me plains depuis six mois chaque jour.

M. Sarrien, hier, confiait à un reporter du *Temps* que la demande en revision formée par madame Dreyfus n'était point accompagnée de preuves, et voici que M. Cavaignac, obligeamment, fournit justement à son collègue de la justice un paquet de preuves comme on n'en eut jamais de plus claires.

De quoi s'agit-il en effet? D'une demande de revision fondée sur ce que le condamné ou son défenseur n'ont pas eu connaissance des pièces sur lesquelles les juges ont pu former leur opinion. Le fait est-il acquis? Voilà toute l'affaire. Jusqu'ici on ne niait pas : on feignait de douter, on épiloguait. Aujourd'hui, par M. Cavaignac en personne, toute la vérité se découvre. Les documents dont le ministre a donné lecture à la Chambre ont été soustraits — cela ne peut plus être contesté — à la connaissance de Dreyfus et de Mᵉ Demange. Pourquoi? On serait bien embarrassé de le dire, puisqu'on les livre aujourd'hui à la publicité la plus grande, quand le huis-clos n'exigeait que la communication à Mᵉ Demange, obligé par le devoir professionnel au silence.

Quelque folle raison que l'on trouve pour excuser l'ancien ministre de la guerre, il n'en reste pas moins acquis désormais, sans contestation possible, que la loi a été formellement violée dans le procès Dreyfus. C'est ce que je crie à tous les coins de l'horizon depuis le commencement de cette affaire. La preuve s'en trouve faite maintenant, la condamnation de Dreyfus tombe et son procès est à recommencer.

Je disais que ni M. Brisson, ni M. Cavaignac, ni la Chambre n'étaient juges de Dreyfus. Non. Il faut réunir un second conseil de guerre et recommencer le procès. Voilà tout. Cette séance, où les césariens ne vont pas manquer de dire que nous avons été confondus, assure tout simplement le succès de notre thèse. La revision est désormais inévitable. Cela était fatal du jour où le gouvernement, au lieu d'affirmer, entreprenait de prouver.

Quelle objection, d'ailleurs, pourrait-on nous opposer?

La crainte de l'étranger, la raison d'État? M. Cavaignac a fait bonne justice de ces deux arguments, qui n'étaient dans la bouche des gouvernements précédents que des couvertures de mensonges. Il ne reste donc plus qu'à appliquer la loi. Esterhazy, pour commencer, va faire connaissance avec elle. Ce n'est pas trop tôt. Il n'est pas au bout de sa peine, le Uhlan.

Dreyfus suivra. S'il est prouvé qu'il a trahi, que le châtiment s'abatte sur lui. Mais il faut d'abord le convaincre et lui soumettre, ainsi qu'à son défenseur, toutes les pièces de l'accusation, afin de recueillir ses réponses. M. Brisson ne voudra pas que dans la République française un homme soit condamné sur des pièces dont il n'a été admis, à discuter ni la teneur ni l'origine. Cela ne se voit plus dans aucun pays civilisé. Et, chez les nègres de l'Afrique, eux-mêmes, avant de couper le cou aux gens, on fait mine de leur dire pourquoi. Si Dreyfus était nègre, on ne lui refuserait pas cette faveur. Il est juif, mais si M. Brisson, qui est un philosophe de la franc-maçonnerie, veut y regarder d'assez près, il verra que c'est un homme tout de même.

G. CLÉMENCEAU.

Joseph Reinach.

UNE CONSCIENCE

On prête ce propos à l'un des officiers qui avaient le plus d'intérêt à maintenir le capitaine Dreyfus au bagne et Esterhazy dans l'armée : « Ah! Picquart, quel misérable!... C'est lui, tout de même, qui sera généralissime! »

Je ne sais pas si le colonel Picquart sera généralissime. Mais, ce dont je suis certain, c'est qu'au siècle prochain, dans deux ans, son exemple sera cité dans tous les manuels d'enseignement civique, qu'il sera l'orgueil de l'armée comme il en est déjà l'honneur — et que ceux-là qui se seront associés aux infamies dont cet admirable soldat a été victime ne se le pardonneront jamais.

Dans cette histoire, si complexe et si embrouillée en apparence, si simple en réalité, simple comme une tragédie antique, rien de plus simple que l'acte du colonel Picquart.

Un jour, des fragments d'une lettre ramassée dans une ambassade étrangère, le fameux *petit bleu*, mettent le chef du bureau des renseignements sur la piste d'un traître. Cette pièce, à elle seule, n'est pas une preuve : elle n'est qu'une indication. Le colonel Picquart suit la piste. Il y acquiert, au bout de quelques pas, la certitude que le bordereau, sur lequel Dreyfus a été condamné, n'est pas l'œuvre de l'infortuné qui est enterré vivant à l'île du Diable, mais d'un espion, d'un traître depuis longtemps aux gages de la Prusse, d'Esterhazy.

Si les chefs du colonel Picquart avaient fait, eux aussi, leur devoir ; si, loyalement, ils avaient ouvert une instruction loyale contre Esterhazy ; plus tard, à la suite de cette instruction, s'ils avaient demandé d'eux-mêmes la revision du procès Dreyfus : le héros, qui est en Picquart, attendrait encore, sans peut-être se soupçonner lui-même, l'occasion de se révéler. On dirait de lui, dans un petit cercle d'officiers et d'hommes informés, qu'il a fait preuve, dans une circonstance grave, de clairvoyance, d'intelligence et de décision. La gloire même de la revision, de la réparation spontanément accordée à la victime de la plus lamentable des erreurs judiciaires, appartiendrait à un autre. C'est cette gloire dont M. Billot n'a pas voulu.

*
* *

Jusqu'ici Picquart n'a été qu'un officier perspicace, doué de sens critique. Il va trouver l'un de ses chefs qui lui dit : « Mais, après tout, ce n'est pas vous qui êtes à l'île du Diable ! » Picquart répond : « Croyez-vous que je descendrai dans le tombeau avec un pareil secret ? »

C'est le même chef, je crois, à moins, hélas ! que ce ne soit un autre, qui avait dit : « Il y a peu de chose dans le dossier Dreyfus. » C'est le dossier qui contient aujourd'hui mille pièces. Picquart laissa tomber cette parole ; Henry la ramassa.

Ici, à cette minute précise, quand Picquart invoque sa conscience devant le chef qui a deux ou trois galons de plus que lui, naît le héros. Il naît, encore comme dans la tragédie, du conflit des devoirs. D'une part, le devoir professionnel ; de l'autre, le devoir moral.

Le problème est redoutable entre tous : comment le résoudre ? De ces deux devoirs qui s'opposent, qui sont en lutte, quel est le plus haut, le plus impérieux ?

« Je dois plus à l'humanité qu'à ma patrie, a dit Fénelon, à ma patrie qu'à ma famille, à ma famille qu'à mes amis, à mes amis qu'à moi-même. »

Il faut sacrifier ceci à cela. Que va sacrifier Picquart ? Il ne sacrifiera que lui-même.

Et, ainsi, ne sacrifiant que lui-même, il conciliera ces deux grands devoirs, son devoir d'homme, son devoir de soldat, en apparence inconciliables, — inconciliables, en effet, dans les régions basses ou médiocres, mais qui se confondent dans les sphères élevées où il n'y a qu'un devoir, le devoir kantien : « Agis d'après une maxime telle que tu puisses vouloir qu'elle soit une loi universelle. »

*
* *

Il s'épuise d'abord à convaincre ses chefs de la vérité, à les convertir à la justice. Il se heurte à un mur d'iniquité. Il descend jusqu'à leur prouver que la justice, c'est leur intérêt, le plus vulgaire de leurs intérêts, l'intérêt personnel. Il se heurte à un mur d'imbécillité. Il ne se décourage pas : il parle, plaide, conjure sans se lasser.

A la veille du jour où le général Billot va faire à la tribune de la Chambre son premier parjure, le voisinage de cette conscience l'inquiète. « L'œil était dans la tombe... » Il faut éloigner ce gêneur. Alors commence cette longue mission, mensongère d'abord, bientôt meurtrière, à je ne sais quelle frontière, puis, en Afrique, au désert, sur la route où périt Morès, la mission que le roi David confia à Uri.

Picquart obéit. Un grand effondrement s'est fait en lui. Les voilà donc, ces chefs empanachés devant qui s'inclinent les drapeaux, qui commandent à l'armée de France, au signe de qui des milliers et des milliers d'hommes mourront demain, joyeusement, — et qui savent qu'un innocent expie dans un horrible martyre le crime d'un autre, et qui l'y laissent. Il leur obéit cependant — et il se tait.

Ses amis s'étonnent de ce départ subit, inexplicable. Il ne leur en pourrait donner la raison qu'en déshonorant ses chefs. Il dévore cette amertume et se tait encore.

De loin, sur un autre continent, de l'autre côté de la Méditerranée, sa pensée trouble toujours ceux qui l'ont fait partir. Il faut chercher à mettre la pédale sourde à sa conscience. Sa carrière militaire a été belle, brillante, rapide. On la lui fera plus belle, plus brillante, plus rapide encore. On le fait le plus jeune colonel de l'armée française. Sa conscie ce reste intacte.

Alors, après la tentative de corruption, la menace, l'injure. C'est l'infernal réseau de machinations scélérates où du Paty essaie de le perdre. Henry, plus grossier, plus rude, lr adresse une sommation comminatoire, l'accuse, l'insulte, lève, pour l'intimider, un coin du voile qui cache les crimes que prépare, dans l'ombre, l'usine dont ce faussaire est devenu le chef.

Et que fait Picquart ? Simplement, seulement ceci : il prend respectueusement conseil de quelques personnalités militaires, puis, devant le danger croissant, charge de sa défense un avocat qui est son ami d'enfance. Il lui montre la lettre d'Henry, lui confie que, s'il est en butte à de telles menaces, c'est qu'il a découvert que le bordereau n'est point de Dreyfus, mais d'Esterhazy. Il ne lui en dit pas plus, ne lui confie même pas le texte, d'ailleurs si inoffensif, du *petit bleu.*

Voilà son crime ; cet acte de défense personnelle, si discret, si naturel, c'est cela que M. Cavaignac, torturant jusqu'au faux le texte de la loi, a dénoncé comme un crime, un acte d'espionnage.

*
* *

Est-il besoin de dire que ce n'est pas là le crime de Picquart ? Le voici :

Quand Scheurer-Kestner eut pris en main la cause de la revision, quand Mathieu Dreyfus eut dénoncé Esterhazy, une instruction fut ouverte ; le colonel Picquart fut appelé comme témoin.

Il est interrogé par le général de Pellieux : il dit la vérité. Par Ravary : il dit la vérité. Par le général de Luxer : il dit la vérité. Par le président Delegorgue : il dit la vérité.

Et toujours, partout, le misérable dit la vérité, rien que la vérité.

Il n'y a pas d'injures, d'outrages, de calomnies hideuses que ne déverse sur ce soldat la presse qui exploite l'honneur de l'armée et en trafique. Il n'y a point d'affronts, de vilenies, d'injustices dont il ne soit l'objet de la part des hommes qui détiennent le ministère de la guerre. Ses camarades d'hier, qui l'estiment, qui l'admirent, reçoivent l'ordre de se détourner de lui. Il est chassé de l'armée, il est jeté en prison. Et, toujours calme, impassible, il dit la vérité, rien que la vérité.

Il a découvert un espion, un traître à gages : l'exil.

Il affirme l'innocence d'un martyr : la mise en réforme.

Il s'offre à prouver que le gouvernement de la République a été trompé par toute une bande de faussaires : la prison.

Et comme toutes ces humiliations, toutes ces souffrances, il les subit pour la cause sainte de la Vérité, elles lui sont douces. Rien ne vient troubler sa sérénité. Il a fait tout son devoir de soldat, il fera tout son devoir de citoyen, et de la même manière tranquille. Un seul regret, mais pas pour lui-même. Que de hontes, que de douleurs eussent été épargnées à l'armée, à la patrie, si ceux qui avaient des yeux pour voir ne les avaient pas volontairement fermés!

*
* *

Demain, il va être jugé.

S'il était possible à un républicain de ne pas aimer la République, qui est la France, par-dessus tout, je lui souhaiterais une nouvelle condamnation qui le grandirait encore.

Être condamné pour la Vérité quand elle est abattue, pour la Justice quand elle est foulée aux pieds, cela est logique. Mais quoi ! la Vérité éclate comme un soleil, la Justice triomphe, et il serait frappé encore !

Il y a des crimes qu'on ne peut commettre que dans la nuit. Or, l'aube se lève et voici le jour...

JOSEPH REINACH.

(*Siècle*, 20 septembre.)

Yves Guyot.

L'ESPIONNAGE

Le capitaine Dreyfus a été condamné par le conseil de guerre. Personne, dans le public, n'a le droit de savoir ce qui s'est passé dans les débats, sur quelles preuves les juges ont établi leur conviction. Le conseil de guerre, pas plus que le jury, n'est obligé de faire précéder le dispositif de son arrêt de considérants qui le justifient. C'est un des motifs pour lesquels je considère le jury, vestige de la législation des Visigoths, comme une institution barbare.

Quant au conseil de guerre, toute l'organisation militaire est basée sur le mépris de la vie de l'individu. La seule sanction est la mort : c'est la mort, s'il commet une imprudence, une faute sur le champ de bataille ; il est toujours placé entre la mort ou le succès. Le grand général serait mort soldat obscur, s'il eût été atteint par une balle anonyme. Quand Bonaparte commandait la batterie des « hommes sans peur » devant Toulon, si une balle lui avait traversé le nez, il ne serait pas devenu Napoléon. Sur le champ de bataille, le soldat met son existence en jeu, et c'est là un des grands côtés de la guerre.

Le soldat risque sa vie ; et, de son succès ou de sa défaite, résultent pour les uns des avantages proportionnés aux maux effroyables qui accablent les vaincus. On ne saurait donc marchander pour gagner la victoire, car la défaite coûte toujours plus cher. On ne saurait marchander aussi la vie humaine dans un pareil jeu. Qu'importe l'existence de quelques hommes, si le salut de l'armée en dépend ?

— Faites-vous tuer ! C'est une consigne qui se donne ; et il s'est toujours trouvé des hommes pour l'exécuter.

Les Mémoires de Marbot, de Thiébault, de Ségur viennent de rappeler combien le dévouement anonyme, l'héroïsme tranquille sont monnaie courante dans l'armée française.

Toute sentimentalité pleurarde doit être bannie de la manière dont nous envisageons les choses militaires. Instinctivement, les personnes ignorantes de la législation militaire se sont demandé comment il se faisait qu'un Code, qui porte la peine de mort à chaque ligne, ne frappait pas de peine capitale un crime comme celui pour lequel vient d'être condamné le capitaine Dreyfus.

En effet, il y a là une contradiction.

L'article 206 du Code de justice militaire « considère comme espion et punit de mort tout militaire qui procure à l'ennemi des documents ou renseignements susceptibles de nuire aux opérations de l'armée ou de compromettre la sûreté des places, postes ou autres établissements militaires. »

Mais, en temps de paix, il n'y a pas d'ennemi.

Cet article n'était donc pas applicable au capitaine Dreyfus.

Faut-il établir la peine de mort au militaire qui commettra ces actes en temps de paix ? Cette disposition rentrerait dans la logique du Code de justice militaire ; mais alors il serait prudent de préciser les cas où il y aurait réellement trahison. La formule de l'article 206 est beaucoup trop large. Tous les écrivains militaires encourraient la peine de mort. Quand le général Pierron fait son remarquable ouvrage sur les frontières de la France, il donne des renseignements dont peut profiter l'ennemi. Il y a, chez chaque peuple, toute une littérature militaire dont peuvent profiter ses voisins, qui peuvent être ses ennemis de demain. La supprimez-vous ? Et alors, que faites-vous de la carte de l'État-Major ?

J'indique les difficultés de la question. Chaque fois qu'un malheur, un accident, un fait imprévu se présente, immédiatement des gens zélés apportent un remède destiné à le prévenir. Herbert Spencer a déjà observé que c'était un peu tard, puisque le fait avait eu lieu.

Nous voyons des journalistes et des députés qui se préoccupent de prévenir le retour de l'acte du capitaine Dreyfus.

A voir leur effarement, on croirait que tous les jours, il y a des officiers d'état-major disposés à ouvrir leurs cartons les plus confidentiels à l'étranger.

C'est vraiment une singulière manière de comprendre l'honneur de notre armée que de supposer qu'ils sont légion.

Il faut se dire que s'il y a des gens qui ont la vocation de la trahison, ils ne seront jamais que des exceptions. On cite, sous le premier Empire, l'histoire d'un employé du ministère de la guerre qui fut arrêté au moment où il venait de recevoir sa rémunération. Et après? Combien y a-t-il d'hommes qui trouvent le moyen de s'aboucher avec des étrangers suspects ; qui puissent, pendant des mois et des années, vivre dans la perpétuelle inquiétude d'être découverts et d'être perdus à jamais : et pour combien? Y a-t-il des sommes d'argent qui puissent compenser le risque à courir? Dans le cas du capitaine Dreyfus, le mobile de l'argent n'existait même pas, on ne sait pas à quelle abberration il aurait pu obéir.

Nous ne croyons pas qu'ils soient très nombreux, ceux qui ont la vocation de la trahison ; et ce ne serait pas le cas du capitaine Dreyfus qui serait de nature à les encourager.

Ce qui est à craindre, ce n'est pas la trahison souterraine, c'est la trahison dont notre histoire militaire malheureusement nous fournit tant d'exemples : celle des généraux qui, par rivalités personnelles, par haine, sur le champ de bataille, laissent écraser un rival au lieu de se précipiter à son secours. Voilà la trahison qui a perdu les armées françaises en Espagne, qui a contribué aux désastres de la retraite de Moscou, et dont Bazaine a été la plus haute expression sous les murs de Metz. Celle-là, il n'y a pas de Code militaire, il n'y a qu'une haute notion du devoir et de la patrie qui puisse la prévenir.

Mais n'oublions pas un autre danger auquel il faut prendre garde : c'est la badauderie, qui fait voir des espions partout et attribue toujours la défaite à 'a trahison.

Pendant le siège de Paris, on a été atteint de l'espionomanie. Il y avait des gens affairés qui employaient leur temps à la chasse aux espions. Un soir, je passais sur le Pont-Neuf. Il y avait un attroupement considérable qui regardait une maison du quai des Orfèvres.

Je m'informai.

— Ce sont des signaux, me répondit-on mystérieusement.

Je regarde, je vois une lueur, en effet, qui courait sur un toit. Je dis à mes voisins :

— Est-ce cela?

— Oui.

— Eh bien ! c'est le reflet de la lune.

Ils me considérèrent d'abord comme un complice et se demandèrent s'ils ne devaient pas me jeter dans la Seine.

Heureusement qu'après m'avoir regardé de travers, ils regardèrent de nouveau cette mystérieuse lumière, et ils reconnurent que j'avais raison.

On sait que le soldat qui est le premier à crier à la trahison est le premier à fuir le champ de bataille. Il veut excuser sa lâcheté en dénonçant son chef, et il se rend ainsi doublement traître. Ces sentiments ont fait perdre des batailles. L'histoire militaire ne nous apprend pas que les victoires de Valmy, de Marengo, d'Austerlitz, d'Iéna, aient été gagnées par des espions. Leur donner une importance de premier ordre, c'est subordonner les grands hommes de guerre aux combinaisons d'un louche personnage, espèce de reptile glissant dans l'ombre. C'est ravaler le courage du soldat, l'intelligence du chef. C'est mettre la stratégie à la portée de madame Pipelet.

Y. Guyot. (*Siècle* du 25 décembre 1894.)

Maurice Bouchor.

(*Siècle*, 18 janvier 1898.)

I. — *Aux étudiants de l' « Association Générale ».*

17 janvier 1898.

Mes jeunes camarades,

Je n'ai jamais eu encore le plaisir de me trouver parmi vous ; mais il y a peu de temps un des vôtres me demandait aimablement de vous faire une conférence. Cela ne me donne-t-il pas quelque droit de causer avec vous ?

Si je me rendais à votre appel en ce moment, je ne pourrais vous parler d'autre chose que de l'affaire Dreyfus ; et je vous en parlerais, estimant que vous feriez grand honneur à votre Association en modifiant l'attitude prise par elle dans sa lettre adressée à Emile Zola.

Voici, en quelques mots, ce que je vous dirais :

Vous êtes patriotes avant tout, et vous avez mille fois raison. Mais avez-vous bien pesé vos paroles, lorsque vous avez déclaré que vous mettez l'honneur de l'armée « en dehors de tout soupçon » ?

Il faut s'entendre. L'armée, c'est aujourd'hui la France entière en armes; il ne faut pas la confondre avec les hommes qui, pour un temps, sont à la tête, et qui, pour estimables qu'ils soient, ne sont pas infaillibles.

Mettre les chefs de l'armée au-dessus de tout soupçon ! Ceci nous mènerait loin. Veuillez réfléchir, mes chers amis, que, s'il était question du bon Dieu lui-même, on ne s'exprimerait pas avec une pareille dévotion ! Car ceux qui croient en Dieu (et j'en suis) ne commencent pas par mettre son existence au-dessus de tout soupçon ; ils s'efforcent de l'établir par toutes les preuves qui leur semblent valables.

Abstenons-nous donc, autant que possible, de mettre, au-dessus du bon Dieu, le ministre de la guerre et les chefs de l'Etat-Major.

Je ne vous ferai pas un crime de votre opinion sur le danger que présenterait la revision du procès Dreyfus, car, jusqu'à ces derniers temps, j'en avais une toute pareille. Il y a des choses énormes, invraisemblables, qu'on ne se résigne pas à admettre tout de suite. Mais beaucoup de gens, dont je suis, ont été profondément troublés par la publication des deux rapports officiels et par la façon dont l'affaire Esterhazy a été instruite et jugée. Il demeure certain que Dreyfus a été condamné ou bien sur une seule pièce dont l'authenticité est extrêmement douteuse, ou bien sur une pièce dite secrète qui n'a pas été communiquée à son avocat et sur laquelle il n'a pas été interrogé.

Laissant de côté tout le reste, j'appelle votre attention, après bien d'autres, sur ce dilemme dont les deux termes sont également inacceptables pour des hommes qui ont quelque souci de la justice et de la liberté.

Revenir sur une déclaration que l'on a faite, c'est difficile, je le sais ; mais, lorsqu'après réflexion, on voit qu'on s'est trompé, le reconnaître est un acte de vrai courage. C'est pourquoi il est permis d'attendre de vous, jeunesse des écoles, que vous reveniez sur des paroles qu'un entraînement passionnel rend excusables, mais dont le maintien pourrait, un jour, peser lourdement sur vous.

Encore un mot. Dans cette affaire où l'honneur de la Patrie est si souvent invoqué, il a été parlé de guerre possible avec une terreur vraiment excessive. J'estime, quant à moi, qu'il vaudrait mieux avoir la guerre demain matin que de laisser sciemment commettre une effroyable injustice, ou anéantir la liberté individuelle.

J'en appelle à votre générosité autant qu'à votre sagesse, et, dans l'espérance que vous prendrez le parti le plus noble, je signe

Votre ami,

MAURICE BOUCHOR.

II

M. Maurice Bouchor et la Légion d'honneur.

M. Maurice Bouchor a adressé la lettre suivante à M. Sully Prudhomme, membre du Conseil de l'Ordre de la Légion d'honneur :

« Etretat, 30 juillet 1898.

» Mon cher maître,

» Dans une lettre que vous avez dû lire, et dont j'ai admiré la fière modestie, M. Jules Barbier faisait savoir à M. le grand-chancelier de la Légion d'honneur qu'il donnait sa démission de légionnaire, à la suite de la décision prise contre Zola par le Conseil de l'Ordre. Une note officielle vient d'apprendre au public que cette démission ne peut être acceptée : les statuts de l'Ordre et les précédents s'y opposent. J'ai donc renoncé à suivre l'exemple de M. Jules Barbier, en écrivant à M. le grand chancelier. Mais je ne suppose pas que la loi oblige les légionnaires à porter les insignes de leur grade, et je tiens à vous dire, mon cher maître, pourquoi je ne porterai plus le ruban de chevalier.

» Je tiens à vous le dire, à vous, poète aimé et admiré, qui m'avez souvent témoigné votre bienveillance, à vous, noble auteur d'un poème qui a pour titre : *La Justice*.

» Vous faites partie du Conseil de l'Ordre. J'ignore quel a été votre vote, lorsque fut mise aux voix la mesure qui a frappé Zola, et je n'ai le droit d'émettre aucune supposition à cet égard. Mais je puis vous dire que la décision prise me paraît injustifiable.

» On reproche à Zola de troubler profondément la

France. Est-ce à lui qu'il faut adresser ce reproche ? La Révolution française a troublé bien davantage notre pays et le monde entier. Mais à qui doit-on imputer les troubles qu'elle a causés : à ceux qui la firent, ou à ceux qui l'avaient rendue inévitable ? L'attitude révolutionnaire de Zola est justifiée par l'obstination du gouvernement de M. Méline (dignement continué par M. Brisson) à couvrir une évidente illégalité, les machinations les plus suspectes et, probablement, une épouvantable injustice.

» Il est vrai que Zola a violemment accusé plusieurs officiers et qu'il a encouru, de ce fait, une grave responsabilité. Mais, tant que la lumière n'aura pas été faite pleinement, comme il le demande à grands cris, tant qu'il ne lui aura pas été possible de s'expliquer dans un débat loyal et complet, on ne saurait porter un jugement définitif sur la valeur de ses accusations.

» En attendant, il a su mettre en lumière, même dans un débat tronqué, une partie de la vérité ; il est impossible de suspecter sa bonne foi ; et ceux même qui blâment son langage violent, ceux même qui le croient dans l'erreur, ne peuvent nier son grand courage.

Je me refuse donc à reconnaître que Zola ait failli à l'honneur ; je crois, au contraire, qu'il a fait beaucoup pour l'honneur de la France ; et je me sentirais humilié si je continuais à porter un insigne que le Conseil de l'Ordre vient d'arracher à Zola, tout en le laissant à la boutonnière d'Esterhazy.

» Recevez, cher maître, l'assurance de mon respect et l'expression de ma profonde tristesse.

« MAURICE BOUCHOR. »

Pierre Barbier.

LETTRE DE PIERRE BARBIER AU « SIÈCLE »

(7 février.)

A Monsieur Yves Guyot, directeur du journal
Le Siècle.

Monsieur le directeur,

Le Syndicat sémite qui vous a évidemment acheté, après

avoir acheté non moins évidemment MM. Scheurer-Kestner, de Rodays, Trarieux, Clemenceau, Zola, etc..., les soldats Forzinetti et Picquart et sans doute aussi le général de Galliffet, vient encore d'acquérir, à coup de millions évidents, le concours de MM. Duclaux, directeur de l'Institut Pasteur, Anatole France et Maurice Bouchor.

Maurice Bouchor!... le doux poète chrétien!... l'auteur quasi-sacré du *Conte de Noël* et de la *Sainte Cécile* vendu à Judas!

Ma foi, cela me tente à la fin?... Et me voici impatient, monsieur, d'être avec vous agréé dans un syndicat aussi honorablement recruté.

J'en suis donc!... Et je dis pourquoi :

Je juge qu'en écrivant ces lignes :

« Dans cette affaire où l'honneur de la Patrie est si souvent invoqué, il a été parlé de guerre possible avec une terreur excessive ; j'estime, quant à moi, qu'il vaudrait mieux avoir la guerre demain matin que de laisser sciemment commettre une effroyable injustice ou anéantir la liberté individuelle. »

... En écrivant, dis-je, ces belles lignes, je juge que Maurice Bouchor se révèle meilleur patriote que tous ces braves à trois poils de la presse boulangiste dont le patriotisme, sincère je veux le croire, mais fleurant trop l'Opéra-Comique et formé, ce semble, à l'école...

Du tambour major
Tout galonné d'or

du Caïd, s'exalte à crier, sous de grosses moustaches : « Respectez l'armée ! » pour ajouter moins martialement : « l'étranger la guette, ne l'exposez pas à ses colères ! »

Comme Maurice Bouchor, terrifié à l'idée qu'un traître a pu agir sous le nom d'un autre homme et qu'un innocent, peut-être, agonise dans l'infamie pour un crime qui n'est pas sien, estimant que le doute suffit à imposer la revision de son procès, protestant contre l'inavouable obscurité des huis-clos, qui ressuscitent le moyen âge, et révolté de la couardise des raisons qu'on nous donne pour excuser ces procédés d'inquisition nouvelle, j'avais pensé qu'une nation a moins à redouter la guerre que l'indignité.

Et j'avais porté ma protestation à M. de Rodays, le jour même où le *Figaro* laissa la parole au Conseil de guerre.

Le Conseil de guerre a parlé !... Mais il a parlé si bas, dans l'*in pace* du huis-clos, que, pour moi, je n'ai rien entendu.

Ma protestation subsiste.

Voulez-vous l'accueillir, monsieur, ne fût-ce que pour ajouter un nom à la liste chaque jour plus formidable de ceux qui crient : « la lumière ! », et excuserez-vous la forme que je donne à ma pensée, le vers étant pour les Barbier une manie de famille ?... Je regrette seulement, au lieu des rimes du neveu, de ne pouvoir à cette sainte cause apporter les iambes de l'oncle.

Veuillez agréer, monsieur le Directeur, l'assurance de mon absolu dévouement.

Pierre Barbier.

B. Lazare.

Déclaration de Bernard Lazare, publiciste :

Je ne m'adresse pas aux indifférents, à ceux dont la quiétude n'est pas troublée par l'iniquité, non plus que par la douleur des autres; ils forment le troupeau, le troupeau qui suivra. Mais il est des hommes pour qui la liberté et la justice ne sont pas de vains mots. A eux je vais parler. Ils n'ont pas le droit de se contenter de théories généreuses, s'ils se refusent à les appliquer. Il me semble que certains hommes doivent causer plus d'horreur que l'égoïste : ce sont ceux qui, préoccupés de l'humanité dans son ensemble, se détournent des infortunes individuelles; ce sont ceux aussi qui ne confèrent qu'à leur propre malheur ou à celui qui atteint quelqu'un de leur famille, de leur tribu, de leur parti ou de leur secte, le caractère d'une calamité universelle.

Ceux qui ont su se dégager de ces intérêts étroits, diront avec moi : « Quand la liberté d'un homme est lésée, quand un innocent est frappé, c'est une atteinte à l'éternelle justice. »

Ils diront avec moi, car toute cause particulière devient générale, si on sait la regarder : il ne faut plus que d'aussi barbares coutumes judiciaires puissent subsister dans un pays libre. Il ne faut plus que désormais on puisse un matin saisir un homme, le retrancher du monde, étouffer sa voix, le condamner dans un cachot clos, sans que rien de ce qui le défend ou l'accuse puisse être connu au dehors. La liberté de tous les citoyens se trouve atteinte par la façon atroce dont quelqu'un a été jugé, et c'est les défendre tous que d'en défendre un seul.

J'ai défendu le capitaine Dreyfus, mais j'ai défendu aussi la justice et la liberté.

(*Une Erreur judiciaire*, 1897.)

Aujourd'hui donc, trois questions se posent et je ne me lasserai pas de les poser :

Avez-vous condamné le capitaine Dreyfus sur les faits énoncés dans l'acte d'accusation dressé contre lui par le rapporteur Besson d'Ormescheville ?

Cet acte l'accuse uniquement d'avoir écrit le bordereau qui est de l'écriture d'un autre, et la revision de son procès doit être faite.

L'avez-vous condamné en exhibant devant les membres du conseil un pseudo-document caché à l'accusé et à son avocat ? Vous avez commis une monstruosité sans nom et la revision du procès s'impose plus que jamais.

Affirmez-vous que depuis un an des preuves péremptoires de culpabilité ont été découvertes contre le capitaine Dreyfus ? Alors ces pièces sont fausses, elles ont été fabriquées pour les besoins de la cause, il faut les montrer, les discuter, il faut que les scélérats de qui elles émanent soient punis et que le procès de leur victime soit revisé.

Pour cela, il ne suffit pas de faire passer le commandant Esterhazy devant un conseil de guerre, il faut mettre la main au collet de celui qui a machiné le procès Dreyfus, de celui qui, à la veille de l'interpellation Castelin, en novembre 1896, écrivait au commandant Esterhazy qu'il allait être dénoncé à la tribune comme traître. Il faut mettre la main au collet de ce fabricateur coutumier de lettres anonymes, de celui qui signe des télégrammes de menaces du nom de femmes qu'il a jadis diffamées, il faut mettre la main au collet du complice de Souffrain.

Qu'on ouvre une enquête sérieuse sur les agissements du colonel du Paty de Clam ; ce jour-là, la lumière sera faite sur le procès du capitaine Dreyfus et sur celui du commandant du Paty de Clam.

L'état-major général aura beau envoyer M. Pauflin de Saint-Morel chez M. Rochefort, le colonel Henry à l'*Echo de Paris*, le colonel du Paty de Clam à l'*Eclair*, il ne pourra échapper aux trois questions que j'ai posées et à leurs conséquences.

Qu'espère-t-il? empêcher la lumière de se faire, la vérité d'éclater, les coupables d'être punis. Il ne le pourra pas malgré sa puissance, malgré ceux qu'il a enrégimentés, malgré les journaux à sa solde, malgré ses menaces et ses rodomontades.

Contre la vérité il faut d'autres adversaires, et c'est vainement qu'on fermera les portes du tribunal, vainement qu'on voudra empêcher les témoins de parler, vainement qu'on déchaînera la canaille, qu'elle soit antisémiste ou patriotarde, qu'elle ait pour gérant un Drumont ou un Rochefort.

Tant qu'on n'aura pas tout dit, il est des hommes qui parleront : je serai de ceux-là ; rien ne pourra m'arrêter et justice sera rendue.

Bernard Lazare.

de Pressensé.

I

Lettre de M. de Pressensé à M. Yves Guyot.

Ce 20 janvier 1898.

Déjà signataire de la pétition demandant la revision du procès Dreyfus ;

Résolu à m'associer par tous les moyens possibles à la campagne contre la violation des droits et en faveur de la justice ;

Je vous prie de faire figurer mon nom parmi les signataires de la *protestation*.

Il faut que la conscience française parle et qu'elle parle haut.

Agréez, etc.

Francis de Pressensé,
publiciste,
chevalier de la Légion d'honneur.

II

Le 26 juillet 1898.

Monsieur le Grand Chancelier,

Le Conseil de l'Ordre national de la Légion d'honneur — devançant la marche de la justice — vient de prononcer la suspension de M. Emile Zola. J'éprouvais depuis quelque temps un certain ennui à porter l'insigne d'une décoration qui n'a pas — que je sache — été arrachée de la poitrine du sieur Esterhazy et qui a été conférée, à titre de récompense ou de rémunération, à certains hommes à tout faire, employés aux basses besognes de la presse gouvernementale et prétorienne. Il me répugnerait de continuer à m'orner la boutonnière d'un petit morceau de ruban rouge, devenu apparemment le symbole du mépris de la légalité et de la violation des principes de 1789 puisque le Conseil de l'Ordre en retire le port à un écrivain qui n'a fait que réclamer le respect des garanties élémentaires du droit. Cette triste affaire, qui aura vu le naufrage de tant de réputations et l'éclipse de tant de consciences, aura peut-être, du moins, l'avantage de poser devant la France, le jour où elle se sera ressaisie, certaines questions essentielles : celle entre autres de l'évidente incompatibilité des hochets de la vanité et d'un régime soi-disant démocratique.

Veuillez agréer, monsieur le grand chancelier, l'assurance de ma considération distinguée.

Francis de Pressensé,
chevalier de la Légion d'honneur.

III

LA JUSTICE PAR LA LÉGALITÉ

Voilà M. Cavaignac à terre : c'est bien. Messieurs nos gouvernants — qui avaient, sur la sommation des Drumont et des Rochefort, donné le ministère de la guerre au protecteur de du Paty de Clam ; qui l'ont laissé jurer à la Chambre qu'il avait pesé l'authenticité matérielle et morale d'un document qu'il qualifiait de décisif et dont un examen *pos-*

térieur lui révéla la fausseté ; qui ont jeté le colonel Picquart en prison pour avoir offert de démontrer la vérité et qui l'y ont laissé depuis l'aveu du colonel Henry — nos héroïques et intelligents ministres commencent à se frotter les yeux et à se dire qu'il pourrait bien y avoir une affaire Dreyfus : c'est à merveille.

Les lâches qui, en se réclamant des principes les plus avancés, n'ont cessé de souffler le froid et le chaud et se sont refusés à prononcer une parole en faveur de la cause de la justice et de la légalité, se hâtent de courir au premier rang, maintenant qu'il n'y a plus de danger. Un Mirman, qui, non content d'être l'auteur de la proposition d'affichage du discours Cavaignac, le 7 juillet, écrivit, dans un journal du Midi, une lettre remplie de perfides insinuations contre la *Ligue des Patriotes* et son président, M. Trarieux — en se gardant bien, d'ailleurs, de la lui communiquer — et qui n'accusa même pas réception à celui-ci de son accablante réponse — un Mirman a l'impudence de se poser en champion du droit et de faire annoncer, à son de trompettes, le dépôt d'une interpellation. Cela encore est dans l'ordre et n'a rien qui nous chagrine. N'est-ce pas le plus sûr indice de la victoire proche que l'arrivée en masse des oiseaux de proie qui se préparent à ronger les cadavres ?

Il est un point toutefois sur lequel, tout en laissant avec une dédaigneuse indifférence les transfuges de la dernière heure se ruer à la curée, nous nous devons à nous-mêmes, nous qui avons livré ce bon et rude combat pour obéir à nos consciences, de ne pas nous laisser duper. Au lendemain du jour où M. Cavaignac, contraint et forcé, devait confesser qu'il avait menti à la Chambre en affirmant s'être livré à une enquête préalable et sérieuse sur le faux Henry ou qu'il était assez dénué de tout sens critique pour avoir cru après mûr examen à cette grossière invention, nous avons dû mettre en garde l'opinion contre une tentative, dont on ne sait si elle était plus criminelle qu'insensée, pour rendre ce ministre prévaricateur ou imbécile l'arbitre suprême de la revision et lui remettre le soin de prononcer sans appel sur l'affaire Dreyfus. Il a fallu que la grande voix du peuple s'élevât, unanime, contre ce projet monstrueux pour que M. Cavaignac n'usurpât pas, avec l'assentiment de ses collègues dociles, un rôle qui ne pouvait légalement lui appartenir et pour lequel son discours du 7 juillet le disqualifiait absolument, en frappant de suspicion sa bonne foi ou son intelligence — et peut-être toutes les deux ensemble.

A cette heure un nouvel expédient a surgi dans le cerveau de ceux qui ne veulent ni de la légalité, ni de la justice. Ils proposent de confier une sorte de revision informe du procès de 1894 à une commission de la Chambre qui fonctionnerait à huis clos et rendrait un arrêt non motivé. En vérité, ces gens rêvent. Comment! Cette Chambre vient de se déshonorer, de se rendre solidaire des pires machinations ou des plus stupides imbécillités en votant d'enthousiasme, à l'unanimité des suffrages émis, l'affichage du discours Cavaignac, et c'est à elle qu'on nous demande de nous en remettre, par un acte de foi implicite, en fermant les yeux et en ouvrant la bouche!

Non : la prétention est vraiment un peu trop impertinente. Nos bons députés ont prouvé leur absolue incompétence, tant morale qu'intellectuelle. Et, d'ailleurs, quand bien même ils seraient autant de juges — nés, impartiaux, clairvoyants, pénétrants — croit-on donc qu'il en serait plus acceptable de les appeler à une besogne qui n'est pas, qui ne peut pas être la leur? La division des pouvoirs ne doit pas n'être qu'un vain mot. Rappelons-nous 1870, cette commission chargée d'examiner les documents d'où pouvait sortir la guerre, et qui se laissa berner par un Gramont, et qui encourut la formidable responsabilité de la déclaration de guerre sur la foi de pièces qu'il aurait suffi de produire au grand jour pour que le vrai caractère en sautât à tous les yeux! La défiance des assemblées en tout ce qui dépasse l'exécution stricte de leur mandat législatif, sous le contrôle vigilant de la publicité, voilà la première leçon de la sagesse des nations libres et la mère de leur sûreté.

Je vais plus loin. Il faut répéter ces choses, puisqu'on semble les ignorer. Le mal dont nous souffrons, c'est la violation systématique depuis quatre ans de la légalité. Tout a découlé de cet attentat initial contre la loi. Il a été prouvé une fois de plus qu'on ne peut enfreindre délibérément la *lettre* sans tuer *l'esprit*. Dreyfus a été privé des garanties élémentaires de la libre défense. On a condamné *illégalement* : c'est le plus sûr moyen de frapper *injustement*. Donc, même pour ceux qui se placent surtout au point de vue de la justice et qui se soucient d'ordinaire assez peu des formalités de la procédure et des détails de la chicane, il n'y a qu'un moyen de réparer sûrement l'injustice, c'est de rétablir le droit.

Il n'y a qu'un moyen de rassurer la conscience nationale, et c'est de rentrer dans la légalité à ciel ouvert, en jugeant ce procès comme il aurait dû être jugé dès le premier jour. Toute usurpation de fonctions par la Chambre serait un déni de justice. Vous avez vu où ces étranges substitutions de rôles ont conduit ceux qui ont assumé les uns après les autres, contre tout droit, la responsabilité de refaire dans les ténèbres une instruction qui avait été menée à côté de la lumière par un détraqué sectaire. Le colonel Henry — spontanément ou par ordre, seul ou avec des aides — a fait un ou plusieurs faux pour fermer d'un triple cadenas le dossier d'où pouvait s'échapper la vérité. Les généraux et les officiers de l'état-major ont revisé entre quatre yeux un procès qui n'a jamais été clos, puisqu'on a constamment cherché à créer de nouvelles charges, et tous ceux d'entre eux qui n'ont pas été les complices de ces crimes en ont été les dupes. Le ministre Cavaignac a repris l'affaire avec une hautaine confiance en lui même et une pharisaïque superbe. Il a égaré la Chambre. Il a étayé sa conviction sur des faux, et quand la lumière a jailli, au lieu de libérer le témoin nécessaire, il a fini par mettre l'orgueil de sa prétendue infaillibilité au-dessus de l'intérêt sacré de la justice et du pays.

Il en sera ainsi de quiconque abordera cet examen par d'autres voies que les voies légales. Seule, la revision légale, publique, loyale, donne autant de garanties à l'accusé qu'à l'accusation. Seule, elle peut mettre un terme aux angoisses du pays. Seule, elle peut donner une solution à une crise que la scélératesse des premiers auteurs de cet attentat, que la légèreté d'abord coupable, puis criminelle des autorités militaires qui s'y sont associées et l'ont défendu envers et contre tous, que l'infamie de deux ministères de politiciens, que la servilité d'une magistrature domestiquée, que la terreur exercée par la presse du chantage avaient paru rendre inviolable.

Pour clore cette affaire — qui n'est d'ailleurs, il faut qu'on le sache — que le symptôme d'un mal plus général et qui sera, je l'espère, le prélude d'autres campagnes de réparation, il n'y a qu'un moyen : c'est *la justice par la légalité*,

c'est-à-dire la revision immédiate, publique, sincère, sans
faux-fuyants, sans juridiction d'exception et sans procédure
inquisitoriale ou servile.

FRANCIS de PRESSENSÉ.
(*Aurore* du 6 septembre 1898).

Stéphane Arnoulin.

Siècle, 20 janvier 1898.

L'Université et la question Dreyfus.

Il est une chose à laquelle n'avaient pas un seul instant
pensé les adversaires de toute revision du procès Dreyfus,
c'est qu'elle pourrait être, à un moment donné, réclamée
impérieusement, comme un devoir sacré, sans donc qu'il
soit possible de ne pas céder à cette exigence, qui n'est
qu'un rappel au respect de la morale civique, par ceux qui
ont charge de l'éducation nationale, par l'Université.

L'Université! Qu'est-ce donc que cela! les hommes élevés à l'école des jésuites savent bien, eux, ce que ce mot
représente. Elle s'est toujours dressée en face d'eux, contre
eux, à toutes les époques de son histoire, comme l'incarnation de l'esprit libéral. Son rôle n'a fait que grandir à mesure que les lois civiles s'inspiraient davantage du respect
qui est dû à la conscience, à la pensée humaines. Dans les
temps les plus troublés de ce siècle, aux époques de réaction, quand la tribune restait silencieuse, elle est demeurée
la sauvegarde suprême de la liberté.

Un groupe d'hommes choisis par l'Etat après des
épreuves sérieuses, qui n'ont pas seulement peiné à la tâche
pour s'instruire eux-mêmes, mais qui ont de plus la haute,
l'admirable mission d'enseigner chaque jour aux nouvelles
générations — la France de demain — non seulement les
vérités scientifiques, mais les vérités morales, ce précieux
trésor de la civilisation, acquis par le labeur constant des
générations passées, voilà ce qui constitue l'Université.

Le raille qui voudra, il n'est pas de plus noble rôle. Ces

hommes qui sont dans la nation une élite — car on n'entre pas dans l'Université comme dans une certaine presse — ces hommes, depuis l'instituteur jusqu'au professeur de Faculté, inculquent encore à nos enfants, en dehors de la science qui n'est l'apanage d'aucune nation, l'esprit libéral d'abord, qui ne veut que la vérité, qui la recherche avec méthode et probité, ne fait aucune distinction d'homme à homme, de caste à caste, de religion à religion, plus particulièrement ensuite l'esprit français, épris de clarté et de sincérité, susceptible parfois de se laisser troubler, mais toujours prêt à se révolter contre toute duperie, contre toute imposture, d'où qu'elle vienne, des charlatans de la science ou de la politique.

Et c'est parce qu'ils ont cet esprit que des membres de l'Université, non des moindres — que l'on consulte les listes de protestation que nous publions — sont sortis de leur réserve habituelle, ont quitté le laboratoire ou la chaire pour venir publiquement jeter aux pouvoirs publics le cri de leur conscience.

Pour eux un problème formidable se pose et d'une extrême simplicité : formidable, parce que de la solution qui peut lui être donnée en résulterait une honte irréparable sur la patrie, simple, parce que le droit ne s'est jamais affirmé avec autant de clarté :

Un soldat a été condamné pour avoir trahi son pays. C'est bien, s'il a été condamné justement et légalement :

Il a été condamné justement si son crime a été prouvé aux juges. Il a été condamné légalement s'il a été convaincu de son crime, si la preuve, connue des juges, lui a été placée sous les yeux et qu'il n'a pu la nier.

Or le crime n'est même pas prouvé. L'accusé n'a jamais connu sur quelle preuve il a été condamné. La loi a été violée, la loi qui est le seul maître auquel dans une nation libre doive se soumettre le citoyen. Et c'est pourquoi, au nom même de ses devoirs, de sa mission éducatrice, l'Université vient de rappeler brusquement les pouvoirs publics au respect de la loi. On avait compté sans elle.

STÉPHANE ARNOULIN,
ancien professeur de philosophie de l'Université, secrétaire de la rédaction du Siècle.

Marcel Huart.

RESPONSABILITÉS

— Nous arrivons à un tournant de l'Histoire ! disait hier, au Jury de la Seine, Me Labori, le courageux et si vaillant défenseur d'Emile Zola devant la Cour d'assises.

Ces paroles sont prophétiques. Elles témoignent éloquemment de l'appréhension des esprits, de l'angoisse douloureuse et cruelle des consciences républicaines. Les plus modérés, les moins belliqueux eux-mêmes le comprennent : l'heure est grave et pleine de périls. Quelles destinées vont se jouer pour la République ? Tout est à redouter parmi les événements qui se succèdent, car jamais peut-être un tel vent de pire réaction ne souffla sur ce pays.

Or, les temps troublés où nous vivons s'accusent par un symptôme dangereux entre tous, — par le règne du despotisme militaire déchaîné contre toutes nos institutions. L'arrogance des généraux de l'état-major ne connaît plus de bornes. Elle s'affirme méprisante et hostile pour l'ordre civil. Elle bafoue la Justice dont les Conseils de guerre violèrent les règles les plus élémentaires, et lui dicte ses ordres, comme si Thémis devait passer au rapport, à la caserne ! Elle méconnaît la discipline, la subordination aux pouvoirs publics. Elle spécule audacieusement sur la peur d'une guerre, qu'un de Pellieux annonce plus proche qu'on ne croit ; sur l'horreur des boucheries humaines, que seront les batailles de demain ! Elle opère librement, impunément sur un jury d'assises, sur douze braves citoyens mal défendus contre pareil attentat, un véritable chantage moral au nom du patriotisme ! Elle fausse les balances symboliques de la Loi, en y jetant, sous les espèces de faux poids, le sabre des *pronunciamientos* ! Elle place les militaires galonnés et couverts de crachats hors les Codes, au-dessus de la Justice, comme un pouvoir suprême et intangible devant lequel doit s'incliner la souveraineté civile...

Et nous nous croyons en République, et le gouvernement tolère cela !

Nos ministres ont-ils donc oublié le mot de Chateaubriand : « Une démocratie n'existe plus, là où il y a une force militaire en activité dans l'intérieur de l'Etat ! »

A ce grave symptôme, mesurons combien, selon l'expression d'Alfred de Vigny, qui la comparait au masque de fer du prisonnier sans nom, la servitude militaire est lourde et inflexible !

**

Nous sommes, à n'en point douter, dans une situation révolutionnaire tout à fait caractérisée. L'ordre public est menacé, la République dès maintenant exposée aux catastrophes les plus imprévues...

Mais l'anarchie vient d'en haut, non du peuple. Qui donc donne l'exemple du mépris des lois? Qui donc a cessé de respecter la Justice ? Qui donc encourage, excite et flatte les basses et viles passions d'une démogagie en délire ? L'Etat-Major !

Les généraux, voilà les anarchistes ! voilà les révolutionnaires ! voilà ceux qui rêvent tout haut d'égorger Marianne dans un accès de rut réactionnaire que bénira le goupillon sacré, — cependant qu'un sabre vigilant écartera les importuns, les empêcheurs de violer en rond...

Cela, sous prétexte de défendre cet honneur militaire que Valéry proclamait « le plus bizarre et le plus variable de tous ! »

Nous sommes un peuple de chauvins, c'est entendu, — et nous tenons à nos gloires historiques, d'accord ! Mais notre chauvinisme toujours s'affola de légendes et de puérilités. En 1870-71, combien de pauvres diables furent persécutés, tracassés, sous prétexte d'espionnage ?

Voici un fait connu, entre mille : « Un soir, on aperçut une lumière briller au cinquième étage d'un immeuble. Un signal aux Prussiens ! Trahison ! Tout le quartier, en un clin d'œil, fut sur pied. La colère publique grondait au seuil des maisons, roulait à travers les rues. Des patriotes avisés voulurent en avoir le cœur net. On força l'entrée de l'immeuble, et la colère publique, toujours grondant, fit l'ascension des cinq étages, se multipliant à chaque palier. Enfin l'on arriva... C'est là ! Un coup d'épaule, — et la porte vole en éclats. Et ces chauvins exaspérés, d'avance justiciers implacables d'une trahison, assistent, douloureux et confus, à ce spectacle : une pauvre vieille femme soignant un petit enfant malade... »

Le patriotisme ne vaut que par le sentiment raisonné qui le dicte. Le chauvinisme n'est qu'un instinct fanatisé, poussé à son paroxysme. C'est une force parfois redoutable, certes, mais toujours aveugle et maladroite, et toujours dangereuse aussi.

C'est le sentiment du patriotisme qui nous fait aimer et défendre la République, ce foyer rayonnant de toutes les libertés. C'est le chauvinisme qui fait hurler des épileptiques : Vive l'armée! Ceux-là ont le culte mystique du sabre et préparent le lit de la réaction. Voilà pourquoi : Vive la République! ce cri désormais séditieux, sonne désagréablement à leur tympan. Ils sont dans la logique barbare et cruelle de leur fanatisme en outrageant chaque jour les républicains, voire en les assommant. Ils s'offrent ainsi un avant-goût des futures Saint-Barthélemy prédites par les prophètes : par les Drumont, les Louis Teste et autres Esterhazas de marque, y compris le premier du nom...

*
* *

Telle est la situation, alors que nous, les républicains de tradition, nous synthétisons dans ce cri : Vive la République! toutes nos institutions démocratiques, le pouvoir civil, le pouvoir législatif, le pouvoir judiciaire, le peuple qui vote et le peuple-soldat, la France de la Révolution, sa démocratie en armes pour la défense du territoire! Voilà notre Credo politique, que nous opposons aux ambitions criminelles de quelques chefs de notre armée, ennemis de la tranquillité de ce pays, ennemis de son passé humanitaire, ennemis de ses destinées fécondes et radieuses...

Nous ne sommes point les athées de nos gloires historiques ; mais, avec Benjamin Constant, nous pensons que la gloire militaire ne justifie pas le despotisme qu'elle décore. Nos généraux, si éminents qu'ils soient, ne sont point et ne sauraient se placer au dessus des lois ; le pouvoir civil les doit dominer toujours de toute la hauteur de notre philosophie séculaire.

Or, quelques-uns ont imaginé de fouler aux pieds le Droit humain. Membres d'une caste qui déjà constitue presque un anachronisme à notre époque, — Proudhon croyait déjà le règne de la soldatesque aboli, — ils ont créé de toutes pièces une justice d'exception, violant toutes les règles de la procédure admise. Et personne de ceux qui sont au pouvoir pour commander à tous le respect des lois, ne les veut arrêter sur la pente de ce crime qui révolte l'univers entier!

Après avoir commis une iniquité de justice monstrueuse autant qu'avérée, ils entendent la couvrir par la terreur du sabre. Leurs jugements sont infaillibles, ils doivent demeurer sans appel devant la postérité qui les juge et les revise. Dans ce pays généreux, où les erreurs judiciaires, de nos jours si fréquentes, hélas ! soulèvent de toutes parts une sympathique et douloureuse pitié, où l'opinion s'empresse de les réparer avant même que, légalement, la réhabilitation des innocents vienne s'imposer, il est interdit de penser, d'affirmer qu'un tribunal militaire puisse se tromper. L'homme revêtu d'un uniforme est un oracle dont les arrêts sont paroles d'Evangile. La vieille maxime : *Errare humanum est*, ne lui est point applicable. Je vous dis qu'il est infaillible : ils sont tous infaillibles...

.*.

C'est pourquoi ils placent aujourd'hui le jury, la nation tout entière, la République elle-même sous la menace des *pronunciamientos*. Les généraux de la catholique Espagne ont rempli les pages de l'histoire. Pourquoi n'en feraient-ils pas autant ? Les Espartero, duc de la Victoire ; les Ramon-Maria Narvaez, duc de Valence; les Manuel Guttierez de La Concha, marquis del Duero; les Léopold O'Donnell, comte de Lucena, et duc de Tétouan ; les François Serrano y Domiguez, duc de la Torre ; et les Prim, et les Ros de Olano, et les Zabala, et les Martinez Campos et *tutti quanti* leur apparaissent comme des modèles antiques. Ils ont grandi dans leur admiration, comme doivent grandir d'authentiques Espagnols !

Quelle gloire pour les Mouton de Boisdeffre, pour les de Pellieux, pour les Billot, pour les Gonse, pour les Ravary, si l'histoire leur réservait une semblable destinée !

... Mais ces grands officiers d'Espagne qui firent des *pronunciamientos* furent des esprits libéraux, souvent, comme ce contre-amiral Topete, qui chassa la reine Isabelle. N'évoquons point ici ces modèles fâcheux ! Il en est d'autres aussi que l'Espagne déclara « traîtres à la patrie », comme

Espartero, comme le marécal de La Concha, comme le maréchal Serrano.

Si le gouvernement de la République avait le souci de faire respecter la loi et de réduire ses généraux à l'obéissance, j'en connais quelques-uns qui seraient dignes de partager devant la postérité le destin de ces traîtres.

Pour n'être point grands d'Espagne, ils n'en méritent que davantage la flétrissure de l'histoire !

(*Droits de l'Homme* du 22 février 1898.) MARCEL HUART.

C. Pelletan.

(*Eclair*, 19 janvier 1898.)

Refus de lumière.

Elle commence à s'éclairer d'un jour singulier, la lugubre comédie par laquelle on ruine la défense et on déshonore le pays. Ah ! Messieurs du gouvernement, vous venez de dire que vous déplorez la crise créée par le syndicat ! Ah ! Messieurs de la droite, vous venez solennellement à la tribune demander de « venger l'armée ! » Eh bien ! vous le pouviez ; vous n'aviez qu'à vouloir. On vous en offrait les moyens. On nous demande de produire une pièce décisive, qui confonde l'entreprise contre laquelle vous vous déchaînez si fort en paroles !

Oui ou non, existe-t-il une pièce constatant, sous une forme quelconque, un aveu de Dreyfus après le jugement ?

Si elle n'existe pas, qu'on le dise ! Mais nous n'avons pas seulement sur ce point l'attestation de M. Cavaignac, ancien ministre de la guerre, que personne ne croira assez léger pour s'exposer à un démenti désastreux ; nous avons l'aveu du gouvernement. A qui ferait-on croire qu'il s'exposerait à se faire renverser (et il l'a été pendant dix minutes), se refusant à produire un tel document, s'il lui suffisait, pour échapper à tout reproche et à tout péril, de répondre : la pièce n'existe pas ?

Si le ministère a la pièce dans les mains, — cette pièce dont les partisans de Dreyfus nient obstinément l'existence, tant ils sentent qu'elle trancherait la question, — à qui fera-t-on croire que ce n'est pas la plus coupable complicité que de se refuser à soulager la conscience nationale en la produisant?

. . . .

D'après ce que je vois, il y a un sentiment très général dans le public. On se refuse à croire à l'innocence de Dreyfus; mais on n'admire pas, pour cela, le spectacle donné du côté de certaine coterie militaire. Nous l'avons vue sur la scène, cette coterie, sous les traits de l'autre personnage de l'affaire, sur lequel le huis-clos a empêché de faire la lumière complète; tout ce que nous en connaissons, ce sont des lettres qui restent inqualifiables, après la dénégation, plus ou moins solide, opposée à une seule d'entre elles; c'est le rôle que cet étrange représentant de la protestation contre Israël a joué pendant des années au service des grandes fortunes juives, en profitant des affaires d'honneur où il se rangeait de leur côté; ce sont ses relations mal expliquées avec les attachés militaires étrangers. Tout cela n'est pas beau; et quand on a vu les juges du conseil de guerre descendre de leur siège pour venir lui serrer la main; quand on a appris les cris poussés à la porte par une poignée d'agités, on s'est demandé avec une profonde tristesse quel spectacle de déchéance morale nous donnons à nos ennemis qui nous guettent.

. . . .

C. PELLETAN.

L. Victor-Meunier.

(*Rappel*, 9 janvier 1898.)

I

Dans l'appel, tout vivrant de haute éloquence indignée, qu'Emile Zola vient d'adresser à la France, je lis ces lignes :

« Puisque le commandant Esterhazy est déféré à un conseil de guerre, espérons, pour notre honneur national, que c'est là chose sérieuse, et non pas simple parade, destinée à l'amusement des badauds. »

On ne saurait mieux dire, avec plus de simplicité, avec plus de force.

Oui, à l'heure actuelle, toute la question est là, et il n'en est pas de plus émouvante, de plus poignante, oui! pour notre honneur!

Du procès Esterhazy, jugé au grand jour, toutes pièces produites, tous témoins entendus, toutes portes ouvertes, sortira-t-il la manifestation tant attendue, si nécessaire, de la vérité ? ou bien ne sera-t-il, ce procès, qu'une monstrueuse et attentatoire comédie jouée à huis clos ?

*
**

Le huis-clos !... Avez-vous lu la note de la *Gazette de Cologne*, que nous avons reproduite hier ?

Elle mérite de fixer sérieusement notre attention.

La *Gazette de Cologne* est, on le sait, un des organes officieux du gouvernement allemand.

Or, la note en question, qui a, d'ailleurs, toutes les apparences d'un véritable « communiqué », affirme, dans les termes les plus nets, que « si le capitaine Dreyfus s'est rendu réellement coupable d'espionnage, cet espionnage n'a eu lieu en aucune façon avec l'Allemagne, ni avec le gouvernement allemand, ni avec des officiers allemands, pas plus qu'avec l'attaché militaire de l'ambassade d'Allemagne à Paris, ni avec l'ambassade elle même. »

Elle ajoute, sans doute ironiquement : « Si le capitaine Dreyfus a trahi, ce ne peut être qu'en faveur d'une autre puissance. »

Enfin, elle dit encore ceci, dont la gravité n'échappera à personne :

« Il se peut que le gouvernement français ait intérêt à jeter là-dessus un voile épais. Du côté de l'Allemagne, il n'y a absolument rien qui empêche de jeter sur les débats la lumière la plus vive de la publicité. Elle ne pourra jamais montrer une relation entre les actes de Dreyfus et n'importe quel fonctionnaire allemand. »

*
**

Examinons cela :

Etant données les attaches connues entre le gouvernement allemand et la *Gazette de Cologne*, il est inadmissible que ladite *Gazette* parle sans savoir, au hasard, sur la foi de renseignements erronés, se trompe, ne sache pas ce qu'elle dit.

Au contraire, croyez-le — et c'est l'évidence même — elle agit de propos délibéré et en parfaite connaissance de cause.

Donc, de deux choses l'une :

Ou bien, elle dit la vérité;

Ou bien, elle ment.

Si elle dit la vérité, c'est épouvantable, car Dreyfus est innocent.

Si elle ment, c'est plus épouvantable encore ; car jamais plus injurieux défi n'aura été adressé à la France, jamais plus mortelle insulte n'aura fait rougir, sous le soufflet, sa joue, et pâlir, de honte, son front.

. . . .

Je m'adresse à vous, M. le général de Luxer, président du conseil de guerre. J'étais engagé conditionnel au 89° de ligne, en 1878, quand vous y étiez capitaine adjudant-major. Vous comprenez : nous arrivions, nous, avec la joie d'être soldats enfin, de nous préparer à la guerre promise que nous espérions prochaine; et vous étiez de ceux, vous, combattant du Bourget et de Buzenval, promu capitaine entre deux batailles, que nos jeunes yeux regardaient avec admiration.

Grand, robuste, de physionomie mâle et résolue, vous étiez, vous êtes encore, j'en suis sûr, de ceux qui inspirent confiance.

Dites, mon général, est-ce que cette confiance sera trompée !

En cette circonstance tragique où toutes les prunelles, vous le savez, sont fixées sur vous, serez-vous, êtes-vous, l'homme que tous attendent, espèrent, l'homme courageux et pur qui, au milieu de l'effroyable tumulte des passions et des haines déchaînées, n'entendra que la voix du devoir?

On vous a, peut-être, — tout est possible — donné des instructions déjà, des conseils, qui n'étaient que des ordres déguisés; est-ce que vous n'allez pas repousser tout cela de la main, et entrer dans la salle du conseil avec votre conscience toute nue? Est-ce que, soucieux de l'immense responsabilité qui vous incombe, vous n'allez pas crier de votre voix de commandement : « Qu'on ouvre les portes toutes grandes! Que tous entrent! que tous voient! que tous entendent! La France n'a rien à cacher! elle est trop fière, pour vouloir rien cacher, elle est assez forte pour n'avoir rien à cacher!... »

Dites, mon général, si ce ne serait pas la dernière des misères, et l'agonie de tout ce qui fut notre grandeur, jadis, et s'il ne vaudrait pas mieux se casser tout de suite la tête contre le mur, si la France — ô frisson inexprimable! ô désespoir! ô deuil! — si la France, par peur, reculait, éperdue, devant la vérité!...

L. Victor-Meunier.

II

(*Rappel*, 6 janvier.)

Et tâchons de nous élever plus haut, un peu.

Car en vérité cette affaire traîne trop misérablement dans la fange.

Désenlisons-nous! gagnons les régions où l'air est pur, où rayonne le soleil!

De quoi s'agit-il?

De ceci :

Un homme a été condamné. D'autres assurent qu'une erreur a été commise. Une erreur est possible. Tous les jours, on en découvre. Dites s'il n'est inadmissible, après tout, qu'il se soit trouvé quelque Le Poittevin dans l'affaire Dreyfus. La seule chose à faire semblerait d'essayer de voir clair. Or, ceux qui pourraient délivrer la Vérité des pierres qu'on a précipitées sur elle pour la tenir, bien morte, au fond de son puits, ceux-là se dérobent, prennent un chemin de traverse, s'enfuient. Halte là! mes maîtres... Et notre poing, rivé à votre collet, ne vous lâchera pas!

Quoi? qu'est-ce vous dites? qu'il faut être prudent; qu'il a des précautions à prendre; que des choses ne peuvent pas être dites, parce que, si on les disait, ce serait grave. Et vous ne craignez pas, faisant appel aux plus bas sentiments, aux plus vils, d'agiter devant ceux que vous supposez être des lâches le spectre d'un *casus belli*.

Ah! drôles! nous ne vous laisserons pas faire, nous ne vous laisserons pas dire! D'abord il n'y a pas de *casus belli* possible, et vous le savez bien! Et puis, après? De quel droit — et ici je m'adresse aux messieurs qui nous gouvernent — de quel droit, si vous pouviez croire que l'homme qui est là-bas à l'Ile du Diable est innocent, vous opposeriez-vous à la révélation de son innocence, au nom des dangers qu'un procès public, loyal, pourrait faire courir à la France?

Ah! Français, fils pieux de la patrie, je refuse pour la France une sécurité qui serait acquise à un tel prix; et je dis qu'elle ne veut pas, cette terre où prirent naissance les immortels principes de justice et de liberté, qu'elle ne voudrait pas être sauvée — de quel péril, d'abord? — mais même d'un péril immense, par un crime. Ah! périsse, périsse mille fois tout ce qui fait notre grandeur apparente et notre fortune, périsse notre richesse, notre splendeur, notre gloire, plutôt que fléchisse un principe et tombe un seul cheveu de la tête d'un innocent!

L. VICTOR-MEUNIER.

Georges Renard.

(Petite République, 25 janvier 1898.)

Les condamnés de l'affaire Dreyfus.

Je voudrais parler sans passion de cette triste affaire qui remue dans un brouillard nauséabond tant de boue, de vilenies, d'immondices. Je réclame le droit, n'ayant pas de preuves, de n'être ni pour Dreyfus ni pour Esterhazy; je demande à ne pas traiter de fripouilles ou de vendus ceux qui peuvent avoir une présomption ou une conviction autre que la mienne.

Il me répugne de prendre part à ce combat d'injures, où les gros mots pleuvent à faire croire que les gens sortent d'un copieux banquet servi par M. Mirbeau à M. Sarcey. Cette émulation d'insultes ne me paraît pas une préparation utile à la recherche de la vérité.

Mais si j'ignore s'il y a un traître, plusieurs traîtres ou des officiers ayant commis une abominable erreur judiciaire, je sais et je veux dire que, dores et déjà, il y a dans l'affaire des coupables avérés et condamnés sans appel.

Je ne parle pas de tel ou tel individu : j'entends des institutions et des procédés.

※
※ ※

Le premier coupable, c'est le *Conseil de Guerre*. Non pas celui-ci ou celui-là, mais le Conseil de guerre « en soi », comme disent les philosophes.

Il me paraît une survivance fâcheuse du temps où l'armée, étant constituée hors de la nation et souvent contre la nation, pouvait avoir des tribunaux spéciaux. Il me paraît une parodie de justice, où la discipline militaire annule les garanties de la liberté individuelle.

Ah ! nous les avons vus fonctionner les conseils de guerre en 1871, et dans les années qui suivirent ! Véritables machines à tuer en bloc et à frapper au hasard ! Mitrailleuses décimant les vaincus après la bataille ! En quelques mois, ils prononcèrent 13,700 condamnations, je dis treize mille sept cents.

Il s'agissait bien, en ce temps-là, d'observer les formes, de s'assurer que les pièces étaient communiquées à la défense, de savoir si les témoignages étaient véridiques ou frelatés ! — Souvent point d'avocats. Cinq minutes pour interroger, insulter, juger, envoyer les prévenus à Nouméa, au bagne, à la mort ! Tant pis si l'on se trompait, si l'on condamnait un homme en place d'un autre. Qui dira combien de centaines, combien de milliers de martyrs obscurs et innocents ont été ainsi arrachés à leur pays et à leur famille ?

Mais quoi ! La peur, la vengeance trouvaient commodes ces instruments de la haine de classe et de l'esprit de corps. On les félicitait de la besogne expéditive qu'ils accomplissaient. Et, ces temps derniers encore, quand ils clouaient au poteau quelque petit soldat ayant bousculé son caporal et acquittaient des officiers ayant brutalisé leurs hommes, trop rares étaient ceux qui protestaient contre ces agissements.

Il a fallu, pour tirer la masse indifférente de sa torpeur, un cas mélodramatique avec des dessous mystérieux, dames voilées, lettres cambriolées, maquillées, livrées par des amis perfides. Il a fallu que la bourgeoisie fût frappée dans l'un des siens pour qu'elle s'aperçût, un peu tard, à quel point l'accusé est privé de garanties devant des militaires transformés en juges.

Puisse-t-elle s'en souvenir ? Et puisque l'armée, c'est aujourd'hui tout le monde, ne pourrait-on supprimer ou refondre radicalement ces tribunaux d'exception ? Il se peut que les conseils de guerre soient nécessaires en temps de guerre. Mais, en temps de paix, soldats et officiers ne devraient-ils pas être jugés comme de simples citoyens qu'ils sont ?

*
* *

Le second condamné de l'affaire Dreyfus, c'est le *huis-clos*.

O cette obscurité louche qui autorise tous les soupçons, qui laisse une tache d'ombre sur l'acquitté, qui fait bénéficier d'un doute tout homme déclaré coupable ! Encore un reliquat du passé ! un souvenir du temps où la politique était un arcane réservé à quelques privilégiés ! un monument de la vieille haine que le pouvoir ami, de l'arbitraire, nourrit contre le grand jour de la publicité !

Comment ne voit-on pas que ces habitudes datant de la monarchie sont en contradiction avec la démocratie, le suffrage universel, la liberté de la presse ? Qui donc a droit de cacher à la nation souveraine des secrets qui intéressent la nation entière ? Beaux secrets d'ailleurs, qui, par la force des choses, sont déjà connus d'une vingtaine de personnes et même de l'étranger !

La justice masquée n'est plus de notre époque. Il faut apprendre ou rappeler aux juges et aux ministres qu'ils vivent sous un régime qui exige en tout domaine la pleine lumière.

*
* *

Le dernier condamné que je veux signaler, c'est le *système d'équivoques et de finasseries par le Gouvernement*. Pourquoi ces atermoiements, ces hésitations ? Pourquoi ces « coups de massue » annoncés à son de trompe et sans cesse ajournés ? On dirait qu'à la veille des élections nos petits Machiavels sont trop heureux de trouver, dans un imbroglio truqué comme un roman-feuilleton, un dérivatif aux idées générales qui devraient passionner la France. On dirait qu'à dessein ils épaississent la brume, entretiennent le gâchis, provoquent des troubles qui leur permettent de faire sans bruit de malpropres tripatouillages, de préparer en sourdine des alliances jésuitiques et des coups de Jarnac.

Mais qu'ils prennent garde! La nausée gagne la France. Il faut se résigner à en finir. Il faut une réalité de la promesse qui fut faite à propos d'une autre affaire : *Vite et tout!*

Sinon, qu'ils songent à ceci : Les régimes agonisants voient naître d'ordinaire quelqu'un de ces grands procès qui ne finissent point et qui mettent à nu les rouages faussés d'une machine détraquée. Ce furent, au siècle dernier, le procès de Beaumarchais, l'affaire du Collier de la Reine, préludes de la Révolution. Le Panama, l'affaire Dreyfus, sonneraient-ils le glas de la société bourgeoise et de notre pseudo-république opportuniste ou cléricale ?

Qui sait, à force de réclamer la justice pour un individu, on en viendra peut-être à la vouloir pour la classe des déshérités, pour les forçats innocents des bagnes industriels, pour les éternelles victimes de l'inégalité sociale.

GEORGES RENARD.

Gérault-Richard.

(*Petite République*, 9 janvier 1898.)

Le *Siècle* a publié hier l'acte d'accusation contre Dreyfus. Nous le reproduisons, afin que les lecteurs l'apprécient et qu'ils se fassent une opinion.

Pour ma part, je ne connais rien d'aussi enfantin. Pas un secret de la défense ; pas une seule pièce sérieuse ; pas un fait plausible ; pas ça qui légitime le huis-clos, les menées ténébreuses de l'état-major.

C'est à pleurer de honte, ma parole. Voyez donc : Dreyfus est coupable parce que les perquisitions n'ont amené la découverte, chez lui, d'aucune preuve de sa culpabilité.

Dreyfus est coupable parce qu'il dépensait beaucoup d'argent avec les femmes, et la preuve qu'il se ruinait en aventures galantes, c'est que deux de ses maîtresses étaient plus âgées que lui, plus riches que lui et avaient l'habitude de payer leurs amants.

Il a connu une autre femme, il l'a quittée parce qu'il s'est aperçu qu'elle en voulait plus à sa bourse qu'à son cœur...

Il en a lâché une autre parce qu'elle ne lui paraissait pas *catholique!*

Je vous dis que c'est fou! Et voilà pourquoi on tient la France en haleine depuis trois mois; pourquoi Billot déclarait, la main sur son cœur, que s'il lui fallait mourir une fois de plus sur le champ de bataille, il n'hésiterait pas, lui, le vieux héros!

Voilà pourquoi on a violé toutes les garanties de la défense; pourquoi on se disposait à la violer de nouveau. Voilà pourquoi il nous est interdit d'exiger la lumière; pourquoi nous devons acquiescer aux fantaisies du grand état-major.

Les secrets, les grands secrets, les secrets formidables, les voilà! Des potins de concierge, des romans d'alcôve, des berquinades à la ramollot. Ah! chefs de l'armée, quels fumistes, sinistres et méprisables, vous êtes!

Gérault-Richard.

I

O. Mirbeau.

(*Aurore*, 2 août 1898).

Il n'y a plus de doute. La lumière qui, chaque jour, jaillit par les fentes du boisseau les affole. Et les voici acculés à l'aveu ou à la violence. Il faut qu'ils choisissent. Pas d'autre alternative, désormais — car ils ne comptent plus, j'imagine, nous imposer le silence — que celle-ci: ou confesser leur crime, ou bien frapper. La confession publique d'un crime suppose de la noblesse, de l'héroïsme, de la grandeur d'âme. Ils frapperont donc. C'est plus facile et cela convient mieux à leur genre de beauté morale. D'ailleurs, tout les y pousse. Le meurtre est dans l'air. Voilà huit mois qu'on prêche l'assassinat, au nom de la Patrie, qu'on l'exulte, qu'on le glorifie au nom de Dieu! Le soldat l'appelle et le moine le bénit. Il a conquis la rue; il domine les prétoires de justice et les temples de religion, hurle dans la presse, protégé par toutes les puissances gouvernementales, sociales et divines. Et les bandes sont là, prêtes à se ruer sur quiconque osera encore affirmer un idéal, opposer la vérité au mensonge, le droit au crime, crier la justice !

Ce n'est pas un cauchemar; c'est bien la réalité. L'autre jour, à Versailles, j'entendais des généraux causer entre eux. On ne peut pas dire qu'ils conspiraient et que je les espionnais. Ils parlaient très haut, car à quoi bon se gêner, à quoi bon dissimuler des sentiments avoués, devenus publics et que tout encourage !

. . . .

Est-ce que vraiment nous allons nous laisser fermer la bouche et tordre le cou par ces mercenaires du crime, auxquels se joignent, par ordre, les ordinaires policiers préparateurs de guerre civile, amorceurs de coups d'Etat ?

Est-ce qu'il ne va pas se lever, enfin, du fond des consciences indignées, un cri immense de protestation ?

Est-ce que de tous les points de la France, professeurs, philosophes, savants, écrivains, artistes, tous ceux en qui est la vérité, ne vont pas, enfin, libérer leur âme du poids affreux qui l'opprime ? Est-ce qu'ils peuvent continuer à vivre dans cette angoisse perpétuelle, dans ce remords, dans ce cauchemar de n'oser pas crier leurs certitudes et confesser leur foi ?... Et, devant ces défis quotidiens portés à leur génie, à leur humanité, à leur esprit de justice, à leur courage, ne vont-ils pas, enfin, comprendre qu'ils ont un grand devoir... celui de défendre le patrimoine d'idées, de science, de découvertes glorieuses, de beauté, dont ils ont enrichi le pays, dont ils ont la garde et dont ils savent pourtant bien ce qui en reste quand les hordes barbares ont passé quelque part !... Les dragons de Bonaparte, entrant au couvent des Grâces, souillent du crottin de leurs chevaux, puis crèvent et détruisent, à coups de briques et à coups de sabre, la grande fresque de Léonard de Vinci : *la Cène*.

On frappe les Andrade, les Grimaux, les Stapfer parce que leurs protestations sont isolées et qu'on espère ainsi, par la terreur, arrêter l'élan des autres. Mais que, de toutes parts, les consciences libres, les âmes généreuses se lèvent et qu'elles parlent, hardiment,... et ni les Brisson, ni les Bourgeois, ni les Cavaignac n'oseront passer outre à ces grandes voix enfin écoutées... Et vous verrez le cheval noir de la guerre civile broncher, comme un vieux cheval de fiacre, au seuil du temple, où vous aurez rallumé la lampe sacrée...

— J'entends bien !... me disait un brave homme qui était venu me conter ses angoisses... mais rien ne nous presse... Il faut attendre encore... Plus tard !...

Trop tard !...

Octave Mirbeau.

II

SOUVENIRS !

J'ai été élevé chez les Jésuites, parmi ce que l'armée compte, aujourd'hui, de brillants et vaillants officiers. L'*Annuaire militaire* n'est rempli que des noms de ceux qui furent mes camarades de collège. Il en est de fort huppés et dont les hauts grades m'épouvantent, pour la patrie ! J'en ai rencontré un, dernièrement. Il est colonel de chasseurs. Comme nous parlions de la défense nationale : « L'ennemi, sans doute !... L'Allemand, parbleu !... Mais la vraie joie, mon cher, ce serait de sabrer les Parisiens... et le rêve, ah ! le rêve, de mitrailler tous ces cochons d'intellectuels, tous ces pornographes d'intellectuels qui déshonorent la France ! » Excellent labadens ! Car, de bonne foi, il croit que MM. Gabriel Séailles, Michel Bréal, Gaston Paris, Stapfer, sont de « sales types » qui écrivent des chansons ordurières pour les cabarets de Montmartre... Et quand je pense que j'aurais pu être aussi le condisciple de M. du Paty de Clam et de son fidèle secrétaire, le brave uhlan Esterhazy, j'éprouve, vraiment, une certaine fierté de moi-même... Non seulement je suis fier, mais j'espère bien que le jour de la « grande cognée », cela me sera compté.

Avant d'être le maître de Brisson, de Cavaignac, de l'armée et de la France, le Père du Lac fut mon maître d'études. De tous les Jésuites d'alors, c'était le meilleur sauteur à pieds joints. D'un bond, sans élan, il franchissait des distances et des hauteurs incalculables. Il avait d'ailleurs de grandes jambes qui l'ont mené loin. J'appris de lui à lancer la balle, à courir sur de hautes échasses, à patiner sur les plaques gelées de la Lande, sports où il excellait aussi. J'aurais pu apprendre bien d'autres choses qui m'eussent certainement poussé dans la vie, comme de fabriquer des faux, hurler des cris de mort dans les cours d'assises, piller des magasins juifs, condamner des innocents. Le malheur est que je ne sus pas profiter de tous les merveilleux avantages que m'offrait cette belle éducation. A quoi tiennent les destinées?... Je dois dire que ce ne fut pas tout à fait de ma faute, car, n'étant point noble, on ne s'occupa pas de moi, et on me laissa généreusement croupir dans l'ignorance la plus complète. Mon instruction se borna à ceci que, d'après des enquêtes sérieuses, il était péremptoirement démontré que Voltaire n'était pas un être humain, que c'était un diable... que c'était le diable!... Pour avoir écrit une fois, dans une composition française, « l'intelligence des bêtes... », je gagnai douze jours de cachot... L'intelligence des bêtes... Non, quelqu'un, surpris en train de faire caca dans le saint ciboire, n'eût pas déchaîné un tel scandale. Ça ne s'était pas vu depuis Voltaire! Et encore Voltaire, qui avait proféré tous les blasphèmes, n'eût pas osé proférer celui-là! C'était la monstruosité dans l'horreur, le sacrilège dans la damnation !

— Mais, malheureux! s'écriait mon professeur, vous niez la divinité de Dieu, et vous renversez tout l'ordre de la création. L'intelligence des bêtes! Savez-vous bien que vous pourriez être excommunié par le pape? Qu'est-ce que l'intelligence? C'est la grâce sacrée qu'a l'homme de pouvoir recevoir, dans son corps, le divin corps de Jésus!... Est-ce que vous feriez communier un chien ou un porc?... Les bêtes ont de l'instinct... c'est-à-dire qu'elles vivent dans un état permanent d'impiété... Et qu'est-ce que l'instinct?... C'est le diable!...

Depuis lors, je fus hué par mes camarades, et mes voisins de classe, d'étude et de table s'écartèrent de moi, comme d'un pestiféré.

Je connus aussi, dans ses plus mystérieux détails, cette histoire du grand chien noir, qui est le fond de l'enseignement, chez les Jésuites... Quand les élèves n'étaient pas sages, qu'ils n'adoraient pas Dieu, qu'ils ne priaient pas, avec assez de piété, la Vierge Marie, qu'ils n'honoraient pas, avec une ferveur suffisante, saint François Xavier, notre patron, ou simplement quand ils ne dénonçaient pas leurs camarades, et qu'ils osaient parler de l'intelligence des bêtes, arrivait, le poil hérissé, l'œil en feu, et soufflant du phosphore par la gueule, un grand chien noir, qui les emportait.

— Et pas plus que d'où il vient, on ne sait où il s'en va, nous expliquait le Père du Lac... Il arrive, brusquement, se jette sur les enfants impies, les emporte dans sa gueule de flamme... et plus jamais on ne les revoit !...

J'entends encore la voix du Révérend Père nous contant ces effarantes balivernes. C'était toujours à la fin de l'étude, alors que la lueur des lampes commençait à baisser, et qu'on voyait apparaître, sur les murs blancs, des ombres sinistres.

Il me fallut de nombreuses années pour vaincre la terreur que m'avait inspirée, avec la métamorphose du diable en Voltaire, l'histoire du grand chien noir... Un de mes petits camarades, pauvre âme débile et charmante, en devint fou... Il mourut dans un délire horrible.

Il y a dix ans, j'ai revu le Père du Lac. C'était dans les plaines de Carnac. Il était assis au haut d'un moulin, et il parlait du grand chien noir peut-être, et, peut-être déjà, de du Paty de Clam, de Boisdeffre et de Cavaignac, à de jeunes Jésuites qui l'écoutaient, rangés au bas du séculaire rocher... Comme je passais près de lui, il me reconnut :

— Ah ! mon pauvre enfant ! me dit-il, en levant tristement ses bras vers le vieux ciel des druides... Qu'êtes-vous devenu ?... N'avez-vous pas horreur de vos péchés ?

Et il continua d'une voix onctueusement tendre :

— Nous prions toujours pour vous, mon enfant...

Ainsi ils prient pour moi, je suis tranquille.

Je suis tranquille. Et pourtant, au souvenir des années affreuses que je passai dans ce grand collège de Vannes, j'éprouve une haine que le temps ravive au lieu de l'éteindre, et je me demande, non sans effroi, comment il se fait que des pères de famille soient assez imprudents, assez fous, pour confier leurs enfants à ces déformateurs d'intelligences, à ces pourrisseurs d'âmes que sont les Jésuites. Mais, je ne me demande pas comment nous avons une armée sans honneur, sans justice, sans pitié, puisque ce sont les Jésuites qui ont façonné, et pétri à l'image de leur âme, l'âme de presque tous ses chefs. L'affaire Dreyfus est un crime exclusivement « jésuite ». J'y retrouve l'odeur que, bien des fois, je respirai dans les cours du collège, dans les petites chapelles basses, et derrière la grille de ces confessionnaux où, lentement, scientifiquement, implacablement, s'accomplit la déchéance de tout ce qu'un cœur d'enfant peut contenir de grandeur, de justice et de conscience futures...

OCTAVE MIRBEAU.

G. Séailles.

Extrait de sa déposition en Cour d'assises
(19 février 1898, procès Zola.)

« Comment j'ai été amené à signer la protestation ? le voici : Je venais de corriger une leçon de morale faite par un étudiant ; j'avais dit à ces jeunes gens ce que tous, j'en suis assuré, vous voulez qu'on leur dise : que la personne humaine est sacrée, que la justice est intangible, qu'elle ne peut être sacrifiée ni à la passion ni à l'intérêt, de quelque nom qu'on les décore ; je leur avais dit que la justice n'est pas une servante qu'on sonne quand on a besoin de ses services ; elle est la grande image qui doit planer au-dessus du conflit des passions et des intérêts parce que, seule, elle en peut être la pacificatrice.

» Je suis rentré dans mon cabinet, un étudiant m'a apporté une pétition, j'ai signé. Notre enseignement serait sans autorité si nous n'étions pas prêts à le confirmer par nos actes. Je n'ai pas qualité pour parler au nom de l'Université ; il faudrait une voix plus autorisée que la mienne. Le conflit douloureux de devoirs qui a troublé tant de consciences nous a divisés, mais nous avons trop l'estime les uns des autres, nous avons trop le respect des pensées sincères pour nous traiter d'abord de coquins ou d'imbéciles. Si maintenant vous avez trouvé sur les listes tant de noms d'universitaires, ce n'est pas par esprit de révolte, c'est que ces braves gens qui, le moment venu, sauraient défendre l'intégrité du territoire, considèrent comme leur devoir professionnel de maintenir une autre intégrité, qui n'est pas moins précieuse, celle de la conscience nationale.

» Mais, puisque le nom de l'Université a été prononcé, entendons-nous bien ! Nous respectons et nous aimons l'Armée ; sur ce point, nous sommes tous unanimes : nous nous considérons comme les ouvriers de la même œuvre, les serviteurs de la même cause, je dirai les soldats du même combat. L'armée de la France, l'armée de la France mutilée, c'est la force au service du droit. Jamais nous n'avons séparé la cause du droit de la cause de l'armée. Plaise à Dieu que nous nous trouvions bientôt réconciliés dans la pensée supérieure de la patrie et que cesse enfin la douleur de voir, se retirer les unes des autres, tant de mains françaises, qui toutes devraient s'entendre, se rapprocher et s'unir pour une action commune et fraternelle !

» Pour la bonne foi de M. Zola, les épreuves mêmes qu'il subit suffisent à l'attester ; il a agi avec son tempérament, à la façon d'un homme qui, enfermé dans une chambre où l'air devient étouffant, se précipite vers la fenêtre et, au risque de s'ensanglanter, enfonce la vitre pour appeler un peu d'air et de lumière. »

Emile Molinier.

Déclaration de M. Emile MOLINIER, conservateur des Musées nationaux, professeur au Musée du Louvre, archiviste paléographe, chevalier de la Légion d'honneur. (Extrait de sa déposition à la Cour d'assises de la Seine, procès Zola, audience du 15 février 1898.)

J'ai été amené ensuite, après avoir examiné le bordereau, à le comparer avec les fac-similés qui ont été publiés dans différents journaux et dans les brochures de Bernard Lazare. Pour moi, la similitude est absolument complète entre l'écriture du bordereau et l'écriture du commandant Esterhazy. Je dirai même que si un savant, si un érudit, trouvait dans un volume de la Bibliothèque nationale, dans un de ces volumes que nous consultons tous si souvent, accolé à des lettres du commandant Esterhazy, l'original du bordereau, il serait pour ainsi dire disqualifié s'il ne disait pas que le bordereau et la lettre sont de la même écriture, sont de la même main, ont été écrits par le même personnage.

Maurice Vernes.

M. MAURICE VERNES, *directeur-adjoint de l'École pratique des Hautes-Études.*

(Lettre au *Siècle*.)

Paris, 2 février 1898.

Monsieur le rédacteur en chef,

J'ai adressé, le 26 janvier, une longue lettre sur la question Dreyfus, à M. G. Hanotaux, ministre des affaires étrangères, en m'autorisant d'anciennes relations de confraternité scientifique.

Le moment, lui disais-je, me semblait opportun, au lendemain d'une séance (celle du 24 janvier) qui avait consolidé le ministère Méline.

Dans une première partie, je dégageais la question de plusieurs considérations qui, selon moi, doivent lui rester étrangères. « Entre hommes qui sont rapprochés par la pratique de certains procédés de travail, par l'emploi des méthodes critiques appliquées aux objets des sciences physiques et naturelles, à l'histoire, aux textes anciens, à la philologie, et quelles que puissent être à d'autres égards, lui écrivais-je, notamment en politique et en religion, les divergences de ces hommes, il est loisible et possible de parler avec calme et sang-froid de l'affaire Dreyfus, qui n'est une affaire ni juive, ni religieuse, qui ne touche ni à la politique intérieure, ni à la politique extérieure de notre pays, qui ne met en cause ni le patriotisme de ceux qui prennent position soit pour soit contre la revision, ni l'honneur de notre armée. »

Pourquoi beaucoup d'hommes d'étude et de réflexion, gens d'espèce généralement timide, point combatifs, ont-ils emboîté le pas aux ouvriers de la première heure, aux Scheurer-Kestner et aux G. Monod ?

J'indiquais ici cinq points essentiels : 1º la discussion du « bordereau », qui rendait son attribution à Dreyfus des plus douteuses ; 2º Sa connaissance de l' « acte d'accusation », d'où il ressort que ledit bordereau a été le seul document produit au débat ; 3º les assertions, non démenties, concernant l'introduction illégale de la « pièce secrète » ; 4° les procédés employés à l'égard du lieutenant-colonel Picquart ; 5° enfin et surtout les circonstances qui ont précédé, accompagné et suivi le procès Esterhazy. « Ce procès, écrivais-je, a été pour nous la circonstance décisive qui a corroboré toutes nos hésitations, tous nos doutes, tous nos scrupules. Nous y avons vu comment les qualités essentielles de l'honneur militaire, la droiture, la volonté du bien, pouvaient se trouver annihilées par les vices d'une procédure mal conduite, par le défaut d'un débat contradictoire, par l'insuffisance trop visible de la préparation juridique spéciale qui, en une affaire aussi délicate, pouvait seule conférer au jugement rendu par le conseil de guerre l'autorité morale nécessaire. »

Dans une troisième partie, j'insistais auprès de M. Hanotaux sur ce point, que l'attitude prise à ce jour par le Ministère n'excluait pas nécessairement une nouvelle étude de la question. Le ministère, lui disais-je, était de par sa situation, le gardien naturel et attitré de la chose jugée ; c'est le rôle qu'il a pris dès le début et qu'il a gardé jusqu'à présent. Mais le président du conseil, « s'il est gardien de la chose jugée, ne l'est pas moins des libertés publiques et privées et dont il a le dépôt sacré, et nul des signataires des pétitions révisionnistes ne peut mettre en doute que, le jour où le soupçon serait entré dans son âme sur une question où tant de ses amis politiques ou privés ont pris parti, il serait homme à compromettre sa situation pour la cause du droit et de la justice. »

Je terminais ainsi :

» Laissez-moi espérer, monsieur le ministre, que touché à votre tour par les scrupules qui nous ont vaincus nous-mêmes, vous ne serez pas, le moment venu, le dernier à réclamer une revision dont l'initiative appartient au gouvernement.

Quelle effroyable responsabilité ne pèserait pas sur ceux qui, ayant conçu le plus léger doute sur la légitimité de la condamnation de Dreyfus, laisseraient mourir à l'île du Diable, dans une atroce agonie, un homme qui est peut-un innocent !

» Et puis, monsieur, nous avons eu assez de tristesses au cours de l'année 1897 quand, après avoir salué avec enthousiasme l'établissement de relations étroites d'amitié et d'alliance entre notre pays et la Russie, nous avons vu successivement les Arméniens impitoyablement massacrés sans que l'Europe y mît son *veto*, la Grèce abandonnée aux mouvements irréfléchis qui l'ont mise à la merci d'un redoutable adversaire, la Crète, ravagée, pillée, livrée aux flammes, alors qu'il était si aisé, au début, de la soustraire au gouvernement direct de la Porte.

» Ceux qui ont ressenti douloureusement ces attentats à la civilisation, ceux qui constatent avec effroi et humiliation la résurrection des passions religieuses du moyen âge, sont à peu près les mêmes qui réclamaient que pleine et entière lumière soit faite sur l'affaire Dreyfus. »

Je ne sais si le peu d'enthousiasme que je manifestais pour les résultats diplomatiques obtenus par le concert des six grandes puissances a froissé M. Hanotaux. Je constate qu'il n'a même pas eu la courtoisie de répondre par un accusé de réception à une lettre, où je me maintenais d'un bout à l'autre sur le terrain d'une discussion critique et juridique, d'où j'avais soigneusement banni toute expression non seulement blessante, mais susceptible d'être mal interprétée, où, enfin, j'avais fait au ministère la partie beaucoup plus belle que ne l'exige la stricte justice, en feignant d'oublier pour un moment jusqu'à quel point la responsabilité et l'honneur personnel de chacun de ses membres sont engagés devant la conscience de la France et devant la conscience de tous les civilisés.

Agréez, monsieur le rédacteur en chef, l'expression de ma considération très distinguée.

Maurice Vernes.

J. Psichari.

M. J. Psichari, *directeur d'étude à l'Ecole des Hautes-Études*, au directeur du *Temps*.

Permettez-moi de vous soumettre quelques réflexions :

Il faut assurément être circonspect dans l'imitation de nos voisins. Peut-être même, sans tenir compte du tempérament national, sommes-nous allés trop loin dans cette voie.

Il n'en est pas moins vrai que, dans l'application des

principes libéraux, la France, aujourd'hui, n'a pas d'autre rivale que l'Angleterre. Or, vous savez que, lors de la grève des mécaniciens anglais qui vient de se terminer, les professeurs de l'université d'Oxford ont cru devoir émettre un avis public dans la question.

Il y a là, me semble-t-il, une coutume excellente et propre, si nous l'adoptons, à nous acheminer vers ce qu'on pourrait appeler l'organisation morale de la liberté. Les corps savants, pour ne parler que de ceux-là, se mêleraient alors réellement à la chose publique, vivraient de la vie de la cité.

Chacun de nos établissements d'enseignement supérieur pourrait, je suppose, dans une assemblée spéciale, exprimer sur les événements de quelque importance une opinion documentée qui ne manquerait certainement ni de conscience, ni d'autorité. L'habitude une fois prise, l'indépendance d'esprit deviendrait complète et nous verrions, ce qui serait justice, les gens sérieux ne pas craindre de parler à côté de ceux qui crient.

Nul doute qu'il n'y ait à cela grand avantage. Affirmons-le. Les littérateurs, les savants, les artistes sont l'honneur d'un pays comme la France. Leur jugement est essentiellement désintéressé, par conséquent supérieur.

Forcément, la politique obnubile. Je n'imagine pas, je l'avoue, qu'un homme politique ne soit pas toujours tenu par son programme. Les intellectuels n'en ont point. Ils se décident uniquement par la critique et la réflexion. Le romancier qui fait le tour des situations et des caractères, le savant qui reconstruit et qui explique, possèdent, par cela même, de plus fines balances.

On nous objecte que nous ne sommes pas suffisamment informés. Hélas! c'est bien vrai! Remarquons ceci cependant : nous poursuivons journellement et résolvons plus d'une fois, dans le passé, des problèmes historiques pour lesquels nous sommes loin d'être aussi bien informés que nous le sommes déjà dans l'affaire malheureuse dont souffre aujourd'hui la France entière.

La pensée aurait donc, grâce à cette sorte de référendum intellectuel, non seulement le droit de s'affirmer, mais encore, dans une mesure utile, le pouvoir de guider et de soutenir. Il convient de ne pas oublier que, seule, une minorité de penseurs s'opposait à la guerre de 1870 et, pendant

18 ans, n'accepta jamais l'Empire. Et il est certain que, dans une conjecture comme celle-ci, où tout est en jeu, on ne saurait trop écouter ceux dont la profession même est de chercher la vérité.

Cette lettre a une conclusion qui se rattache aux idées que je vous exprime. Les lignes suivantes (1) que veut bien m'adresser M. Michel Bréal, membre de l'Institut, s'ajouteront aux manifestations libérales si honorables, à l'heure qu'il est, pour notre pays.

Agréez, etc...

J. PSICHARI.

Albert Réville.

Déclaration de M. ALBERT RÉVILLE, professeur au Collège de France. Extrait de son volume : *Les Étapes d'un Intellectuel*. (Stock, Paris, 1898.)

Je n'accuse personne. Je crois à une série d'entraînements emboîtés les uns dans les autres. Des préjugés antijuifs ont orienté les esprits dans un certain sens. Des chefs militaires ayant sous eux des officiers qui, par pli d'esprit contracté depuis longtemps, ne se permettraient pas de révoquer en doute l'opinion de leurs supérieurs, ont imprimé le branle aux soupçons patients et aux interprétations unilatérales. On a vu noir ce qui était blanc, incriminé ce qui était naturel, trouvé blâmable ce qui était louable. Ainsi s'est formé le nuage d'orage dont la décharge a atteint un malheureux en pleine poitrine. Le vrai coupable c'est l'antisémitisme, et c'est peut-être la plus éclatante, c'est loin d'être la seule des iniquités dont il est la cause première. — Dorénavant, je le répète, ma conviction est entière. — En mon âme et conscience, Alfred Dreyfus était innocent. Alfred Dreyfus aurait dû être acquitté.

Le procès qui lui a été intenté et dont il est sorti condamné, voué à l'infamie, doit être revisé.

Je ne peux rien, du moins je ne peux que bien peu de chose pour qu'on en vienne là. Mais le peu que je pourrai, je le ferai.

Je tâcherai de réparer ainsi, dans la très faible mesure de mon pouvoir, la part de faute que j'ai commise en m'as-

(1) Voir page 202.

sociant à tous ceux qui croyaient aveuglément à la grande trahison de l'officier alsacien.

A. Réville.

G. Andrade.

M. G. Andrade, professeur à la faculté de Rennes.

Au camarade Mercier, ancien élève de l'École Polytechnique.

Mon cher camarade, tu étais ministre de la guerre à l'époque de la condamnation de Dreyfus ; à cette époque je n'avais aucune des angoisses qui étreignent aujourd'hui tant d'esprits libres, encore tout stupéfiés des nouvelles *méthodes* d'enquête ; de plus on savait à cette époque que Dreyfus avait été condamné sur une pièce matérielle, le *bordereau* ; sans doute les experts se balançaient presque, mais il y avait une petite majorité ; et puis, tu avais annoncé avant le jugement que l'accusé était coupable ; cela nous devait suffire alors, puisque le huis-clos faisait la nuit sur tout contrôle de l'opinion.

Aujourd'hui, les choses ont changé.

Il existe une écriture *définie* infiniment plus ressemblante à celle du bordereau que celle de l'accusé condamné il y a trois ans.

Ce seul fait exige la revision du procès de notre camarade Dreyfus, du moins quand on veut apporter dans la justice un peu de la probité scientifique.

A ce propos, je te dirai que je ne trouve guère de cela dans les rapports de MM. Ravary et d'Ormescheville ; par contre, j'y reconnais l'écriture de bons élèves des jésuites.

Je ne te parle pas du *Uhlan* puisqu'on n'a rien voulu tirer au clair à son égard.

N'est-ce pas une chose étrange, camarade Mercier, que dans une question où la justice exige le sang-froid, l'on ait vu des soldats qui ne bronchent pas au feu éprouver cependant le frisson de la peur civile et s'émouvoir d'un *Drumont* ou d'un *Rochefort* ?

En tout cas, j'affirme très haut que la récente méthode d'enquête n'eût jamais pu être appliquée du vivant de notre regretté camarade de Miribel, car celui-ci possédait au plus haut point la probité scientifique.

Quoi qu'il en soit, mon cher camarade, je suis persuadé que si, il y a trois ans, tu t'es trompé, tu t'es trompé de bonne foi.

Et c'est pourquoi, si Dreyfus est innocent, ce qui, je ne crains pas de le dire, me paraît de plus en plus probable, je te plaindrai de tout cœur.

D'ailleurs la Vérité, on l'aura, et toute nue, et cela en dépit de Tartufe, qui vient de recevoir en France ses grandes lettres de naturalisation.

Camarade Mercier je te serre la main.

G. ANDRADE.

A. Hauser.

M. A. HAUSER, professeur à l'Université de Clermont.

L'*Avenir du Puy-de-Dôme* ayant reproché à M. Hauser, professeur à l'Université de Clermont, d'avoir signé les pétitions demandant la revision du procès Dreyfus, M. Hauser a adressé au directeur de l'*Avenir* la lettre suivante :

Monsieur le directeur,

Oui, j'ai signé les pétitions demandant la revision du procès Dreyfus. Je les ai signées avec M. Duclaux, ancien professeur à l'Université de Clermont, aujourd'hui directeur de l'Institut Pasteur ; avec M. A. France, avec des professeurs du Collège de France, de l'Ecole normale supérieure, avec un grand nombre de mes collègues de la Sorbonne et des universités provinciales.

Les accuserez-vous tous, monsieur le directeur, d'avoir voulu « outrager le gouvernement et l'armée » ?

Ceux qui me connaissent savent assez que si j'ai signé, c'est pour obéir à un impérieux devoir de conscience, en dehors de toute passion religieuse ou politique. Pour ceux qui ne me connaissent pas, je leur dois l'exposé des motifs qui m'ont déterminé.

Respectueux autant que quiconque de l'autorité de la chose jugée, je considère — actuellement, et jusqu'à une revision que la loi autorise — Dreyfus comme coupable. Je souhaite même que de cette revision sorte enfin une preuve éclatante, irréfutable de sa culpabilité, et qu'ainsi soit dissipée l'angoisse qui étreint en ce moment — croyez-le, monsieur le directeur — le cœur de tant de bons Français. Mais cette preuve, nous ne l'avons pas, on ne nous l'a pas produite.

Si le procès Dreyfus avait été jugé il y a deux cents ans, pas un historien n'admettrait comme suffisantes les pièces sur lesquelles il a eu à s'expliquer. Le fait qu'il a été jugé il y a trois ans, le fait qu'il est juif (Bazaine n'était-il pas catholique?), ne changent rien à la question.

Il est d'ailleurs aujourd'hui avéré que Dreyfus a été condamné sur des pièces secrètes qui ne lui ont pas été communiquées. Mais cette procédure est absolument contraire au Code militaire. Sans le vouloir, sans le savoir — j'en suis sûr — les juges de Dreyfus ont commis une irrégularité grave. Innocent ou coupable, Dreyfus a été *illégalement* condamné et voilà pourquoi son procès doit être revisé.

Il ne s'agit ni de sa personne, ni du crime épouvantable dont on l'accuse. Il s'agit de la liberté individuelle de tous les citoyens, il s'agit des formes tutélaires de la loi : la Révolution française nous les a données, on ne nous les arrachera pas.

Quant à mon patriotisme, monsieur le directeur, je ne m'abaisserai pas jusqu'à l'affirmer. Je veux une France grande et noble, une France fidèle à sa mission de justice et de vérité; je souhaite que cette France soit (et le plus tôt possible) en état de rendre aux Alsaciens leur vraie patrie.

Je ne fais pas partie de la Société des Alsaciens-Lorrains, mais les braves gens qui la composent savent bien que je partage toutes leurs espérances. On peut vouloir tout cela, monsieur le directeur, et croire que sept braves officiers, peu au courant des formalités de la procédure, ont jugé contrairement aux lois.

A. Hauser.

J. Laborde.

M. J. Laborde, membre de l'Académie de médecine, chef des travaux de physiologie à la Faculté.

(*Siècle*, 5 mai 1898, d'après la *Tribune médicale*.)

Nous apprenons que M. le professeur Edouard Grimaux, de l'Institut, vient d'être mis officiellement en demeure de faire valoir *ses droits à la retraite :* ce qui veut dire, en bon (bon grammaticalement...) français, qu'il est relevé de ses fonctions.

Ainsi, l'acte est consommé, *consummatum est!...* D'un simple et léger trait de plume, quoique présidentiel, on vient de rayer des cadres de l'activité scientifique et professorale un de nos plus grands, des plus estimables et estimés savants, qui, pendant plus de trente années, a illustré et honoré le pays par ses travaux et ses découvertes, et prodigué les trésors et les bienfaits de son enseignement dans deux de ses institutions de premier ordre : l'Ecole Polytechnique et l'Institut Agronomique.

Qu'a-t-il donc fait, cet homme de si haute valeur, quel crime a-t-il commis, pour être si cruellement (cruellement de deux façons, nous allons le montrer) frappé ?

Ce qu'il a fait, son crime... le voici :

D'abord, il a eu le malheur — pour lui — d'obéir à un de ces élans généreux, irrésistibles, qui portent les grands esprits et les grands cœurs à défendre et à maintenir les droits méconnus ou offensés de la justice immanente et de la conscience humaine...

Et, ensuite, d'accomplir le devoir obligatoire de *témoin*, devant les représentants attitrés de la justice, avec la conscience et la sincérité que commande, seul, le respect de la vérité, qu'il a juré de dire, sans la moindre défaillance, sans le moindre sacrifice à toute autre raison, fût-ce la raison d'Etat, qui est aussi, et le plus souvent, la déraison !...

Certes, un homme tel que le professeur E. Grimaux peut se... consoler facilement d'un acte gouvernemental de la nature de celui dont il est l'objet, il a même le droit, en son âme et conscience, de s'en montrer fier et honoré autant et plus que devraient, à notre humble avis, le regretter et s'en repentir, ceux qui ont cru devoir le commettre et en assumer la responsabilité. Mais — et c'est en cela que résident l'espèce de cruauté que nous annoncions plus haut, et nous ajouterons bientôt une méconnaissance et un oubli coupables des intérêts les plus sacrés de la science et du pays — mais priver le savant, le chercheur, le créateur, des instruments nécessaires, indispensables à son travail ; lui enlever le laboratoire où sont installés, depuis tant d'années, ces instruments en vue des investigations projetées et en cours ; briser, d'un coup de décret officiel, les creusets qui recèlent — et qui pouvaient être prêts à lui donner le jour — quelque nouvelle découverte dans cet ordre merveilleux de créations synthétiques qui ont illustré le nom de Grimaux... c'est toucher le savant au plus profond, au plus vif de son être, c'est-à-dire de ses plus chères, de ses plus nobles aspirations ; c'est le frapper en plein cœur, c'est lui infliger la blessure la plus irrémédiable et partant, nous le répétons, la plus cruelle !...

Et non seulement il y a là un acte de cruauté — nous ne parlons pas ici de son injustice, nous laissons au lendemain et à l'avenir cette appréciation — mais il y a de plus un oubli et, tout au moins, un flagrant dédain des intérêts supérieurs de la science et de l'enseignement, et des intérêts solidaires de la nation, et dont la responsabilité attend, quoi qu'ils pensent et qu'ils fassent, ceux qui l'ont assumée, et qui pèse, d'ores et déjà, sur eux !...

Et cette responsabilité, nous ne pouvons y penser et en prononcer le mot sans nous demander comment il se peut que l'on se soit décidé à l'encourir et à la partager dans la sphère et le département *universitaires* : là où les droits sacrés et imprescriptibles de l'intelligence, de la science et de l'*instruction publique* doivent être avant tout sauvegardés et abrités contre toute attaque et toute tentative, même et surtout d'ordre politique, tant que des raisons caractérisées de probité, d'honorabilité, ne sont pas de la partie et n'entachent pas la personnalité !

Hélas ! quelque tristesse et quelque surprise que l'on éprouve au sujet de cette solidarité, de cette promiscuité des *pouvoirs*, qui risquent de faire déchoir la robe de la grande Maîtrise universitaire au niveau de la légendaire culotte de peau, il faut s'y résigner comme devant le fait accompli..

Mais s'y résigner, la tête haute et fière, ainsi qu'il convient à ceux que l'on appelle, dédaigneusement, d'un certain côté, les intellectuels...

Leur côté à eux — quoi que l'on pense et que l'on dise — c'est le vrai, c'est le beau ! C'est le vôtre, mon cher Grimaux, et vos amis vous y escortent et vous y suivent ; ils vous offrent et vous redonneront, au besoin, l'asile qui vous est enlevé, pour la continuation de vos magnifiques recherches... et votre meilleure consolation, votre plus belle vengeance (la seule dont vous soyez capable) c'est d'apporter — pour l'en faire bénéficier — une de vos nouvelles et fécondes découvertes — à notre cher pays, qu'il nous faut toujours et d'autant plus aimer qu'il est plus mal servi.

J.-V. LABORDE.

J.-Élie Pécaut.

Une erreur de morale.

M. Joseph Reinach a reçu la lettre suivante :

Ségalas, 26 mai 1898.

Monsieur,

Je lis dans le *Siècle* votre admirable et poignant article. Il y a longtemps que j'ai à cœur de venir à vous comme je le fais aujourd'hui, les deux mains tendues, et de vous dire le respect, la sympathie profonde que m'inspire votre courage. Hélas ! sommes-nous donc tombés si bas, qu'il faille contempler comme un prodige et tenir pour le plus rare des héros un républicain qui ne craint pas, en République, de protester tout haut contre une monstrueuse iniquité, qui ose publiquement se porter le défenseur du droit, de la justice, de la loi, enfin des principes essentiels hors desquels il n'y a plus de civilisation.

Je suis moi aussi, monsieur, un républicain. J'appartiens à la génération qui sortait de l'adolescence quand, il y a vingt-sept ans, à travers l'effroyable désastre, la République apparut comme la réparatrice qui nous apportait, dans notre deuil, la promesse de la régénération. Avec quelle ferveur nous nous donnâmes à elle ! Vaincus, abaissés, écrasés, nous savourions l'affreuse souffrance avec une sorte de volupté amère et farouche, sentant jaillir en nos âmes la source des espérances sacrées Nous avions la foi : foi dans le génie de la France, foi dans sa mission spirituelle, par-dessus tout, foi dans la puissance morale de la liberté.

Et si à ce moment, quelque voyant était venu nous rassurer sur la durée du régime républicain, s'il nous avait garanti que le siècle en expirant le laisserait affermi et quasi incontesté, ah! quelle allégresse nous eût soulevés! Trente ans de République! Mais c'est la grande œuvre couronnée, la patrie restaurée dans l'intégrité de son territoire et dans celle de sa conscience, c'est la France en pleine possession de sa force et la mettant au service de son véritable génie, de cet idéalisme si séculier, si libre, si généreux, si universel, qui n'appartient qu'à elle! C'est notre rêve réalisé!

Que serions-nous devenus, monsieur, si l'on nous avait détrompés, si l'on avait placé devant nous le tableau fidèle de la réalité; à l'extérieur, l'Alsace, pour ainsi dire reperdue, son image reléguée, devenue gênante; trois cent mille chrétiens massacrés à l'autre bout du lac méditerranéen sans qu'un tressaillement annonce que la France se souvienne d'avoir été le champion de la justice, la protectrice des opprimés; à l'intérieur, la forme seule de la République consolidée, mais à la condition de se vider de son contenu, de sa substance spirituelle; l'esprit de la Révolution bafoué ou tacitement renié, la France républicaine occupée, sous le regard indulgent d'un gouvernement républicain, à purger le sol national de l'hérésie; la Saint-Barthélemy renouvelée en de grandes villes, des citoyens massacrés, des maisons pillées pour cause de religion; un grand cas de conscience posé devant nous, le pays mis en demeure d'opter pour le droit, pour la justice, pour la vérité, et se levant presque tout entier pour la raison d'Etat, pour l'arbitraire, pour l'iniquité, pour le mensonge; ceux qui avaient pour office de conduire, d'éclairer le pays, s'appliquant à l'égarer, à le précipiter hors de ses lois naturelles, et pour cela réalisant le plan infernal de Mirabeau, installant l'immense *atelier de la presse vénale* et empoisonnant systématiquement l'opinion!

Mais ce qui confond, ce qui navre, c'est la faillite morale de notre parti, c'est tout à la fois l'incroyable aveuglement d'esprit et le désarroi de la conscience chez ceux que l'on considérait comme les tuteurs naturels de la démocratie. Que s'est-il passé chez ces hommes, dont la plupart sont éminents par l'intelligence, par les services rendus? Quelqu'un à qui je tiens de près, et qui est l'un des esprits les plus élevés et les plus fermes de ce temps, un de ceux qui auront le plus fidèlement servi et le mieux honoré la

République, m'appelait, il y a peu de jours, auprès du lit où il lutte contre la mort, et me dictait quelques lignes à l'adresse de l'un des chefs du Parlement. Je vous donne ici ces lignes, parce qu'elles sont comme le testament d'un homme qui a été depuis vingt ans le maître et le conseiller vénéré de notre démocratie.

« Il y a de votre part, de la part des chefs républicains dans cette affaire Dreyfus, une erreur de morale fondamentale. Vous avez sacrifié l'homme à la collectivité...

Vous avez laissé pâlir et se voiler la face de l'Individu, et par conséquent le Droit...

Vous vous êtes laissé abuser par la *solidarité*, qui n'est qu'un mot, le plus vain des mots, quand elle cesse d'exprimer l'accord conscient et spontané des volontés personnelles en pleine possession de leur droit et de leur liberté...

Solidarité! Cette idée séduit l'imagination des foules, parce qu'elle n'évoque, elle n'implique aucun effort, nul labeur ; l'individu n'a qu'à s'abandonner, se fondre dans le tout. L'individualisme, au contraire, qui condamne chacun, vous, moi, à valoir quelque chose, à juger juste, à penser vrai, à *être* enfin, à ses risques et périls, l'individualisme vous est suspect et insupportable...

Et je m'émerveille de votre aveuglement! Vous avez cru, vraiment cru, sauver la République et le pays en perdant l'individu ; sauver le navire, en jetant à l'eau, en abandonnant à la fureur des vagues le pauvre homme, innocent, mais écrasé, mais seul, sans valeur à vos yeux, déjà sacrifié, relégué, à demi mort... Vous n'avez pas compris qu'il vous devait être sacré. Vous n'avez pas vu que cette erreur de conscience vous désarmait à l'avance, vous frappait d'impuissance radicale pour le jour où vous reprendriez le pouvoir. Vous vous êtes privés du droit de proférer, à l'heure du besoin, un appel viril à l'énergie individuelle, à la conscience personnelle... Vous vous êtes ôté d'avance votre meilleur titre à appeler le pays à la résistance contre l'esprit de servitude...

Coûte que coûte, il faut revenir sur ses pas, réparer la faute, retourner à l'individualisme, source unique de tout droit. En politique comme en morale, le salut n'est que là, parce que la force n'est que là... »

Qu'ajouter à ces fortes paroles ? Mais, si sévères qu'elles soient, les appliquer à tout notre personnel parlementaire serait encore lui faire trop d'honneur. Il est possible que chez quelques rares esprits, rompus aux spéculations philosophiques, l'abberration politique et morale procède d'une erreur de doctrine. Mais chez tous les autres, l'origine est moins relevée : c'est une bassesse morale, c'est une lâcheté dont on n'avait point, jusque-là, pu sonder la profondeur.

Eh bien ! lâcheté, bassesse, tout cela est en vain. On ne peut pas espérer donner entièrement le change à un pays de vive et claire intelligence, dont l'une des dispositions les plus authentiques est précisément d'être épris de justice. Le cynique calcul se trouvera faux, et tout ce labeur de mensonges, de calomnies, tout ce savant effort d'intoxication échouera, échoue déjà, et même va à contre-fin. C'est le calme, c'est le silence, c'est le repos que l'on veut ainsi établir de vive force, et c'est la maladie que l'on provoque, c'est un trouble profond de la santé nationale, ce sont des convulsions dont la violence ira croissant. Il reste, malgré tout, en France trop d'esprits clairvoyants, trop d'âmes droites, trop de cœurs généreux et courageux pour permettre au pays de se trouver bien dans l'iniquité et de s'endormir dans le mensonge.

Et je ne crois pas qu'il y ait de proposition plus assurée que celle-ci : ou bien l'affaire Dreyfus sera liquidée conformément à la justice et au droit, et la République en sera consolidée au dedans et au dehors ; ou bien on persistera dans la voie périlleuse où l'on s'est engagé, et en voulant étouffer de force la vérité, c'est à la République, et peut-être à la patrie que l'on portera une mortelle atteinte. Il faut choisir, car il n'y a pas de moyen terme.

Recevez, monsieur, ma sympathie et mon respect.

J.-Elie Pécaut.

R. Allier.

M. R. ALLIER, professeur de philosophie à la Faculté de théologie protestante de Paris.

(*Signal*, 12 janvier 1898.)

La démocratie n'est plus si elle n'est pas fondée sur le respect des droits. Et ceux qui invoquent la souveraineté du but l'invoquent précisément contre le respect des droits. Un de nos plus éminents penseurs, M. Pillon, l'a dit avec force: « Si les actes de ces hommes étaient eux-mêmes conformes à la justice, en parfait accord avec une fin morale et juridique, ils n'auraient pas besoin d'être justifiés. *La fin justifie les moyens* : cela veut dire que l'injustice des actes est effacée, convertie en justice par l'utilité future de leurs conséquences prévues et voulues ; cela veut dire que la valeur d'un acte doit s'apprécier uniquement, d'une part, par cette utilité de conséquences, de l'autre par l'intention prévoyante qui s'est appliquée à les préparer. »

La fin justifie les moyens : cela signifie qu'il n'y a plus de morale ; cela signifie que la conscience n'a plus à protester contre ce qui l'outrage, qu'elle est une gêneuse parce qu'elle ne peut rien comprendre à certains calculs ; cela signifie que les simples citoyens n'ont jamais leur mot à dire dans les questions qui leur semblent les plus évidentes, parce qu'ils ignorent tous les intérêts en jeu et qu'ils doivent s'en remettre, pour tout et toujours, à une oligarchie de gens déclarés seuls compétents.

La fin justifie les moyens : cela nous livre à la merci d'une prétendue élite, seule capable de réunir les vraies données des problèmes, de découvrir les utilités véritables et de procéder aux calculs exacts ; cela nous expose ainsi à toutes les conséquences de leurs erreurs possibles et probables, à la solidarité de leurs crimes bien intentionnés et aux fatales expiations.

Raison d'Etat, souveraineté du but, utilité supérieure, salut public, autant de formules qui ont pallié des iniquités et préparé des désastres. Ces sophismes meurtriers ont causé assez de ravages dans le passé. Qu'on les remise dans l'armoire aux poisons, et qu'on n'y touche plus. Et versons dans l'âme populaire, qui s'en est si longtemps enivrée, le seul antidote : la proclamation absolue, incessante, intransigeante du droit intangible.

J'ai sous les yeux un discours que prononçait un magistrat en 1875, au sortir d'une période où, sous prétexte d'ordre moral, les vieux mensonges avaient eu un regain de vie. M. le procureur général Renouard s'écriait, — et ses paroles avaient un long retentissement :

« Afin d'assurer le triomphe du parti que l'on croit être la bonne cause, on se persuade que tout est bon et l'on cède aux séductions de ce sophisme coupable : La fin justifie les moyens. Faibles intelligences que nous sommes, que savons-nous de la fin? Nous ne l'entrevoyons qu'à travers les nuages de l'avenir, et nos plus savantes conjectures laissent immense la part de l'inconnu que, faute de pouvoir le définir, nous appelons le hasard. Quant aux moyens, la condition est différente; leur emploi, quand ils sont indignes, constitue une mauvaise action directe et actuelle; notre responsabilité ne peut s'en imposer la charge, alors même que nous serions sur ses résultats futurs, en possession d'une certitude qui nous échappe. L'honnête et le sûr est de dire : Fais ce que dois. »

J'ai de la joie à citer ces fortes paroles d'un magistrat de la République.

R. ALLIER.

P. Stapfer.

Extrait de son discours aux obsèques de M. Couat, recteur de l'Université de Bordeaux.

A son ancienne affliction de famille (la maladie incurable de son fils) s'était ajoutée, dans les dernières années de sa vie, une souffrance patriotique atroce. Lui (M. Couat), l'homme de la justice et de la logique, il éprouvait une véritable terreur devant les violences sectaires, devant la confusion et le désarroi de toutes les idées égarées par un vent de déraison furieuse. Je ne dois pas m'étendre sur ce sujet, et je n'en dis rien, de peur d'en dire trop. Mais il faut que l'on sache que cet homme, saintement passionné, prenait à cœur, jusqu'à en être malade, les maux et les hontes de son pays, et s'il ne m'est pas permis d'indiquer plus clairement de quel côté était la grande âme de ce noble *intellectuel*, disons seulement (puisque ce langage n'est une offense ni pour l'un, ni pour l'autre parti) que la profonde blessure de son patriotisme avait aussi atteint les sources de sa vie. Messieurs, la justice se trouve parfois éclipsée par les nuages de la passion. Si, aujourd'hui, nous ne savions pas où elle est, suivons toujours les pas de ce juste : nous serons certains d'être dans la vérité. J'ai dit.

P. STAPFER. (*Siècle*, 25 juillet 1898.)

Chassaing.

Fragment d'une LETTRE à M. BRISSON.

Le 25 septembre 1898.

Nous avons vu un lieutenant-colonel d'état-major se reconnaître coupable d'un faux qui avait été lu à la tribune et affiché sur tous les murs de France comme un document authentique.

Nous avons vu un chef d'état-major démissionnaire pour ne pas « présider, comme le lui demandait le ministre de la guerre, à la répression des actes qu'il avait couverts dans sa bonne foi surprise ».

Nous avons vu le suicide d'un prévenu dans sa prison, sans autopsie.

. . . .

Nous voyons des relations s'établir entre certains bureaux de la guerre et certains journaux auxquels des officiers accordent des interviews au mépris des règlements militaires.

Nous voyons des généraux lancer des proclamations rappelant les mœurs espagnoles.

. . . .

Il est temps pour la sûreté de la République que cet état de choses prenne fin.

J'aurai l'honneur, monsieur le président, de vous interpeller, à la rentrée des Chambres, sur les mesures que vous avez prises pour « que toutes les administrations, et au centre et dans les départements, se conforment rigoureusement aux principes » énoncés dans votre déclaration.

Veuillez agréer, monsieur le président, l'expression de ma plus haute considération.

H. CHASSAING.

E. Durkeim.

M. E. DURKEIM, professeur à l'Université de Bordeaux.

(Lettre à l'*Aurore*.)

Bordeaux, 26 juillet 1898.

Monsieur,

Votre collaborateur, M. Guinaudeau, en racontant l'incident qui s'est produit à Bordeaux aux obsèques de M. Couat, prête aux universitaires présents je ne sais quelle peur de « perdre leurs places ». C'est oublier que, parmi ces universitaires, il en est plusieurs qui n'ont laissé passer aucune occasion de manifester publiquement leurs sentiments. D'une manière générale, n'est-ce pas dans l'Université que s'est formé le noyau de la petite armée qui combat avec vous ?

L'incident a, d'ailleurs, été inexactement rapporté par plusieurs journaux, notamment par le *Temps*, auquel j'adresse une demande de rectification. *La Faculté des lettres n'a envoyé aucune délégation au quartier général.*

Quant à la note communiquée aux journaux, il a été expressément entendu qu'elle réservait nos opinions personnelles et était uniquement destinée à dégager ceux de nos collègues qui, sur le fond du débat, ne partagent pas les sentiments de notre doyen et le nôtre.

Plusieurs collègues se joignent à moi pour appeler votre attention sur l'utilité qu'il y a à rectifier le plus prochainement possible et le récit du fait et l'interprétation à laquelle il a donné lieu dans votre journal.

Avec mes remerciements anticipés, veuillez agréer, etc.

E. DURKEIM.

Couat.

M. COUAT, recteur de l'Université de Bordeaux.

(Lettre posthume à M. Trarieux.)

Bordeaux, 12 juillet.

Monsieur le sénateur,

Ai-je besoin de vous dire encore que, dans les tristes circonstances que nous traversons, je reste fidèle aux principes de justice et de légalité que vous défendez courageusement et que je rougis de ne pouvoir défendre avec vous ?

Le devoir professionnel ne m'a jamais paru si pénible qu'en ces jours, où il m'impose un silence qui est une sorte de mensonge et de complicité. J'ai le droit, du moins, et j'en use, de confier ma peine à qui veut bien la comprendre et la partager.

Jusqu'à quand la peur basse de l'impopularité pousserat-elle à un désaveu éclatant des idées libérales, qui sont leur unique raison d'être, la Chambre et ceux qui la conduisent? L'illégalité commise en 1894 a été hautement avouée à la Chambre par un membre du gouvernement, et il n'a pas eu un contradicteur!

Avons-nous encore un Sénat? Et que servent les beaux discours de nos plus éloquents leaders républicains si, le jour de l'action venu, tous se réfugient dans l'indifférence et l'abstention? Les fautes s'accumulent les unes sur les autres, conséquences inévitables de la faute initiale, qu'on n'a pas eu le courage de réparer à temps. Et, cependant, il faudra bien que le moment arrive où la légalité aura son tour. Je souhaite bien vivement que ce moment soit prochain : le mensonge et la lâcheté ont déjà fait trop de victimes.

COUAT.

Buisson.

M. BUISSON, professeur à la Sorbonne, ancien directeur de l'Instruction primaire. (Fragment de son discours sur la tombe de M. PÉCAUT, le 3 août 1898.)

Depuis huit mois, vous le savez, une question douloureuse torture ce pays. Je n'ai pas besoin de la désigner davantage : quelle est la famille qu'elle n'ait agitée, divisée, angoissée?

Notre grand ami avait suivi cette redoutable affaire dans toutes ses péripéties, avec l'attention la plus anxieuse, jusqu'au moment où la maladie le cloua sur son lit de souffrance. Mais dans ce corps brisé, anéanti, il a gardé jusqu'à la dernière heure non seulement la lucidité parfaite de sa pensée, mais la plénitude de sa force morale et la sûreté de regard de sa conscience. Il a voulu être informé de tout, suivre jour par jour les événements. Et, à mesure qu'ils se déroulaient, il a tenu à faire ce qu'il appelait son devoir, tout son devoir.

Vous avez remarqué, dans les lettres de faire part, que M. Pécaut est qualifié *ancien* inspecteur général, *ancien* membre du Conseil supérieur. Pourquoi ancien? C'est tout récemment, la semaine dernière, qu'il a de nouveau fait écrire par sa famille, avec les plus vives instances, pour que le ministre acceptât sa démission de ces deux fonctions qui le rattachaient encore à l'enseignement et à l'administration. Et il l'a fait pour ne pas mourir sans avoir pu joindre publiquement son nom, comme ses fils l'avaient déjà fait, à ceux des hommes de cœur qui ont entrepris de remonter un des plus aveugles mais des plus formidables courants d'opinion qui aient jamais entraîné un pays.

En s'unissant à eux, il essayait de préserver la République, la France et l'armée du seul déshonneur qui pourrait les atteindre : car réparer une erreur, s'il y a une erreur, ce n'est pas une honte, au contraire. Et c'en serait une indélébile que de prendre son parti d'une iniquité même involontairement commise. Que de fois ne m'avait-il pas dit dès le début : « Mais ne voit-on pas que la pire injure que l'on puisse faire à notre armée, ce serait d'oublier qu'étant la servante de la France, elle est la servante de la justice ? Pour Dieu ! ne nous laissons pas enfermer dans ce dilemme abominable : ou sacrifier la justice à la patrie, ou sacrifier la patrie à la justice. Ces deux idées n'en font qu'une. Blesser l'une, c'est blesser l'autre. »

C'est pourquoi il a voulu, à tout prix, libérer sa conscience devant l'Université. Certes, il pouvait se taire. Il n'était, hélas ! que trop excusé. Mais il lui a semblé que la France courait un danger tel que le dernier de ses enfants, n'eût-il qu'un souffle, le lui devait. Quel danger ? Il l'a dit lui-même et il l'a fait écrire plusieurs fois : « En voulant sauver la France, prenez garde de détruire la conscience française. Il est facile aujourd'hui d'obtenir que, de guerre lasse, la conscience publique se taise et s'apaise. Tremblons que ce malheur ne nous arrive, celui-là seul serait irréparable. » Et, du jour où il a craint ce malheur, il n'a pas eu de repos qu'il n'eût fait pour le conjurer le peu qui était en son pouvoir : il y a mis tout ce qui lui restait, la voix d'un mourant. Quand il apprit l'arrestation du lieutenant-colonel Picquart, de grosses larmes coulèrent de ses yeux. Et de son lit de mort il a dicté des lettres déchirantes à ceux qu'il a cru capables d'écouter un suprême avertissement ; aussitôt libre par sa démission, il a ordonné qu'on envoyât sa souscription à l'affichage, en réponse au discours du ministre de la guerre. Il ne s'est pas demandé s'il allait mourir demain, il a jugé qu'il avait encore le temps de faire acte de citoyen, de patriote et d'éducateur.

École Normale.

L'École Normale a M. G. Monod, au nom de tous les élèves.

(*Temps* du 17 novembre 1897.)

Monsieur,

Indignés des attaques injurieuses dont vous avez été l'objet dans différents journaux, les élèves de l'Ecole normale supérieure tiennent à vous exprimer la respectueuse sympathie qu'ils ont pour votre personne et pour votre caractère.

Veuillez agréer, etc.

Suivent les signatures de tous les élèves de l'Ecole.

Les Étudiants.

Les Etudiants a Emile Zola. (Extrait d'une lettre parue au *Temps* du 6 janvier 1898.)

Monsieur,

Votre lettre à la jeunesse n'est pas restée sans résultat. Après les réponses isolées qu'elle a fait naître, sans portée et sans force, puisqu'elles n'exprimaient que des sentiments individuels, quelques jeunes gens ont pensé qu'une réponse collective, si tardive fût-elle, était nécessaire.

... Nous ne savons si Dreyfus est innocent ou coupable. Nous ne voulons pas discuter le fond de l'affaire. Mais tous, nous voulons que celle-ci soit conduite à l'égal de toute autre affaire judiciaire.

Nous entendons qu'elle soit traitée avec l'impartialité, avec la hauteur de vues qui importe dans un pareil débat. Jugeant les faits avec la précision et la rigueur qui doit toujours en inspirer l'étude, nous estimons que, depuis deux mois, cette affaire a été conduite avec des procédés insoutenables.

Et d'abord, *il y a une affaire Dreyfus*. Qu'importent les arguties parlementaires, ou les colères ridicules d'une Chambre qui s'imagine qu'on résout une question judiciaire avec un ordre du jour emphatique ?

Il y a une affaire Dreyfus, et tout est venu contredire l'affirmation contraire, fût-elle ministérielle. Les premiers communiqués à la presse, les réponses du ministre au Parlement, enfin l'ordre d'informer contre un prévenu dont la culpabilité serait pour Dreyfus une présomption indéniable d'innocence, tout cela n'est-il pas né uniquement de l'affaire Dreyfus ?

. . . .

L'opinion publique ! Qu'est-ce aujourd'hui, sinon l'opinion de la presse ? Et quelle presse ! Mensonges impudents, fables incohérentes, insoutenables imputations de faux, contes de femmes voilées et de serviettes perdues aux contenus terrifiants, voilà le roman-feuilleton qu'on fait juger à la France !...

L'antisémitisme a fait dévier cette question. La religion ni la politique n'ont rien à voir ici. La justice ne connaît ni confessions religieuses, ni partis politiques. Un homme est-il innocent ? un homme est-il coupable ? Voilà la seule question à résoudre.

Mais si l'opinion est égarée, la faute n'est pas qu'à la presse. Deux sortes d'illégalités ont été commises.

Un général enquêteur a-t-il refusé pendant quatorze jours d'examiner un bordereau, seule pièce qui fût la base du procès, du nouveau comme de l'ancien ? Serait-ce qu'à ce bordereau avaient été jointes naguère des pièces secrètes qui n'auraient été communiquées ni à l'accusé, ni à son défenseur ? Fut-il, en un mot, commis, non plus une simple illégalité, mais un crime judiciaire ? Voilà ce qu'il aurait fallu nier, et nous eussions aimé que celui qui est et se déclare l'honneur de l'armée vînt anéantir hautement de pareils soupçons.

C'est qu'hélas ! le gouvernement se sentait sans doute lié par d'autres illégalités, flagrantes celles-là. On évite toute perquisition au domicile du nouveau prévenu, et l'on fouille le domicile d'un témoin, en son absence. L'enquête est menée dans des conditions telles que le prévenu a l'apparence d'un prévenu volontaire, et que les interrogatoires semblent bien plutôt dirigés contre l'accusateur que contre l'accusé. Enfin, le gouvernement, sortant de son rôle, prend parti dans une affaire qu'il devait abandonner sans pression à la justice militaire. A la Chambre, puis au Sénat, on voit le ministre discuter l'affaire Dreyfus, affirmer qu'elle n'existe pas et trancher d'avance le cas soumis au juge.

(La lettre se termine par quelques considérations sur la raison d'Etat, comme si elle pouvait être invoquée dans un pays libre !)

Ont signé :

MM.
E. Babut, de l'Ecole normale supérieure ;
G. Barbey, licencié ès-lettres ;
A. Barbier, étudiant ès-lettres ;
E. Bonnet, licencié en droit ;
Eugène Bonzon, docteur en médecine ;
Jacques Bonzon, avocat à la Cour ;
O Gœpp, licencié ès-lettres et en droit ;
G. Hervé, agrégé d'histoire ;
H. Mounier, licencié ès-lettres et en droit ;
H. Servajon, licencié ès-lettres ;
H. Trocenė, licencié ès-lettres.

Groupe d'Étudiants.

LETTRE D'UN GROUPE D'ÉTUDIANTS A EMILE ZOLA. (Extrait de l'*Aurore*, 17 janvier 1898.)

Monsieur,

Parmi ces *jeunes* à qui vous faisiez récemment appel, il en est encore, et beaucoup, nous voulons le croire, qui s'efforcent *d'aller à l'humanité, à la vérité, à la justice.*

Quelques-uns de ceux-là viennent aujourd'hui, de toute leur âme, vous dire merci.

Dans les jours sombres que nous traversons, alors que la conscience publique semble impuissante à reconnaître le vrai, nous aurions pu, nous aussi, trompés par l'erreur, découragés par le trouble de l'heure présente, renier le saint idéal de justice et de vérité auquel nous avions dévoué nos cœurs à notre entrée dans la vie. Mais des hommes d'élite se sont levés, qui, forts des longues années d'une vie noble et pure, fidèles à la religion de la conscience et du devoir qu'ils ont toujours gardée, nous ont rendu, par leur haute et généreuse parole, le courage et la foi que peut-être nous allions perdre.

Vous vous êtes placé, monsieur, par vos plaidoyers si puissants en faveur de la justice outragée, à la tête de ces hommes d'élite, nos guides et nos maîtres. Nous adressons à eux tous, en vous, l'expression de notre profonde, de notre ardente reconnaissance. Agréez-la, monsieur, et qu'elle soit votre dédommagement pour toutes les viles attaques qu'il vous faut subir. Les calomnies, les honteuses injures qui vous poursuivent vous seront peut-être moins pénibles si vous êtes assuré qu'il est autour de vous nombre d'âmes que vous avez éclairées, réconfortées, en qui vous avez éveillé, avec « ces haines vigoureuses que doit donner le vice aux âmes vertueuses », le désir ardent de combattre à leur tour le bon combat.

. . . .

Mais à peine avions-nous pris la plume que nous apprenions avec stupeur l'incarcération du lieutenant-colonel Picquart au Mont-Valérien, — son crime étant d'avoir dit la vérité, — puis on nous annonçait des poursuites contre vous, et enfin nous pouvions lire dans le journal de M. Méline une menace lancée contre tous ceux qui auraient la tentation de protester contre ce qu'ils croient être une iniquité ! On renouvelle contre le lieutenant-colonel Picquart les mesures illégales prises lors de l'instruction du procès Dreyfus, ajoutant une injustice nouvelle à toutes celles déjà commises. Et puis l'on prétendrait nous fermer la bouche ! C'est la « raison d'Etat » peut-être qui nous défend d'être émus de l'épouvantable martyre que subit un malheureux qui peut être innocent et sa famille entière ? Ah ! honte ! Notre conscience et notre cœur se révoltent, et nous venons protester bien haut, protester de toutes nos forces, de toute notre âme. On veut nous intimider ? Loin de nous réduire au silence, la menace fait d'elle-même monter les paroles à nos lèvres, car cette menace est lâche !

Eh quoi ! il se commettra sous nos yeux des faits que nous trouvons odieux, et nous n'aurons pas le droit de le dire ? A quelle époque vivons-nous donc ? Ce n'est donc pas assez qu'en condamnant le capitaine Dreyfus sur de soi-disant pièces secrètes, on nous ait ramenés à l'époque des commissions mixtes, ce n'est pas assez que la barbarie du supplice auquel on l'a condamné et qu'il subit encore, nous rappelle les plus affreuses imaginations des inquisiteurs du moyen âge : tout cela n'est pas assez, il faut encore que les spectateurs le trouvent parfait ? C'est un peu trop d'impudence ! Il ne se trouvera donc plus un Pascal pour flageller comme elle le mérite la tourbe qui souille l'Eglise et la France ? Et c'est cette « jésuitière » qui ose encore parler au nom des intérêts de la France — elle à qui nous devons d'entendre l'étranger, même le plus sympathique — dire que la France est pourrie.

. . . .

Quant à nous, nous en avons assez des lâches prétextes de la « raison d'Etat » et de l'odieux sophisme que la « fin justifie les moyens ». Nous demandons aussi, comme le président de la Chambre, que tout soit clair et franc. Or, ce qui est clair et indiscutable, c'est que la personne humaine est inviolable et sacrée ; qu'aucun intérêt, pas même l'intérêt de l'Etat, n'est supérieur au droit de l'individu. Et nous ne sachons pas que ce droit soit limité par aucune question de parti ou de secte. « Juif », « catholique » ou « protestant », pèsent à cet égard d'un même poids dans la balance de la justice.

Donc, s'il existe contre le capitaine Dreyfus des preuves de culpabilité, qu'on nous les montre ! Nous ne sommes plus au temps où chacun s'inclinait devant cet argument suprême : « Le Maître l'a dit », et le « Billot l'a dit » ne nous suffit pas. Nous voulons voir et comprendre — et ce n'est pas notre faute si la parole de ceux qui nous gouvernent est à ce point dépréciée : c'est une monnaie qu'ils ont eux-mêmes faussée. Elle n'a plus cours — nous voulons des preuves — et, tant qu'on ne nous en donnera pas, nous protesterons avec toute notre énergie et tous nos moyens contre une condamnation barbare que rien, jusqu'ici, ne justifie. Nous nous rions des menaces et nous acceptons de grand cœur la persécution : quand l'injustice règne, il est glorieux d'être sa victime.

Mieux que personne, monsieur, vous avez éprouvé et vous avez su exprimer ces sentiments et ces pensées ; néanmoins nous avons cru devoir venir vous les dire, afin que vous sentiez bien que nous vous suivons dans la lutte courageuse et belle que vous avez entreprise contre le mensonge et l'iniquité.

> Edouard-Gabriel Monod; Rodolphe Riéder, étudiant ès-sciences; M. Baertschi, professeur d'école normale; Henri Stapfer, étudiant en droit; Jean Friedel, étudiant ès sciences; Henri-Armand Delille, artiste; Lucien Monod, *libre-penseur;* Ary Renan; H. Bachellier; J.-Raymond Kœnig, artiste peintre; Jean Kœnig, musicien; Victor Crémieu, licencié ès sciences.

Association des étudiants.

L'Association générale des Etudiants à Émile Zola.

(*L'Aurore*, 15 janvier 1898.)

L'Association générale des étudiants a adressé la lettre suivante à M. Emile Zola :

« Monsieur,

» L'Association générale des étudiants a été vivement émue par la lettre publique que vous avez adressée à M. le président de la République. Le comité, réuni immédiatement, a décidé de vous exprimer son douloureux étonnement, avec la franchise que vous-même avez mise dans votre appel à la jeunesse.

» Nous sommes respectueux de toute opinion politique ou religieuse et fermement attachés à la liberté de penser et d'écrire; mais nous mettons au-dessus de tout soupçon l'armée, qui est la plus noble expression de la patrie, et ses chefs, qui sont les gardiens de l'honneur national.

» Notre conscience est profondément troublée de trouver de telles attaques sous la plume du grand écrivain qui est venu jadis, dans une circonstance solennelle, nous apporter de si nobles et si encourageantes paroles.

» Veuillez agréer, monsieur, l'expression de nos sentiments respectueux et attristés.

» *Le Comité de l'Association générale des étudiants.* »

E. Zola.

Réponse de M. E. Zola à M. Paul Tissier, président du Comité de l'Association générale des Étudiants :

> Monsieur le président,
>
> Je vous prie de dire au Comité de l'Association générale des Étudiants que je suis surpris des termes de la lettre qu'il m'a adressée.
>
> Si j'avais attaqué l'armée, je comprendrais sa légitime émotion. Mais je n'ai pas attaqué l'armée; les preuves écrites sont là, absolues. J'ai dit au contraire toute ma tendresse et tout mon respect pour elle.
>
> Ce n'est pas attaquer l'armée que de vouloir faire la lumière sur les agissements de certains chefs qui la compromettent. La confusion que les intéressés s'efforcent d'établir entre ses chefs et la nation française en armes est une manœuvre abominable pour étouffer toute vérité et toute justice.
>
> Et mon cœur se serre d'angoisse en voyant que la jeunesse se laisse prendre à cette manœuvre. Quels remords plus tard !
>
> Veuillez agréer, monsieur le président, l'assurance de mes sentiments les plus distingués.
>
> E. Zola.

Paul Robiquet.

M. Paul Robiquet, avocat au Conseil d'Etat et à la Cour de Cassation. (Lettre au *Temps*.)

Paris, 21 juillet.

> Monsieur le rédacteur,
>
> Dans un pays de libre discussion, dans une démocratie où chaque citoyen a le droit et souvent le devoir d'exprimer sa pensée, ceux qui ont fait de l'histoire, de la politique et du droit l'occupation de leur vie, peuvent de temps

en temps donner au grand public un avis calme et désintéressé, au milieu des clameurs et des cris de haine des factions rivales.

Vous jugerez, monsieur le rédacteur, si le moment est bien choisi pour mettre un peu d'ordre dans cette mêlée d'idées confuses, dans ces furieux conflits qui agitent depuis de longs mois la conscience nationale et jettent dans les âmes peu éclairées la semence des discordes civiles.

Avant comme après l'intervention violente et regrettable de M. Zola, qui a complètement déplacé le terrain du débat, un seul point devrait préoccuper et le gouvernement et tous ceux qui ont quelque notion du droit : le conseil de guerre qui a jugé Dreyfus a-t-il, oui ou non, jugé en dehors des formes légales, en recevant communication, dans la chambre du conseil et après la clôture des débats, de pièces qui n'avaient pas été soumises, comme le veut un texte impératif, et comme le veut l'équité la plus élémentaire, à l'accusé et à son défenseur? Si oui, le garde des sceaux doit saisir la Cour de cassation d'une demande en annulation du jugement rendu par le conseil de guerre. La cassation s'impose et, sur renvoi devant un nouveau conseil de guerre, on discutera de nouveau au fond de la question de la culpabilité d'un officier français. Tant que ce mystère ne sera pas éclairci, la conscience du pays sera troublée et inquiète. Or, Me Demange a itérativement affirmé que son dossier, de même que l'acte d'accusation, qui a été publié, ne parlait que d'une pièce, le bordereau. L'avocat à la Cour de cassation qui a défendu Dreyfus devant le conseil de revision ne démentirait pas cette affirmation de son confrère.

Si l'on voulait élucider cette question de fait, on pouvait et on peut encore interroger les officiers qui faisaient partie du conseil de guerre ou M. le général Mercier.

En vain dirait-on que ces officiers ne peuvent violer « le secret de leurs délibérations. » Il ne s'agit pas du secret des délibérations, mais d'une constatation de fait. Le conseil, dans sa chambre des délibérations, a-t-il ou n'a-t-il pas communiqué avec le dehors? De même des jurés ne manqueraient pas à leur devoir de garder le secret de leurs délibérations en révélant à des tiers que la porte de leur chambre a été ouverte et qu'ils ont communiqué avec le dehors. Un membre du conseil de guerre, inconsciemment, a parlé à Me Salle, avocat justement estimé.

Enfin, l'honorable ministre actuel de la guerre a lu à la tribune des pièces à la charge de Dreyfus, pièces qui ne sont nullement de nature à exposer la France à des incidents diplomatiques et qui, vraisemblablement, sont les mêmes dont le conseil de guerre a pris secrètement connaissance, en dehors de l'accusé et de son défenseur.

Le chef du cabinet a toujours eu le souci du droit et de la liberté. Il lui appartiendrait de ramener les choses à leur point de départ et de suivre la voie qu'a courageusement indiquée le procureur général à la Cour de cassation.

« Il vous reste la ressource de la Cour de cassation et l'appui de l'étranger, » a dit l'autre jour, à M. Zola, Mᵉ Ployer, devant la Cour d'assises de Versailles. Parole étrange ! La Cour de cassation reste à tout le monde. Elle existe pour défendre la loi et n'est au service de personne. Il n'est pas bon de la traiter de quantité négligeable et de trouver naturel qu'une certaine presse l'insulte aussi violemment que M. Zola insulte l'Etat-Major. Le jour où la magistrature serait livrée aux passions de la rue, la loi serait un vain mot.

Qu'on ne dise plus donc que la condamnation de Zola est tout ce qui importe ! Hors-d'œuvre, au fond, que ce procès ! L'affaire d'Esterhazy, au dire de ses accusateurs, se rapprocherait par un lien plus intime de l'affaire Dreyfus. Mais qu'il n'y ait qu'un coupable ou qu'il y en ait deux, ou qu'il n'y en ait pas du tout, il n'en faut pas moins constater que si l'on veut en finir avec ces funestes agitations, il y a lieu de ramener l'attention du gouvernement sur la demande en annulation formulée par Mᵉ Demange.

Je borne là mes réflexions, monsieur le rédacteur ; elles émanent d'un républicain et d'un patriote qui unit dans son âme l'amour du drapeau et le respect professionnel du droit, mais qui gémit sincèrement avec vous, je l'espère, de voir tant de bons Français divisés par des malentendus inextricables et par des haines d'un autre âge.

Paul Robiquet.

Léopold Monod.
(*Siècle*, du 14 août 1898.)

Alfred Dreyfus, condamné pour crime de trahison, a-t-il

été jugé avec les garanties que l'équité et la loi assurent à tout accusé ?

Voilà, pour l'heure, toute la question, et elle est d'une extraordinaire simplicité. Si l'on répond oui, il faut avouer que nos gouvernants sont inexcusables. Comment ont-ils pu laisser une pareille angoisse inquiéter les consciences, un pareil trouble bouleverser le pays, sans prononcer sur ce point le mot décisif, sans mettre la régularité du jugement dans un jour éclatant ?

Puisqu'ils ne l'ont pas fait, personne ne doutera qu'ils ne pouvaient pas le faire. Autrement, encore une fois, ils seraient impardonnables.

Ainsi, par cela seul, et sans qu'il soit besoin d'invoquer d'autres témoignages — il y en a d'ailleurs et d'irrécusables — l'irrégularité est certaine.

Combien, du même coup, s'éclaire la voie qu'il fallait suivre ! Le gouvernement, plus spécialement le ministre de la justice, n'avait qu'un seul parti à prendre : non point reviser lui-même, confirmer ou infirmer la sentence, mais déférer cette sentence, rendue hors des règles, à l'unique Cour compétente.

Tels conseillers bénévoles de l'opinion publique, qu'on n'a pas vus s'engager bien avant dans le combat pour le droit, paraissent vouloir distribuer impartialement le blâme comme du haut d'une chaire magistrale, et reprochent volontiers à tout le monde d'oublier sans cesse qu'il s'agit « d'une affaire purement judiciaire ». En ceci ils ont raison ; c'est bien, ce doit bien être une affaire exclusivement judiciaire. Mais à qui la faute s'il n'en est pas ainsi ? « L'affaire », discutée partout excepté devant les juges auxquels il appartient d'en connaître, ne rentrera pas d'elle-même, par un mouvement spontané, dans l'ordre judiciaire. Aucun magistrat n'a le pouvoir de l'y faire rentrer.

Seul au monde, le garde des sceaux a ce pouvoir. Aussi longtemps qu'il se refuse à en user, c'est-à-dire à saisir la Cour de cassation, c'est lui qui maintient l'affaire sur un terrain qui n'est pas le sien ; c'est lui qui est responsable des débats qu'elle suscite ailleurs et qui ne cesseront pas jusqu'à ce qu'il ait fait ce qu'il a à faire.

L. Monod.

G. Kœchlin.

G. Kœchlin, manufacturier, ancien officier ; lettre au *Siècle*.

Belfort, le 7 février 1898.

Monsieur le Rédacteur en Chef,

Je viens demander à votre obligeance l'hospitalité de votre journal pour publier une double protestation que j'ai le devoir de faire entendre.

On vient de me mettre sous les yeux une lettre publiée dans le numéro du 17 janvier du journal *le Gaulois*. Ne lisant pas le *Gaulois*, ce n'est qu'aujourd'hui que j'ai eu connaissance de cette lettre, qui a paru sous la signature de mon frère cadet, Marcel Kœchlin, ancien officier.

Au nombre des signataires de la première liste de protestation demandant la revision du procès Dreyfus, figurait le nom de mon cousin Raymond Kœchlin.

Nul ne saurait contester à mon frère le droit, si le nom d'un Kœchlin, à côté de celui d'hommes éminents et indépendants, froissait sa manière de voir, de le déclarer publiquement *en son nom personnel*.

Mais je lis dans la lettre qu'il a signée cette phrase : « Je dois à la mémoire de mon père, Alfred Kœchlin, ancien député du Haut-Rhin à l'Assemblée Nationale, et décédé en 1872, de déclarer que ce n'est pas un de ses fils qui a signé ce manifeste ».

Or il se trouve précisément que cette lettre a paru dans le *Gaulois* en même temps qu'un fils d'Alfred Kœchlin, obéissant aux tourments de la conscience, mettait sa signature au bas de la protestation en faveur de la revision du procès Dreyfus.

Ce fils d'Alfred Kœchlin, c'est moi-même.

Je me vois donc obligé de protester, en mon nom, contre les termes dont s'est servi, sans aucun droit, mon frère Marcel, en parlant au nom *des fils d'Alfred Kœchlin*.

De plus, je suis dans la pénible nécessité de ne pouvoir accepter que mon frère cadet fasse intervenir ici la mémoire de notre père, à l'insu de ses frère et sœurs, ses aînés, et sans les avoir consultés.

Il ne saurait me convenir d'entamer avec mon frère une polémique déplacée; mais, en présence de la forme qu'a revêtue sa lettre destinée à la publicité, je ne puis qu'y répondre publiquement.

Je ne me *permettrai* pas de dire que j'ai joint mon nom à celui des protestataires, parce que je le DEVAIS à la mémoire de mon père. Mais ce que je puis affirmer, c'est qu'Alfred Kœchlin a combattu toute sa vie pour le triomphe des idées de Liberté, de Justice et de Légalité; c'est qu'il était l'adversaire déclaré de tous les fanatismes et de toutes les guerres de Races ou de Religions.

Au surplus, sur sa tombe encore ouverte, le 5 juillet 1872, deux hommes de cœur, MM. Jules Grosjean et Scheurer-Kestner, prononçaient les paroles suivantes qui, si elles empruntaient au moment où elles étaient dites un caractère spécial, n'en étaient pas moins la peinture fidèle de la vie et des idées de l'Homme au caractère duquel elles rendaient un éclatant et pieux hommage.

M. Jules Grosjean s'exprimait ainsi : « Distingué d'intelligence, ardent au bien, passionné pour tout ce qui est grand, noble et généreux, inébranlable dans la foi politique, vaillant, chevaleresque enfin, tel a été l'homme que nous perdons...

» Toujours debout, prêt à la lutte, relevant tous les courages, montrant à chacun la route à suivre, celle du devoir et de l'honneur, dédaigneux de ces défaillances qui s'abritent sous tous les manteaux, Alfred Kœchlin, je vous l'affirme, n'a jamais désespéré un instant du triomphe définitif du Droit sur la Force et de l'Ame humaine sur le canon.... Et toi, cher et tendre ami, repose en paix... Tu as vaillamment tracé ton sillon et tu as bien mérité de ton pays. Le combat que tu as laissé inachevé, nous le continuerons en serrant nos rangs, avec ton exemple sous les yeux, avec ta mémoire dans le cœur, avec la *justice éternelle pour tous!* »

Et M. Scheurer-Kestner, parlant au nom des anciens collègues d'Alfred Kœchlin à l'Assemblée nationale, terminait ainsi son discours : « Je dépose dans vos cœurs le souvenir de l'adieu suprême adressé par Gambetta, le citoyen qui ne désespère pas, au citoyen qui n'a jamais désespéré! »

Après avoir relu ces fières et touchantes paroles, *vraies en tous temps et en toutes circonstances*, je n'ajouterai qu'un mot : Je ne crois pas avoir manqué à la mémoire d'Alfred Kœchlin en faisant figurer le nom d'un de ses fils parmi les noms de ceux qui ne *désespèrent pas de la justice éternelle pour tous* dans notre cher pays de France.

Veuillez agréer, Monsieur le rédacteur en chef, l'expression de mes sentiments les plus distingués.

G. KŒCHLIN.

Lalance.

DÉCLARATION DE M. LALANCE, député protestataire au Reichstag.

Paris, le 19 février 1898.

Monsieur Yves Guyot,

A votre demande, je vous écris ce que j'aurais déclaré aujourd'hui à la Cour d'assises, si Monsieur le président ne m'avait pas empêché de parler.

La famille Dreyfus est composée de quatre frères : Jacques, Léon, Mathieu et Alfred. Ils sont étroitement unis, c'est une âme dans quatre corps.

En 1872, les Alsaciens furent appelés à se prononcer sur leur nationalité. C'est ce qu'on appela l'option.

Ceux qui voulaient rester Français devaient faire une déclaration et quitter le pays.

Les trois plus jeunes optèrent et partirent.

L'aîné, Jacques, qui avait passé l'âge du service militaire et qui du reste avait fait partie pendant la guerre de la Légion d'Alsace-Lorraine, n'opta pas et fut déclaré Allemand.

Il se dévoua, pour pouvoir, sans crainte d'expulsion, diriger les importants établissements industriels qui étaient le patrimoine de la famille.

Mais il se promit que, s'il avait des fils, ils seraient tous Français.

La loi allemande, en effet, permet au père de prendre un permis d'émigration pour le fils qui a atteint l'âge de 17 ans; celui-ci perd la nationalité allemande, mais il ne peut plus rentrer dans le pays avant l'âge de 45 ans.

Jacques Dreyfus eut six fils.

En 1893, les deux aînés se préparaient à Paris pour les Écoles Polytechnique et Saint-Cyr. Après le procès, ils durent partir ; leur carrière était brisée.

Deux autres frères étaient au lycée de Belfort ; ils en furent chassés.

Que devait faire le père, qui savait que son jeune frère avait été injustement et illégalement condamné ?

Devait-il changer de nom, comme d'autres Dreyfus l'ont fait ?

Devait-il renoncer à ses projets et se résoudre à faire faire à ses fils un an de service militaire dans l'armée allemande, pour pouvoir ensuite rentrer dans la maison paternelle et vivre dans une ville où la famille était respectée, où tout le monde la plaignait et l'estimait ?

S'il avait fait cela, personne ne lui aurait jeté la pierre.

En 1895 et 1896, son troisième et son quatrième fils atteignirent l'âge de dix-sept ans.

Il leur dit : « Mes enfants, vous allez quitter la maison paternelle pour n'y plus revenir ; allez dans ce pays où votre nom est flétri et méprisé ; c'est votre devoir, partez. »

Enfin en 1897 le père quitta sa maison, ses affaires, tous ses amis et alla se fixer à Belfort, dans cette villa dont on a voulu faire un château-fort.

Il demanda la naturalisation française pour lui et ses deux plus jeunes fils.

Y a-t-il beaucoup de chrétiens qui en auraient fait autant ?

Recevez, Monsieur, l'assurance de mes sentiments les plus dévoués.

LALANCE.

Colonel Humbert.

Une lettre du colonel HUMBERT à l'*Aurore :*

Paris, le 2 septembre 1898.

Monsieur le directeur,

Avant l'aveu et le suicide du faussaire Henry, j'étais fortement opposé à la revision.

Actuellement, et après avoir mûrement réfléchi, je pense que le devoir de tout citoyen aimant son pays est de dire nettement et sans passion son opinion sur l'affaire Dreyfus, afin d'éclairer le gouvernement.

A mon avis, deux mesures impérieuses s'imposent :

1° la revision ;

2° La démission immédiate de Cavaignac.

La culpabilité ou l'innocence de Dreyfus ne peuvent plus être établies d'une façon indiscutable et indiscutée que par la revision.

M. Cavaignac s'est effroyablement trompé et a effroyablement trompé le pays ; il a perdu toute autorité morale.

C'est avant de parler qu'il devait voir clair et non après.

Quoi qu'il affirme maintenant concernant l'affaire Dreyfus, ses affirmations sont de plein droit absolument suspectes.

Il ne peut pas, il ne doit pas être cru. Il a manqué totalement de jugement et de clairvoyance. Et j'avoue que je ne comprends pas qu'il ne se soit pas retiré, comme le général de Boisdeffre.

En 1870, Ollivier « au cœur léger » et Lebœuf « pas un bouton de guêtre », après s'être grossièrement trompés, se sont éclipsés.

J'ajouterai que l'honneur de 28,000 officiers n'a rien de commun avec celui des officiers coupables dans l'affaire Dreyfus, et que l'honneur de l'armée reste intact entièrement.

L'armée, au contraire, sera grandie lorsqu'elle aura jeté au ruisseau les coquins qui la déparent.

Je vous serai obligé de publier cette lettre, si vous le jugez convenable, et je vous prie d'agréer, monsieur le directeur, l'assurance de ma haute considération,

C^{el} HUMBERT.

Père Hyacinthe.

TROIS LETTRES DU PÈRE HYACINTHE

I

A M. B. LAZARE, *7 janvier 1898.*

Neuilly, 7 janvier.

Monsieur,

Je n'ai jamais été pleinement persuadé de la culpabilité

du capitaine Dreyfus ; ce dont j'étais certain, c'est que, innocent ou coupable, il avait été mal jugé.

C'en est assez pour m'associer, dès le principe, à la noble et patriotique campagne entreprise pour la revision du procès.

Je viens de vous dire, monsieur, et je suis convaincu que le prétendu traître est tout simplement l'un des plus grands martyrs de ce siècle.

Je n'ai pas l'honneur de vous connaître ; mais vous me permettrez de vous remercier, en formant des vœux pour que vos deux écrits décisifs sur « l'affaire Dreyfus » soient entre les mains de tous ceux qui ont gardé le souci de la vérité et de la justice.

La sentence qu'attendent les hommes sérieux et honnêtes, non seulement dans notre pays, mais dans l'Europe entière, ce n'est pas le verdict de quelques juges militaires, siégeant probablement à huis clos, c'est le verdict supérieur de la conscience nationale réveillée enfin, je n'en doute pas, en présence de tant de fanatisme chez ceux qui ignorent, — de tant de lâcheté chez ceux qui savent.

Dans cet entraînement plus honteux et plus redoutable encore que celui qui faillit nous perdre, au temps du boulangisme, l'honneur de l'armée, son véritable honneur, et j'allais presque dire le salut de la patrie, consistent à se mettre résolument en travers de ces deux courants qui n'en font plus qu'un, le fanatisme et la démagogie.

Encore une fois, monsieur, merci de nous y aider par vos courageux efforts.

II

Au *Siècle*, le 27 avril 1898.

Monsieur,

Je viens de recevoir une petite et concluante brochure, publiée aux bureaux du *Siècle*, et intitulée : *Le Curé de Fréjus ou les Preuves morales*, par Joseph Reinach, député.

J'ignore si c'est de vous qu'elle me vient, mais je veux vous dire tout de suite que je lui souhaite beaucoup de lecteurs.

On nous parle sans cesse de l'honneur de l'armée. A personne il n'est plus cher qu'à moi, mais je ne le confonds point avec les méfaits de ceux qui l'ont violé dans tous les temps, le connétable de Bourbon, le maréchal de Bourmont, le maréchal Bazaine ; et, quand il s'agit de trahisons plus récentes, je garde le droit de me demander de qui elles sont le fait, de l'officier qui, sous le drapeau, a écrit les lettres que tout le monde sait à madame de Boulancy, ou de l'officier qui, au bagne, a écrit les lettres, que vous reproduisez, à madame Dreyfus.

On ajoute, il est vrai, qu'il y a chose jugée. Je suis de ceux qui respectent la magistrature, la magistrature militaire comme la magistrature civile, sans toutefois leur attribuer une infaillibilité qui n'appartient qu'à Dieu. Mais dans le cas du capitaine Dreyfus, la chose jugée n'existe pas, puisque la sentence a été rendue — c'est désormais un fait acquis — sur la communication d'une pièce secrète faite en violation de la loi française comme de l'équité naturelle.

Innocent ou coupable, tout le monde le sait, celui qui agonise aux îles du Salut a été condamné sans être jugé. Dans ma conviction comme dans celle d'un très grand nombre d'autres, il est innocent, par conséquent martyr, et je n'hésite pas à le répéter, l'un des plus grands martyrs de ce siècle et de tous les siècles.

Par un raffinement de cruauté, l'on refuse à sa femme, victime comme lui d'une illégalité flagrante, le droit de partager cet atroce supplice, qu'elle déclare accepter pour elle-même sans aucun adoucissement.

Et tout cela se fait au nom de la France, au milieu des clameurs d'une foule égarée par une presse indigne de sa mission et mille fois coupable !

Et s'il devait en être indéfiniment de la sorte, tout cela constituerait non plus une erreur judiciaire, non plus une défaillance gouvernementale, mais un de ces crimes nationaux auxquels les lois immanentes de la justice divine réservent tôt ou tard un terrible châtiment.

Rien de plus éloigné cependant de l'esprit éclairé et des sentiments généreux d'une nation comme la nôtre, qui a laissé jusqu'ici aux Américains le triste privilège de la loi de Lynch et aux Espagnols le privilège plus triste encore des procédures et des autodafés de l'Inquisition.

Que les vrais Français se lèvent donc et qu'ils protestent, au nom de leur histoire, contre la démagogie religieuse ou athée qui veut les faire descendre aussi bas !

Croyez, monsieur, aux vœux que je forme pour la noble et courageuse campagne que vous avez entreprise et que vous continuerez jusqu'au jour prochain, je l'espère, où, pour parler comme nos livres sacrés, « le jugement sera conforme à la justice, et tous ceux dont le cœur est droit l'approuveront. »

III

Neuilly, près Paris, le 15 août 1898.

Monsieur,

Je suis d'esprit et de cœur avec ceux qui remontent, pour me servir des belles expressions de M. Buisson, l'un des plus aveugles mais des plus formidables courants d'opinion qui aient jamais entraîné un pays.

Le désastre de l'Espagne est peu de chose à côté de celui de la France. L'Espagne tombe dans la gloire, la France dans la honte. L'Espagne est mutilée dans ses colonies, nous dans notre âme, et dans la meilleure partie de cette âme, le sens de la justice, de la vérité, de l'humanité.

La grande nation, la nation intelligente et généreuse entre toutes, se laisse aujourd'hui gouverner par les scribes de la *Patrie* et du *Petit Journal*, de la *Libre Parole* et de l'*Intransigeant*.

Comment sommes-nous descendus aussi bas ? Par la complicité des forcenés et des fourbes, des imbéciles et des lâches, par l'invasion de cette démagogie cléricale et militaire qui a trouvé son pire instrument dans le ministère de M. Brisson et de M. Bourgeois.

Les Prussiens nous ont fait moins de mal.

Si ces hommes devaient l'emporter tout à fait, si la République cléricale, dont j'ai depuis bien des années annoncé l'avènement, devait être, par une ironie suprême, le dernier mot de la Révolution de 1789, définitivement et ignominieusement avortée, les Français dignes de ce nom s'éloigneraient d'un pays où les droits de l'homme et du citoyen ne seraient plus qu'un vain mot.

Nous ne cesserions pas d'être Français, mais la France aurait cessé d'être la France.

Danton avait raison : on n'emporte pas sa patrie à la semelle de ses souliers, mais, quand le sol de cette patrie est profané, quand ses institutions sont détruites ou faussées, quand son idéal est renié, on prend avec soi cet idéal immortel et on l'emporte dans un exil d'où il reviendra vainqueur.

Hyacinthe Loyson.

Abbé Viollet.

Lettre de l'Abbé Viollet au *Siècle*.

Le 23 juillet 1898.

Monsieur le Directeur,

Je me fais un devoir de répondre à l'appel que vous adressez aux ecclésiastiques favorables à la cause de Dreyfus. Je suis de ceux qui croient à l'illégalité du jugement, à l'innocence du condamné et qui déplorent l'aveuglement de la majorité du pays. Au reste, je n'ai pas attendu votre appel pour faire paraître mon nom dans votre journal.

Veuillez agréer, monsieur le Directeur, l'assurance de ma considération très distinguée.

Abbé Viollet.

Abbé Pichot.

L'abbé Pichot. Lettre au *Siècle* du 2 août.

Monsieur le Directeur,

Veuillez joindre mon nom à celui de M. l'abbé Viollet, ma protestation à la sienne.

Moi aussi je veux la justice pour tous, la légalité et l'égalité pour tous, la charité pour tous. J'adhère sans restriction à cette maxime de Saint-Augustin : « A tous est due la charité et à personne l'injustice », et je répète avec saint

Paul : « Il n'y a ni juif, ni grec, ni homme libre ni esclave, mais nous sommes tous frères dans le Christ ! »

Recevez, Monsieur, l'assurance de ma haute considération.

ABBÉ PICHOT.

Sébastien Faure.

DÉCLARATION DE M. SÉBASTIEN FAURE.

(Extrait de la brochure : *Les Anarchistes et l'Affaire Dreyfus*, Paris, imp. Lafont, 1898.)

C'est également notre honneur et notre force de protester contre l'injustice, d'où qu'elle vienne et qui elle frappe.

Nous sommes trop épris de vérité et nous avons un concept trop large de la Justice pour qu'il en soit différemment.

Avec raison, nous avons reproché aux bourgeois de garder le silence quand les nôtres tombaient sous les coups de l'arbitraire le plus odieux. Grande et justifiée fut notre indignation quand, sourds à nos appels, ils refusèrent de joindre leurs protestations aux nôtres.

De quel front pourrions-nous désormais faire honte à nos ennemis de ne pas élever la voix en faveur de nos amis, victimes de l'Injustice, si, le cas échéant, nous agissions de même à leur égard ?

Donnons-nous la joie de crier notre indignation, de flétrir l'iniquité, quelle qu'en soit la victime. Ce sera peut-être pour la foule une leçon et un exemple.

J. Allemane.

DÉCLARATION DE M. J. ALLEMANE à ZOLA.

(*Aurore*, 16 janvier.)

Citoyen,

L'acte que vous venez de commettre vous honore d'autant que, depuis un certain temps, l'égoïsme paraît être devenu un culte et la platitude un principe.

Rompant avec ce milieu, vous avez fait bon marché de votre quiétude, du trouble que votre intervention allait apporter dans vos travaux ; sans barguigner, vous avez craché aux puissances du jour les dures vérités qui les ont affolées.

Au nom de l'avant-garde qui, depuis longtemps, fait tête à la meute qui se dispose à vous faire payer cher votre audace, je vous salue, convaincu que de plus autorisés vous salueront au nom de la science ; quant à moi, c'est au nom du travail et du socialisme révolutionnaire que je vous crie : Bravo et courage !

J. ALLEMANE.

Aux femmes de France.

AUX FEMMES DE FRANCE

(Siècle, 24 mars.)

C'est à vous que nous faisons appel aujourd'hui, femmes de France, à vous qui fûtes toujours le cœur de notre pays, son honneur et son clair bon sens. C'est à vous, ô femmes, que nous faisons appel, au milieu des colères et des haines, parce que dans la crise qui nous tourmente, une seule voix est restée muette, la voix de la bonté. Les hommes ont lutté, injurié, frappé ; ils se sont déchirés et se déchirent encore. On s'est battu pour la vérité et on a clamé justice, magnifiquement. On n'a pas pleuré. La vision attendrie de la souffrance s'est obscurcie dans la tempête de nos discussions. Nous avons fini par oublier la réalité épouvantable.

La réalité, c'est qu'un homme souffre. Pour nous, cet homme est innocent. La preuve, en tout cas, n'est pas faite de son crime. Mais supposons qu'il vous reste un doute. N'est-ce point assez ? Une question d'humanité est ici en jeu. Rappelez-vous le grand pays de pitié qu'est la terre française. Ne pensez pas à tout le reste. Il n'y a pas longtemps encore, nous écoutions les poètes qui nous apprenaient qu'il faut tout plaindre, qu'il faut pleurer sur toutes les misères, quelles qu'elles soient. Cette leçon, ô vous qui croyez et qui priez, n'est-elle pas aussi la leçon chrétienne? La loi elle-même, dans notre pays et dans notre siècle, n'est pas une loi de vengeance ou de talion ; la loi ne châtie point, la peine infligée ne doit jamais être qu'un moyen de préservation sociale. Il n'est donc pas jusqu'à la loi qui répudie la cruauté.

Un homme souffre cependant, soumis à des rigueurs sans précédent, à des tortures arbitraires. Cela ne peut pas être. Il faut que cet homme soit traité comme un homme. Des nouvelles parfois nous arrivent du fond de l'île maudite. Oh ! ce n'est pas qu'il gémisse. Lui, il subit tout sans se plaindre. Lisez ses lettres ; lisez sa dernière, du 26 janvier, où il place sa confiance suprême dans son chef, dans le général de Boisdeffre : « J'espère aussi que sur ma tombe il me rendra le témoignage, non seulement de la loyauté de mon passé, mais de la loyauté de ma conduite depuis trois ans où, sous les supplices, sous toutes les tortures, je n'ai jamais oublié ce que j'étais : soldat loyal et dévoué à son pays. J'ai tout accepté, tout subi, bouche close. Je ne m'en vante pas, d'ailleurs ; je n'ai fait que mon devoir, uniquement mon devoir ». Il n'y a pas une révolte, pas un cri contre ses chefs. Il n'y a qu'un cri incessant vers la justice, qu'un cri d'amour vers les siens. Et pourtant, la femme de cet homme n'a même plus la permission de voir de ses yeux l'écriture qui lui est chère ; on ne lui en communique que les copies. Et quelles copies ! Les lettres sont tronquées, falsifiées, antidatées. Celles de madame Dreyfus, dans lesquelles pourtant elle ne met rien de ce qui se passe, ont probablement le même sort. Quel surcroît de misère et quels doutes affreux !

Il paraît, — le bruit en court et se confirme, — qu'à chaque tentative faite à Paris en sa faveur, le malheureux voit là-bas redoubler la rigueur du châtiment. On l'isole dans une case au milieu de l'île ; on lui bouche la vue de la mer ; les fers lui ont été mis ; sa santé s'altère ; son cerveau s'affaiblit. Le 26 janvier, il écrit qu'il est « presque un agonisant ».

La femme de cet agonisant demande aujourd'hui comme une grâce ce qui est son droit absolu, elle supplie qu'on lui permette d'aller partager l'exil amer et cela ne lui est point accordé. Il serait vain pourtant d'invoquer la raison d'État. La défense nationale ne court aucun risque dans une île où toute communication est impossible. On se demande avec angoisse si la raison de ce refus n'est pas toute autre : on craint sans doute que madame Dreyfus n'apprenne là-bas les traitements dont son mari fut toujours victime et plus tard ne le dise. Une chose est certaine, c'est que Dreyfus, dans ses lettres, *n'a pas le droit de parler de son régime.*

Par une suprême dérision, nous avons à la fois perdu la pitié et l'énergie, les larmes et le courage, les deux grands mobiles des âmes. Nous savons ces choses et nous nous taisons. O femmes, c'est votre tour maintenant. Faites, faites entendre le cri d'amour dont notre époque a besoin. Ouvrez toutes grandes vos âmes aux générosités héréditaires. Ne discutez pas, ne raisonnez pas, souffrez. La vérité est là. Rassurez-vous : vous aurez fait votre devoir, du moment que vous aurez été bonnes. Intercédez auprès de ceux qui savent et qui peuvent.

Les hommes s'irritent au son de leurs propres paroles et ils n'en trouvent à dire que de blessantes. Vous, vous saurez vous faire entendre. Dites les cruautés inutiles. Dites que si cet homme meurt là-bas, un cadavre est un insoutenable fardeau et qu'un jour il pèsera lourd sur notre histoire.

Vous êtes là pour adoucir. Réunissez-vous. Adressez-vous à ceux qui ont le devoir de vous entendre. Demandez que cette femme puisse voir les lettres de son mari, fût-ce au Ministère et devant témoin. Demandez, demandez surtout que cette femme admirable, cette infortunée, aille rejoindre celui qui se sent mourir. Soyez dix, soyez vingt, ne soyez que deux, si vous voulez, ne soyez qu'une. Une d'entre vous suffira, si celle-là résume en elle la pitié humaine et prononce au nom de la conscience française la parole qui vivra.

Cet appel a été communiqué, en dehors de tout esprit de parti, à quelques femmes françaises qui se sont empressées d'y donner leur adhésion et qui sont convaincues que leur exemple sera suivi :

Mesdames Edmond de Pressensé, Trarieux, L. Havet, A. Réville, P. Meyer, J. Psichari, née Renan, P. Ménard-Dorian, A.-F. Suchard, née Dehault de Pressensé, Georges Hervé, M. Morhardt.

« La Ligue ».

APPEL DE LA *Ligue* POUR LA DÉFENSE DES DROITS DE L'HOMME ET DU CITOYEN. (*Siècle*, 14 juillet.)

La Ligue pour la défense des Droits de l'Homme et du Citoyen faillirait à sa tâche si elle ne protestait pas, au nom de la justice et de la loi, contre l'arrestation du colonel Picquart.

Il est de principe fondamental, en droit pénal, qu'un citoyen ne peut être poursuivi deux fois pour le même objet. Ce principe est violé de la manière la plus expresse par des poursuites qui amènent de nouveau et toujours, sur la demande du ministre de la guerre, le colonel Picquart à répondre d'actes pour lesquels, traduit, au mois de février dernier, devant un conseil d'enquête, il a été alors mis à la réforme.

Il avait déjà paru exorbitant qu'on songeât à lui demander compte de faits qui, fussent-ils exacts, remontaient à plus d'une année, et n'avaient, durant cette période, bien que connus de ses chefs, été l'objet d'aucune critique ; mais, après avoir été frappé d'une première condamnation, il est devenu inadmissible qu'une seconde puisse le menacer.

Cette répétition de l'action pénale est d'autant plus blessante qu'elle est accompagnée de rigueurs contraires à l'esprit d'équité.

Des perquisitions ont été faites au domicile du colonel Picquart, hors de sa présence, alors qu'il était si facile de l'y convoquer.

Il a été arrêté et incarcéré, lorsqu'aucune raison de s'assurer de sa personne ne paraît justifier une semblable atteinte à sa liberté.

Est-ce au moins la justice qui a motivé ce retour tardif sur une chose déjà jugée ? Ce ne sont visiblement que des raisons politiques.

Le colonel Picquart n'est victime de ces coups redoublés que parce qu'il a écrit une lettre irréprochable dans ses termes, mais qui a eu le tort d'entrer en contradiction avec un discours qu'on ne souffre pas de laisser discuter.

Cependant, à côté d'un tel acharnement, quel inexplicable relâchement, d'autre part, du pouvoir disciplinaire et répressif à l'égard de personnes autrement compromises?

Le 15 septembre 1896, le journal l'*Eclair* a publié une pièce du ministère de la guerre en en falsifiant les termes. Il a substitué le mot *Dreyfus* à une simple initiale D : on n'a rien fait pour appliquer la loi à cette divulgation criminelle d'un document secret.

Au mois de novembre de la même année, le bordereau de l'affaire Dreyfus a été publié en décalque par le *Matin*. Même laisser-faire, même impunité.

Il faut ajouter que les prétendues communications reprochées au colonel Picquart, comme ayant pu être un danger pour la sécurité publique, ont été faites sans nécessité aucune, à deux reprises différentes, et par le général de Pellieux devant une cour d'assises, et par M. le Ministre de la guerre devant la Chambre des députés!

Tous ceux qui croient que la liberté individuelle est sacrée ne peuvent que s'élever contre cette ingérance de la politique dans le domaine de la justice, contre cette atteinte arbitraire aux droits de l'homme et du citoyen.

La Ligue ressent, en face de tels actes, une émotion d'autant plus vive que le colonel Picquart lui paraît commander plus d'estime et de respect.

Cet officier avait un devoir de conscience à remplir ; il y a sacrifié son intérêt et sa carrière.

N'est-ce pas assez de tant d'épreuves pour une pareille victime ? Il serait mieux de lui prêter l'oreille et d'écouter son témoignage, que de l'opprimer pour lui imposer silence !

Les Membres du Comité :

Messieurs,
Avronsart, ouvrier tailleur ; Georges Bourdon, homme de lettres ; Jules Clamageran, sénateur ; Delpech, sénateur ; Duclaux, membre de l'Institut, directeur de l'Institut Pasteur ; Henri Fontaine, industriel ; Lucien Fontaine, industriel ; Ch. Friedel, membre de l'Institut ; A. Giry, membre de l'Institut ; E. Grimaux, membre de l'Institut ; Yves Guyot, directeur politique du *Siècle* ; Louis Havet, membre de l'Institut, professeur au Collège de France ; Dr J. Héricourt ; Lucien Herr ; Dr Georges Hervé, professeur à l'Ecole d'Anthropo-

logie; P.-A. Isaac, sénateur; L. Lapicque, docteur ès-sciences et en médecine; Paul Meyer, directeur de l'Ecole des Chartes, membre de l'Institut; Mathias Morhardt, publiciste; Thadée Natanson, critique d'art; Paul Passy, maître de conférences à l'Ecole des Hautes-Etudes; Francis de Pressensé, publiciste; Jean Psichari, directeur d'études à l'Ecole des Hautes-Etudes; A. Ranc, sénateur; A. Rathier, sénateur; Dr Paul Reclus, membre de l'Académie de médecine; Joseph Reinach; Ary Renan, artiste-peintre; G. Séailles; maître de conférences à la Faculté des Lettres; Seignobos, maître de conférences à la Faculté des Lettres; L. Trarieux, sénateur; Ernest Vaughan, directeur de l'*Aurore*.

Pétition au Parlement.

PÉTITION AU PARLEMENT (*Siècle*, 2 août 1898) :

Messieurs les Sénateurs, messieurs les Députés,

Il y a une affaire Dreyfus. Le Parlement la proclame; la presse la publie; la rue retentit des discussions dont elle est l'objet; et, au foyer de la famille où l'on évite d'en parler, elle obsède les esprits et torture les cœurs. Elle est le point de départ d'une agitation malsaine, qui paralyse les affaires en menaçant l'ordre de la rue et en semant la division dans le pays.

L'affaire Dreyfus est partout, excepté là où elle devrait être : au Palais de Justice.

On l'a dit avec raison : il faut que cela cesse; « cela » ne peut cesser que par la loi.

La loi, c'est le recours suprême; c'est la loi devant qui tout s'incline; c'est le droit, c'est la justice, c'est la force et la sécurité d'un peuple libre.

Avant le discours de M. Cavaignac, Ministre de la Guerre, discours prononcé récemment à la Chambre des Députés, on pouvait croire que le jugement qui condamna Dreyfus avait été légalement rendu. Depuis ce discours, le doute n'est plus permis.

En effet, Me Demange a déclaré à la Cour d'assises, sous

la foi du serment, qu'il n'avait connu que le seul bordereau.

Or, M. Cavaignac, pour prouver la culpabilité, ne s'est appuyé que sur des pièces secrètes inconnues du défenseur et de l'accusé ; il ne fait pas même allusion au bordereau, qui est pourtant la seule base officielle de l'accusation ; ce sont les pièces secrètes qui ont entraîné la condamnation.

Dreyfus fut donc condamné illégalement. Mais illégalement signifie aussi injustement ; car, qui peut dire que l'accusé n'eût pas démontré la fausseté des pièces dont on l'accable aujourd'hui ?

Quel remords si l'illégalité avait abouti à une erreur judiciaire, à un supplice épouvantable enduré par un innocent !... Mais, sans préjuger de l'innocence ou de la culpabilité de Dreyfus, il faut que ce jugement illégal, et par conséquent nul, soit suivi de la revision du procès. M. Cavaignac nous a dit avec une légitime fierté que nous étions maîtres de traiter nos affaires chez nous, et que rien dans ce procès ne s'opposait à ce que le huis-clos fût levé ; la revision doit donc être faite au grand jour. Voilà le remède à l'agitation actuelle.

Electeurs de toutes les religions et de tous les partis, des officiers dont la droiture et l'honnêteté sont au-dessus de tout soupçon, mais qui ne connaissaient pas le Code aussi bien que leur devoir militaire, des officiers qui sont des hommes après tout, et par conséquent faillibles, ont condamné un officier français en dehors des garanties légales. Le jugement ainsi rendu est nul de par la loi.

Après la démonstration péremptoire de cette illégalité par le Ministre de la Guerre lui-même, nos mandataires auprès des pouvoirs public n'ont pas rappelé le Gouvernement au respect de la loi.

Les Ministres, les Sénateurs et les Députés sont nos représentants ; et la Constitution, par le droit de pétitionnement, nous a donné le pouvoir de les inviter à remplir leur devoir s'ils l'oublient : le devoir, ici, c'est l'observation de la loi.

Electeurs, exigeons par la présente pétition que la loi soit appliquée.

Tous, ouvriers, artistes, commerçants, industriels, sans la moindre arrière-pensée de blâme aux chefs de l'armée qui ont toute notre confiance, aux chefs qui travaillent dans le silence à la préparation des revanches futures, tous, sans distinction de partis et de religions, signons la présente pétition pour la revision d'un jugement illégal, pour le retour à l'observation de la loi, gage de concorde et de paix.

Zakrewsky.

Opinion de M. Zakrewsky, membre du Sénat, président de la Cour de cassation de l'Empire russe.

Cette affaire intéresse particulièrement les hommes de loi, parce qu'elle montre avec une clarté évidente combien il est dangereux d'outrepasser les limites fondamentales de la justice, en mêlant à une affaire judiciaire des questions politiques, et en foulant aux pieds les formalités essentielles de la procédure.

Cette affaire, déjà si complexe, s'est encore aggravée par suite du caractère national des Français et surtout par leur emballement, qui leur fait perdre toute notion de vérité.

Par surcroît, on a vu surgir un courant inconnu et profondément attristant, l'antisémitisme odieux et féroce.

Qui aurait jamais cru que sur cette terre bénie de France, qui a donné à l'humanité tant de fils vaillants, où ont été consacrés les principes immortels de liberté et de justice, retentiraient un jour ces sauvages clameurs : « Mort aux juifs » ? En France, ces cris sont absolument incompréhensibles, parce que la France ne peut ni ne doit faire bon marché de son glorieux passé.

Dans l'affaire Dreyfus, une illégalité avait été commise, dit-on ; mais dans l'affaire Esterhazy, cette illégalité a été flagrante. Le gouvernement a commencé l'instruction de cette dernière affaire avec un mauvais vouloir évident ; il a eu, pour ainsi dire, la main forcée ; il n'a cessé d'affirmer, avant le verdict de 1898, l'infaillibilité des juges de 1894 : aucune erreur judiciaire ne pouvait avoir été commise. Le gouvernement a apporté une insistance singulière à faire croire que l'agitation faite en vue de la revision du procès Dreyfus n'était qu'une campagne malhonnête ayant à sa tête un groupe de juifs.

Les hautes sphères militaires ont adopté le système du gouvernement. On a découvert alors que « l'honneur de l'armée » était en cause. Et l'affaire a perdu son véritable caractère ; elle est sortie de la voie juridique ; au lieu de l'étudier avec calme, sans partialité, au lieu de rechercher si on n'avait pas condamné un innocent, — un innocent chrétien ou juif, peu importe, — des cris de haine et de passion ont été proférés pour étouffer la voix de la justice. On a entendu les outrages inqualifiables d'une presse menteuse et vénale ; les manifestations du ruisseau ont suivi et une foule fanatisée a hurlé : « Vive l'armée ! A mort les juifs ! »

Malgré les efforts du gouvernement pour sauver les apparences, nous devons reconnaître qu'il a fait preuve de partialité, surtout en faisant intervenir, sans aucune raison, l'honneur de l'armée dans une affaire purement judiciaire. En quoi cet honneur eût-il été atteint s'il avait été prouvé que Dreyfus fût victime d'une erreur judiciaire ?

Les juges de 1894 ont pu ne pas remplir toutes les formalités légales, ils ont peut-être été induits en erreur, on a pu leur montrer de faux documents. En quoi l'honneur de l'armée aurait-il pu en souffrir ? Quelle institution humaine est donc infaillible et parfaite ?

C'est donc uniquement le gouvernement français qui est responsable des fautes commises. Malgré ses apparences trompeuses de correction et d'équité, c'est lui le vrai coupable. La conscience publique est bouleversée. Tout ce que la France compte de noms glorieux s'est ouvertement rangé du côté des défenseurs de la justice et proteste contre l'arbitraire et l'illégalité.

Ce n'est pas seulement la revision du procès Dreyfus que réclament les protestataires, c'est pour la défense des droits les plus sacrés qu'ils se sont soulevés d'un commun accord.

Ce qui ressort tout d'abord de cette douloureuse affaire, c'est la condamnation irrémédiable de ce qu'on nomme les « tribunaux secrets ».

Dreyfus et Esterhazy ont été jugés à huis clos, et comme personne ne sait au juste quels étaient les motifs véritables de la condamnation de l'un et de l'acquittement de l'autre, on est parfaitement en droit de se dire que ces deux jugements ont été prononcés avec partialité. D'ailleurs, ce n'est plus un secret pour personne que Dreyfus a été condamné sur des pièces secrètes, apportées aux juges militaires dans la chambre des délibérations, sans que l'inculpé et son défenseur en aient eu connaissance. Et quand MM. Méline et Billot déclarent, du haut de la tribune, que Dreyfus a été « justement et légalement condamné », nous leur répliquons à regret qu'un gouvernement qui se respecte ne peut avoir recours à des affirmations aussi téméraires.

Si le gouvernement français avait voulu déférer le capitaine Dreyfus à un tribunal militaire sur le chef d'espionnage, il fallait que les portes du tribunal fussent grandes ouvertes, il n'existait pas de raisons politiques pour agir différemment.

Puisque vous avez traîné un officier devant des juges et que vous l'avez accusé du plus abominable des crimes, il fallait employer, pour le convaincre de ce crime, des moyens honnêtes et produire des preuves éclatantes, et non pas user de procédés louches, ou de rapports de police incontrôlables; il ne fallait surtout pas chuchoter des mensonges à l'oreille des juges. D'ailleurs, les tribunaux composés de militaires sont toujours inféodés au prestige de l'uniforme ; ils s'inclinent devant la hiérarchie, devant les galons de leurs chefs. On ne peut guère leur accorder de confiance. En Angleterre, les jugements prononcés par les tribunaux militaires sont soumis, sur la requête de l'inculpé, à la chambre de revision composée de douze membres exclusivement recrutés dans l'élément civil.

Le procès Dreyfus-Esterhazy restera comme un monument dans les annales judiciaires. *Il a soulevé une protestation unanime de tous ceux que passionne la véritable équité.* Ils se sont élevés contre les mystérieux tribunaux d'inquisition où retentit le cliquetis des sabres ; ils se sont insurgés contre les violations de la loi, contre les dénis de justice.

D'autre part, cette affaire a montré quelles passions aveugles, quels bas instincts de bêtes fauves déchaînées recèle la foule ignare, dans ce pays qui compte parmi les plus éclairés de l'univers et qui devrait marcher à la tête de la civilisation.

ZAKREWSKY.

Michel Bréal.

ENCORE UN TÉMOIGNAGE

Quelques uns de mes amis sont arrivés, par degrés, à la conviction de l'innocence de Dreyfus. Jour à jour, en ajoutant une preuve après l'autre, ils ont formé leur opinion. Un de mes collègues au Collège de France a même écrit *Les Etapes d'un Intellectuel*. Je n'ai rien à dire contre cette conquête méthodique de la vérité. J'honore et j'estime ceux qui ont dû se livrer à ce travail. Mais je dois déclarer — sans en tirer nulle vanité — que je n'ai pas eu à passer par ces étapes. Jamais, à aucun moment, je n'ai cru Dreyfus coupable. A une époque où une sorte de terreur, artificiellement entretenue, faisait partout régner le silence, j'ai parlé de l'affaire Dreyfus à ceux de mes amis qui ont bien voulu aborder ce sujet avec moi, et je leur ai dit ma conviction.

J'en ai même fait parvenir l'expression à madame Dreyfus, et je me plais à penser que ce fut, en ces temps qui ont été des temps d'angoisse et d'isolement, une consolation pour cette noble femme.

Je ne pouvais rien faire de plus, car ma conviction reposait sur des considérations purement morales, et de quel poids auraient-elles pesé en présence des preuves certaines, indiscutables, dont l'accusation se prétendait armée ? Encore aujourd'hui, elles passeront pour des « raisons de sentiment ». Je crois néanmoins devoir les dire, pour ma satisfaction personnelle plutôt que pour convaincre les autres.

Dès l'abord je me suis défié, quand j'ai vu de quel côté partaient les accusations et en quels termes énigmatiques elles étaient conçues. Dans des journaux connus pour leur animosité contre tout ce qui est juif, paraissaient des articles dénonçant un crime énorme, mais ne s'expliquant pas sur la nature du crime. On ne savait pas en quoi consistait la trahison, chacun avait à ce sujet des renseignements différents.

Une seule chose était certaine ; sur un seul point on ne variait pas : c'est que le traître était un officier juif. Je me suis étonné de voir cette précision sur la personne de l'accusé unie à cette ignorance sur le fait qui lui était reproché. Cela pouvait se résumer en ces deux phrases : Je ne sais pas ce qu'il a fait, mais c'est un abominable scélérat. En voyant que le prétendu criminel était un juif et que ce concert de réprobation partait des feuilles antijuives, je me suis défié d'une accusation qui débutait si étrangement.

Toute la suite de l'affaire a répondu à ce commencement. On a toujours vu cette même presse en avance sur la justice, se disant sûre du fait quand le juge n'avait pas fini d'instruire, et réclamant le châtiment longtemps avant de savoir comment il serait justifié. On l'a vue poursuivre le condamné avec un acharnement peu commun : elle trouvait trop douce la peine fixée par la loi. Elle approuvait, elle provoquait des aggravations aussi cruelles qu'inutiles.

Cependant, si j'avais pu croire au crime, je me serais dit que des haines dont l'expression s'étalait au grand jour depuis plusieurs années avaient trouvé là très malheureusement une occasion de se satisfaire. Mais c'est le crime lui-même qui me paraissait inconcevable. J'ai d'abord cherché comme tout le monde si l'accusé était endetté, joueur, viveur, s'il était mal avec ses chefs, s'il avait une raison quelconque de se lancer dans une aussi noire et aussi dangereuse aventure. Mais je n'ai rien trouvé ; personne n'a rien trouvé ; en dernière analyse il n'est resté que ceci, c'est qu'il était juif. Or, là-dessus, j'ai quelques lumières qui manquent à la généralité du public.

Coreligionnaire de Dreyfus, Alsacien comme Dreyfus, je sais un peu mieux que la plupart quel peut être « l'état d'âme » d'un officier juif alsacien. Je crois être depuis longtemps dégagé des liens de toute croyance confessionnelle ; plusieurs de mes amis me traitent, en plaisantant, d'antisémite. Ce n'est pas le moment de m'en expliquer avec eux. Ce qu'il importe de dire ici, c'est que je dois au fait de ma naissance de savoir un peu mieux que la plupart de ceux qui en raisonnent quelles idées régnaient, avant et après la guerre, dans les familles aisées du monde israélite alsacien. Je sais en quelles idées étaient élevés les enfants, quelles étaient les visées, les ambitions des pères et des mères de famille.

Leurs regards étaient tournés vers Paris. Entrer dans une des grandes Ecoles de Paris était généralement le rêve formé pour les fils ; si cette Ecole pouvait être l'Ecole polytechnique, il n'y avait plus rien à désirer. Etre ingénieur, être officier d'artillerie ou du génie avait un prestige dont toute la famille prenait sa part : je me souviens encore de l'impression que faisaient dans nos villes de l'Alsace ces uniformes. On n'a sans doute pas encore oublié quel contingent d'élèves Strasbourg et Metz fournissaient à nos écoles militaires. Les israélites d'Alsace figuraient dans une bonne proportion, et, comme ils savaient qu'en d'autres pays les choses ne se passaient pas ainsi, qu'en France même cette égalité était de date récente, leur fierté s'en trouvait augmentée, leur amour-propre n'en était que plus surexcité.

Après la guerre, cet état d'esprit ne fit que se renforcer. On se rappelle que de 1871 à 1880 le patriotisme fut la note dominante dans l'enseignement de la jeunesse. Pour les Juifs d'Alsace, le sentiment patriotique trouva un stimulant particulier dans la comparaison avec l'armée allemande, comparaison dont on avait continuellement les éléments sous les yeux. Tandis qu'en France tout sous-lieutenant, quel que fût son extrait de naissance, avait le droit d'espérer les hauts grades, les décorations, la considération au régiment et dans la ville, c'était une chose bien connue qu'un militaire appartenant au culte de Dreyfus devait faire son deuil de devenir dans l'armée allemande — je ne dis pas colonel — mais simplement officier. Les grades inférieurs au régiment, une tolérance plus ou moins « distante » dans la vie civile, étaient tout ce qu'il pouvait prétendre.

Qu'on réfléchisse maintenant quelle vraisemblance il y a à ce qu'un élève de l'Ecole polytechnique, admis dans l'Etat-Major, admis dans des fonctions particulièrement honorables au ministère de la guerre, d'ailleurs riche, bien noté, marié, de conduite régulière, aille compromettre tout cela, son honneur et sa liberté par-dessus, au profit de cette même Allemagne qui n'aurait, quand elle le voudrait, rien à lui offrir que le dédain de tous les officiers, avec le mépris de tous les honnêtes gens !

Voilà le raisonnement fort simple que je me suis fait et qui m'a toujours paru assez fort pour résister à toutes les explications plus ou moins conjecturales que j'entendais autour de moi, à l'effet de rendre cette trahison vraisemblable. Je n'ai pas besoin d'ajouter que je n'ai pas changé d'avis; ce que j'ai appris depuis n'était pas de nature à modifier mon opinion...

Mais, puisque je suis sur ce sujet, je veux encore m'y arrêter quelques moments. Ce qu'il me reste à dire n'est pas moins sérieux et triste que ce qui précède.

Quand l'Alsace a été retranchée de la France, nous avons tous senti le coup cruel qui était porté au pays. En pensant à ces milliers d'hommes probes, actifs, dévoués, intelligents, que la terre alsacienne avait donnés à la France depuis deux cents ans, nous prévoyions dans l'avenir une lacune béante. Dans toutes les directions de la vie, c'était une diminution de force et de sève. Mais comme il fallait bien chercher des consolations, nous nous disions que la source n'était pas absolument tarie et que longtemps encore tout ce qui, en Alsace, avait soif de liberté, tout ce qui se sentait attiré vers la lumière, vers le progrès, prendrait le chemin de la France. Nous nous figurions un gouvernement qui, prenant exemple sur ce que la Constituante avait fait pour les descendants des anciens huguenots, faciliterait la rentrée aux fils et petits-fils des annexés de 1871. Nous supposions que la presse française se ferait naturellement l'interprète de ces sentiments.

Je vois que nous étions loin de compte.

Si l'on avait voulu, de parti pris, décourager, détourner la jeunesse alsacienne, que pouvait-on trouver de mieux? Je ne parle pas ici des Israélites, que certains journaux couvrent de boue à tel point que l'Allemagne en comparaison doit leur paraître le pays de la tolérance; mais les protestants d'Alsace, qui voient comment sont traités des hommes tels que Scheurer-Kestner et Picquart, les catholiques sincères qui ne veulent pas se laisser faire la loi par des journalistes sans conviction et sans scrupule, quel désir pense-t-on qu'ils doivent ressentir de venir se jeter dans la mêlée parmi nous? Il faut avoir le courage de voir les choses comme elles sont. Ce ne sont pas seulement de bons serviteurs perdus pour la France : dans un temps plus ou moins éloigné, ce seront de bons serviteurs gagnés par nos voisins. Ce qui nous restait de l'Alsace, on achève de le perdre.

Une telle folie, un tel manquement à la patrie, après trente ans seulement, après moins de trente ans, ne me paraissait pas possible. J'éprouve le besoin de le dire publiquement, puisque l'attentat se continue tous les jours, au scandale de l'Europe, pour la satisfaction de nos ennemis, pour le deuil de tous les Français non aveugles !...

Michel Bréal,
De l'Institut.

ANNEXE

Les Préliminaires de la Revision

L'exposé qui précède forme un tout indivisible définitivement acquis à l'histoire.

C'est, en fait, la substance même de l'affaire Dreyfus. Le procès de 1894, le procès Esterhazy et le procès Zola forment, à eux trois, un ensemble constituant la base des faits qui suivront.

Ces faits font partie de ce qu'on peut appeler les préliminaires de la revision. C'est l'opinion publique commençant à discuter la portée, la valeur des trois premiers actes du drame.

Nous n'avons pas la prétention, il faudrait pour cela un second volume, d'exposer en détail les événements qui sont actuellement en cours d'évolution et dont la sanction historique n'est pas encore à donner. Ils sont trop récents.

Nous nous bornerons à les résumer très sommairement, en attendant que l'histoire puisse se prononcer.

M. E. Zola fut condamné par la cour d'assises de

la Seine. On pourra dire avec une certaine justesse que son procès, à Paris, a été déjà une sorte de tentative de revision. Mais il forme un tout suffisamment complet et il renferme des éléments si précis, si indiscutables que nous n'avons pas hésité à le faire passer dans la période des faits définitivement acquis à l'histoire.

La condamnation fut rendue 23 février 1898, au maximum de la peine applicable, soit : 3,000 francs d'amende et trois ans de prison, après un procès retentissant qui dura quinze longues audiences, pendant lesquelles la justice, au service du gouvernement, mit tout le pouvoir des lois et de la force publique à empêcher un accusé de faire sa preuve, comme on le doit légalement « au dernier des assassins »,

L'histoire a retenu le mot de ce procès : « *la question ne sera pas posée.* » Et ce mot, désormais historique, était répété à chaque tentative de l'accusé pour faire la lumière et arriver à la découverte de la vérité, par le président, que la loi elle-même invite : « à faire toutes recherches et user de son pouvoir discrétionnaire pour arriver à la découverte de la vérité ».

E. Zola fit appel. Le jugement fut cassé le 2 avril (1).

Le second procès Zola s'ouvrit le 23 mai, devant la cour de Versailles arbitrairement choisie par le gouvernement. Car pourquoi Versailles et non Paris, sinon qu'on craignait un revirement toujours possible des jurés parisiens ?

---

(1) Zola avait été poursuivi, le 20 janvier, sur quinze lignes de sa lettre de huit colonnes. Après cassation, le Conseil de guerre le poursuivit à nouveau sur trois lignes des quinze précédentes.

Aussi, décidé à faire son devoir jusqu'au bout, à lutter jusqu'à la dernière minute pour la justice, en usant de toutes les armes que le Code laisse, à un citoyen libre, pour sa défense et pour être admis à faire sa preuve, M. Zola se pourvut pour incompétence.

Ce pourvoi fut rejeté le 16 juin.

Le procès revint, le 18 juillet, à Versailles.

Cette liberté sacrée de la défense, ce droit primordial et légitime de l'accusé de se mettre à l'abri des lois de sa patrie, c'est ce que le procureur général de ce procès appela : « *se réfugier dans le maquis de la procédure* », mot désormais historique.

Zola fut condamné à nouveau (toujours avec Perrenx, gérant de l'*Aurore*), à 3,000 francs d'amende et un an de prison.

Il faut retenir la phrase de Mᵉ Ployer, qui fera date aussi: *Devant la cour d'assises de la Seine, malgré la liberté de la défense dont on n'a pas d'exemple dans les annales judiciaires, M. Zola n'a pas même essayé une démonstration.* »

Zola plaida la connexité de l'affaire Dreyfus et de l'affaire Esterhazy. Il fit de nouveau opposition et, sur le refus, fit défaut en quittant la salle. — Il prit alors le parti de se dérober à une citation, qui ne put lui être faite « *parlant à personne,* » afin de faire reculer son quatrième procès en octobre 98, obtenant ainsi un délai suprême.

Et en effet, providentiellement, c'est dans ce délai qu'éclate le vrai coup de tonnerre de la vérité.

Le 30 août, le lieutenant-colonel Henry, qui avait succédé au colonel Picquart comme chef du bureau des renseignements, avouait devant M. Cavaignac, ministre de la guerre, qu'il était l'auteur de la pièce secrète de 1896 (*Ne dites jamais...*) dans laquelle le nom de Dreyfus était écrit en toutes lettres, pour la première fois. Or cette pièce, postérieure au procès de 1894, avait été citée devant le jury de la Seine par le général de Pellieux, appuyé sur sa demande par le général de Boisdeffre, chef de l'État-Major de l'armée, comme la preuve *décisive* et *irréfutable* de la culpabilité de Dreyfus. Et M. Cavaignac, ministre de la guerre, l'avait fait afficher, soutenu par toute la Chambre, sur les murs de toutes les communes de France, comme la preuve *absolue* de la culpabilité. (Discours Cavaignac, 7 juillet.)

Si l'on avait cité par deux fois, avec grand fracas, cette pièce et cette seule pièce, c'est donc bien qu'elle était la plus grave, la plus décisive, *l'irréfutable* preuve. Or cette pièce était *un faux*.

Pourquoi l'avait-on faite, sinon parce qu'on en avait besoin? Et pourquoi donc en avait besoin l'État-Major, si ce n'est parce qu'il n'en avait pas d'autres? ou du moins de suffisamment probantes? pas une seule en tous cas où se trouve le nom de Dreyfus!

Or le colonel Picquart, deux jours après le discours Cavaignac, avait offert de démontrer que cette pièce : « avait toutes les apparences d'un faux. » Comme réponse, on le jeta en prison le 13 juillet. L'aveu, l'arrestation et le suicide d'Henry prouvent que Picquart avait dit vrai.

Entre temps, le 25 juillet, Picquart déposait une plainte contre Esterhazy, la fille Pays et le colonel du Paty de Clam, comme suite à la plainte qu'il avait déposée au parquet contre les auteurs des faux *Speranza* et *Blanche*...

Le 30 juillet, le juge d'instruction Bertulus, commis aux deux instructions ouvertes sur la plainte du colonel Picquart, rendait une ordonnance se déclarant incompétent pour le faux *Blanche*, considérant que du Paty de Clam relevait pour cela de la justice militaire, mais se déclarant compétent pour le faux *Speranza*, commis en complicité entre du Paty de Clam et la fille Pays. Le Procureur de la République fit opposition dans les vingt-quatre heures contre cette compétence. Le colonel Picquart fit également opposition contre la non-compétence du juge dans le faux *Blanche*. Le 2 août, la Chambre des mises en accusation est nantie de ce duel entre le plaignant qui demande justice et l'autorité judiciaire qui s'y refuse.

Le 5 août, Picquart, devant ce parti pris, se pourvoit aussi contre la non-communication du texte de l'arrêt de la Chambre des mises en accusation. En même temps, M. Bertulus remet une ordonnance de « soit communiqué » au procureur de la République.

Le 10 août, le procureur n'ayant remis au colonel Picquart *que partie* des conclusions du juge d'instruction Bertulus, le colonel Picquart, devant ce nouvel acte arbitraire, interjette appel. Le 11 août, la Chambre des mises en accusation rend une ordonnance de non-lieu en faveur d'Esterhazy et de la fille Pays et sauve ainsi du Paty de Clam.

Le journal *le Siècle* ayant accusé publiquement plusieurs jours de suite du Paty de Clam (voyez documentation), on n'ose pas poursuivre ce journal. Mais le général Zurlinden ministre de la guerre depuis le 6 septembre, fit signer au Président de la République un décret mettant le colonel du Paty du Clam en non activité par retrait d'emploi. Cependant, le 1er septembre, la Cour de cassation déclare par un arrêt précis que la Chambre des mises en accusation n'a sauvé du Paty de Clam que par un déni de justice.

Le 17 septembre, le conseil des ministres décide d'entrer en matière pour la *revision*. Il fait communiquer, par le garde de sceaux, le dossier Dreyfus à la commission consultative de six membres du ministère de la justice (1).

La revision est conquise.

Le même jour, MM. Zurlinden, ancien gouverneur militaire de Paris, ministre de la guerre depuis le 6 septembre, et Tillaye, ministre des travaux publics, donnaient leur démission en la motivant de leur assurance de la culpabilité de Dreyfus.

M. le général Chanoine, commandant la 1re division du 1er corps d'armée à Lille, est nommé ministre de la guerre et M. Godin, sénateur de l'Indre, est nommé ministre des travaux publics.

Le 19 septembre, M. de Pressensé, qui lutte courageusement pour la cause du droit et de la justice, était cité à comparaître devant une commission d'enquête de la Légion d'honneur.

Enfin, le 20 septembre, M. Zurlinden reprend le gouvernement militaire de Paris. A ce moment, il fit signer au ministre de la guerre, général Chanoine, un ordre d'informer, contre le colonel Picquart, pour inculpation de *faux*, quant au document dit « le petit bleu ». Ce fait modifia l'issue du procès intenté contre Picquart et Leblois (instruit par le juge Fabre). L'affaire fut renvoyée, après une vibrante plaidoirie de Me Labori, malgré la protestation de l'accusé. Le tour était joué. Picquart, au lieu d'être jugé au grand jour, retombait entre les mains de l'autorité militaire. Il fit devant la huitième chambre la déclaration sensationnelle relatée dans l'introduction de ce volume.

(1) En vertu du § 4 de l'article 443 du Code d'instruction criminelle, l'avis de la commission est exigé par la loi.

L'autorité militaire se saisit du colonel Picquart et le mit au secret *absolu* au Cherche-Midi, lui refusant même l'assistance de son avocat.

Picquart était donc poursuivi pour *fabrication du petit bleu*. Cette pièce avait été discutée déjà au procès Zola. L'accusation était infâme. Il en sera fait justice comme des autres.

Ici se placent des faits graves, qui modifieront le cours futur des événements.

L'Allemagne fit officieusement déclarer que le petit bleu avait été écrit par un agent militaire de M. de Schwarzkoppen et adressé à Esterhazy.

Schwarzkoppen ainsi déclarait avoir fait écrire à Esterhazy. C'est la suite des déclarations de Bulow, Bonin, Casella, Conybeare. C'en est l'éclatante confirmation. De son côté, Esterhazy avouait à un journaliste anglais (journal *l'Observer*) QU'IL AVAIT ÉCRIT LE BORDEREAU. Confirmation éclatante des expertises d'écritures des professeurs de l'Ecole de Chartes, effondrement des expertises officielles Couard et C¹ᵉ, et du procès Esterhazy. (Voyez à la documentation.)

Les conséquences de ces faits seront de toute gravité. Nous publions aux documents ce qui concerne ces révélations.

La commission des six, du ministère de la justice (dont trois juristes de la Cour de cassation), remit son vote au garde des sceaux le 24 septembre.

Trois membres de la commission votèrent contre la revision, parce que *les conditions juridiques n'étaient pas acquises*. On sait que le garde des sceaux avait nanti cette commission sur le *fait nouveau* et non sur l'irrégularité du jugement.

Les trois autres membres se prononçaient pour la revision.

Enfin, LE CONSEIL DES MINISTRES DU 26 SEPTEM-

BRE, MALGRÉ LE PRÉAVIS NEUTRE DE LA COMMISSION (en cas de partage ce préavis est NEUTRE), DÉCIDA QUE LE DOSSIER DREYFUS SERAIT REMIS, PAR LE SOIN DU GARDE DES SCEAUX, A LA COUR DE CASSATION, AUX FINS DE REVISION. AINSI FUT FAIT, MM. BRISSON étant président du conseil; CHANOINE, ministre de la guerre; DELCASSÉ, ministre des affaires étrangères; SARRIEN, ministre de la justice; GODIN, ministre des travaux publics; TROUILLOT, ministre des colonies; PEYTRAL, ministre des finances; VIGER, ministre de l'agriculture; MARUÉJOULS, ministre du commerce; E. LOCKROY, ministre de la marine.

M. Félix Faure n'assistait pas à la délibération.

Nous espérons encore en la justice finale.

Paris, 1er octobre 1898.

**TEXTE DU DOCUMENT ATTRIBUÉ AU CAPITAINE DREYFUS,
DIT « LE BORDEREAU ».**

Sans nouvelles m'indiquant que vous
désirez me voir, je vous adresse cependant
Monsieur quelques renseignements intéressants

1° Une note sur le frein hydraulique
du 120 et la manière dont s'est conduite
cette pièce.

2° Une note sur les troupes de couverture.
(Quelques modifications seront apportées par
le nouveau plan.)

3° Une note sur une modification aux
formations de l'artillerie.

4° Une note relative à Madagascar.

5° Le projet de manuel de tir de
l'artillerie de campagne (14 mars 1894.)

Ce dernier document est extrêmement
difficile à se procurer et je ne puis
l'avoir à ma disposition que très peu
de jours. Le ministère de la guerre
en a envoyé un nombre fixe dans
les corps et ces corps en sont responsables.
Chaque officier détenteur doit
remettre le sien après les manœuvres.
Si donc vous voulez y prendre ce
qui vous intéresse et le tenir
à ma disposition après, je le
prendrai. À moins que vous ne
vouliez que je le fasse copier
in extenso et ne vous en adresse
la copie.

Je vais partir en manœuvres.

BIBLIOGRAPHIE

Nous avons tenu à donner, à la fin de ce volume, une bibliographie des ouvrages concernant l'*Affaire Dreyfus*. — Nous n'avons ici aucune espèce de classement. — Plusieurs appréciations concernant certains ouvrages sont empruntées au volume de M. John Grand-Carteret : *l'Affaire Dreyfus et l'Image*.

Le Procès Zola. — **Le Procès Zola** devant la cour d'assises de la Seine et la Cour de cassation (7 février-23 février ; 31 mars-2 avril 1898). Compte rendu sténographique *in extenso* et documents annexes. Deux volumes in-8 de 550 pages. (P. V. Stock, éditeur, Paris.). . . . . 7 fr. »

Capitaine Alfred Dreyfus. — **Lettres d'un innocent.** Un volume in-18. (Stock, Paris.) . . 1 fr. »

C'est de ces lettres que Zola disait : « Elles sont admirables. Je ne connais pas de pages plus hautes, plus éloquentes. C'est le sublime dans la douleur, et, plus tard, elles resteront comme un monument impérissable, lorsque nos œuvres, à nous écrivains, auront peut-être tombé dans l'oubli. Car elles sont le sanglot même, toute la souffrance humaine. L'homme qui a écrit ces lettres ne peut être un coupable. Lisez-les, lisez-les un soir, avec les vôtres, au foyer domestique. Vous serez baigné de larmes. »

L. Trarieux. — **Lettre à M. Godefroy Cavaignac**, ministre de la guerre, à propos de l'affaire Dreyfus. Une brochure in-18. (Stock, Paris.). 0 fr. 50

Joseph Reinach (Junius). — **Les Faussaires.** Une brochure in-18. (Stock, Paris.) . . . . . 1 fr. »

— **Le Curé de Fréjus ou les preuves morales.** Une plaquette in-18. (Stock, Paris.). 0 fr. 25

— **A l'Ile du Diable.** Une plaquette in-18. (Stock, Paris.) . . . . 0 fr. 25

— **Les enseignements de l'histoire.** Une brochure in-16. (Stock, Paris.) . . . . 0 fr. 25

— **La voix de l'Ile.** Une brochure in-18. (Stock, Paris.) . . . . 0 fr. 25

— **Une Conscience.** *Le lieutenant-colonel Picquart.* Une brochure in-18. (Stock, Paris.). 0 fr. 50

Francis de Pressensé. — **Le lieutenant-colonel Picquart.** Un petit volume in-18, avec un portrait. (Stock, Paris.) . . . . 1 fr. »

Jean Jaurès. — **Les preuves.** Un volume réunissant les vibrants articles de J. Jaurès dans *la Petite République*. (Imprimerie de la Petite République, Paris.) . . . . 1 fr. 50

Y. Guyot. — **La revision du procès Dreyfus. Faits et documents juridiques.** « Quiconque fait le mal hait la lumière. » (Evangile selon saint Jean, III. 20.) *Fiat justitia, ruat cœlum.* Un volume in-8. (Aux bureaux du *Siècle* et chez Stock, Paris, 1898.) . . . . 1 fr. »

Introduction. Toute la vérité. L'acte d'accusation. Analyse méthodique de l'acte d'accusation et du rapport du commandant Ravary.

Y. Guyot. — **Réponse aux lettres de M. Brunetière.** Un volume in-18. (Stock, Paris.). 2 fr. »

Ce volume est la publication des lettres à M. Brunetière parues au *Siècle*, et les lettres de M. Brunetière elles-mêmes, utiles à consulter pour la psychologie de l'affaire et du temps présent.

Y. Guyot. — **L'innocent et le traître.** *Dreyfus et Esterhazy.* Le devoir du garde des sceaux, ministre de la Justice. Plaquette in-12. (Stock, Paris.) 0 fr. 25

E. Duclaux. — **Propos d'un solitaire.** Un volume in-18. (Stock, Paris.) . . . . 0 fr. 50

Publication des articles de ce savant parus au *Siècle* sous le même titre.

— — **Avant le procès.** *Réponse aux opinions de M. Brunetière.* Une brochure in-18. (Stock, Paris.) . . . . 0 fr. 50

E. Zola. — **Lettre à la France.** In-8. (Fasquelle.) . . . . 0 fr. 10

— — **aux étudiants.** In-8. (Fasquelle.) 0 fr. 10

— — **à la Jeunesse.** In-8. (Fasquelle.) 0 fr. 10

B. Lazare. — **Une erreur judiciaire. — La vérité sur l'affaire Dreyfus.** In-18. (Stock, Paris.)

Premier mémoire exposant les faits qui ont amené la condamnation du capitaine Dreyfus; première publication laissant entrevoir la possibilité de l'idée d'une erreur judiciaire et apprenant que le capitaine avait été condamné sur une preuve unique.

— — **Une erreur judiciaire. — L'affaire Dreyfus.** (Deuxième mémoire, avec des expertises d'écritures de MM. Crépieux-Jamin, Gustave Bridier, De Rougemont, Paul Moriaud, E. de Marneffe, De Gray-Birch, Th. Gurrin, J.-H. Schooling, D. Carvalho, etc.) In-8. (Stock, Paris, 1897.).

Mémoire destiné à apporter la démonstration que la seule preuve invoquée par l'accusation contre Dreyfus se retourne contre elle.

B. Lazare. — **Comment on condamne un innocent.** L'acte d'accusation contre le capitaine Dreyfus. In-8. (Stock, Paris, 1898.) . . . 0 fr. 50

Publication de l'acte d'accusation complet du commandant d'Ormescheville, suivi de notes de l'auteur.

— **Antisémitisme et Révolution.** Une brochure. (Stock, Paris.). . . . . 0 fr. 10

Justin Vanex. — **Coupable ou non.** *Dossier de l'Affaire Dreyfus.* (Les points éclaircis.) Une brochure in-8. (Stock, Paris.) . . . . 1 fr. »

Raoul Allier. — **Voltaire et Calas.** *Une erreur judiciaire au dix-huitième siècle.* Une jolie brochure in-18. (Stock, Paris.) . . . . . . 0 fr. 50

F. Brunetière. — **Après le procès.** Réponse à quelques intellectuels. Un volume (Perrin.) 0 fr. 75

A. Darlu. — **Brunetière et l'Individualisme.** (A propos de l'article *Après le procès*.) Un volume. (Colin.) . . . . 1 fr. »

Capitaine Paul Marin. — **Dreyfus?** Un volume in-18 jésus de 550 pages, (Librairie Illustrée, Paris, 1897.) . . . . 3 fr. 50

Ce livre contient tous les documents du procès Dreyfus. Il offre ensuite le récit impartial des efforts des tenants de l'innocence de Dreyfus, pendant les années 1895, 1896 et 1897, et de la résistance qui leur a été opposée. Ce livre constitue le prologue du drame actuel, dont les trois actes sont caractérisés par les trois personnages — Esterhazy, Picquart, Lebrun-Renault — qui y ont joué et y jouent encore les principaux rôles. Pour être muet, le rôle du dernier des trois n'en est pas moins capital ; et c'est, d'ailleurs, dans « *Dreyfus?* », au récit documenté de la dégradation du « traître », qu'il convient de se reporter pour trouver le point initial de la trame actuelle.

— **Esterhazy?** Un volume in-18 jésus de 476 pages. (Stock, Paris, 1898.) . . . . 3 fr. 50

Ce livre contient le procès d'Esterhazy et le récit de tous les événements qui se sont écoulés depuis l'interpellation de Scheurer-Kestner jusqu'au meeting de Tivoli Vaux-Hall. Il est précédé d'une lettre à Édouard Drumont. Cet ouvrage est écrit avec une scrupuleuse impartialité, comme « *Dreyfus ?* » auquel il fait suite. Il contient *in extenso* tous les documents parlementaires et judiciaires qui forment le fond des affaires Dreyfus et Esterhazy, et à cet exposé complet l'auteur a joint ses propres réflexions, sans autre souci que celui de la vérité.

Capitaine Paul Marin. **Le lieutenant-colonel Picquart?** Un volume in-18 jésus de 550 pages. (Stock, Paris, 1898.) . . . . 3 fr. 50

Ce livre fait suite à « *Esterhazy ?* » comme ce dernier faisait suite à « *Dreyfus ?* » Il contient l'histoire des six premières audiences du procès Zola et des événements décisifs qui avaient suivi le relèvement de la conscience nationale, après l'apparition de la lettre de Zola au Président de la République. Ce livre démontre d'une façon irréfutable l'inanité des calomnies fabriquées par le commandant Lauth et par le lieutenant-colonel Henry contre leur ancien chef le lieutenant-colonel Picquart. Il se termine par un parallèle entre le lieutenant-colonel Picquart et le chef d'escadron Pauffin de Saint-Morel, dont la conséquence logique est l'arrestation immédiate de ce dernier ainsi que de M. Henri Rochefort, pour « divulgation et publication de dossiers secrets intéressant la défense nationale. »

— **Le capitaine Lebrun-Renault?** Un volume in-18 jésus de 500 pages, (Stock, Paris, 1898.) . . . . 3 fr. 50

Ce livre fait suite au « *Lieutenant-colonel Picquart?* » comme « *Esterhazy ?* » fait suite à « *Dreyfus ?* ». Il complète l'histoire de la cause célèbre à laquelle Zola a attaché son nom, et il prend les événements, au milieu du procès Zola, après la sixième audience, où la personnalité du lieutenant-colonel Picquart s'est dégagée des calomnies dont le commandant Lauth et le lieutenant-colonel Henry avaient essayé de ternir la réputation de leur ancien chef.

Il raconte par suite de quelles circonstances les accusateurs de Dreyfus sont aujourd'hui acculés aux plus bizarres expédients. C'est un officier subalterne de la garde républicaine qu'ils ont fait l'arbitre de la paix publique et le libérateur de la conscience nationale !

— **Histoire populaire de l'affaire Dreyfus.**

Un volume in-18 de 372 pages. (Stock, Paris, 1898.). . . . . 3 fr. 50

Le point capital de ce livre est le récit de la capitulation du général Mercier entre les mains d'Henri Rochefort. Cette capitulation, que le capitaine Marin compare à celle de Bazaine livrant les drapeaux à l'ennemi, a été la cause de l'inique procédure suivie par le général Mercier contre le capitaine Dreyfus. En agissant ainsi, le général Mercier voulait sauver à tout prix son portefeuille et il imposait silence à sa propre conscience.

A. RÉVILLE. — *Affaire Dreyfus*. **Les étapes d'un intellectuel**. Une brochure in-18. (Stock, Paris. 1898.). . . . . 1 fr. »

M. Albert Réville, professeur au Collège de France, reproduit la série des réflexions et des expériences qui ont mené l'un de ses amis intimes, chaud patriote et bon républicain, de sa confiance d'abord pleine et entière dans l'arrêt du Conseil de guerre qui a condamné Dreyfus à des doutes de plus en plus prononcés sur sa culpabilité et finalement à la conviction qu'on s'est fourvoyé en frappant un innocent. C'est une déduction méthodique et toujours modérée de pensée et de ton, qui peu à peu a conduit un honnête homme à des conclusions diamétralement opposées à ce qui avait été sa première persuasion.

H. VILLEMAR. — **Dreyfus intime**. Un petit volume in-18. (Stock, Paris, 1898.). . . . . . . 1 fr. »

JEAN TESTIS. — **Esterhazy et Schwarzkoppen.** *La trahison*. Une brochure in-18. (Stock, Paris, 1898.) . . . . 0 fr. 50

L'ARCHIVISTE. — **Drumont et Dreyfus**. Études sur la *Libre Parole* de 1894 à 1895. Une brochure in-18. (Stock, Paris, 1898.) . . . . 0 fr. 25

E. VILLANE. — **L'opinion publique et l'Affaire Dreyfus**. Une brochure in-18. (Stock, Paris, 1898.). . . . . 0 fr. 50

DULUCQ. — **Procès Zola-Dreyfus-Estherazy et l'État-major**. Une brochure in-8. (Bureaux de l'*Aurore*, 1898.) . . . . 0 fr. 10

Sébastien Faure. — **Les anarchistes et l'affaire Dreyfus.** Une brochure in-16. (*Le Libertaire*, 1898.) . . . . 0 fr. 15

La clé de l'affaire Dreyfus. Reproduction du bordereau, de l'écriture du commandant Esterhazy et de l'écriture du capitaine Dreyfus, avec observations graphologiques. Un placard. (Stock, 1897.) . . . . 0 fr. 25

Affaire Esterhazy. Reproduction du bordereau et de l'écriture du commandant. Un placard. (Stock, 1897.) . . . . 0 fr. 25

Fac-similé du diagramme de M. Bertillon. Un placard. (Stock, 1897.) . . . . 0 fr. 25

Album comparatif des écritures d'Esterhazy. Album grand oblong (50×28) de 21 pages, contenant 44 planches de comparaison. (Stock, 1898.) . . . . 10 fr. »

Urbain Gohier. — **L'armée de Condé.** *Mémorial de la Trahison pour éclairer l'Annuaire de l'armée sous la troisième République.* Une brochure in-18. . . . . 1 fr. »

C'est un rapprochement ingénieux des contrôles de l'Emigration armée et des cadres actuels de la Défense Nationale.

A. Bergougnan. — **L'affaire Fabus et l'affaire El Chourffi.** *Les erreurs du conseil de guerre.* Une brochure in-18. . . . . 1 fr. »

Ed. Hemel et Henri Varennes. — **Le dossier du lieutenant Fabry.** Pages d'histoire judiciaire. Une brochure in-18 . . . . 1 fr. »

Contre le lieutenant Fabry, victime, en 1815, d'une monstrueuse erreur judiciaire, les bureaux du ministère de la guerre employèrent tous les moyens. Perquisitions illégales, suppression de pièces, faux, abus de pouvoir, déni de justice, on ne recula devant rien. Et ce fut en vain que, pendant vingt ans, il poursuivit ses dénonciateurs.

Jacques Bahar. — **Etrennes à Dreyfus.** (Dialogue entre *Pierre et Jean* pour ou contre Dreyfus.) In-16. 1897. (Stock) . . . . 0 fr. 50

— **Esterhazy contre lui-même.** In-16. (Imprimerie du Petit Bénéfice et Stock, 1897.) . 0 fr. 50

Brochure tendant à prouver que, pour conclure contre Esterhazy, il suffit d'enregistrer ses propres déclarations.

— **Le Traître.** Une plaquette in-16. (Stock, 1898.). . . . . 0 fr. 25

— **Le Catéchisme du Dreyfusard.** Un volume in-16 (Stock, 1898,. . . . . . . 0 fr. 50

Ant. Laporte. — **Cour d'assises. — Police correctionnelle. — Émile Zola et les Dreyfus ou la débâcle des traîtres.** Lettre ouverte à l'Italien Zola dit le Père La Trouille, le papa La Mouquette, le Pétomane, etc.; officier de la Légion d'honneur, candidat perpétuel à l'Académie française, ex-président de la Société des Gens de Lettres, pornographe S. G. D. G. en titre du Naturalisme, etc. Par l'auteur, acquitté, de Zola contre Zola. In-18, 15 pages. Vente en gros : 35 *bis*, rue des Saints-Pères, Paris, 1898.

Par le bouquiniste *Ant. Laporte*. Sur la couverture, reproduction du titre illustré du volume : *Zola contre Zola*. De chaque côté on lit : *Zola souteneur du syndicat Dreyfus. L'Italien Zola insulteur de l'armée française.*

Sommaire : Pourquoi je reprends ma plume contre Zola ? — Pourquoi Zola a pris pour du talent ce qui n'était que de l'habileté commerciale ? — Les *J'accuse* de Zola. — Zola jugé par lui-même en voulant juger les autres. — Sur quoi porte le débat de Zola en Cour d'assises ? — Quels arguments feront valoir pour la défense Zola et ses avocats ? — Quelles seront les conclusions du jugement ?

Un groupe d'étudiants. — **La vraie réponse des étudiants** à MM. E. Zola et Augar. (Léon Hayard.). . . . . 0 fr. 10

H.-G. Ibels. — **Allons-y!** — Histoire contemporaine racontée et dessinée. Un volume in-16, (Stock, 1892.). . . . . 2 fr. »

Jean Carrère. — **Réponse à E. Zola.** In-8. (Rouam et Cie.). . . . . 0 fr. 10

Lentillon. — **Lettre ouverte à E. Zola**, en réponse à sa lettre au Président. In-8. (Imprimerie Alricy, Lyon.) . . . . 0 fr. 10
Plaquette contre Zola. L'auteur dit : « Dreyfus fût-il victime de la plus incroyable des erreurs, le devoir d'un Français ayant conscience de sa responsabilité de citoyen était de se taire ».

Comte de W. — **Les dessous d'une trahison.** (Librairie des Nouvelles Collections.)
Tout en faisant de l'histoire de bonne foi, l'auteur déclare : « S'être mis du côté de la loi ».

Saint-Georges de Bouhélier. — **La révolution en marche.** In-18. (Stock, 1898) . . . . . 0 fr. 50

P. Sincère. **Le procès Dreyfus devant l'opinion.** (L. Hayard, Paris.) . . . . . 0 fr. 10

Escoffier. — **Ohé! les jeunes.** Préface par Steens. Plaidoyer pour la « folie généreuse de Zola. » In-8. (Stock, 1898.) . . . . 0 fr. 15

Louis Guétant. — **La Jeunesse.** Dédié à Zola. Plaquette contre la jeunesse bourgeoise, « serviteur de tous les despotismes ». (Stock, 1898.) . . 0 fr. 25

— — **Dites-nous vos raisons.** Lettre à M. Mirman à propos de l'affaire Dreyfus. Une brochure in-18. (Stock, 1898.) . . . . . 0 fr. 50

Alfred Meyer. — **Lally-Tollendal et son procès de trahison.** *Le bâillon en 1766.* Un volume in-18. (Stock, 1898.) . . . . 1 fr. »

Pierre Ledroit. — **A la France.** Hommage à un innocent. Poème. Une plaquette in-8, (Stock, 1898.). . . . . 0 fr. 25

Jacques de Biez. — **Le solécisme du bordereau et les lettres de Dreyfus.** In-18. (Pierret éditeur, 1898.) . . . . 0 fr. 50

L'auteur a relevé dans le fameux bordereau une faute contre la règle de l'emploi du *ne* qui reparaît exactement pareille, trois fois de suite, dans la correspondance de Dreyfus.

L'auteur conclut sans animosité, et par une série de raisonnements très intéressants, que cette faute est non seulement contraire à la syntaxe, mais surtout contraire au secret esprit de la langue française.

Georges Bonamour. — **Le procès Zola.** *Impressions d'audience.* Un volume in-18 jésus illustré de cinquante dessins, dont vingt-six hors texte, pris à l'audience par L. Sabatier, et couverture illustrée par Forain. (Pierret, éditeur, 1898.) . . . . 3 fr. 50

Dans cette édition augmentée de trois nouveaux chapitres (*La genèse de l'affaire Zola. — Une heure chez M. Belhomme. — Lettre aux Intellectuels*), George Bonnamour a réuni ses impressions d'audience du procès Zola.

Paul Brulat. — **Violence et raison.** Préface de G. Clémenceau. Un volume in-18. (Stock, 1898.). . . . . 3 fr. 50

Jules Cordier. — **Pour la paix, par la Vérité, par la Justice.** Une plaquette in-8. (Stock, 1898.). . . . . 0 fr. 30

Raphael Viau. — **Ces bons Juifs!** Un volume in-18. (Pierret, éditeur, 1898.). . . . . 3 fr. 50

Viauet Bournand. — **Les femmes d'Israël.** Un volume in-16. (Pierret, éditeur, Paris, 1898.). 3 fr. 50

Lemaurice. — Le commandant Mardochée.
Un volume in-18. (A. Pierret, éditeur, 1898.). 3 fr. 50

Étude, sous forme de roman, des mœurs militaires et des juifs dans l'armée, à propos de l'affaire Dreyfus.

Gyp. — Israël. Un vol. In-12. (Flammarion, Paris, 1898.). . . . . 3 fr. 50

— Journal d'un Grinchu. Un volume in-12. (Flammarion, Paris, 1898.). . . . . . 3 fr. 50

L'Œuvre de Zola. 16 simili-aquarelles, par H. Lebourgeois. 1re et 2e séries. Un volume grand in-18. (Bernard et Cie, imprimeurs-éditeurs, 53 ter, quai des Grands-Augustins, 1898.). . . . 3 fr. 50

Œuvre purement imagesque, succession de tableautins, si l'on veut, faisant défiler en quelque sorte la synthèse graphique de l'Œuvre de Zola, sous une forme caricaturale, en une série d'aquarelles qui, toutes, du commencement à la fin, représentent l'auteur personnifiant lui-même le caractère de chacun de ses livres. Ainsi *l'Œuvre* montre Zola en vidangeur ; *la Fortune du père Rougon*, Zola chiffonnier, cherchant son bien dans une poubelle ; *la Curée*, Zola léchant l'assiette au beurre, avec un cochon et un chien, etc., etc.

Le Sifflet. — Hebdomadaire, paraît le jeudi. Directeur : Steens ; Dessinateurs : Ibels, Chevalier et Couturier. Journal humoristique pour défendre la cause de Dreyfus. (Stock, Paris.) le numéro. . . 0 fr. 10

Le P'sit. — Journal humoristique anti-dreyfusien, par Forain et Caran d'Ache, Paris, le numéro. 0 fr. 10

J. Ajalbert. — Sous le sabre. (3e édition.) Edition de la Revue Blanche. Plaidoyers énergiques contre le militarisme. Un volume, 1898. . . . 3 fr. 50

M. Lauzel. — Édouard Drumont. Plaidoyer contre le cléricalisme et l'attitude de Drumont dans l'affaire Dreyfus. Une brochure. Revue socialiste . . . . 0 fr. 15

URBAIN GOHIER. — **L'armée contre la Nation.**
Revue Blanche. Ensemble de ses articles divers sur
le militarisme et la réaction. Un volume. . 3 fr. 50

LIEUTENANT FROMENT. — **L'espionnage militaire.**
Un volume avec un portrait sur la couverture,
du capitaine Dreyfus. (Pourquoi?) (Juven, Paris,
1897.). . . . . 3 fr. 50

JOHN GRAND-CARTERET. — **L'affaire Dreyfus et
l'image.** Un volume in-18 très curieux et très intéressant à consulter. (Flammarion, 1898.). 3 fr. 50

**Livre d'hommage des lettres Françaises
à Émile Zola.** Un vol. petit in-8. (G. Balat, éditeur, Bruxelles, 1898.) . . . . 3 fr. 50
Recueil contenant des articles, des lettres, etc., en l'honneur
de Zola, par un groupe d'une centaine de personnalités des lettres
et des sciences.

TABLE DES MATIÈRES

Préface à M. G. Monod, membre de l'Institut VII
Lettre de M. G. Monod, de l'Institut XV
Introduction de M. Yves Guyot, ancien ministre. . . . XIX

LES FAITS ACQUIS A L'HISTOIRE

I. — Résumé historique de l'Affaire Dreyfus 5
    A. — Le procès de 1894. 5
    B. — Le bordereau. 31
    C. — Le procès Esterhazy 44
    D. — Le premier procès Zola 55
II. — Faits désormais acquis a l'histoire. 64
III. — Le jugement de l'histoire 79

L'AFFAIRE DREYFUS DEVANT LE PARLEMENT. 83

DOCUMENTATION

Mme Dreyfus.	Pétition à la Chambre, 16 septembre 1896	103
Me Demange.	Lettre à Paul de Cassagnac et à l'*Éclair*	104
Mme Dreyfus.	Lettre à l'*Agence Nationale*, 3 novembre 1897.	105
Déclaration du Gouvernement, 4 novembre 1897. . . .		106
Mme Dreyfus.	Démenti à l'*Écho de Paris*.	107

TABLE DES MATIÈRES

Scheurer-Kestner.	Sa lettre du 14 novembre 1897 . .	108
Mathieu Dreyfus.	Dénonciation du commandant Esterhazy	110
Esterhazy.	Sa réponse.	111
—	Ses déclarations	112-113
—	Sa lettre au général Saussier.	112-113
Agence Havas.	Déclaration concernant les lettres à madame de Boulancy . . .	112
Gal de Boisdeffre.	Sa déclaration sur Esterhazy. . .	114
Mme Dreyfus.	Sa déclaration à l'*Agence Nationale*, le 6 décembre 1897.	115
Mathieu Dreyfus.	Sa déclaration à l'*Agence Nationale*, le 6 décembre 1897.	115
Trarieux.	Lettre au ministre de la guerre. .	116
Scheurer-Kestner.	Sa lettre à un ami.	123
E. Zola.	Lettre au Président de la République (extrait).	124
—	Réponse au ministre de la guerre.	125
Mme Dreyfus.	Lettre à M. Cavaignac.	127
Cavaignac.	Réponse à madame Dreyfus . . .	132
Mme Dreyfus.	Seconde lettre à M. Cavaignac . .	132
E. Clisson.	Sa déclaration au *Siècle*	134
Gal de Pellieux.	Lettre au commandant Esterhazy.	136
Mme de Boulancy.	Lettre au général de Pellieux. . .	137
De Bulow.	Déclaration au Reichstag et confirmation de Berlin	139-140
Gazette de Cologne.	Deux notes officieuses	141
Gazette Nationale.	Déclaration officieuse.	142
Cte Bonin.	Déclaration aux affaires étrangères à Rome	142
Me Leblois.	Déclaration relative à Picquart. .	143
Me Demange.	Déclaration aux étudiants	144
—	Confirmation au *Temps*	149
—	Confirmation à l'*Agence Nationale*.	150
Trarieux.	Lettres sur les *voies légales*. . . .	150
Mme Dreyfus.	Lettres concernant sa demande d'autorisation de rejoindre son mari.	153
Guieysse.	Refus à madame Dreyfus.	156
A. Lebon.	— —	156
E. Zola.	Réponse à la seconde assignation du Conseil de guerre	157
C^{el} Picquart.	Plainte contre le *Jour*	160
—	Lettre à M. Brisson	161

TABLE DES MATIÈRES

Me Demange.	Lettre à madame Dreyfus.	161
—	Lettre au ministre de la Justice.	162
Trarieux.	Lettre au ministre de la Justice.	165
E. Zola.	Lettre à M. Brisson, président du Conseil.	166
Le Siècle.	Accusation contre M. du Paty de Clam.	174
Scheurer-Kestner.	Lettre au *Temps*.	175
Bertulus.	Ordonnance concernant M. du Paty de Clam.	176
Cavaignac.	Lettre de démission.	177
Mme Dreyfus.	Seconde demande en revision.	177
Gal de Boisdeffre.	Lettre de démission.	179
Gal Zurlinden.	— —	179

DOCUMENTS CONCERNANT LE BORDEREAU ET LES EXPERTS. 180

Alfred Dreyfus.	Quelques lettres.	189
Esterhazy et le Bordereau.		197

LETTRES ET DÉCLARATIONS

Messieurs
Alexandre Bertrand, 201.
E. Boutroux, 201.
Michel Bréal, 202.
Duclaux, 203.
Anatole France, 204.
Giry, 205.
Ed. Grimaux, 206.
Louis Havet, 208.
Paul Meyer, 210.
Molinari, 212.
Gabriel Monod, 214.
Paul Viollet, 219.
Gaston Paris, 221.
Frédéric Passy, 222.
Ch. Richet, 223.
Delpech, 225.
Ranc, 226.
Thévenet, 228.
Emile Zola, 230-231.

Messieurs
J. Jaurès, 242.
G. Clemenceau, 247.
J. Reinach, 253.
Yves Guyot, 258.
Maurice Bouchor, 261.
Pierre Barbier, 264.
Bernard Lazare, 266.
F. de Pressensé, 268.
Stéphane Arnoulin, 273.
Marcel Huart, 275.
C. Pelletan, 279.
L. Victor-Meunier, 280.
Georges Renard, 284.
Gérault-Richard, 287.
Octave Mirbeau, 288.
G. Séailles, 293.
Emile Molinier, 294.
Maurice Vernes, 295.
Jean Psichari, 297.

Messieurs
Albert Réville, 299.
G. Andrade, 300.
A. Hauser, 301.
J. Laborde, 302.
J.-Elie Pécault, 305.
R. Allier, 308.
P. Stapfer, 310.
Chassaing, 311.
E. Durkeim, 311.
Couat, 312.
Buisson, 313.
Ecole normale, 315.
Les Etudiants, 315.
Groupe d'étudiants, 317.
Association des étudiants, 320.
E. Zola, 321.

Messieurs
Paul Robiquet, 321.
Léopold Monod, 323.
G. Kœchlin, 325.
Lalance, 327.
Colonel Humbert, 328.
Père Hyacinthe, 329.
Abbé Viollet, 333.
Abbé Pichot, 333.
Sébastien Faure, 334
J. Allemane, 334.
Aux Femmes de France, 335.
Appel de la Ligue, 338.
Pétition au Parlement, 340.
Opinion de M. Zakrewsky, 342.
Encore un témoignage (Michel Bréal), 345.

ANNEXE (Les préliminaires de la Revision) 351
BORDEREAU 359
BIBLIOGRAPHIE 361

ÉMILE COLIN — IMPRIMERIE DE LAGNY

www.ingramcontent.com/pod-product-compliance
Lightning Source LLC
Chambersburg PA
CBHW052031230426
43671CB00011B/1615